Amerikanische Traumautos 1950-60

Fabien Sabatès

Die 60er Jahre

Übersetzt von Ursula Rahn-Huber

Fotos von Karen Hoskinson
Grafische Gestaltung
Patrick Legrand - Patrick Bonnain

LECHNER VERLAG
GENF • WIEN • MÜNCHEN • NEW YORK

DANK UND FOTOQUELLEN

FOTOS: Die Photos in diesem Werk sind von Karen Hoskinson, Laurent Bourgeno und Fabien Sabatès. Viele stammen auch von zahlreichen französischen und amerikanischen Sammlern, die uns bereitwillig ihre Archive, Photos, Plakate und andere seltene und wertvolle Dokumente zur Reproduktion zur Verfügung stellten.

DANK all denen, die in irgendeiner Weise bei der Ausarbeitung dieses Werkes behilflich waren. Sie sind zu zahlreich, um alle hier erwähnt zu werden, doch sollen sie wissen, daß ich sie nicht vergessen werde. Mit ihrer Hilfe durfte ich in den schönsten Wagen der Welt fahren, die verrücktesten und wunderbarsten Autoliebhaber kennenlernen, unvergeßliche Stunden mit Diskussionen über Autos bis spät in die Nacht hinein verbringen - in Kalifornien genauso wie in Paris. Mit größtem Vertrauen und einer Freundlichkeit, die es nur unter Amateuren mit der gleichen Leidenschaft gibt, wurden mir Archive und Garagen geöffnet. Dank sei auch allen amerikanischen Museen, die mich zahlreiche Aufnahmen machen und Erhebungen durchführen ließen.

Mein Dank gilt schließlich auch meinen Verlegern für die unendliche Geduld, die sie für mich aufgebracht haben.

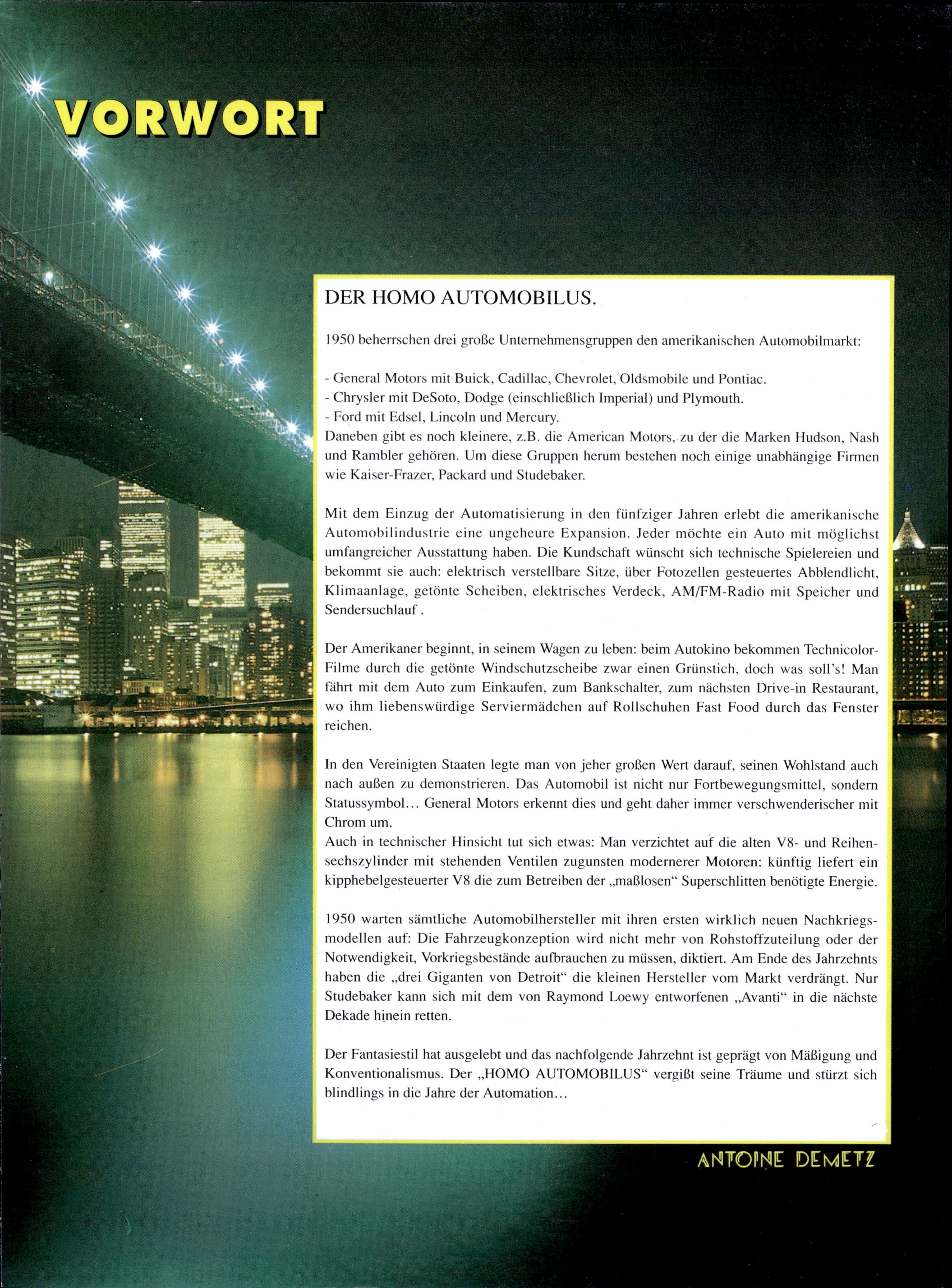

VORWORT

DER HOMO AUTOMOBILUS.

1950 beherrschen drei große Unternehmensgruppen den amerikanischen Automobilmarkt:

- General Motors mit Buick, Cadillac, Chevrolet, Oldsmobile und Pontiac.
- Chrysler mit DeSoto, Dodge (einschließlich Imperial) und Plymouth.
- Ford mit Edsel, Lincoln und Mercury.

Daneben gibt es noch kleinere, z.B. die American Motors, zu der die Marken Hudson, Nash und Rambler gehören. Um diese Gruppen herum bestehen noch einige unabhängige Firmen wie Kaiser-Frazer, Packard und Studebaker.

Mit dem Einzug der Automatisierung in den fünfziger Jahren erlebt die amerikanische Automobilindustrie eine ungeheure Expansion. Jeder möchte ein Auto mit möglichst umfangreicher Ausstattung haben. Die Kundschaft wünscht sich technische Spielereien und bekommt sie auch: elektrisch verstellbare Sitze, über Fotozellen gesteuertes Abblendlicht, Klimaanlage, getönte Scheiben, elektrisches Verdeck, AM/FM-Radio mit Speicher und Sendersuchlauf .

Der Amerikaner beginnt, in seinem Wagen zu leben: beim Autokino bekommen Technicolor-Filme durch die getönte Windschutzscheibe zwar einen Grünstich, doch was soll's! Man fährt mit dem Auto zum Einkaufen, zum Bankschalter, zum nächsten Drive-in Restaurant, wo ihm liebenswürdige Serviermädchen auf Rollschuhen Fast Food durch das Fenster reichen.

In den Vereinigten Staaten legte man von jeher großen Wert darauf, seinen Wohlstand auch nach außen zu demonstrieren. Das Automobil ist nicht nur Fortbewegungsmittel, sondern Statussymbol… General Motors erkennt dies und geht daher immer verschwenderischer mit Chrom um.
Auch in technischer Hinsicht tut sich etwas: Man verzichtet auf die alten V8- und Reihensechszylinder mit stehenden Ventilen zugunsten modernerer Motoren: künftig liefert ein kipphebelgesteuerter V8 die zum Betreiben der „maßlosen“ Superschlitten benötigte Energie.

1950 warten sämtliche Automobilhersteller mit ihren ersten wirklich neuen Nachkriegsmodellen auf: Die Fahrzeugkonzeption wird nicht mehr von Rohstoffzuteilung oder der Notwendigkeit, Vorkriegsbestände aufbrauchen zu müssen, diktiert. Am Ende des Jahrzehnts haben die „drei Giganten von Detroit“ die kleinen Hersteller vom Markt verdrängt. Nur Studebaker kann sich mit dem von Raymond Loewy entworfenen „Avanti“ in die nächste Dekade hinein retten.

Der Fantasiestil hat ausgelebt und das nachfolgende Jahrzehnt ist geprägt von Mäßigung und Konventionalismus. Der „HOMO AUTOMOBILUS“ vergißt seine Träume und stürzt sich blindlings in die Jahre der Automation…

ANTOINE DEMETZ

BUICK Von 1903 bis heute

1955. Buick V8-Emblem. ▼

1951. Frontansicht. ▲

HINWEIS: Die Stückzahlangaben beziehen sich jeweils auf das Modelljahr. Die angegebenen Gesamtstückzahlen dagegen gelten für das Kalenderjahr.

Buick gehört seit 1908 zu General Motors und wird schnell einer der fünf größten Automobilhersteller der Vereinigten Staaten. Die Werbeleute empfangen die heimkehrenden Soldaten mit dem Slogan *„So nice to come home to…"* (in einem Buick natürlich). Die ersten Fahrzeuge der Marke werden Ende 1945 an die Händler ausgeliefert. 1946, 1947 und 1948 werden nur wenige Details verändert.

Im Laufe des Jahres 1949 kommt frischer Wind in die Modellpalette. Zwei neue Serien kommen heraus: Super und Roadmaster. Die neuen Aufbauten sind kantiger. Besonders das „Riviera Coupé" von 1949 gilt heute unter Sammlern als begehrte Rarität.

BUICK 1950

In diesem Jahr bietet Buick völlig neue Karosserien an. Die Frontpartie wird von einem wuchtigen Kühlergrill (Marke „Bucktooth") dominiert, dessen „Zähne" als Stoßstangenhörner fungieren.

Special 40:

Der Special 40 weist an beiden Seiten der abschließbaren Motorhaube drei rechteckige Lufteinlässe auf. In der Standardversion wird auf seitliche Zierleisten verzichtet. Die DeLuxe-Modelle dagegen weisen seitliche Leisten und verchromte Scheibeneinfassungen auf. Die vorderen Kotflügel tragen die Aufschrift „SPECIAL". Auch die Innenausstattung ist luxuriöser und aufwendiger verarbeitet. Motor: Reihenachtzylinder mit hängenden Ventilen, Bohrung/Hub: 78 x 104 mm, Hubraum: 4,062 Liter, Leistung: 110 PS bei 3.600 U/min. Sieben sechssitzige Modelle werden angeboten:

Special Standard

„Sedan" mit Jetback, 4türig, 1.909 $, 58.700 Einheiten. „Sedan" 4türig, 1.941 $, 1.141 Einheiten. „Sedanette" 2türig, 1.856 $, 42.935 Einheiten. „Business Coupé" 2türig, 1.803 $, 2.500 Exemplare. Unter der Bezeichnung „Business Coupé" oder „Business Car" werden preisgünstige Fahrzeuge für berufliche Vielfahrer (Vertreter, Handelsreisende usw.) angeboten. Es handelt sich hierbei um zweitürige Coupés mit durchgehender vorderer Sitzbank. Der Aufbau ist kürzer als beim normalen „Sedan". Die Polsterung ist robust und Chrom wird sparsamer verwendet. Es gibt nur eine Sonnenblende, keinen Aschenbecher und keinen Zigarettenanzünder. Die kleine Heckscheibe ist für dieses Modell charakteristisch. Das „Business Coupé" kommt auch unter den Namen „Utility Coupé", „Business Sedan" oder „Fleet Special" auf den Markt.

▼1950. Buick Roadmaster „Convertible Coupé". Verdeck und Scheiben lassen sich per Knopfdruck öffnen.

▲ 1950. Buick Special DeLuxe „Sedan“.

▲ 1951. Buick Roadmaster „Riviera Sedan“.

1951er Buick-Chassis.

Special DeLuxe

„Sedan“ mit Jetback, 4türig, 1.952 $, 14.335 Stück. „Sedan“ 4türig, 1.983 $, 141.396 Stück. „Sedanette 2türig, 1.899 $, 76.902 Stück.

Super 50:

Rein Äußerlich entsprechen die Fahrzeuge dieser Serie den Special-Modellen. Die vorderen Kotflügel tragen die Aufschrift „SUPER“. Die Innenausstattung ist eleganter als in der Special-Serie. Motor: Reihenachtzylinder mit hängenden Ventilen, Bohrung/Hub: 80 x 104 mm, Hubraum: 4,312 Liter. Leistung: 124 PS bei 3.600 U/min. Sechs sechssitzige Modelle stehen zur Wahl: „Riviera Sedan“ 4türig, 2.139 $, 55.672 Stück. „Sedanette“ 2türig, 2.041 $, 10.697 Stück. „Riviera Hardtop Coupé“ 2türig 2.139 $, 56.030 Stück.„Convertible Coupé“, 2.476 $ 12.259 Stück. Dieses Modell wird mit Lederausstattung hydraulischen Fensterhebern, hydraulisch verstellbaren Vordersitzen und automatischem Verdeck ausgeliefert. „Estate Wagon“, 2.844 $, 2.480 Stück. „Sedan“ 4türig, 2.212 $, 114.745 Stück.

Roadmaster 70:

Die „Spitzenklasse“ von Buick erkennt man auf den ersten Blick an den vier seitlichen Lufteinlaßöffnungen, den zahlreichen Chromverzierungen und der auffallend luxuriösen Innenausstattung. Am vorderen Kotflügel steht oberhalb der Zierleiste die Aufschrift „ROADMASTER“. Bei Modellen mit „Sweepspear“-Verzierung ist der Schriftzug „ROADMASTER“ in die Zierleiste am Kotflügel neben der Vordertür eingraviert. Eine Schutzhülle für das Reserverad gehört ebenso zum Lieferumfang, wie Radzierkappen, die die ganze Felge verdecken (für Special- und Super-Modelle gegen Aufpreis erhältlich). Motor: Reihenachtzylinder mit hängenden Ventilen, Bohrung/Hub: 87 x 109 mm, Hubraum: 5,245 Liter, Leistung: 152 PS bei 3.600 U/min. Acht sechssitzige Modelle stehen zur Wahl: „Sedan“, 4türig, 2.633 $, 6.738 Stück. „Sedanette“, 2türig, 2.528 $, 2.968 Stück. „Riviera Hardtop Coupé“, 2türig, 2.633 $, 2.300 Stück. „Convertible Coupé“, 2.981 $, 2.964 Stück. „Estate Wagon“, 3.407 $, 420 Stück. Ein Exemplar dieses Modelles erwerben der Herzog und die Herzogin von Windsor. „Riviera Sedan“, 4türig, 2.738 $, 51.212 Stück.

Roadmaster DeLuxe

“Sedan“, 4türig, 2.854 $ (Die Stückzahl für dieses Modell ist in der Angabe für den oben genannten „Riviera Sedan“ enthalten.) „Riviera Hardtop Coupé“, 2.764 $, 8.432 Exemplare. Die DeLuxe-Modelle sind aufwendiger ausgestattet und verfügen über hydraulische Fensterheber und Sitzverstellung.

Gesamtstückzahl 1950: 552.827 Stück.

BUICK 1951

Die Gestaltung der Frontpartie wirkt in diesem Jahr etwas konventioneller. Zwar ist der Stoßfänger immer noch ziemlich beeindruckend, doch der gewölbte Kühlergrill ist weniger wuchtig. Das Chassis wird mit vier verschiedenen Radständen angeboten. Die längste Variante (3,30 m) findet für den Roadmaster „Riviera Sedan“ Verwendung.

Special 40:

Die preiswerteste Serie der Marke wird weiterhin in zwei Ausstattungsvarianten - Standard und DeLuxe - angeboten. Die Standardmodelle haben nur eine Zierleiste am hinteren Kotflügel und drei seitliche Lufteinlaßöffnungen. Die DeLuxe-Ausführung wartet mit Zierleisten im „Sweepspear“-Stil auf. Die Moleskin-Innenausstattung ist bei den DeLuxe aufwendiger verarbeitet. Typisches Merkmal der Special-Serie ist das Armaturenbrett: Die Instrumente sind links und rechts neben der Lenksäule in zwei Feldern angeordnet. Die Bedienungselemente sind rings um den Radiolautsprecher in Armaturenbrettmitte arrangiert. Die Standard-Modelle der Special-Serie sind die einzigen Fahrzeuge, die Buick 1951 noch mit geteilter Windschutzscheibe anbietet. Motor: Reihenachtzylinder mit hängenden Ventilen, Bohrung/Hub: 81 x 105 mm, Hubraum: 4,318 Liter, Leistung: 120 PS bei 3.600 U/min. Sechs sechssitzige Modelle stehen zur Wahl:

Special Standard

„Sedan“, 4türig, 2.139 $, 999 Stück.„Sport Coupé“, 2.046 $, 2.700 Stück.

Special DeLuxe

„Sedan“, 4türig, 2.185 $, 87.848 Stück.„Sedan“, 2türig, 2.127 $, 54.311 Stück.„Riviera Hardtop Coupé“, 2türig, 2.225 $, 16.491 Stück. „Convertible Coupé“, 2.561 $, 2.099 Exemplare. Dieses Modell wird mit hydraulischen Fensterhebern, elektrischer Sitzverstellung und automatischem Verdeck ausgeliefert.

Super 50:

Die Modelle dieser Serie sind breiter als diejenigen der Special-Serie; ansonsten sind die Karosserieformen identisch. Die hinteren Kotflügel sind mit verchromten Steinschlagschutzblechen ausgestattet. Die Seiten weisen Zierleisten des Typs „Sweepspear“ auf. Der Kofferraumdeckel und die Lenkradnabe tragen die Aufschrift „SUPER“. Die Blinker sind vorn in die Stoßstangenhörner und hinten in die Rücklichter integriert. In Hinsicht auf die Technik entsprechen die Fahrzeuge der Special-Serie. Sechs sechssitzige Modelle stehen zur Wahl: „Sedan“, 4türig, 2.356 $, 10.000 Stück. „Sedanette“, 2türig, 2.248 $, 1.500 Stück. „Riviera Hardtop Coupé“, 2türig, 2.356 $, 54.212 Stück. „Convertible Coupé“, 2.728 $, 8.116 Stück. Dieses Modell wird mit hydraulischen Fensterhebern, elektrischer Sitzverstellung, automatischem Verdeck und Lederausstattung ausgeliefert.„Station Wagon“, 3.133 $, 2.212 Stück (mit Lederausstattung. „Riviera Sedan“, 4türig, 2.653 $, 92.886 Stück.

Roadmaster 70:

Dies sind die längsten Automobile der Marke. Der vordere Kotflügel hat vier seitliche Lufteinlaßöffnungen und der hintere Kotflügel trägt die Aufschrift „ROADMASTER“. Die geschlossenen Modelle sind mit Wollteppichen ausgelegt und besonders edel verarbeitet. Gegen Aufpreis können die Wagen dieser Serie mit „Custom“-Lederausstattung geordert werden. Für das Reserverad wird eine Schutzhülle geliefert. Serienmäßig wird das Dynaflow-Getriebe eingebaut (nur für die Serien Special und Super wird das herkömmliche Dreiganggetriebe angeboten).

Motor: Reihenachtzylinder mit hängenden Ventilen, Bohrung/Hub: 87 x 109 mm, Hubraum: 5,245 Liter, Leistung: 152 PS bei 3.600 U/min. Fünf sechssitzige Modelle stehen zur Wahl: „Riviera Sedan“, 4türig, 3.200 $, 48.758 Stück. „Riviera Hardtop Coupé“, 2türig, 3.143 $, 12.901 Stück. „Riviera Hardtop Coupé“, 2türig, 3.051 $, 809 Exemplare. “Convertible Coupé“, 3.453 $, 2.911 Stück. „Station Wagon“, 3.977 $, 679 Stück.

Mit Ausnahme des Riviera Hardtop Coupé und des Station Wagon werden alle Modelle mit hydraulischen Fensterhebern und elektrischer Sitzverstellung ausgeliefert. Der Convertible besitzt ein automatisches Verdeck.

Gesamtstückzahl 1951: 404.695 Stück. Die meisten Buick dieses Jahres verlassen das Werk mit einfarbigen schwarzen Reifen: Das für die Herstellung von Weißwandreifen benötigte Material steht angesichts des Koreakriegs nicht zur Verfügung.

▶ 1) 1952. Buick Special „Convertible Coupé“ in phantastischem Originalzustand.

Unten: 1952. Buick Roadmaster „Estate Wagon“. ▼

▲ 1952. Buick Roadmaster „Riviera Hardtop Coupé“.

BUICK 1952

Die Entwicklung des geplanten neuen V8-Motors verschlingt beträchtliche Investitionsmittel, und so wird dieses Jahr auf kostspielige Modifikationen im Karosseriebereich verzichtet: Die Änderungen beschränken sich auf neue Radkappen, andere Zierleisten, einem größeren Kofferraum für die Modelle der Serien Super und Roadmaster. Für letztere wird gegen Aufpreis erstmals eine Servolenkung angeboten. Auch die Weißwandreifen sind wieder im Programm.

Special 40:

Die „Sweepspear“-Verzierung hat sich geändert: Die obere gebogene Leiste reicht jetzt bis zu den Radausschnitten. An beiden Seiten der Motorhaube befinden sich drei Lufteinlaßöffnungen. Die Standard-Ausstattung ist spartanisch, die DeLuxe-Ausstattung luxuriöser. Das typische Special-Armaturenbrett des Vorjahres bleibt erhalten. Die DeLuxe-Modelle erkennt man durch Verzierungen an den hinteren Kotflügeln und an der Aufschrift „SPECIAL“ am Kofferraumdeckel. Alle Modelle besitzen serienmäßig ein manuelles Dreiganggetriebe mit Rückwärtsgang. Der Motor bleibt unverändert. Sechs sechssitzige Modelle stehen zur Wahl: Special Standard „Sedan“, 4türig, 2.209 $, 317 Stück. „Sport Coupé“, 2türig, 2.115 $, 2.206 Stück.

Special DeLuxe

„Sedan“, 4türig, 2.255 $, 63.346 Stück. „Sedan“, 2türig, 2.197 $, 32.684 Stück. „Riviera Hardtop Coupé“, 2türig, 2.295 $, 21.180 Stück. „Convertible Coupé“, 2türig, 2.634 $, 600 Stück. Dieses Modell wird mit hydraulischen Fensterhebern, elektrischer Sitzverstellung und automatischem Verdeck ausgeliefert.

Super 50:

Bei der Buick-Mittelklasse-Serie hat sich gegenüber dem Vorjahr praktisch nichts geändert. Die drei Lufteinlaßöffnungen an den vorderen Kotflügeln und die Zierleisten sind identisch wie bei der Special-Serie. Für die längeren Modelle werden die „C“-Karosserien von General Motors verwendet. Die hinteren Kotflügel und die Lenkradnabe tragen die Aufschrift „SUPER“. Das neue Design läßt das Heck etwas kantiger erscheinen. Die hinteren Kotflügel sind mit verchromten Elementen verziert. Das Armaturenbrett ist anders als beim Special: Ein großer Tachometer wird von diversen kleinen Instrumenten umrahmt. Alle Modelle werden serienmäßig mit einem manuellen Dreiganggetriebe mit Rückwärtsgang ausgestattet. Der Motor bleibt unverändert. Vier sechssitzige Modelle stehen zur Wahl: „Riviera Hardtop Coupé“, 2türig, 2.478 $, 55.400 Stück. „Convertible Coupé“, 2.869 $, 6.904 Stück. Dieses Modell wird mit hydraulischen Fensterhebern, elektrischer Sitzverstellung, automatischem Verdeck und Lederausstattung ausgeliefert. „Estate Wagon“, 3.296 $, 1.641 Stück (mit Lederausstattung). „Riviera Sedan“, 4türig, 2.563 $, 71.387 Stück.

Roadmaster 70:

Die Roadmaster sind deutlich an ihrer langen Motorhaube und den vier seitlichen Lufteinlaßöffnungen zu erkennen. Die Frontpartie ist gegenüber 1951 unverändert. Durch den neuen höheren Kofferraum wirken die Wagen noch wuchtiger. Die Innenausstattung ist luxuriös wie nie zuvor. Besonders in der "Custom"-Ausstattung sind die Roadmaster-Modelle höchst exklusiv. Verkaufsschlager der Serie bleibt weiterhin der „Riviera Sedan“. Zur serienmäßigen Ausstattung gehören „Sombrero“-Radkappen (diese sind gegen Aufpreis auch für die Serien Special und Super erhältlich) und ein Dynaflow-Getriebe. Motor: Reihenachtzylinder mit hängenden Ventilen, Bohrung/Hub: 87x109, Hubraum 5,245 Liter, Leistung: 170 PS bei 3.600 U/min. Vier sechssitzige Modelle stehen zur Wahl: „Riviera Hardtop Coupé“, 2türig, 3.306

▶ 1952. Buick Roadmaster „Convertible Coupé“.

$, 11.387 Stück. „Convertible Coupé“, 3.453 $, 2.402 Stück.
„Riviera Sedan“, 4türig, 3.200 $, 32.609 Stück. Diese drei Modelle werden mit hydraulischen Fensterhebern und elektrischer Sitzverstellung ausgeliefert. Der „Convertible“ besitzt zusätzlich Lederausstattung und ein automatisches Verdeck. „Estate Wagon“, 3.977 $, 359 Stück (mit Lederausstattung).
Gesamtstückzahl 1952: 321.048 Stück

▲ 1953. Blick in den Fond eines Buick Super „Sedan“.

Special 40:
Diese am unteren Rand der Preisskala angeordnete Serie wird weiterhin mit dem herkömmlichen Reihenachtzylindermotor ausgestattet. Die Frontpartie der Special-Modelle unterscheidet sich von den anderen Serien. Die Lufteinlaßöffnungen (drei auf jeder Seite) sind in Tropfenform ausgebildet. Das Armaturenbrett bleibt unverändert. Der Kofferraumdeckel trägt die Aufschrift „SPECIAL“. Der Motor ist weiterhin unverändert: Er entspricht im großen und ganzen immer noch dem Aggregat von 1936. Vier sechssitzige Modelle stehen zur Wahl: Special Standard „Riviera Hardtop Coupé“, 2türig, 2.295 $, 58.780 Stück. „Convertible Coupé“, 2.553 $, 4.282 Stück. Dieses Modell wird mit hydraulischen Fensterhebern, elektrischer Sitzverstellung, automatischem Verdeck und Lederausstattung ausgeliefert.

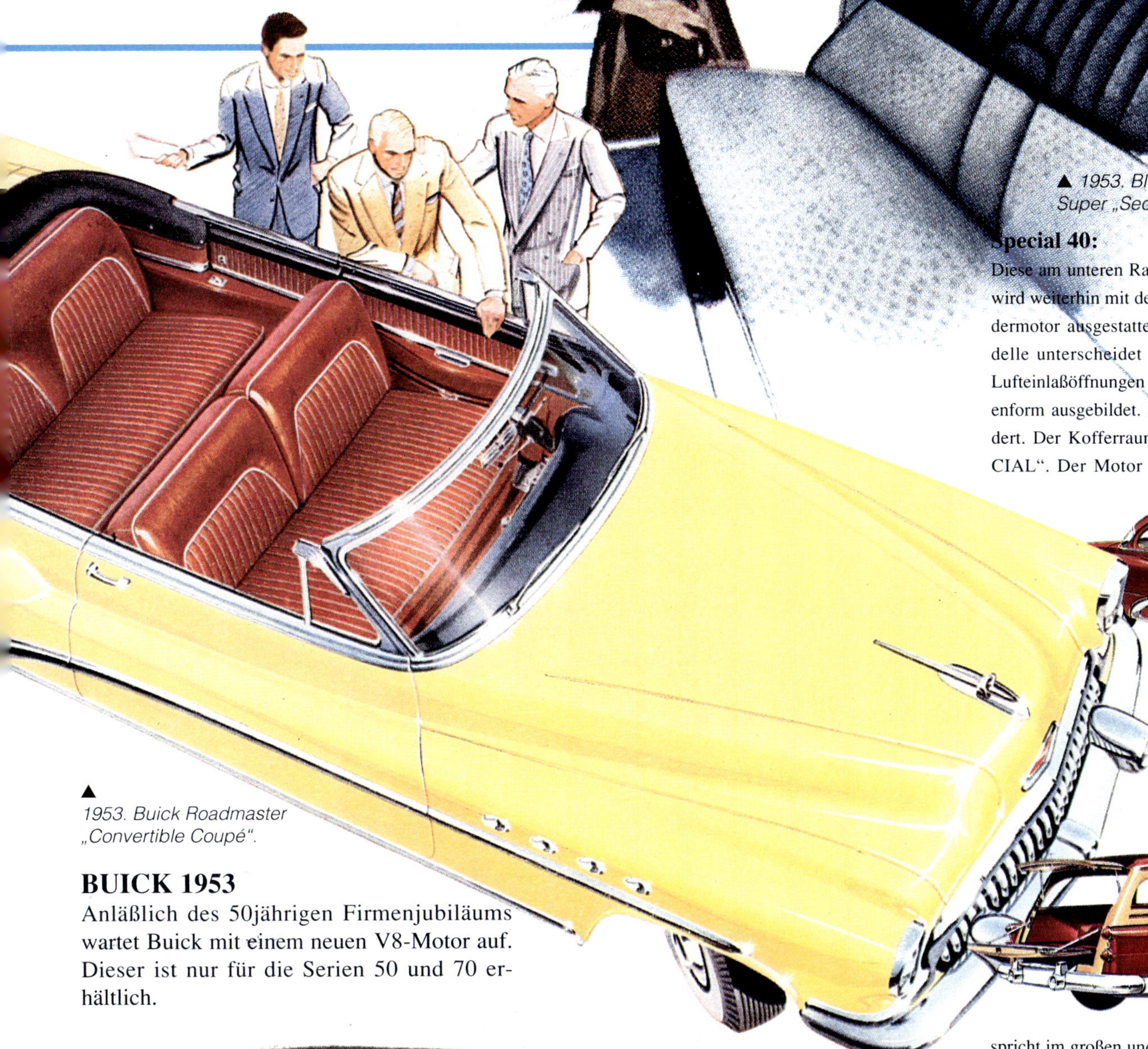

▲ 1953. Buick Roadmaster „Convertible Coupé“.

▲ 1953. Buick Special „Sedan“.

▼ 1953. Buick Roadmaster „Estate Wagon“.

BUICK 1953

Anläßlich des 50jährigen Firmenjubiläums wartet Buick mit einem neuen V8-Motor auf. Dieser ist nur für die Serien 50 und 70 erhältlich.

◀ 1953. Frontansicht des Buick Roadmaster „Sedan“.

1954. Heckansicht. ▲

Rechts: 1954. Buick Century „Riviera Hardtop Coupé".

Unten rechts: 1954. Buick Super „Sedan".

Special DeLuxe

„Sedan", 4türig, 2.255 $, 100.312 Stück. „Sedan", 2türig, 2.197 $, 53.796 Stück.

Super 50:

Die Zierleisten an der Karosserie sind identisch mit der Roadmaster-Serie. Die hinteren Kotflügel tragen jedoch eine zusätzliche horizontale Leiste. Die drei seitlichen Lufteinlaßöffnungen sind tropfenförmig. Der Kofferraumdeckel trägt die Aufschrift „SUPER". „Sombrero"-Radkappen gehören zur serienmäßigen Ausstattung. Die meisten Fahrzeuge werden mit Sitzbezügen aus Nylongewebe oder Seidenpopeline ausgeliefert. Das die Kühlerfigur umrahmende V soll zeigen, daß sich unter der Haube ein V8 befindet (Hubraum: 5,274 Liter, Leistung: 164 PS bei 4.000 U/min). Vier sechssitzige Modelle stehen zur Wahl: „Riviera Hardtop Coupé", 2türig, 2.611 $, 91.298 Stück. „Convertible Coupé", 3.002 $, 6.701 Stück. Dieses Modell wird mit hydraulischen Fensterhebern, elektrischer Sitzverstellung, automatischem Verdeck und Lederausstattung ausgeliefert. „Estate Wagon", 3.430 $, 1.830 Einheiten (mit Lederausstattung). „Sedan", 4türig, 2.696 $, 90.685 Stück.

Roadmaster 70:

Um die Kompaktheit des neuen kleineren Motors auch äußerlich zum Ausdruck zu bringen, wurde die Motorhaube der Roadmaster-Karosserien verkürzt. Die hinteren Kotflügel weisen verchromte Steinschlagschutzbleche auf. Der Kofferraumdeckel und die Lenkradnabe tragen die Aufschrift „ROADMASTER". Die Sitze sind je nach Modell mit Nylongewebe, Seidenpopeline oder Leder bezogen. Zur Serienausstattung gehören „Sombrero"-Radkappen, Servobremsen und -lenkung sowie ein Dynaflow-Getriebe. Jubiläumsmodell - und gleichzeitig teuerstes Fahrzeug im Katalog - ist das „Skylark Sport Convertible Coupé". Deutliche äußerliche Erkennungsmerkmale sind die fehlenden seitlichen Lufteinlaßöffnungen und die runden Radausschnitte. Der Wagen ist nur in weiß oder rot erhältlich und wird mit Kelseys-Hayes-Speichenrädern und besonders luxuriösem Zubehör ausgeliefert. Auch die seitlichen Zierleisten und das Markenemblem sind anders. Der V8-Motor ist identisch mit denen der Super-Modelle, die Leistung beträgt jedoch dank eines geänderten Verdichtungsverhältnisses 188 PS bei 4.000 U/min. Fünf sechssitzige Modelle stehen zur Wahl: „Riviera Hardtop Coupé", 2türig, 3.358 $, 22.927 Stück. „Convertible Coupé", 3.506 $, 3.318 Stück. „Skylark Sport Convertible Coupé", 5.000 $, 1.690 Stück. Die beiden Convertible-Modelle werden mit hydraulischen Fensterhebern, elektrischer Sitzverstellung, automatischem Verdeck und Lederausstattung ausgeliefert. „Estate Wagon", 3.254 $, 670 Stück. „Sedan", 4türig, 4.031 $, 50.523 Stück.

Gesamtstückzahl 1953: 485.353 Stück

BUICK 1954

Das neue Styling des Jahres 1954 kommt auf dem Markt hervorragend an. Wichtigstes Merkmal der neuen Modelle ist die spektakuläre Panoramascheibe. Die 1941 eingestellte Serie 60 erlebt ein Comeback.

Special 40:

In diesem Jahr sind auch die Special-Modelle mit dem V8-Motor ausgestattet. Die Karosserien sind länger und breiter geworden, doch die Kühlerform bleibt unverändert. An den Seiten befinden sich drei ovale Lufteinlaßöffnungen. Der hintere Kotflügel trägt die Aufschrift „SPECIAL". Die hinteren Radausschnitte sind beim „Sedan" und „Station Wagon" rechteckig, bei allen anderen Modellen rund. Neu sind die „Bullet"-Rücklichter. Die Sitzbezüge bestehen aus Nylongewebe. Nur das „Convertible Coupé" wird mit Lederausstattung ausgeliefert. Motor: V8, Hubraum: 4,324 Liter, Leistung: 143 PS bei 4.200 U/min. Fahrzeuge mit Dynaflow-Getriebe werden mit 150 PS geliefert. Fünf sechssitzige Modelle stehen zur Wahl: „Riviera Hardtop Coupé", 2türig, 2.305 $, 71.186 Stück (Sitzbezüge aus zweifarbigem Nylongewebe). „Convertible Coupé", 2.563 $, 6.135 Stück. Dieses Modell wird mit hydraulischen Fensterhebern, elektrischer Sitzverstellung, automatischem Verdeck und Lederausstattung ausgeliefert. „Sedan", 4.türig, 2.265 $, 70.356 Stück. „Sedan", 2türig, 2.207 $, 41.557 Stück. „Estate Wagon" mit Ganzstahlkarosserie, 3.163 $, 1.650 Stück.

1954. Buick Super „Sedan". ▼

1955. Frontansicht des Special „Convertible Coupé". ▶

▲ 1954. Buick Special „Riviera Hardtop Coupé".

▶ Rechts: 1955. V8-Motor.

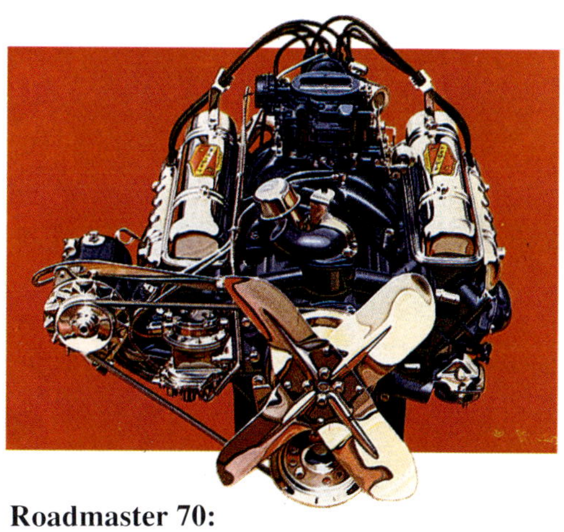

Super 50:
Für die Super-Modelle verwendet Buick die breiten „C"-Karosserien von GM mit Panoramascheibe und geraden A-Säulen. Der hintere Kotflügel trägt die Aufschrift „SUPER". Die Serienbezeichnung steht auf dem Kofferraumdeckel. Die Sitzbezüge bestehen aus Nylongewebe. Das Armaturenbrett ist jetzt mit dem länglichen horizontalen Tachometer der Roadmaster-Modelle ausgestattet. Motor: V8, Hubraum: 5,274 Liter, Leistung: 177 PS bei 4.100 U/min. Fahrzeuge mit Dynaflow-Getriebe werden mit 182 PS ausgeliefert. Drei sechssitzige Modelle stehen zur Wahl: „Riviera Hardtop Coupé", 2türig, 2.626 $, 73.531 Stück. „Convertible Coupé", 2.964 $, 3.343 Stück. Dieses Modell wird mit hydraulischen Fensterhebern, elektrischer Sitzverstellung, automatischem Verdeck und Lederausstattung ausgeliefert. „Sedan", 4türig, 2.711 $, 41.756 Stück.

Century 60:
Karosserie und Chassis stammen aus der Special-Serie. Der Motor wird vom Roadmaster übernommen. Zur Unterscheidung der Special-Modelle dient der Schriftzug „CENTURY" an den hinteren Kotflügeln. Die Innenausstattung besteht aus Nylongewebe (beim „Riviera Hardtop Coupé" zweifarbig). Bis auf wenige Änderungen entspricht das Armaturenbrett demjenigen der Special-Modelle. Motor: V8, Hubraum: 5,274 Liter, Leistung: 195 PS bei 4.100 U/min (mit Dynaflow-Getriebe 200 PS). Vier sechssitzige Modelle stehen zur Wahl: „Riviera Hardtop Coupé", 2türig, 2.354 $, 45.710 Stück. „Convertible Coupé", 2.963 $, 2.790 Stück. Dieses Modell wird mit hydraulischen Fensterhebern, elektrischer Sitzverstellung, automatischem Verdeck und Lederausstattung ausgeliefert. „Estate Wagon" mit Ganzstahlkarosserie, 3.470 $, 1.653 Stück. „Sedan", 4türig, 2.520 $, 31.919 Stück.

Roadmaster 70:
Äußerlich ähnelt der Roadmaster dem preisgünstigeren Super. Von diesem werden Karosserie und Zierelemente übernommen. Erkennungsmerkmale sind weiterhin die vier seitlichen Lufteinlaßöffnungen, die Serienbezeichnung am Kofferraumdeckel und der Namenszug „ROADMASTER" an den hinteren Kotflügeln. Die Sitze werden je nach Modell mit Nylongewebe, Seidenpopeline oder Leder bezogen. Die Sitze der zweitürigen Modelle sind an den Seiten mit Chromelementen verziert. Sämtliche Modelle sind mit Teppichen ausgelegt. Im Fond des „Sedan" befinden sich Armlehnen. Zur Ausstattung gehören das neue Super-Armaturenbrett, felgenbedeckende Radkappen, Servobremsen und -lenkung sowie ein Dynaflow-Getriebe. Motor: V8, Hubraum: 5,274 Liter, Leistung: 200 PS bei 4.100 U/min. Drei sechssitzige Modelle stehen zur Wahl: "Riviera Hardtop Coupé", 2türig, 3.373 $, 20.404 Stück. „Convertible Coupé", 3.521 $, 3.305 Stück. Dieses Modell wird mit hydraulischen Fensterhebern, elektrischer Sitzverstellung, automatischem Verdeck und Lederausstattung ausgeliefert. „Sedan", 4türig, 3.269 $, 26.862 Stück.

Skylark 100:
Dieser nur als „Convertible" angebotene Wagen ist das Prestigemodell der Marke. Er löst das Jubiläumsmodell des Vorjahres ab. Auch dieses Jahr wurde auf seitliche Lufteinlaßöffnungen verzichtet. Die vorderen und hinteren Radausschnitte sind rund. Weitere Merkmale: Kelseys-Hayes-Speichenräder, große verchromte Heckflossen, Polsterung aus Leder. Technisch entspricht der Wagen den Roadmaster-Modellen (einschließlich Motor und Dynaflow-Automatikgetriebe). Ein Wahlschalter mit vier Schaltpositionen dient zur Betätigung der Seitenscheiben, der Sitzverstellung und des Verdecks. Zur Serienausstattung gehört ein „Selectronic"-Radio mit elektrisch ausfahrbarer Antenne. Es wird nur ein Modell angeboten: „Sport Convertible", 2türig, 4.355 $, 836 Stück. **Gesamtstückzahl 1954:** 531.463. Als Einzelstück entsteht unter der Bezeichnung Roadmaster „Landau", eine viertürige Cabrio-Limousine mit elektrischem Verdeck. Fahrer- und Beifahrersitz sind mit blauem Leder bezogen. Der Fond ist mit einer teils mit naturfarbenem Leder, teils mit Teppich bezogenen Wand abgetrennt. In der Mitte der hinteren Sitzbank gibt es eine breite Armlehne mit eingebauter Bar. Der schwarz lackierte Wagen mit naturfarbenem Verdeck befindet sich heute im Besitz eines privaten Sammlers.

BUICK 1955

Der Buick-Stil wird zunehmend „moderner". Die hinteren Kotflügel enden in abgerundeten Heckflossen mit integrierten Rücklichtern. Die vorderen Kotflügel sind voluminöser geworden. Der neue Kühlergrill wirkt dezenter. Die breiten Stoßfänger sind mit zwei „Raketenhör-

1955. Buick Super „Convertible Coupé".
▼

nern" bestückt. Zur serienmäßigen Ausstattung gehören: schlauchlose Reifen, Blinkleuchten, Armlehnen vorne und hinten, „Step On"-Standlicht und eine bessere Wärme- und Schalldämmung. Auf Wunsch werden die Wagen zwei- oder dreifarbig lackiert. Gegen Aufpreis sind schlauchlose Weißwandreifen, Speichenräder (außer bei den Special) und Klimaanlage lieferbar.

Special 40:

Die Zierleisten, die drei seitlichen Lufteinlaßöffnungen und das Armaturenbrett sind unverändert. Auch die Aufschrift „SPECIAL" an den hinteren Kotflügeln ist gleich geblieben. Die Sitze sind mit „Cordaveen"-Samt bezogen. Gegen Aufpreis kann mehr oder weniger nützliches Zubehör geordert werden: Kofferraumbeleuchtung, elektrische Uhr, Halterung für das hintere Nummernschild und Radkappen. Motor: V8, Hubraum: 4.324 Liter, Leistung: 188 PS bei 4.800 U/min. Sechs sechssitzige Modelle stehen zur Wahl: „Riviera Hardtop Coupé", 2türig, 2.332 $, 155.818 Stück. „Riviera Hardtop Sedan", 4türig, 2.409 $, 66.409 Stück. „Convertible Coupé", 2.590 $, 10.009 Stück. „Sedan", 4türig, 2.291 $, 84.182 Stück. „Sedan", 2türig, 2.233 $, 61.879 Stück. „Estate Wagon" mit Ganzstahlkarosserie, 2.974 $, 2.952 Stück.

Super 50:

Für diese Serie kommen die breiten „C"-Karosserien von GM mit etwas runderen Konturen zum Einsatz. Sowohl hinsichtlich der Innenausstattung als auch in Bezug auf die Leistungen handelt es sich hier um echte Sparmodelle. An den vorderen Kotflügeln befinden sich vier runde Lufteinlaßöffnungen. Die hinteren Kotflügel und das Markenemblem tragen die Aufschrift „SUPER". Die „Sedan"-Modelle haben hinten ein kleines Seitenfenster. Die A-Säulen sind gerade. Die Sitze sind mit Nylongewebe oder Cordaveen bezogen. Das Armaturenbrett ist mit einem „Red Liner"-Tachometer ausgestattet. Der Motor entspricht demjenigen der Century-Modelle. Drei sechssitzige Modelle stehen zur Wahl: „Riviera Hardtop Coupé", 2türig, 2.831 $, 85.656 Stück. „Convertible Coupé" mit hydraulischen Fensterhebern, 2türig, 3.225 $, 3.527 Stück. „Sedan" 4türig, 2.876 $, 43.280 Stück.

Century 60:

Die Century-Modelle mit Super-Karosserien und Roadmaster-Technik bleiben weiterhin die sportlichsten Wagen im Buick-Katalog. An den vorderen Kotflügeln befinden sich vier Lufteinlaßöffnungen. Der hintere Kotflügel trägt die Aufschrift „CENTURY". Zur serienmäßigen Ausstattung gehören eine elektrische Uhr und ein runder „Red Liner"-Tachometer mit Tagesmeilenzähler. Die Innenausstattung wird wahlweise in Moleskin oder Cordaveen angeboten. Motor: V8, Hubraum: 5,274 Liter, Leistung:236 PS bei 4.600 U/min. Sechs sechssitzige Modelle stehen zur Wahl: „Riviera Hardtop Coupé", 2türig, 2.601 $, 80.338 Stück. „Riviera Hardtop Sedan", 4türig, 2.733 $, 55.088 Stück. „Convertible Coupé" mit hydraulischen Fensterhebern, 2türig, 2.991 $, 5.588 Stück. „Sedan", 4türig, 2.548 $, 13.629 Stück. „Sedan", 2türig, Preis unbekannt, 298 Stück. „Estate Wagon" mit Ganzstahlkarosserie, 3.175 $, 4.243 Stück.

Roadmaster 70:

Die Modelle dieser Serie heben sich durch ihre ausgesprochen aufwendige Gestaltung von den anderen Fahrzeugen der Marke ab. Der Kofferraumdeckel und die Motorhaube trägt die Aufschrift „ROADMASTER" (in vergoldeten Buchstaben). Aufwendige Radkappen und vergoldete Zierelemente am Kühlergrill sollen den Eindruck von Luxus vermitteln. Karosseriemäßig entsprechen die Wagen der Century-Serie. Für die hochwertige Innenausstattung stehen zehn verschiedene Polsterungen und Bezugsstoffe zur Auswahl. Mit einem neuen Getriebe („Variable-Pitch Dynaflow") kann schneller geschaltet werden. Zur serienmäßigen Ausstattung gehören: Servolenkung, Rückfahrscheinwerfer, Standlicht, elektrische Uhr, Scheibenwaschanlage, „Custom"-Radkappen und Sitze mit Schaumstoffauflagen. Der Motor entspricht demjenigen der Serie Century 60. Drei sechssitzige Modelle stehen zur Wahl: „Riviera Hardtop Coupé", 2türig, 3.453 $, 28.071 Stück. „Convertible Coupé" mit hydraulischen Fensterhebern, 3.552 $, 4.730 Stück. „Sedan", 4türig, 3.349 $, 31.717 Stück.

Gesamtstückzahl 1955: 781.296 Stück In diesem Jahr rollt der 8.000.000ste Wagen vom Band. Mit der in diesem Jahr erreichten Stückzahl von einer Million Hardtop-Modellen avanciert die Marke zum größten Anbieter dieser Fahrzeuggattung.

BUICK 1956

Die Wagen des Jahres 1956 sind abgesehen vom neugestalteten Kühler mit den Vorjahresmodellen so gut wie identisch.

Special 40:

Die Special-Modelle weisen weiterhin die seitliche

▼ Blick ins Innere eines Buick Roadmaster „Sedan".

„Sweepspear"-Verzierung und die drei seitlichen Lufteinlaßöffnungen auf. Alle Fahrzeuge werden jetzt ausnahmslos mit runden hinteren Radausschnitten ausgeliefert. Das Scheinwerferdesign und der Kühlergrill sind neu. Die serienmäßige Ausstattung umfaßt: Blinklichter, Armlehnen vorne und hinten, Zigarettenanzünder, beleuchtetes Handschuhfach, Kartenleselampe unter dem Armaturenbrett, Doppeltonhupe, Armaturenbrett mit „Red Liner"-Tachometer und Tagesmeilenzähler. Die Modelle der Serien Special 40 und Century 60 haben in der Basisversion ein manuelles Dreiganggetriebe mit Rückwärtsgang. Gegen Aufpreis kann das Dynaflow-Automatikgetriebe geordert werden. Motor: V8, Hubraum: 5,274 Liter, Leistung: 220 PS bei 4.400 U/min. Sechs sechssitzige Modelle stehen zur Wahl: „Riviera Hardtop Coupé", 2türig, 2.457 $, 113.861 Stück. „Riviera Hardtop Sedan", 4türig, 2.528 $, 91.025 Stück. „Convertible Coupé", 2.740 $, 9.712 Stück. „Sedan", 4türig, 2.416 $, 66.977 Stück. „Sedan" 2türig, 2.537 $, 38.672 Stück. „Station Wagon", 2.775 $, 13.770 Stück.

Super 50:

Der Super 50 ist der breiteste Wagen im Verkaufskatalog. Die hinteren Flanken, der Kofferraumdeckel und das Markenemblem tragen die Aufschrift „SUPER". Zur serienmäßigen Ausstattung gehören das Dynaflow-Getriebe, Schaumstoffsitze, eine elektrische Uhr und eine Kofferraumbeleuchtung. Der Motor ist identisch mit demjenigen der Serie Century 60. Vier sechssitzige Modelle stehen zur Wahl: „Riviera Hardtop Sedan", 4türig, 3.340 $, 34.029 Stück. „Riviera Hardtop Coupé", 2türig, 3.204 $, 29.540 Stück. „Convertible Coupé", 3.544 $, 2.489 Stück. Dieses Modell wird mit horizontal verstellbaren Sitzen, elektrischen Fensterhebern und automatischem Verdeck ausgeliefert. „Sedan", 4türig, 3.250 $, 14.940 Stück.

Century 60:

Die Modelle dieser Serie kommen mit den „B"-Karosserien auf den Markt. Als Erkennungsmerkmal dienen die vier seitlichen Lufteinlaßöffnungen. Die Sitze der geschlossenen Modelle sind mit zwei- oder dreifarbigem Nylongewebe oder „Cordaveen" bezogen. Das „Convertible Coupé" wird mit Leder ausgeliefert. Motor: V8, Hubraum: 5,274 Liter, Leistung: 255 PS bei 4.400 U/min. Fünf sechssitzige Modelle stehen zur Wahl: „Riviera Hardtop Sedan", 4türig, 3.025 $, 20.891 Stück. „Riviera Hardtop Coupé", 2.963 $, 33.334 Stück. „Convertible Coupé", 3.306 $, 4.721 Stück. Dieses Modell wird mit horizontal verstellbaren Sitzen, elektrischen Fensterhebern und automatischem Verdeck ausgeliefert. „Station Wagon", 3.256 $, 8.160 Stück. DeLuxe „Riviera Hardtop Sedan" (mit elektrischen Fensterhebern), 4türig, 3.041 $, 35.082 Stück.

Roadmaster 70:

Die Marke ist deutlich um eine differenzierte Gestaltung ihrer Spitzenmodelle bemüht. Der Kofferraumdeckel trägt zwei Chromleisten und die Aufschrift „ROADMASTER". Die Serienbezeichnung ist ebenfalls unterhalb der vier seitlichen Lufteinlaßöffnungen angegeben. Zur serienmäßigen Ausstattung gehören: kombinierte Heizungs-/Lüftungsanlage, „Variable-Pitch"-Dynaflow-Getriebe, Servolenkung und -bremsen, Rückfahrscheinwerfer, Handbremskontrolleuchte, elektrische Uhr, DeLuxe-Radkappen. Die geschlossenen Modelle werden mit Teppichen und Sitzbezügen aus Velours oder Nylongewebe, das „Convertible Coupé" mit Lederausstattung ausgeliefert. Der Motor entspricht demjenigen der Serie Century 60. Vier sechssitzige Modelle stehen zur Wahl: „Riviera

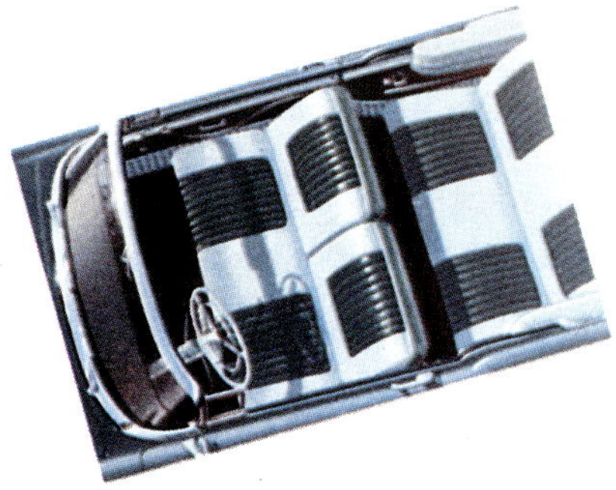

▲ *1956. Buick Super „Convertible Coupé".*

▲ *1956. Buick Century „Riviera Hardtop Coupé".*

◀ 1957. Buick Roadmaster „Riviera Hardtop Coupé".

Rechts: Special „Sedan". ▶

1958. Heckansicht. ▲

Hardtop Sedan", 4türig, 3.692 $, 24.770 Stück. „Riviera Hardtop Coupé", 2türig, 3.591 $, 12.490 Stück. Dieses Modell wird mit horizontal verstellbaren Sitzen, elektrischen Fensterhebern und automatischem Verdeck ausgeliefert. „Convertible Coupé", 3.704 $, 4.354 Stück. „Sedan", 4türig, 3.503 $, 11.804 Stück.

Gesamtstückzahl 1956: 535.364

BUICK 1957

Die neuen Karosserien der 40er Serie sind niedriger und breiter als zuvor. Die hinteren Kotflügel sind am unteren Rand mit einer breiten Chromblende verziert, die Stoßfänger optisch bis zu den Radausschnitten verlängert. Der Tankeinfüllstutzen und die Auspuffrohre sind in die hinteren Stoßfänger integriert.

Special 40:

Die drei seitlichen Lufteinlaßöffnungen und die Innenausstattung bleibt unverändert. Nur der „Station Wagon" ist jetzt mit Moleskin und Velours und das „Convertible Coupé" mit zweifarbigem „Cordaveen" ausgekleidet. Das Armaturenbrett ist farblich auf den Lack abgestimmt. Zur Serienausrüstung gehören: Blinkleuchten, Armlehnen vorne und hinten, Zigarettenanzünder, beleuchtetes Handschuhfach, Kartenleselampe unterhalb des Armaturenbretts, Doppeltonhupe, -„Red Liner"-Tachometer. Das „Convertible Coupé" weist auch links einen Außenspiegel auf. Serienmäßig besitzen die Wagen das herkömmliche Dreiganggetriebe mit Rückwärtsgang. Gegen Aufpreis kann das Dynaflow-Getriebe georderd werden. Motor: V8, Hubraum: 5,962 Liter, Leistung: 250 PS bei 4.400 U/min. Sieben sechssitzige Modelle stehen zur Wahl: „Riviera Hardtop Coupé", 2türig, 2.704 $, 64.425 Stück. „Hardtop Sedan", 4türig, 2.780 $, 50.563 Stück. „Convertible Coupé", 2.987 $, 8.505 Stück. „Sedan", 4türig, 2.660 $, 59.739 Stück. „Sedan", 2türig, 2.596 $, 23.180 Stück. „Riviera Station Wagon Caballero", 4türig, 3.167 $, 6.817 Stück. „Station Wagon", 4türig, 3.047 $, 7.013 Stück.

Super 50:

Für diese Modelle kommen die breiteren „C"-Karosserien von GM zum Einsatz. Der Riviera weist ein modifiziertes Dach auf. Die Modelle dieser Serie sind an den vier seitlichen Lufteinlaßöffnungen und den drei V-förmigen Chromleisten an den hinteren Kotflügeln bzw. Türen zu erkennen. Die Ausstattung entspricht derjenigen der Century-Serie. Die Sitze sind mit Nylongewebe oder „Cordaveen" bezogen. Für das „Convertible Coupé" wird nur „Cordaveen" angeboten. Der Motor entspricht demjenigen Century-Modelle. Drei sechssitzige Modelle stehen zur Wahl: „Riviera Hardtop Coupé", 2türig, 3.536 $, 26.529 Stück. „Hardtop Sedan", 4türig, 3.681 $, 41.665 Stück. „Convertible Coupé", 3.981 $, 2.056 Stück. Dieses Modell wird mit verstellbaren Sitzen, elektrischen Fensterhebern und automatischem Verdeck ausgeliefert.

Century 60:

Abgesehen von den vier seitlichen Lufteinlaßöffnungen sind die Century-Modelle äußerlich den Fahrzeugen der Special-Serie sehr ähnlich. Die Serienbezeichnung steht im Markenemblem sowie an den hinteren Kotflügeln bzw. Türen (je nachdem, ob es sich um ein zwei- oder ein viertüriges Modell handelt). Die Innenausstattung ist luxuriöser. Zusätzlich zur Special-Ausstattung werden Schaumstoffsitze und eine Kofferraumbeleuchtung angeboten. Motor: V8, Hubraum: 5,962 Liter, Leistung: 300

▼ 1957. Buick Century „Riviera Hardtop Coupé".

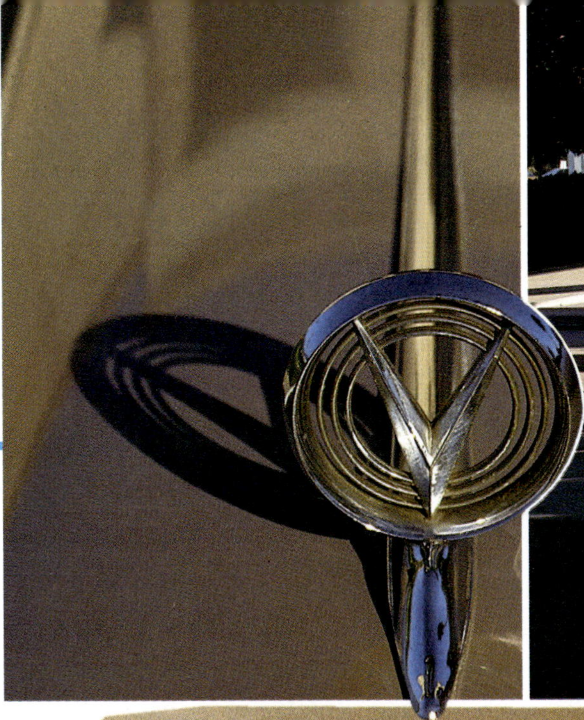

PS bei 4.600 U/min (mit dem gegen Aufpreis lieferbaren „High Performance Kit“ werden 330 PS erreicht). Fünf sechssitzige Modelle stehen zur Wahl: „Riviera Hardtop Coupé“, 2türig, 3.270 $, 17.029 Stück. „Hardtop Sedan“ 4türig, 3.354 $, 25.589 Stück. „Convertible Coupé“ (mit hydraulischen Fensterhebern), 3.598 $, 4.085 Stück. „Sedan“, 4türig, 3.234 $, 8.075 Stück. „Station Wagon“, 4türig, 3.706 $, 10.186 Stück.

Roadmaster 70:

Diese Serie kommt 1957 zum letzten Mal heraus. Die Karosserie mit den vier seitlichen Lufteinlaßöffnungen ist neu. Bei den geschlossenen Modellen verlaufen zwei Chromleisten über das Dach und über die Heckscheibe. Doch die dreigeteilte Heckscheibe gefällt den Kunden nicht und so bietet Buick schon nach kurzem für den „Riviera Hardtop Sedan“ und das „Hardtop Coupé“ gegen Aufpreis eine auch eine ungeteilte Heckscheibe anzubieten. Die zweitürigen Modelle weisen drei V-förmige Chromleisten an den hinteren Kotflügeln auf; bei den viertürigen Modellen steht an an jener Stelle das Roadmaster-Zeichen. Die Innenausstattung ist bei den viertürigen Modellen in Popeline und Nylongewebe, bei den „Riviera“ in Nylongewebe und beim „Convertible Coupé“ in Leder ausgeführt. Das Armaturenbrett dieses höchst aufwendig ausgestatteten Modells ist ebenfalls mit Leder bezogen. Der Motor entspricht demjenigen der Century-Serie. Fünf sechssitzige Modelle stehen zur Wahl: „Hardtop Coupé“, 2türig, 3.944 $, 2.812 Stück. „Riviera Hardtop Coupé“, 2türig, 3.944 $, 3.826 Stück. „Riviera Hardtop Sedan“, 4türig, 4.053 $, 11.401 Stück. „Hardtop Sedan“, 4türig, 4.053 $, 10.526 Stück. „Convertible Coupé“ (mit hydraulischen Fensterhebern), 4.066 $, 4.364 Stück.

Roadmaster 75:

Als neue Top-Modelle bietet die Marke in diesem Jahr die Roadmaster 75 an. Diese sind mit Klimaanlage und Elektromotoren bzw. Servounterstützung für diverse Funktionen versehen. Die Innenausstattung ist sehr luxuriös. Die Heckscheibe ist einteilig. Die hinteren Kotflügel oder Türen weisen die Aufschrift „ROADMASTER 75“ auf. Der Motor entspricht demjenigen der Century-Serie. Zwei sechssitzige Modelle stehen zur Wahl: „Hardtop Sedan“, 4türig, 4.483 $, 12.250 Stück. „Hardtop Coupé“, 2türig, 4.373 $, 2.404 Stück.
Gesamtstückzahl 1957: 407.271 Stück.

BUICK 1958

In diesem Jahr bietet die Marke echte Traumwagen an. Die seitlichen Lüftungsschlitze, die wir bereits von den 1948er Fahrzeugen kennen, erleben ein Comeback. Über dem „Drawer Pull“-Kühlergrill sind zwei Doppelscheinwerfer angeordnet. Die hinteren Kotflügel und Türen weisen je nach Serie unterschiedliche Chromverzierungen auf. Neu ist auch die von Du Pont entwickelte „Lucite“-Acrylharzlackierung, die nach Aussage des Herstellers mindestens 18 Monate ohne Wachsbehandlung auskommt. Im Hause Buick durchgeführte Tests bewiesen, daß die neuen Lacke eine dreifach höhere Witterungsbeständigkeit aufweisen und bei weitem nicht so schnell matt werden wie herkömmliche Materialien. Ein weiterer Vorteil: Mit den „Lucite“-Lacken lassen sich neue Farb- und Metallic-Effekte realisieren.

Special 40:

Zur Serienausstattung der Special-Serie gehören unter anderem ein an das Zündschloß gekoppelter Starter, ein Zigarettenanzünder, ein Tagesmeilenzähler, Stoßstangenhörner, ein Handschuhfach und Scheibenwischer mit verschiedenen Geschwindigkeitsstufen. Die Innenverkleidungen bestehen aus grauem Moleskin und Vinyl, oder aus „Cordaveen“ und Vinyl (beim „Convertible Coupé“ ganz aus „Cordaveen“). Die luxuriösere „Custom“-Ausstattung kann gegen Aufpreis geordert werden. Die Zierblende an den hinteren Kotflügeln trägt die Aufschrift „SPECIAL“. Motor: V8, Hubraum: 5,962 Liter, Leistung: 250 PS bei 4.400 U/min. Sieben sechssitzige Modelle stehen zur Wahl: „Riviera Hardtop Coupé“, 2türig, 2.744 $, 34.903 Stück. „Convertible“, 3.041 $, 5.502 Stück. „Sedan“, 4türig, 2.700 $, 48.238 Stück. „Sedan“, 2türig, 2.636 $, 11.566 Stück. „Riviera Station Wagon“, 4türig, 3.261 $, 3.420 Stück. „Station Wagon“, 4türig, 3.145 $, 3.663 Stück. „Riviera Hardtop Sedan“, 4türig, 2.820 $, 31.921 Stück.

Super 50:

In dieser Serie werden ab sofort nur noch zwei Modelle angeboten, die äußerlich den Special- und Century-Modellen sehr ähneln. Die Zierblende an den hinteren Kotflügeln trägt die Aufschrift „SUPER“. Die Serienausstattung umfaßt zusätzlich zum Zubehör der einfacheren Serien: Dynaflow-Automatikgetriebe, Servolenkung und

▼ *1958. Buick Roadmaster „Riviera Hardtop Coupé“.*

Oben: 1958. Buick Limited 700 „Riviera ▲ Hardtop Coupé“.

▶ 1958. Markante Heckflossen prägen die Heckansicht des Limited.

▲ 1958. Buick Special „Riviera Hardtop Coupé".

1958. Buick Roadmaster „Riviera Hardtop Coupé". ▼

▲ 1958. Buick Limited 700 „Riviera Hardtop Sedan".

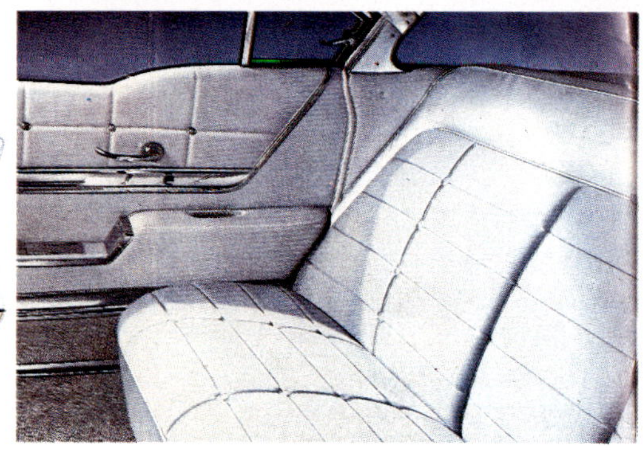

1958. Blick ins Innere des Buick Limited 700.

◀ 1958. Buick Century „Convertible".

-bremsen, gepolstertes Armaturenbrett mit flächenbündig eingesetzten Instrumenten, Teppich am Boden und im unteren Seitenbereich, Leselampe für den Beifahrer. Der Motor ist identisch mit dem der Century-Serie. Zwei sechssitzige Modelle stehen zur Wahl: „Riviera Hardtop Sedan", 4türig, 3.789 $, 28.460 Stück. „Riviera Hardtop Coupé", 4türig, 3.644 $, 13.928 Stück.

Century 60:

Äußerliches Unterscheidungsmerkmal zur Special-Serie ist die Aufschrift „CENTURY" in der Zierblende am hinteren Kotflügel. Zur Serienausstattung gehören neben dem Special-Zubehör: Dynaflow-Getriebe, felgenbedeckende Radkappen, dicker Teppich am Boden, Doppeltonhupe, elektrische Uhr und gepolstertes Armaturenbrett. Alle Modelle haben Nylongewebe Polsterung; nur der „Station Wagon" wird mit "Cordaveen"-Bezügen ausgeliefert. Motor: V8, Hubraum: 5,962 Liter, Leistung 300 PS bei 4.600 U/min. Fünf sechssitzige Modelle stehen zur Wahl: „Riviera Hardtop Coupé", 2türig, 3.270 $, 8.110 Stück. „Convertible", 3.598 $, 2.588 Stück. Dieses Modell wird mit hydraulischen Fensterhebern, automatischem Verdeck und zweifach verstellbaren Vordersitzen ausgeliefert.

„Sedan" 4türig, 3.224 $, 7.421 Stück. „Station Wagon" 4türig, 3.706 $, 4.456 Stück. „Riviera Hardtop Sedan" 4türig, 3.354 $, 15.171 Stück.

Roadmaster 75:

Abgesehen von etwas mehr Chrom entspricht die Roadmaster-Verzierung derjenigen der Super-Serie. Weitere Unterscheidungsmerkmale sind das luxuriösere Armaturenbrett und die schrägen Chromstreifen an den hinteren Kotflügeln. Der Kofferraumdeckel (dessen Schloß unter dem Buick-Emblem verborgen ist) trägt die Aufschrift „ROADMASTER". Zur Serienausstattung gehören neben dem Zubehör der Special-Serie elektrische Fensterheber, sechsfach verstellbare Sitze, ein gepolstertes Armaturenbrett, ein abblendbarer Rückspiegel, eine Handbremskontrolleuchte und DeLuxe-Radkappen. Die Innenverkleidung besteht aus Moleskin oder einer Moleskin-/Leder-Kombination. Das „Convertible Coupé" wird mit Lederausstattung ausgeliefert. Der Motor entspricht demjenigen der Century-Serie. Drei sechssitzige Modelle stehen zur Wahl: „Convertible" (mit automatischem Verdeck), 4.680 $, 1.181 Stück. „Riviera Hardtop Coupé", 2türig, 4.557 $, 2.368 Stück. „Riviera Hardtop Sedan", 4türig, 4.667 $, 10.505 Stück.

Limited 700:

Buick besinnt sich wieder auf die seit 1942 in Vergessenheit geratene Bezeichnung für ihre Top-Modelle. Die hinteren Kotflügel weisen zwölf charakteristische vertikale Lüftungsöffnungen auf. Die Rücklichter sind in die Heckflossen integriert und mit Chromstäben geschützt. Vier horizontale Zierleisten umrahmen das Buick-Emblem auf dem Kofferraumdeckel. Die Aufschrift „LIMITED" steht bei den 4türigen Modellen an den hinteren Türen und bei den 2türigen Modellen an den Kotflügeln. Die Polsterung aus Moleskin oder einer Moleskin-/Leder-Kombination ist aufwendiger verarbeitet als bei den anderen Serien. Das „Convertible Coupé" wird nur mit Lederausstattung ausgeliefert. Der Motor entspricht dem der Century-Serie. Drei sechssitzige Modelle stehen zur Wahl: „Convertible" (mit automatischem Verdeck), 5.125 $, 839 Stück. „Riviera Hardtop Coupé", 2türig,

▲ *1959. Futuristisch gestyltes Heck.*

5.002 $, 1.026 Stück. „Riviera Hardtop Sedan", 4türig, 5.112 $, 5.571 Stück.

Gesamtstückzahl 1958: 257.124 Stück.

BUICK 1959

Die neuen Modelle sind so rassig wie nie zuvor. Karosserien und Serienbezeichnungen sind neu. Anhand der Abbildungen erkennt man, wie radikal sich das Design verändert hat: Aufwärtsragende Heckflossen, über die Scheinwerfer hochgezogene Kotflügel, extrem großflächige Heckscheibe, neue Zierleisten.

LeSabre - Serie 4400:

Das Kühlergrill-Design mit Chromquadraten bleibt erhalten. Die Innenverkleidung besteht aus „Barbary"-Moleskin und „Cordaveen"; der „Convertible" und der „Station Wagon", werden nur mit „Cordaveen" verkleidet. Die Ausstattung ist sehr umfangreich; sie entspricht im wesentlichen der Special-Ausstattung 1958. Motor: V8, Hubraum: 5,962 Liter, Leistung: 250 PS bei 4.400 U/min. Sechs sechssitzige Modelle stehen zur Wahl: „Hardtop Sedan", 4türig, 2.925 $, 46.049 Stück. „Hardtop Coupé", 2türig, 2.849 $, 35.189 Stück. „Convertible", 2türig, 3.129 $, 10.489 Stück. „Sedan", 4türig, 2.804 $, 51.379 Stück. „Sedan", 2türig, 2.740 $, 13.492 Stück. „Station Wagon", 4türig, 3.320 $, 8.286 Stück.

Invicta - Serie 4600:

Diese Serie tritt an die Stelle der früheren Century-60-Modelle. Die vorderen Kotflügel tragen die Aufschrift „INVICTA". Die Polsterung besteht aus „Balfour"-Moleskin und „Cordaveen"; das „Convertible Coupé" ist nur mit "Cordaveen" verkleidet (vier Farbkombinationen stehen zur Wahl). Zur Serienausstattung gehören „Foamtex"-Polsterung, eine elektrische Uhr, ein DeLuxe-Lenkrad und felgenbedeckende Radzierkappen. Motor: V8, Hubraum: 6,568 Liter, Leistung: 325 PS bei 4.400 U/min. Fünf sechssitzige Modelle stehen zur Wahl: „Hardtop Sedan", 4türig, 3.515 $, 20.156 Stück. „Hardtop Coupé", 2türig, 3.447 $, 11.451 Stück. „Convertible", 3.620 $, 5.447 Stück. „Sedan", 4türig, 3.357 $, 10.566 Stück. „Station Wagon", 4türig, 3.841 $, 5.231 Stück.

1959. Frontansicht des Electra 225.

Electra - Serie 4700:

Diese Serie ersetzt die früheren Roadmaster. Die Zierelemente sind gleich wie bei den anderen Modellen der Marke, die Ausstattung ist jedoch umfangreicher und luxuriöser: gepolstertes Sicherheits-Armaturenbrett, Servolenkung und -bremsen, zweistufige Scheibenwischer, doppelte Auspuffanlage, luxuriösere Innenverkleidung in "Mojave"-Nylon oder Popeline mit „Cordaveen". Der Motor entspricht demjenigen der Invicta-Serie. Drei sechssitzige Modelle stehen zur Wahl: „Hardtop Sedan", 4türig, 3.963 $, 20.612 Stück. „Convertible", 3.818 $, 11.216 Stück. „Sedan" 4türig, 3.856 $, 12.357 Stück.

Electra 225 - Serie 4800:

„225" steht für Gesamtlänge der Wagen (225 Zoll = 5,72 m!). Unterscheidungsmerkmale sind die Aufschrift „ELECTRA 225" an den vorderen Kotflügeln und die massiveren Chromleisten. Bei den 4türigen Modellen sind die Zierblenden der hinteren Kotflügel tiefer angeordnet. Die Innenverkleidung ist aufwendiger gestaltet. Das „Convertible Coupé" wird mit Lederbezügen ausgeliefert. Die serienmäßigen Ausstattung umfaßt: elektrische Fensterheber, Außenspiegel und felgenbedeckenden Radzierkappen. Der Motor entspricht demjenigen der Invicta-Serie. Drei sechssitzige Modelle stehen zur Wahl: „Hardtop Sedan„, 4türig, 4.300 $, 10.491 Stück. „Convertible" (mit automatischem Verdeck), 2türig, 4.192 $, 5.493 Stück. „Sedan" 4türig, 4.300 $, 6.324 Stück.

Gesamtstückzahl 1959: 232.579 Stück.

CADILLAC Von 1903 bis heute

1950. Cadillac-Emblem.

▲ Oben: 1950. Cadillac „Convertible" Serie 62.
◀ Links: Bestattungsfahrzeug Baujahr 1950. Der Aufbau stammt von „The Hess & Eisenhardt Co" in Rossmoyne, Ohio. Mitte: 1950 Cadillac-Armaturenbrett. Unten: Blick ins Innere eines „Sedan" Serie 75.

Obwohl Cadillac auch in dieser Dekade nicht zu den „Fünf Giganten" gehört, bleibt die Marke doch ein Symbol für Luxus und Reichtum. Der erste „Cadillac" wird am 17. Oktober 1902 fertiggestellt. Der Namen soll an den französischen Forscher Antoine de la Mothe Cadillac erinnern, der Anfang des 18. Jahrhunderts Detroit entdeckte. In den Nachkriegsjahren ist die Firma sehr erfolgreich. Bis heute kann sich das Unternehmen wirtschaftlich gut behaupten: Auch 1991 gilt es als etwas besonderes, einen Cadillac zu fahren — nicht nur in Amerika! Nach dem Krieg bringt die Marke zunächst eine Neuauflage ihrer 1942er Modelle heraus. Die erste GM-Nachkriegskarosserie kommt im Februar 1946 auf den Markt. Sie wird ein Jahr lang sowohl von Cadillac als auch von Oldsmobile angeboten. Erste Ansätze von Heckflossen sind zu erkennen. Auf Wunsch werden die Fahrzeuge der Marke mit Automatikgetriebe („Hydra-Matic Drive") ausgestattet. 1949 wartet Cadillac mit einem neuen V8-Motor mit hängenden Ventilen auf. Die Standardausstattung beinhaltet bereits zu diesem Zeitpunkt Rückfahrscheinwerfer. In Europa muß man darauf noch viele Jahre warten!

CADILLAC 1950

Die neuen Modelle des Jahres 1950 sind zwar schwerer als die des Vorjahres, doch sie wirken schlichter und gestreckter. Eine längere Heckpartie weist erste Andeutungen von Heckflossen auf und die weit nach vorn

1950. Cadillac „Sedan" Serie 75.

gezogene Motorhaube ragt über die Scheinwerfer hinaus. Der Kühlergrill ist in diesem Jahr noch wuchtiger ausgefallen. Erstmals wird eine einteilige Windschutzscheibe angeboten. Rostfreie „Sombrero"-Radzierkappen ersetzen die früheren verchromten Radkappen.

Serie 61 (V8):
Diese Serie basiert auf dem kürzesten Fahrgestell der Cadillac-Palette. Von den „großen" Modellen unterscheiden sich die Wagen durch die fehlenden Chromleisten am unteren Karosserieabschluß und an den kürzeren hinteren Kotflügeln. Die Gesamtlänge wurde gegenüber dem Vorjahr um 10 cm verkürzt. Motor: V8, Hubraum: 5,222 Liter, Leistung: 160 PS bei 3.800 U/min. Drei Modelle stehen zur Wahl: „Sedan", 4türig, 5sitzig, 2.866 $, 14.619 Stück. „Club Coupé" 2türig, 5sitzig, 2.761 $, 11,839 Stück. „Export Sedan" 2türig, 6sitzig, 2.866 $, 312 Stück. Das Exportmodell wurde in Einzelteilen zerlegt nach Übersee verschifft und dort zusammengebaut. Darüberhinaus wurden zwei Fahrgestelle ohne Aufbau ausgeliefert (Preis unbekannt).

Serie 62 (V8):
Diese Serie erkennt man an der aufwendigen Innenausstattung und den Chromleisten am unteren Karosserieabschluß. Das Hydra-Matic-Getriebe gehört zur Serienausstattung. Der Motor entspricht demjenigen der Serie 61. Vier fünfsitzige Modelle stehen zur Wahl: „Sedan", 4türig, 3.224 $, 41.890 Stück. „Club Coupé", 2türig, 3.150 $, 6.434 Stück. „Coupé DeVille", 2türig, 3.523 $, 4.507 Stück. „Convertible Coupé", 2türig, 3.654 $, 6.986 Stück. Die beiden letzteren Modelle werden mit hydraulischen Fensterhebern und elektrischer Sitzverstellung ausgeliefert. Hinzu kommt ein Fahrgestell ohne Aufbau

Serie 60 - Special Fleetwood (V8):
Die Wagen dieser Serie basieren auf dem 1949er Fahrgestell und unterscheiden sich nur durch die acht schmalen, vertikal angeordneten Schlitze seitlich an den hinteren Kotflügeln. Aufgrund des größeren Radstandes wirkt die Karosserie länger als bei der Serie 62, doch der Schein trügt. Der Motor entspricht demjenigen der Serie 61. Nur ein Modell ist erhältlich: „Sedan" (mit hydraulischen Fensterhebern), 4türig, 6sitzig, Preis und Produktionszahlen unbekannt.

Serie 75 - Fleetwood (V8):
Die Top-Modelle der Marke werden erstmals seit 1942 wesentlich verändert. Sie erhalten eine völlig neue Karosserie. Die mit sechs Seitenscheiben ausgestatteten Modelle bieten enorm viel Platz im Fond. Für gewerbliche Automobile (Bestattungsfahrzeuge, Krankenwagen usw.) wird weiterhin das „Commercial"—Fahrgestell mit 3,99 m Radstand angeboten. Der Motor entspricht demjenigen der Serie 61. Drei siebensitzige Modelle stehen zur Wahl: „Sedan" (mit zusätzlichen Klappsitzen), 4türig, 4.770 $, 716 Stück. „Imperial Sedan" (mit zusätzlichen Klappsitzen), 4türig, 4.959 $, 743 Stück. „Business Sedan" 4türig, Preis unbekannt, 1 Einheit. „Commercial"-Fahrgestell, Preis unbekannt, 2.052 Stück.
Gesamtstückzahl 1950: 110.535 Stück. Cadillac steht an 15. Stelle der amerikanischen Automobilhersteller.

CADILLAC 1951

Abgesehen von einigen kleineren Modifikationen am Kühler und an den Zierleisten wartet die Marke 1951 mit keinen spektakulären Änderungen auf. Deutlichste Unterscheidungsmerkmale gegenüber den Vorjahresmodellen sind die größeren Stoßstangenhörner und die „Egg Crate"-Gitter seitlich oberhalb der Stoßfänger. Die „Sombrero"-Radkappen werden durch neue Radkappen in schlichterem Design ersetzt.

Serie 61 (V8):
Die Serie 61 ist in diesem Jahr zum letztenmal im Katalog. Danach wird sie aufgrund mangelnder Nachfrage eingestellt. Zur serienmäßigen Ausstattung gehören: Handbremsen-Kontrolleuchte, Delco-Remy-Lichtmaschine, Knee-Action- Vorderradaufhängung, an das Zündschloß gekoppelter Starter, Blinkleuchten, an Gummielementen aufgehängter Motor, stärkere Bremsen. Das Design des Armaturenbretts ist neu: Verschiedene Anzeigeinstrumente werden durch Kontrolleuchten (sogenannte „idiot lights") ersetzt. Die Modelle dieser Serie beha-lten ihre kleinen Karosserien mit den kurzen hinteren Kotflügeln bei. Auch in diesem Jahr fehlen die Chromleisten am unteren Rand. Motor: V8, Hubraum: 5,222 Liter, Leistung: 160 PS bei 3.800 U/min. Zwei fünfsitzige Modelle stehen zur Wahl: „Sedan" 4türig, 2.971 $, 2.300 Stück. „Club Coupé" 2türig, 2.810 $, 2.400 Stück.

Serie 62 (V8):
Neu in diesem Jahr sind nur die Rückfahrscheinwerfer. Ein „Convertible Coupé" wird nur in dieser Serie angeboten. Der Motor entspricht demjenigen der Serie 61. Fünf fünfsitzige Modelle stehen zur Wahl: „Sedan", 4türig, 3.224 $, 41.890 Stück. „Export Sedan", 4türig, Preis unbekannt, 756 Stück. „Club Coupé", 2türig, 3.436 $, 10.132 Stück. „Coupé DeVille", 2türig, 3.843 $, 10.241 Stück. „Convertible Coupé" 2türig, 3.987 $, 6.117 Stück. Hinzu kommen zwei Fahrgestelle ohne Aufbau

Fleetwood (V8):
Es gibt keine Veränderungen gegenüber dem Vorjahr. Der Motor entspricht demjenigen der Serie 61. Nur ein Modell wird angeboten: „Sedan" (mit hydraulischen Fensterhebern), 4türig, 6sitzig, 4.142 $, 18.631 Stück.

Serie 75 - Fleetwood (V8):
Es gibt keine Veränderungen gegenüber dem Vorjahr. Gegen Aufpreis kann ein Hydra-Matic-Getriebe geordert werden. Hydraulische Fensterheber gehören zur Serienausstattung. Das Modell „Business Sedan" wird nur auf Sonderbestellung gebaut. Das erklärt die geringe Stückzahl. Der Motor entspricht demjenigen der Serie 61. Drei achtsitzige Modelle stehen zur Wahl: „Sedan", 4türig, 5.200 $, 1.090 Stück. „Imperial Sedan", 4türig, 5.405 $, 1.085 Stück. „Business Sedan" 4türig, Preis unbekannt, 30 Stück. „Commercial"-Fahrgestell ohne Aufbau, Preis unbekannt, 2.960 Stück.
Gesamtstückzahl 1951: 103.272 Stück.

1951. Von links nach rechts: „Club Coupé" Serie 61. „Sedan" Serie 61. „Club Coupé" Serie 62. „Convertible Coupé" Serie 62.

◀ *1952. „Coupé DeVille" Serie 62 (Jubiläumsmodell).*

1952. Special Fleetwood „Sedan" Serie 60. ▼

1952. „Convertible Coupé" Serie 62. ▲

1952. Blick ins Innere eines „Convertible Coupé" Serie 62. ▼

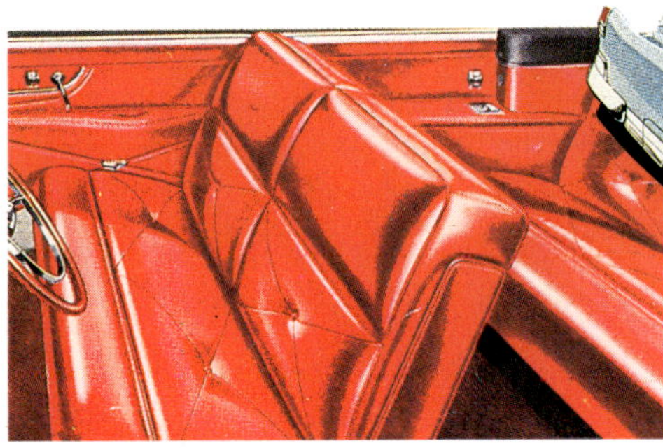

CADILLAC 1952

Cadillac bietet 1952 die leistungsstärksten Automobile auf dem amerikanischen Markt an. In diesem Jahr feiert die Firma ihr 50jähriges Bestehen. Im Jubiläumsjahr tragen alle Modelle ein vergoldetes V auf der Motorhaube und am Kofferraumdeckel. Neben kleineren Modifikationen hat sich in diesem Jahr auch der Kühlergrill wieder verändert. Die Auspuffrohre sind in die Stoßfänger integriert.

Serie 62 (V8):

Durch eine Veränderung des Türdesigns wurde mehr Platz im Kofferraum gewonnen. Zur Serienausstattung gehören Rücklichter in den Heckflossen und ein blendfreier Rückspiegel ebenso wie das Zweigang-Hydra-Matic-Getriebe und neue Blinkleuchten. Motor: V8, Hubraum: 5,222 Liter, Leistung: 190 PS bei 4.000 U/min. Vier fünfsitzige Modelle stehen zur Wahl: „Sedan", 4türig, 3.636 $, 42.625 Stück. „Club Coupé", 2türig, 3.542 $, 10.065 Stück. „Coupé DeVille" (mit elektrischer Sitzverstellung), 2türig, 3.962 $, 11.165 Stück. „Convertible Coupé", 2türig, 4.110 $, 6.400 Stück.

Serie SIXTY - Special Fleetwood (V8):

Auch diese Serie wird dem üblichen jährlichen Facelifting unterzogen. Das Cadillac-Emblem am Kofferraumdeckel wird durch die Aufschrift „FLEETWOOD" ersetzt. Die Wagen werden serienmäßig mit Hydra-Matic-Getriebe und hydraulischen Fensterhebern ausgestattet. Es wird nur ein Modell angeboten: „Sedan", 4türig, 5sitzig, 4.720 $, 16.110 Stück.

Serie 75 - Fleetwood (V8):

Die Produktion des „Business Sedan" wird eingestellt. Gegenüber dem Vorjahr ändert sich nur wenig. Zwei achtsitzige Modelle stehen zur Wahl: „Sedan", 4türig, 5.361 $, 1.400 Stück. „Imperial Sedan", 4türig, 5.572 $, 800 Stück. „Commercial"-Fahrgestell ohne Aufbau, Preis unbekannt, 1.694 Stück.

Gesamtstückzahl 1952: 96.844 Einheiten. Der 1.300.000ste Wagen läuft vom Band. Cadillac beliefert die US-Army mit Fahrzeugen für den Koreakrieg (T41E1 Walker-Bulldog-Panzer und Raupenfahrzeuge für Geschütze).

CADILLAC 1953

Gegenüber dem Vorjahr sind nur unwesentliche Veränderungen zu verzeichnen. Neu sind die größeren Stoßfänger mit noch wuchtigeren „Raketen"-Hörnern und die Radkappen. Die Standlichter sind im Kühlergrill unterhalb der Scheinwerfer angeordnet. Die Heckscheibe ist einteilig. Die meisten Modelle werden mit automatischer Scheinwerferabschaltung („Autronic-Eye") ausgeliefert.

Serie 62 (V8):

Die Wagen dieser Serie unterscheiden sich durch die fehlenden vertikalen Schlitze seitlich an den hinteren Kotflügeln. Wie bereits in 1951 und 1952 sind die „Sedan"-Aufbauten um 25 cm kürzer. Später im Modelljahr erscheint das luxuriöse „Convertible Coupé Eldorado" in limitierter Stückzahl. Dieser Wagen ist der erste der Marke mit Panoramawindschutzscheibe. Zu seiner Ausstattung gehören: Leder-/Moleskin-Innenausstattung Speichenräder, Weißwandreifen, Nebelleuchten, Hydra-Matic-Getriebe, linker Außenspiegel und Radio mit automatischem Sendersuchlauf. Das wahlweise in weißem oder schwarzem „Orlon" ausgeführte Verdeck verschwindet vollständig unter einer Metallabdeckung. Das „Coupé DeVille" hat keine B-Säulen. Motor: V8, Hubraum: 5,222 Liter, Leistung: 210 PS bei 4.150 U/min. Sechs fünfsitzige Modelle stehen zur Wahl: „Sedan", 4türig, 3.666 $, 41.890 Stück. „Sedan Export", 4türig, 3.666 $, 324 Stück (Das Exportmodell wird in Einzelteile zerlegt nach Übersee verschifft und dort zusammengebaut). „Coupé", 2türig, 3.571 $, 14.353 Stück. „Coupé DeVille" 2türig, 3.995 $, 14.550 Stück. „Convertible Coupé", 2türig, 4.144 $, 8.367 Stück. Eldorado Special „Sport Convertible Coupé", 2türig, 7.750 $, 532 Die letzten drei Modelle werden serienmäßig mit hydraulischen Fensterhebern ausgestattet (Für alle anderen Modelle gegen Aufpreis erhältlich). Hinzu kommen vier Fahrgestelle ohne Aufbau.

Serie 60 - Special Fleetwood (V8):

Dieses Modell erkennt man weiterhin an den acht Schlitzen und dem breiten Chromstreifen an den hinteren Kotflügeln. Der Kofferraumdeckel trägt die Aufschrift „FLEETWOOD". Der Motor entspricht demjenigen der Serie 62. Nur ein Modell wird angeboten: „Sedan", 4türig, 5sitzig, 4.305 $, 20.000 Stück.

Serie 75 - Fleetwood (V8):

Auch bei dieser Serie gibt es kaum Änderungen gegenüber dem Vorjahr. Der Motor entspricht demjenigen der Serie 62. Zwei achtsitzige Modelle stehen zur Wahl: „Sedan", 4türig, 5.604 $, 1.435 Stück. „Imperial Sedan" (mit hydraulisch betätigter Trennscheibe zum Fond), 4türig, 5.818 $, 765 Stück. Hinzu kommen 2.005 Stück des „Commercial"-Fahrgestells ohne Aufbau. **Gesamtstückzahl 1953:** 103.538 Stück. Cadillac steht an 15. Stelle der amerikanischen Automobilhersteller. Am 12. August bricht in dem Werk der Hydra-Matic-Getriebe in Livonia/Michigan ein Großbrand aus. Die Produktion muß für eine Woche unterbrochen werden. Bis zur endgültigen Behebung der Schäden werden 28.000 Fahrzeuge mit ersatzweise mit „Twin Turbine Drive" Getriebe ausgestattet.

CADILLAC 1954

Zur Erneuerung des Maschinenparks wird das

1953. Cadillac Eldorado Special „Sport Convertible Coupé" Serie 62. ▲▼

Montageband 25 Tage angehalten. Die Fahrzeugproduktion läuft am 4. Januar 1954 wieder an. Endlich weisen die Modelle ein modernes Styling auf. Die Karosserien liegen tiefer. Die Standlichter sind im feinmaschigen Kühlergrill integriert. Der vordere Stoßfänger ist in der Mitte zwischen den Hörnern abgesenkt: In der Markenterminologie heißt dies Dagmar-Styling. Der hintere Stoßfänger mit den integrierten Auspuffrohren und den „Raketen"-Hörnern links und rechts des Nummernschilds wurde ebenfalls neu gestaltet. Alle Modelle werden mit einer Eldorado-Panoramascheibe ausgeliefert.

Serie 62 (V8):

Der Radstand wird von 3,28 auf 3,30 m verlängert. Die Modelle der Serie 62 weisen auch weiterhin keine Schlitze an den hinteren Kotflügeln auf. Die serienmäßige Ausstattung ist höchst umfangreich. Sie umfaßt unter anderem: Aluminiumkolben, automatische Scheibenwaschanlage, Servolenkung und 12 V-Anlage. Der „Sedan" ist nur noch 18 cm kürzer als die übrigen Modelle der Serie. Motor: V8, Hubraum: 5,222 Liter, Leistung: 230 PS bei 4.400 U/min. Sieben fünfsitzige Modelle stehen zur Wahl: „Sedan", 4türig, 3.933 $, 33.845 Stück. „Export Sedan", 4türig, 3.933 $, 408 Stück. (Das Exportmodell wird in Einzelteile zerlegt nach Übersee verschifft und dort zusammengebaut). „Sedan DeVille"1, 2türig, 3.995 $, 1 Exemplar. „Coupé" 2türig, Preis unbekannt, 17.460 Stück. „Coupé DeVille", 2türig, 3.838 $, 17.170 Stück. „Convertible Coupé", 2türig, 4.404 $, 6.310 Stück. Eldorado Special „Sport Convertible Coupé", 2türig, 5.738 $, 2.150 Stück. Diese letzten drei Modelle werden serienmäßig mit hydraulischen Fensterhebern ausgestattet. Hinzu kommt ein Fahrgestell ohne Aufbau (Preis unbekannt).

Serie 60 - Special Fleetwood (V8):

Charakteristisch sind weiterhin die acht vertikalen Schlitze seitlich an den hinteren Kotflügeln. Zum ersten Mal seit 1949 beträgt der Radstand wieder 3,38 m. Der Motor entspricht demjenigen der Serie 62. Nur ein einziges Modell mit besonders aufwendiger Ausstattung wird angeboten: „Sedan" 4türig, 5sitzig, 4.683 $, 16.200 Stück.

Serie 75 - Fleetwood (V8):

Der Radstand wurde auf 3,81 m verlängert. Der Motor entspricht demjenigen der Serie 62. Zwei achtsitzige Modelle (jeweils mit Klappsitzen) stehen zur Wahl: „Sedan", 4türig, 5.875 $, 889 Stück. „Imperial Sedan" (mit Trennscheibe zum Fond), 4türig, 6.090 $, 611 Stück. Hinzu kommen 1.635 Einheiten des „Commercial"-Fahrgestells ohne Aufbau (Preis unbekannt)

Gesamtstückzahl 1954: 123.746 Stück.

▶ 1954. Frontansicht.

▲ 1954. Cadillac „Convertible Coupé" Serie 62.

◀ 1955. Cadillac „Coupé DeVille“ Serie 62.

CADILLAC 1955

An den Modellen von 1955 wurden keine wesentlichen Änderungen vorgenommen, doch sie unterscheiden sich durch zahlreiche Ausstattungsdetails. Der Kühlergrill wurde überholt: der Zwischenraum zwischen den Chromstreifen breiter, größer und die Standlichter sind jetzt direkt unterhalb der Scheinwerfer angeordnet. Beim viertürigen „Sedan“ und den zweitürigen Wagen der Serien 60 und 62 bildet die seitliche Zierleiste einen rechten Winkel zur Zierleiste an der hinteren Tür bzw. dem Kotflügel. Für die Heckscheibe wird die 1954 erstmals bei den zweitürigen Modellen der Serie 62 vorgestellte „Florentine Line“ übernommen. Das Nummernschild wird von je drei am Kofferraum befestigten vertikalen Chromleisten umrahmt. Erstmals kommen schlauchlose Reifen zum Einsatz.

Serie 62 (V8):

Der Eldorado ist vor allem an den schmaleren hinteren Kotflügeln zu erkennen. Das „Convertible Coupé“ unterscheidet sich deutlich von den anderen Modellen (siehe Abbildung). Motor: V8, Hubraum: 5,222 Liter, Leistung: 250 PS bei 4.600 U/min (der Eldorado erreicht 270 PS bei 4.800 min-1). Sechs Modelle stehen zur Wahl: „Sedan“, 4türig, 6sitzig, 3.977 $, 44.904 Stück. „Export Sedan“ 4türig, 6sitzig, 3.977 $, 396 Stück. (Das Exportmodell wird in Einzelteile zerlegt nach Übersee verschifft und dort zusammengebaut). „Hardtop Coupé“, 2türig, 6sitzig, 3.882 $, 27.879 Stück. „Coupé DeVille“, 2türig, 6sitzig, 4.305 $, 33.300 Stück. „Convertible Coupé“, 2türig, 6sitzig, 4.448 $, 8.150 Stück. Eldorado Special „Sport Convertible Coupé,“ 2türig, 5sitzig, 6.286 $, 3.950 Stück. Diese letzten drei Modelle werden serienmäßig mit hydraulischen Fensterhebern ausgestattet (für alle anderen Modelle gegen Aufpreis erhältlich). Hinzu kommen 7 Fahrgestelle ohne Aufbau.

Serie 60 - Special Fleetwood (V8):

Dieses Modell weist zwölf schmale vertikale Schlitze seitlich an den hinteren Kotflügeln auf. Der Kofferraumdeckel trägt die Aufschrift „FLEETWOOD“. Die Sitze des „Sedan“ sind wie im abgebildeten „Coupé DeVille“ mit einer Kombination aus Leder und glänzendem Moleskin ausgestattet. Zur Ausstattung gehören unter anderem: Rückfahrscheinwerfer, Blinkleuchten, Ölfilter, automatischer Starter, Druckumlaufschmierung, 12 V-Anlage, „Knee-Action“-Vorderradaufhängung, hypoid

▲ Oben: 1955. Frontansicht eines „Sedan“ der Serie 62. Rechts: Eldorado „Convertible Coupé“ Serie 62. ▶

1955. Cadillac „Convertible Coupé“ Serie 62. ▼

verzahnte Hinterachse, Scheibenwischer mit Druckknopfbetätigung, felgenbedeckende Radzierkappen. Der Motor entspricht demjenigen der Serie 62. Gegen Aufpreis kann das Eldorado-Aggregat geordert werden. Nur ein Modell wird angeboten: „Sedan“, 4türig, 6sitzig, 4.728 $, 18.300 Stück.

Serie 75 - Fleetwood (V8):

Die Modelle dieser Serie weisen andere Zierelemente auf. Die Gürtellinie ist mit einer Leiste betont, die vom Kühler seitlich am Kotflügel bis zum hinteren Kotflügelansatz reicht und dort in einer vertikalen Lüftungsöffnung mit Chromeinfassung endet. Um mehr Kopffreiheit im Fond zu erhalten, wurde das Dach hinten leicht angehoben. Der „Imperial Sedan“ wird weiterhin mit einer hydraulisch betätigten Trennscheibe zum Fond ausgeliefert. Auch in diesem Jahr weisen beide Modelle zwei zusätzliche Klappsitze auf. Der Innenraum ist mit hellrotem, blauem oder grauem Samt oder Popeline verkleidet. Der Motor entspricht demjenigen der Serie 62. Gegen Aufpreis kann das Eldorado-Aggregat geordert werden. Zwei Modelle stehen zur Wahl: „Sedan“, 4türig, 7sitzig, 6.187 $, 1.075 Stück. „Imperial Sedan“, 4türig, 8sitzig, 6.402 $, 841 Stück. Hinzu kommen 1975 Einheiten des „Commercial“-Fahrgestelle ohne Aufbau

Gesamtstückzahl 1955: 153.334 Stück.

Der futuristisch anmutende „Park Avenue Sedan“ (Vorgänger des „Eldorado Brougham“) wurde am 19. Januar 1955 auf der New Yorker Motorama vorgestellt. Zum Bau dieses Wagens benötigten die Cadillac-Techniker nur 74 Tagen! Mit dem „Celebrity Hardtop Coupé“ kommt 1955 ein weiteres Traumauto auf den Markt.

CADILLAC 1956

Mit Ausnahme der Eldorado-Cabriolets der Serie 62 haben sich gegenüber dem Vorjahr nur Details geändert. Der Kühlergrill weist noch schmalere Chromlamellen auf. Die Standlichter sind in diesem Jahr unterhalb der Stoßfänger angeordnet. Der Käufer hat die Wahl zwischen einem mattierten Kühlergrill und verchromten Radzierkappen oder einem vergoldeten Grill und vergoldeten Radkappen (letzteres gegen Aufpreis). Unabhängig von der Ausführung trägt der Grill auf der linken Seite die Aufschrift „CADILLAC“.

Serie 62 (V8):

Am hinteren Kotflügelansatz befinden sich neun schmale vertikale Schlitze und eine dünne am unteren Rand verlaufende Zierleiste. Das Heck der Eldorado-Modelle unterscheidet sich deutlich von dem der anderen Fahrzeugen: schmalere Kotflügel, aufwärtsragende Heckflossen mit integrierten Rücklichtern, Chromleiste zur Betonung der Gürtellinie. Der „Sedan“ ist immer noch 18 cm kürzer als die übrigen Modelle der Serie. Motor: V8, Hubraum: 5,979 Liter, Leistung 285 PS bei 4.600 U/min leistet (der Eldorado erreicht 305 PS bei 4.700 U/min). Acht Modelle stehen zur Wahl: „Sedan“, 4türig, 6sitzig, 4.241 $, 26.222 Stück. „Export Sedan“, 6sitzig, 4.241 $, 444 Stück. „Sedan DeVille“1), 6sitzig, 4.698 $, 41.732 Stück. „Hardtop Coupé“, 2türig, 6sitzig, 4.146 $, 26.649 Stück. „Coupé DeVille“1), 2türig, 6sitzig, 4.569 $, 25.086 Stück. „Convertible Coupé“1), 2türig, 6sitzig, 4.711 $, 8.300 Stück. Eldorado „Coupé DeVille“1), 2türig, 5sitzig, 6.501 $, 3.900 Stück. „Convertible Biarritz“1), 2türig, 6sitzig, 6.501 $, 2.150 Stück. Hinzu kommen 19 Stück des Fahrgestells ohne Aufbau Mit hydraulischen Fensterhebern (für alle anderen Modellen gegen Aufpreis erhältlich).

Serie 60 - Special Fleetwood (V8):

Die hinteren Stoßfänger werden durch eine neue breite Chromleiste optisch bis zu den Kotflügeln verlängert. Wie bei allen anderen Modellen der Marke sind die Auspuffrohre in den Stoßfänger integriert. Der Motor entspricht demjenigen der Serie 62. Gegen Aufpreis kann das Eldorado-Aggregat geordert werden. Nur ein Modell wird angeboten: „Sedan“, 4türig, 6sitzig, 6.019 $, 17.000 Stück.

Serie 75 - Fleetwood (V8):

Äußerlich hat sich gegenüber dem Vorjahr praktisch nichts geändert. Neu sind lediglich die oben beschriebenen Chromleisten zur optischen Verlängerung der Stoßfänger. Der Umgang mit Chrom ist in diesem Jahr etwas sparsamer. Das Cadillac-Emblem befindet sich an den Flanken, am Kühler und am Kofferraumdeckel. Der Motor entspricht demjenigen der Serie 62. Gegen Aufpreis kann das Eldorado-Aggregat geordert werden. Zwei

1956. Eldorado „Coupé DeVille“ ▲ Serie 62.

1956. Fleetwood „Imperial Sedan“ Serie 75. ▲

▲ *1957. Front- und Heckansicht.* ▶

Modelle stehen zur Wahl: „Sedan" 4türig, 7sitzig, 6.558 $, 1.095 Stück. „Imperial Sedan", 4türig, 8sitzig, 6.773 $, 955 Stück. Hinzu kommen 2.025 Stück des „Commercial"-Fahrgestells ohne Aufbau.
Gesamtstückzahl 1956: 140.873 Stück.

CADILLAC 1957

In diesem Jahr kommen völlig neue Aufbauten heraus. Der neue X-förmige Rohrrahmen zeichnet sich durch eine verbesserte Verwindungssteifigkeit aus. Die Stoßfänger sind mit gummibewehrten Hörnern ausgestattet und die Standlichter sind unterhalb angeordnet. Das Design der Heckflossen und der Rücklichter ist ebenfalls neu.

Serie 62 (V8):

Die Modelle dieser Serie sind durch sieben horizontale Zierstreifen an der vertikalen Chromblende vor den Radausschnitten zu erkennen. Der „Eldorado Special" weist eindrucksvolle „Haifischflossen", andere Stoßfänger und einige zusätzliche Ausstattungselemente auf. Motor: V8, Hubraum: 5,979 Liter, Leistung: 285 PS bei 4.600 U/min (Eldorado: 300 PS bei 4.800 min-1). Neun sechssitzige Modelle stehen zur Wahl: „Hardtop Sedan", 4türig, 4.713 $, 32.342 Stück. „Export Sedan", 4.713 $, 384 Stück. „DeVille Hardtop"1), 5.188 $, 23.808 Stück. „Hardtop Coupé", 2türig, 4.609 $, 25.120 Stück. „Coupé DeVille"1), 2türig, 5.048 $, 23.813 Stück. „Convertible Coupé"1), 2türig, 5.225 $, 9.000 Stück. Eldorado „Coupé DeVille Hardtop"1), 2türig, 7.286 $, 2.100 Stück. „Biarritz Convertible"1), 2türig, 7.286 $, 1.800 Stück. „Sedan DeVille"1), Preis unbekannt, 4 Stück. Hinzu kommt ein Fahrgestell ohne Aufbau. Mit hydraulischen Fensterhebern (für alle anderen Modellen gegen Aufpreis erhältlich).

Serie 60 - Special Fleetwood (V8):

Die Serie 60 erkennt man an der horizontal über den hinteren Kotflügel verlaufenden Chromblende. Der Kofferraumdeckel trägt die Aufschrift „FLEETWOOD". Der Motor ist identisch mit der Serie 62. Ein einziges Modell ist erhältlich: „Hardtop Sedan", 4türig, 6sitzig, 5.539 $, 24.000 Stück.

◀ *1957. Special Fleetwood „Hardtop Sedan" Serie 60.*

▲ *1957. Eldorado „Biarritz Convertible" Serie 62. Oben links: Die vom Spiegel herunterbaumelnden Würfel sollen dem Fahrer Glück bringen. Sie dürfen in keinem amerikanischen Wagen der Fünfziger Jahre fehlen ...*

Serie 70 - Eldorado Brougham (V8):
Die limitierte „Eldorado Brougham"-Auflage wird im Dezember 1956 angekündigt und im März 1957 der Presse und dem Publikum vorgestellt. Der viersitzige „Hardtop Sedan" ist von den 1953 und 1954 präsentierten Modellen „Park Avenue" und „Orleans" abgeleitet. Der Designer Ed Glowacke stellt hier erstmals einen Viertürer ohne B-Säulen mit hinten angeschlagenen rückwärtigen Türen vor. Der Wagen ist verschwenderisch mit mehr oder weniger nützlichem Zubehör ausgestattet: zwei Vierfachvergaser, pneumatische Federung, hydraulische Sitzverstellung mit Memory-Funktion, automatische Kofferraumentriegelung, „Cruise Control", elektrische Türverriegelung, polarisierte Sonnenblende, elektrisch ausfahrbare Antenne, automatisch lösende Handbremse, Zigarettenspender, Schminkfach mit Puder, Puderquaste und Spiegel, Parfümzerstäuber (gefüllt mit „Arpège" von Lanvin), Kölnisch Wasser und Lippenstift, automatischer Starter mit Wiederholfunktion, „Autronic Eye", servounterstützte Fensterheber, Aluminium-Räder und Klimaanlage. Der Käufer hat die Wahl zwischen 44 Innenausstattungen in einer Kombination aus Leder und verschiedenen Teppichen oder Fellen (z.B. Schaf- oder Lammfell). Motor: V8, Hubraum: 5,979 Liter, Leistung: 325 PS bei 4.800 U/min. Nur ein Modell wird angeboten: „Hardtop Sedan", 4türig, 6sitzig, 13.074 $, 400 Stück.

Serie 75 - Fleetwood (V8):
Die extrem langen Fleetwood-Limousinen bieten nun neun Sitzplätze und weisen zusätzlich immer noch die Klappsitze auf. Außer an den Heckflossen sind die Zierleisten wie in der Serie 62. Auch der Motor stammt aus derselben Serie. Zwei Modelle stehen zur Wahl: „Sedan", 4türig, 7.348 $, 1.010 Stück. „Imperial Sedan", 4türig, 7.586 $, 890 Stück. Hinzu kommen 2.169 „Commercial"-Fahrgestelle (Preis unbekannt).

Gesamtstückzahl 1957: 153.236 Stück.

CADILLAC 1958

Abgesehen von einem neugestalteten Kühlergrill und noch größeren Heckflossen gibt es keine Veränderungen gegenüber dem Vorjahr. Alle Modelle sind jetzt mit Doppelscheinwerfern ausgestattet.

Serie 62 (V8):
Die Heckflossen tragen die Aufschrift „CADILLAC". Am Ansatzpunkt der hinteren Kotflügel sind fünf schmale horizontale Chromleisten angeordnet. Der Eldorado Special weist zehn vertikale Leisten auf. Der hintere Stoßfänger ist auf äußerst effektvolle Weise bis zu den Radausschnitten vorgezogen. Motor: V8, Hubraum: 5,979 Liter, Leistung: 310 PS bei 4.800 U/min. (Eldorado: 355 PS bei 4.800 U/min). Zehn sechssitzige Modelle stehen zur Wahl: „Hardtop Sedan", 4türig, 4.891 $, 13.335 Stück. „Export Sedan", 4.891 $, 204 Stück. „Deck Sedan"1), 5.079 $, 20.952 Stück. „Sedan DeVille" 4türig, 5.497 $, 23.989 Stück. „Hardtop Coupé"1), 2türig, 4.784 $, 18.736 Stück. „Coupé DeVille"1), 2türig, 5.231 $, 18.414 Stück. „Convertible Coupé"1), 2türig, 5.454 $, 7.825 Stück. Hinzu kommt ein Fahrgestell ohne Aufbau. Eldorado Special „Coupé DeVille"1), 2türig, 7.500 $, 855 Stück. „Biarritz Convertible"1), 2türig, 7.500 $, 815 Stück. „Special Eldorado Coupé"1), Preis unbekannt, 1 Stück. Mit hydraulischen Fensterhebern (für alle anderen Modellen gegen Aufpreis erhältlich).

Serie 60 - Special Fleetwood (V8):
Diese Serie ist an der reichhaltigen Chromverzierung zu erkennen. Zur Ausstattung gehören Servobremsen und -lenkung, automatisch verstellbare Vordersitze und elektrische Fensterheber. Der Motor ist gleich wie in der Serie 62. Nur ein Modell wird angeboten: „Hardtop Sedan", 4türig, 6sitzig, 6.232 $, 12.900 Stück.

Serie 70 - Fleetwood Eldorado Brougham (V8):
Die Änderungen beschränken sich auf Details: mehr Leder und weniger Chrom im Innenraum, neue Radkappen. Im Katalog werden 44 zweifarbige und 15 einfarbige Ausführungen angeboten. Mit dem Auslaufen dieser Serie im Jahr 1958 werden in Detroit handwerkliche Fertigungsmethoden ein für allemal ad acta gelegt. Die Herstellung der Nobelmodelle überläßt man künftig dem italienischen Karosseriewerk Pininfarina. Der Motor ist wie in der Serie 62. Nur ein Modell wird angeboten: „Hardtop Sedan", 4türig, 6sitzig, 13.074 $, 304 Stück.

Serie 75 - Fleetwood (V8):
Der Motor und die Radkappen sind wie in der Serie 62. Die langen Limousinen haben sich kaum verändert. Zwei neunsitzige Modelle stehen zur Wahl: „Sedan", 4türig, 8.460 $, 802 Stück. „Imperial Sedan", 4türig, 8.675 $, 730 Stück. Hinzu kommen 1.915 „Commercial"—Fahrgestelle.

Gesamtstückzahl 1958: 125.501 Stück. Cadillac steht an 9. Stelle der amerikanischen Automobilhersteller. Fünf Stück des „Convertible Coupé" Eldorado Biarritz werden mit vier Schalensitzen ausgestattet. Ein unter einer Metallabdeckung verborgenes Verdeck mit Feuchtigkeitssensoren schließt sich bei Regen automatisch.

CADILLAC 1959

Keine andere amerikanische Automobilmarke kann es Ende der Fünfziger Jahre an Ausgefallenheit mit Cadillac aufnehmen: Völlig neue Modelle mit Superheckflossen kommen heraus. Der neue feingliedrigere Kühlergrill und die dezenteren Stoßfänger unterstreichen die endlos langen Karosserien.

Serie 6200 (V8):
Die Serie 62 wird zur Serie 6200. In drei Unterserien mit demselben Radstand und derselben Länge werden fünf Basismodelle angeboten, die an der seitlich entlang der Gürtellinie verlaufenden Chromleiste zu erkennen sind. Die Serienausstattung beinhaltet: Automatikgetriebe, Servobremsen und -lenkung, zwei Rückfahrscheinwerfer, Scheibenwaschanlage, zweistufiger Scheibenwischer, felgenbedeckende Radkappen, Außenspiegel, Ölfilter und Make-up-Spiegel. Der „Convertible" besitzt hydraulische Fensterheber und elektrisch zweifach verstellbare Vordersitze. Die hinteren Kotflügel weisen Schutzbleche auf, die die stromlinienförmige Linienführung zusätzlich betonen. Den „Sedan" gibt es als Vier- oder Sechssitzer. Motor: V8, Hubraum: 6,388 Liter, Leistung: 325 PS bei 4.800 U/min (Serie 6200 und der Unterserie 6300 / bzw. 345 PS bei 4.800 U/min (Unterserien 6400 Eldorado und 6900 Brougham) Elf sechssitzige Modelle stehen zur Wahl:

Oben: 1958. Cadillac „Hardtop Sedan“ Serie 62.

Oben rechts: 1958. Eldorado „Coupé DeVille“ Serie 62.

Rechts: Titelbild des 1959er Cadillac-Katalogs.

Serie 6200

„Sedan“, 4türig, 6 Fenster, 5.080 $, 23.461 Stück. „Export Sedan“, 6 Fenster, 5.080 $, 60 Stück. „Sedan“, 4türig, 4 Fenster, 5.080 $, 14.138 Stück. „Hardtop Coupé“, 2türig, 4.892 $, 21.947 Stück. „Convertible Coupé“, 2türig, 5.455 $, 11.130 Stück.

Unterserie 6300 - DeVille

Die Modelle dieser Unterserie tragen den Schriftzug „DeVille“ an den hinteren Kotflügeln. Die Ausstattung entspricht derjenigen der Serie 6200, jedoch mit zusätzlichen hydraulischen Fensterhebern und elektrisch zweifach verstellbaren Vordersitzen. „Sedan“, 4türig, 6 Scheiben, 5.498 $, 19.158 Stück. „Sedan“, 4türig, 4 Scheiben, 5.498 $, 123.038 Stück. „Coupé“, 2türig, 5.252 $, 21.924 Stück.

Unterserie 6400 - Eldorado

Die Modelle dieser Unterserie sind an der von der A-Säule bis zu den Rücklichtern verlaufenden Zierleiste zu erkennen. Die Serienausstattung entspricht derjenigen der DeVille-Modelle. Hinzu kommen Heizung, Nebelleuchten, Radio mit Antenne, elektrische Türverriegelung, sechsfach verstellbare Sitze und pneumatische Federung. „DeVille Hardtop“, 7.401 $, 975 Stück. „Biarritz Convertible“, 2türig, 7.401 $, 1.320 Stück.

Unterserie 6900 - Brougham

Der Brougham wird in Italien hergestellt. Äußerlich gibt der Wagen einen Vorgeschmack auf die Cadillacs von 1960. Die Rücklichter sind in einer Vertiefung unterhalb der Heckflossen angeordnet. Die höchst umfangreiche

1959. *Eldorado „Biarritz Convertible" Serie 62. Das hier gezeigte Modell spielt neben David Bowie, Michelle Pfeiffer und Jeff Goldblum eine Hauptrolle in John Landis' Film „Into the night".*

Serienausstattung zusätzlich zum Eldorado-Zubehör beinhaltet eine „Cruise Control"-Geschwindigkeitssteuerung, eine „Autronic-Eye"-Klimaanlage und „E-Z-Eye" Scheiben. „Brougham Hardtop", 4türig, 13.075 $, 99 Stück.

Serie 60 - Special Fleetwood (V8):
Äußeres Erkennungsmerkmal dieser Serie ist die charakteristische Seitenverzierung: zwei gebogene Chromleisten laufen spitz am Heck zusammen. Zusätzlich zur Serienausstattung der DeVille-Modelle werden diese Wagen mit hydraulisch öffnenden Ausstellfenstern und zwei Außenspiegeln ausgeliefert. Der Motor entspricht demjenigen der Serie 6200. Nur ein Modell wird angeboten: „Hardtop Sedan", 4türig, 6sitzig, 6.233 $, 12.250 Stück.

Serie 6700 - Fleetwood 75 (V8):
Die langen Limousinen werden weiterhin als „75" bezeichnet. Die Ausstattung ist identisch wie in der Serie 60 Special. Eine gerade Zierleiste verläuft über die gesamte Seitenlänge hinweg. Für zusätzliche Kopffreiheit im Fond sorgt das im hinteren Bereich angehobene Dach. Alle Wagen sind mit dem Eldorado-Motor ausgestattet. Dieser kann gegen Aufpreis auch für alle anderen Cadillac-Modelle des Jahres 1959 geordert werden. Zwei neunsitzige Modelle stehen zur Wahl: „Sedan", 4türig, 9.533 $, 710 Stück. „Imperial Sedan", 4türig, 9.748 $, 690 Stück. Hinzu kommen 2.102 Stück des „Commercial"-Fahrgestells (Preis unbekannt).
Gesamtstückzahl 1959: 138.527 Stück.

CHEVROLET

Von 1912 bis heute

▲ *1954. Chevrolet-Emblem.*

▼

Links: Das Titelbild des 1950er Chevrolet-Katalogs zeigt einen DeLuxe Styleline „Sedan“. Unten: 1950. Chevrolet DeLuxe Styleline „Station Wagon“.

Auch in den fünfziger Jahren kann Chevrolet seine Stellung als führender Automobilhersteller der Vereinigten Staaten behaupten. Als William Crapo Durant 1908 die Marke Chevrolet gründet, beabsichtigt er eigentlich nur, wieder die Kontrolle über das von ihm gegründete GM-Imperium zu erlangen. Pate für die neue Firma steht der französische Rennfahrer Louis Chevrolet, der sich im Buick-Rennteam als höchst erfolgreich erwiesen hat. Am Ende des Zweiten Weltkrieges sind Autos Mangelware. Angesichts der großen Nachfrage erlebt die Automobilindustrie einen Boom. Zunächst bringt man nur die alten Vorkriegsmodelle auf den Markt. Abgesehen von ein paar kleineren Änderungen sind die Chevrolets von 1946, 1947 und 1948 identisch mit den 1942er Modellen. Erst 1949 wartet die Marke mit den von den Käufern lange erwarteten Neuheiten auf. Moderne Karosserien halten Einzug. Die Serienbezeichnung hängt nicht mehr vom Modell, sondern vom Ausstattungsniveau ab. Jede Serie verfügt über eine Styleline (Notchback) und eine Fleetline (Fastback).

CHEVROLET 1950

Die am 7. Januar 1950 präsentierten Modelle unterscheiden sich kaum vom Vorjahr. Erstmals gibt es einen „Hardtop“ Bel Air. Neu im Angebot ist auch das „Powerglide“-Automatikgetriebe. Das Design des Kühlergrills hat sich geändert: Auf die vertikalen Stäbe von 1949 wird verzichtet; die Stäbe unterhalb der Standlichter weisen drei Einkerbungen auf. Auch die Heck- und Frontpartie haben sich geändert. Der moderner gestaltete Kofferraumgriff ist leichter zu bedienen.

Special - Serie 1500 HJ (6 Zylinder): Sowohl bei den Styleline- als auch bei den Fleetline-Modellen wird auf Zierleisten verzichtet. Die Windschutzscheibe ist in der Mitte geteilt. Die Serienausstattung ist

▼ *1950. Chevrolet „Bel Air“. Kleines Bild: Styleline Special „Sedan“.*

Unten: 1950. Chevrolet-Chassis. ▼

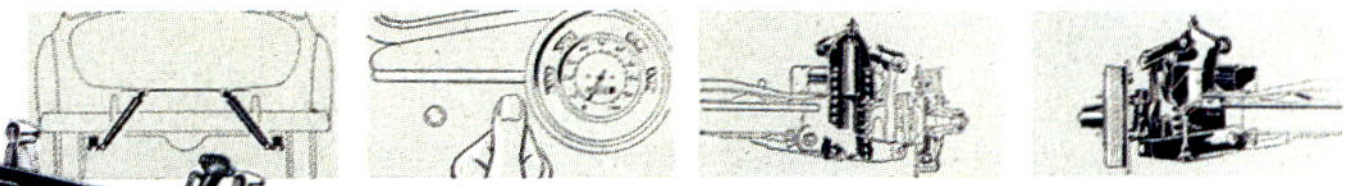

von Modell zu Modell verschieden. Sie hat sich gegenüber 1949 nicht geändert. Die früheren elfenbeinfarbenen Bedienungselemente am Armaturenbrett werden durch farblich auf die Innenausstattung abgestimmte, graue Knöpfe und Schalter ersetzt. Der Motor hat sich seit 1946 nicht geändert: Reihensechszylin-der, Hubraum: 3,546 Liter, Leistung: 90 PS bei 3.300 U/min. Sechs Modelle stehen zur Wahl:

Styleline

„Sedan", 4türig, 6sitzig, 1.450 $, 55.644 Stück. „Sedan", 2türig, 6sitzig, 1.403 $, 89.897 Stück. „Sport Coupé", 2türig, 6sitzig, 1.408 $, 28.328 Einheiten. „Business Coupé" (mit Schiebeheckfenster), 2türig, 3sitzig, 1.329 $, 20.984 Stück.

Fleetline

„Sedan", 4türig, 6sitzig, 1.450 $, 23.277 Stück. „Sedan", 2türig, 6sitzig, 1.403 $, 43.682 Stück.

Rechts: 1950 Chevrolet-Motor.

Ganz rechts: 1951. Fleetline DeLuxe „Sedan".

Unten: 1950. Styleline DeLuxe „Sedan".

Rechts: Das Titelbild des 1951er Chevrolet-Katalogs zeigt einen Styleline DeLuxe „Sedan".

DeLuxe - Serie 2100 HK (6 Zylinder):

Die DeLuxe-Modelle erkennt man gut an den Schutzblenden auf den hinteren Kotflügeln, den seitlichen Chromleisten und an der Aufschrift „DELUXE" auf den vorderen Kotflügeln. Die Serienausstattung ist wie im Vorjahr. Die neuen „Bel Air"-Modelle weisen eine dreigeteilte Heckscheibe auf. Drei ein- und vier zweifarbige Lackierungen stehen zur Wahl. Die Wagen werden mit Lederbezügen und farblich auf die Karosserie abgestimmtem Ausstattungszubehör angeboten. Der „Station Wagon" weist eine Ganzstahlkarosserie mit Holzimitatlackierung auf. Der Motor entspricht demjenigen der Special-Modelle (Hubraum: 3,849 Liter, Leistung: 90 PS bei 3.300 min-1) Gegen Aufpreis kann das automatische Powerglide-Getriebe geordert werden. Acht Modelle stehen zur Wahl:

Styleline

„Sedan", 4türig, 6sitzig, 1.529 $, 316.412 Stück. „Sedan", 2türig, 6sitzig, 1.482 $, 248.567 Stück. „Sport Coupé", 2türig, 6sitzig, 1.498 $, 81.536 Stück. „Bel Air", 2türig, 6sitzig, 1.741 $, 76.662 Stück. „Convertible Coupé", 2türig, 6sitzig, 1.847 $, 32.810 Stück. „Station Wagon", 4türig, 8sitzig, 1.994 $, 166.995 Stück.

Fleetline

„Sedan", 4türig, 6sitzig, 1.529 $, 124.287 Stück. „Sedan", 2türig, 6sitzig, 1.482 $, 189.509 Stück.

Gesamtstückzahl 1950: 1.520.583 Stück. Chevrolet ist größter Automobilhersteller der Vereinigten Staaten.

CHEVROLET 1951

Die 1951er Modelle bleiben abgesehen von geringfügigen Änderungen am Kühlergrill und einer Neuanordnung der Standlichter unterhalb des Grills gegenüber dem Vorjahr unverändert.

Special - Serie 1500 JJ (6 Zylinder):

Wie 1950 weisen die Special-Styleline-Modelle ein herkömmliches Heck und die Special-Fleetline-Modelle ein Fastback auf. In beiden Fällen wurde auf Zierleisten verzichtet. Die hinteren Kotflügel sind mit schwarzen Gummielementen vor Steinschlag geschützt. Die Innenausstattung wird in zwei verschiedenen Grautönen mit hellen Streifen angeboten. Die Windschutzscheibe ist durch eine Chromleiste in der Mitte unterteilt. Die Serienausstattung ist von Modell zu Modell unterschiedlich; sie hat sich gegenüber 1949 und 1950 nicht verändert. Motor: Sechszylinder, Hubraum: 3,546 Liter; 92 PS bei 3.400 U/min; Schaltgetriebe. Sechs Modelle stehen zur Wahl:

Styleline:

„Sedan", 4türig, 6sitzig, 1.594 $, 63.718 Stück. „Sedan", 2türig, 6sitzig, 1.540 $, 75.566 Stück. „Sport Coupé", 2türig, 6sitzig, 1.545 $, 18.981 Stück. „Business, 2türig, 3sitzig, 1.460 $, 17.020 Stück.

Fleetline:

„Sedan", 4türig, 6sitzig, 1.594 $, 3.364 Stück. „Sedan", 2türig, 6sitzig, 1.540 $, 6.441 Stück.

DeLuxe - Serie 2100 JK (Sechszylinder):

In den Kühlergrill ist die Aufschrift CHEVROLET eingraviert. Die Bezeichnung DeLuxe ist in der sich nach vorne hin verbreiternden seitlichen Zierleiste integriert. Die verchromten Kotflügelschützer und die Radabdeckungen werden serienmäßig mitgeliefert. Die Innenausstattung entspricht farblich derjenigen der Special-Modelle, ist jedoch aufwendiger verarbeitet. Die Bel Air-Modelle werden in vier verschiedenen Zweifarbenkombinationen angeboten. Der Station Wagon wird mit Bezügen aus Schweinslederimitat ausgeliefert. Fahr-

1952. Chevrolet „Convertible". ▼

▲ 1952. Chevrolet „Bel Air".

◀ 1952. Chevrolet „Station Wagon".

▲ 1952. Frontansicht.

◀ 1952. Chevrolet DeLuxe Fleetline „Sedan".

◀ 1952. Chevrolet DeLuxe Styleline „Sport Coupé".

1952. Chevrolet DeLuxe Styleline „Business Coupé". ▼

zeuge mit dem als Option erhältlichen Powerglide-Getriebe sind an einer entsprechenden Aufschrift auf dem Kofferraum zu erkennen. Motor wie bei der Special-Serie (105 PS mit automatischem Powerglide-Getriebe). Acht Modelle stehen zur Wahl:

Styleline:

„Sedan", 4türig, 6sitzig, 1.680 $, 380.270 Stück. „Sedan" 2türig, 6sitzig, 1.629 $, 262.933 Stück. „Sport Coupé", 2türig, 6sitzig, 1.647 $, 64.976 Stück. „Bel Air", 2türig, 6sitzig, 1.914 $, 103.356 Stück. „Convertible Coupé", 2türig, 6sitzig, 2.030 $, 20.172 Stück. „Station Wagon", 4türig, 8sitzig, 2.191 $, 23.586 Stück.

Fleetline:

„Sedan", 4türig, 6sitzig, 1.680 $, 57.693 Stück. „Sedan", 2türig, 6sitzig, 1.629 $, 131.910 Stück.

Gesamtstückzahl 1951: 1.118.101 Stück.

CHEVROLET 1952

Die 1952er Modelle werden am 19. Januar vorgestellt. Es handelt sich um eine nochmalige Neuauflage der nunmehr bereits vier Jahre alten Modelle. Neu ist vor allem der Kühlergrill mit den „Haifischzähnen". Auch die Kühlerfigur hat sich geändert.

Special - Serie 1500 KJ (Sechszylinder):
In der Special-Serie gibt es keine Fastback-Modelle mehr; diese sind der DeLuxe-Serie vorbehalten. Auf Zierleisten wird weiterhin verzichtet; die hinteren Kotflügel tragen Schutzelemente aus schwarzem Gummi. Neun einfarbige und vier zweifarbige Lackierungen stehen zur Wahl (außer beim „Business Coupé"). Die Innenausstattung entspricht bis wenige Details derjenigen von 1951. Vier Modelle stehen zur Wahl: „Sedan", 4türig, 6sitzig, 1.659 $, 35.460 Stück. „Sedan", 2türig, 6sitzig, 1.603 $, 54.781 Stück. „Sport Coupé", 2türig, 6sitzig, 1.609 $, 8.906 Stück. „Business Coupé", 2türig, 3sitzig, 1.509 $, 10.359 Stück.

DeLuxe - Serie 2100 KK (Sechszylinder):
Die DeLuxe-Modelle sind höchst attraktiv ausgestattet; die hervorragenden Verkaufsergebnisse belegen das große Interesse der amerikanischen Käufer. Deutliches Unterscheidungsmerkmal zur Special-Serie sind die seitlichen Zierleisten, die Radabdeckungen und die in einer Zierleiste endenden verchromten Schutzbleche an den hinteren Kotflügeln mit der darüber angeordneten Aufschrift DeLuxe. Die DeLuxe-Modelle weisen ferner verchromte Scheibeneinfassungen und ein Zweispeichen-Lenkrad mit Hupring auf. Die Bedienungselemente am Armaturenbrett bestehen aus Elfenbeinimitat mit verchromten Intarsien; es gibt eine zentrale Deckenbeleuchtung mit automatischem Einschaltmechanismus an den Vordertüren, zwei Sonnenblenden und hochwertig verarbeitete, bequeme Schaumstoffsitze. Der „Bel Air" und der „Station Wagon" sind wie üblich an ihren speziellen Zierelementen zu erkennen. Die Bel Air-Modelle gibt es in vier ein- und elf zweifarbigen Lackierungen; der „Convertible" wird sogar in zehn Farbtönen mit fünf verschiedenen Dachfarben angeboten. Der „Station Wagon" weist weiterhin eine Holzimitationslackierung auf; hierbei kann der Käufer zwischen vier verschiedene Farben wählen. Der 2türige „Sedan" ist das einzige Fastback-Modell der Serie. Sieben Modelle stehen zur Wahl:

Styleline:

„Sedan", 4türig, 6sitzig, 1.749 $, 319.736 Stück. „Sedan", 2türig, 6sitzig, 1.696 $, 215.417 Stück. „Sport Coupé", 2türig, 6sitzig, 1.715 $, 36.954 Stück. „Bel Air" (Modell ohne B-Säulen), 2türig, 6sitzig, 1.992 $, 74.635 Stück. „Convertible Coupé", 2türig, 6sitzig, 2.113 $, 11.975 Stück. „Station Wagon", 4türig, 8sitzig, 2.281$, 12.756 Stück.

Fleetline:

„Sedan", 2türig, 6sitzig, 1.696 $, 37.164 Stück.

Gesamtstückzahl 1952: 877.950 Stück. Aufgrund des Koreakrieges wird für Zierelemente Chrom minderer Qualität verarbeitet. Auf Weißwandreifen verzichtet man fast ganz. Im Oktober - nur vierunddreißig Monate nach der Markteinführung - läuft das einmillionste Fahrzeug mit Powerglide-Getriebe vom Band. Im Dezember 1952 verläßt der 28.000.000ste Chevrolet (PKW und LKW zusammengenommen) das Werk.

CHEVROLET 1953

Die im Januar an die Vertragshändler ausgelieferten neuen Modelle verkaufen sich hervorragend. Inzwischen umfaßt das Chevrolet-Programm siebzehn Modelle und ist damit umfangreicher als je zuvor. Die Fastback-Modelle wurden 1953 aus dem Katalog gestrichen; auch die Begriffe Styleline und Fleetline finden sich nicht wieder. Die 1953er Chevrolet-Modelle sind zwar nicht revolutio-

▲ *1952. Chevrolet DeLuxe Styleline „Sedan".*

◀ *1951. Chevrolet DeLuxe Fleetline „Sedan".*

▲ *1952. Chevrolet DeLuxe „Sedan".*

◀ *1953. Blick ins Innere eines Chevrolet Bel Air „Sedan".*

▲ *1953. Bel Air „Sedan".*

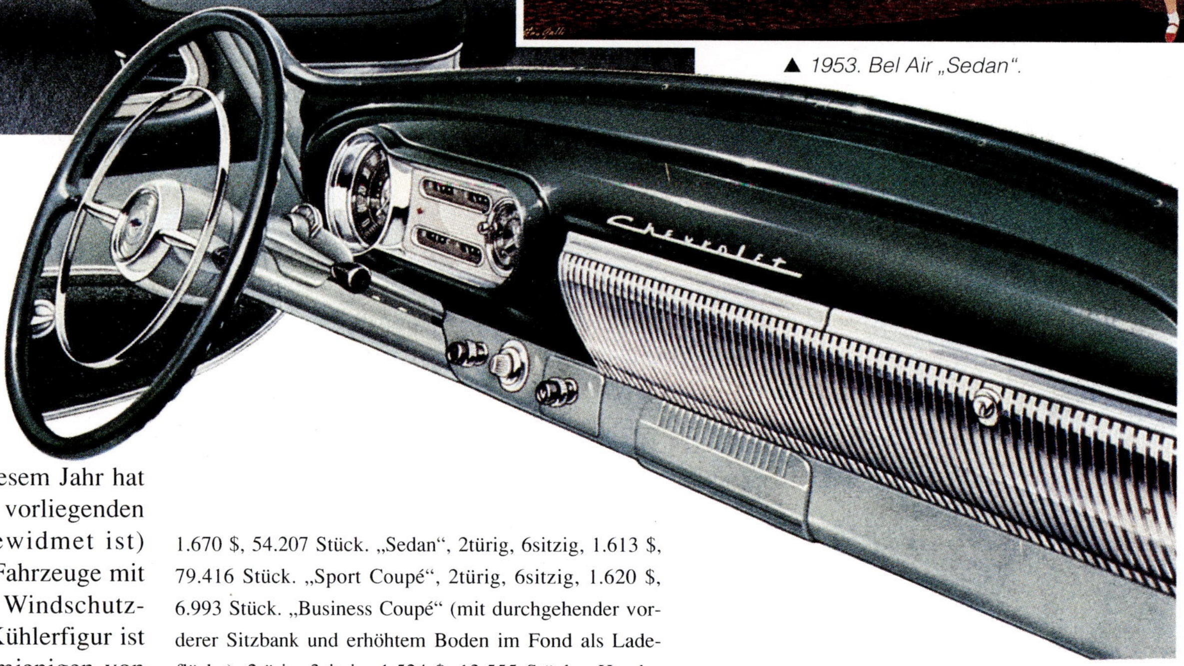

när, doch erfrischend neu. In diesem Jahr hat die legendäre Corvette (der im vorliegenden Band ein eigenes Kapitel gewidmet ist) Premiere. Erstmals werden die Fahrzeuge mit Servolenkung und ungeteilter Windschutzscheibe ausgeliefert. Auch die Kühlerfigur ist neu. Der Kühlergrill ähnelt demjenigen von 1952; die mittlere Querstrebe weist drei imposante „Zähne" und runde Standlichter auf. Das Design der Rücklichter mit den integrierten Bremslichtern ist neu.

Special „150" - Serie 1500 A (Sechszylinder):
Die neuen Modelle heißen „150" (zu amerikanisch „One-Fifty") nach den ersten drei Ziffern der Serienbezeichnung. Aus dem „Sport Coupé" wird das „Club Coupé" und aus dem „Station Wagon" der „Handyman" (zu deutsch etwa „Mädchen für alles"). Auf eine verchromte Windschutzscheibeneinfassung wurde ebenso verzichtet wie auf seitliche Zierleisten. Auch in diesem Jahr sind an den Kotflügeln Schutzelemente aus schwarzem Gummi angebracht. Die Radabdeckungen hinten fehlen. Die Karosserie trägt keine Serienbezeichnung. Zur Innenausstattung gehören eine einzige Sonnenblende und ein Standardlenkrad. Motor: Sechszylinder, Hubraum: 3,857 Liter, Leistung: 108 PS bei 3.600 U/min. Fünf Modelle stehen zur Wahl: „Sedan", 4türig, 6sitzig, 1.670 $, 54.207 Stück. „Sedan", 2türig, 6sitzig, 1.613 $, 79.416 Stück. „Sport Coupé", 2türig, 6sitzig, 1.620 $, 6.993 Stück. „Business Coupé" (mit durchgehender vorderer Sitzbank und erhöhtem Boden im Fond als Ladefläche), 2türig, 3sitzig, 1.524 $, 13.555 Stück. „Handyman Station Wagon" (mit umklappbarem Rücksitz und dritter Seitenscheibe aus Plexiglas), 4türig, 6sitzig, 2.010 $, 22.408 Stück.

DeLuxe „210" - Serie 2100 B (Sechszylinder):
Diese Modelle heißen „210" (zu amerikanisch „Two-Ten") nach den ersten drei Ziffern der Serienbezeichnung. Aus dem achtsitzigen „Station Wagon" wird der „Townsman". Dieser weist drei Sitzbänke auf, von denen sich die beiden hinteren mit ein paar Handgriffen ausbauen lassen. Im Laufe des Jahres wird dieser Wagen ebenso wie der „Convertible" und das „Sport Coupé" aus dem Katalog gestrichen. Die Modelle dieser Serie weisen beiderseits eine breite Zierleiste, ein Chromband im Schwellenbereich, eine hintere Radabdeckung, verchromte Scheibeneinfassungen und ein Zweispeichen-Lenkrad mit Hupring auf. Zur Serienausstattung gehören unter anderem ein Zigarettenanzünder, ein Aschenbecher am Armaturenbrett, eine Uhr mit 39-Stunden-Werk, zwei Sonnenblenden, Armlehnen vorne (hinten nur im 2türigen „Sedan" und „Coupé"), Aschenbecher hinten im „Sedan", Aschenbecher in den hinteren Armlehnen nur im 2türigen „Sedan" und „Coupé". Der Motor entspricht demjenigen der Special-Serie (115 PS mit dem gegen Aufpreis erhältlichen automatischen Powerglide-Getriebe). Sieben Modelle stehen zur Wahl: „Sedan", 4türig, 6sitzig, 1.761 $, 332.497 Stück. „Sedan", 2türig, 6sitzig, 1.707 $, 247.455 Stück. „Club Coupé", 2türig, 6sitzig, 1.726 $, 23.961 Stück. „Sport Coupé", 2türig, 6sitzig, 1.967 $, 14.045 Stück. „Convertible Coupé", 2türig, 5sitzig, 2.093 $, 5.617 Stück. „Station Wagon" (rundum mit Sicherheitsverglasung), 4türig, 6sitzig, 2.123 $, 18.258 Stück. „Townsman Station Wagon" (rundum mit Sicherheitsverglasung), 4türig, 8sitzig, 2.273 $, 7.988 Stück.

Bel Air - Serie 2400 C (Sechszylinder):
Diese 1953 eingeführte Serie umfaßt vier Modelle. „Bel Air" steht dabei nicht mehr für ein bestimmtes Karos-

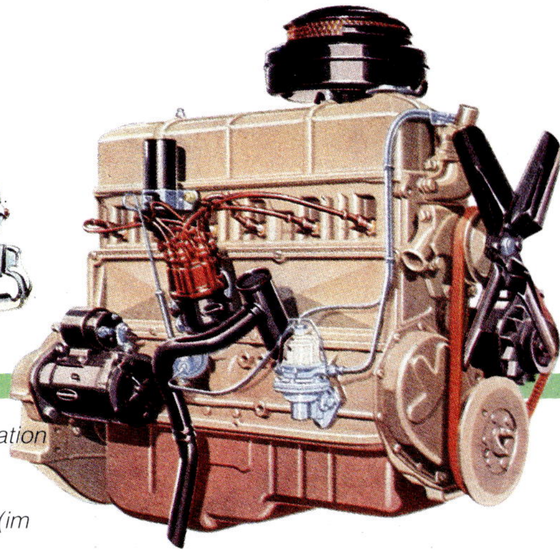

seriestyling, sondern für die aufwendige Verarbeitung. Die Modelle dieser Serie weisen am hinteren Kotflügel eine doppelte Zierleiste auf, in die ein farblich auf den Lack abgestimmtes Schild mit der Aufschrift „BEL AIR“ und dem Chevrolet-Emblem integriert ist. Die Ausstattung entspricht derjenigen der Serie 210, es gibt jedoch zusätzliche Schutzbleche an den hinteren Kotflügeln. Der Motor entspricht demjenigen der Special-Serie (115 PS mit automatischem Powerglide-Getriebe). Vier Modelle stehen zur Wahl: „Sedan“, 4türig, 6sitzig, 1.874 $, 246.284 Stück. „Sedan“, 2türig, 6sitzig, 1.820 $, 144.401 Stück. „Sport Coupé“, 2türig, 6sitzig, 2.051 $, 99.047 Stück. „Convertible Coupé“, 2türig, 5sitzig, 2.175 $, 24.047 Stück.

Gesamtstückzahl 1953: 1.477.299 Stück.

▲ *1953. Chevrolet DeLuxe 210 „Townsman Station Wagon“.*

1953. Chevrolet DeLuxe 210 „Station Wagon“ (im Katalog auch „Handyman“ genannt.) ▼

CHEVROLET 1954

Nach der großen Stiländerung des Vorjahres beschränkt sich Chevrolet bei den im Dezem-

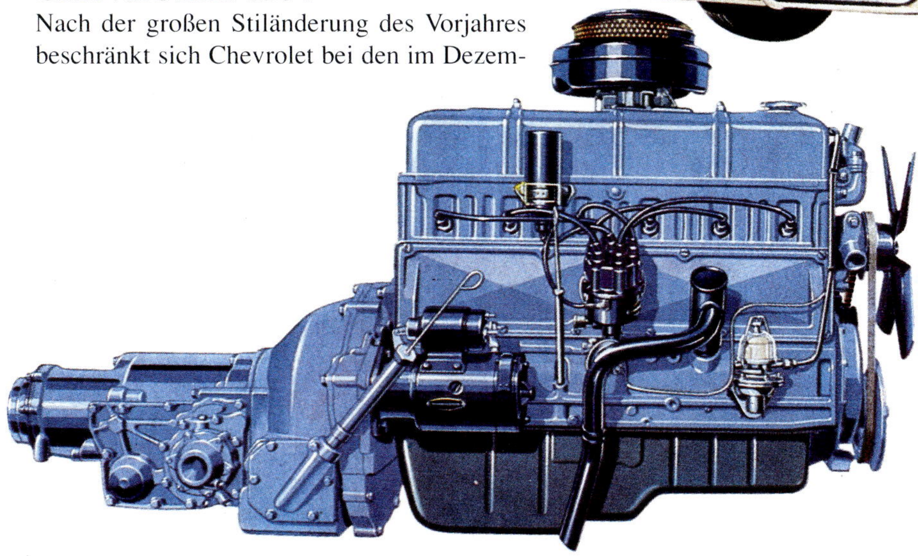

Oben: 1953. Standardmotor (108 PS).

Links: Der stärkere „Blue-Flame“ Motor (115 PS).

ber 1953 präsentierten Modellen auf ein leichtes Facelifting. Die neugestalteten Stoßfänger lassen die Wagen jetzt noch breiter erscheinen. Die mittlere Querstrebe des Kühlergrills mit den integrierten Standlichtern trägt jetzt fünf „Zähne“. Neu sind auch die Kühlerfigur und die Stoßstangenhörner. Die Rücklichter sind in die Heckflossen integriert.

Special „150“ - Serie 1500 A (Sechszylinder):
Das Powerglide-Getriebe kann künftig auch für die Modelle dieser Serie geordert werden (bei solchermaßen bestückten Fahrzeugen ersetzt die Aufschrift „POWERGLIDE“ den CHEVROLET-Namenszug auf dem Kofferraum). Die Special-Modelle sind an den Kotflügelschützern aus schwarzem Gummi, der fehlenden Windschutzscheibeneinfassung und den kleinen Radzierkappen zu erkennen. Das „Business Coupé“ wird in „Utility Sedan“ umbenannt. Anstelle eines Rücksitzes weist dieses Modell eine Ladefläche auf. Motor: Sechszylinder, Hubraum: 3,850 Liter; mit Schaltgetriebe 115 PS bei 3.700 U/min, mit automatischem Powerglide-Getriebe (gegen Aufpreis) 125 PS bei 4.000 U/min. Vier Modelle stehen zur Wahl: „Sedan“, 4türig, 6sitzig, 1.680 $, 32.430 Stück. „Sedan“, 2türig, 6sitzig, 1.623 $, 64.855 Stück. „Handyman Station Wagon“(mit umklappbarem Rücksitz), 4türig, 6sitzig, 2.020 $, 21.404 Stück. „Utility Sedan“, 2türig, 3sitzig, 1.539 $, 10.770 Stück.

DeLuxe „210“ - Serie 2100 B (Sechszylinder):
Die Modelle dieser Serie weisen eine lange seitliche Chromleiste, eine Chromblende im Schwellenbereich und verchromte Scheibeneinfassungen auf. Der Fond ist mit Teppichboden ausgekleidet. Die Sitze sind mit vinylverstärktem Moleskin bezogen. Für die Innenausstattung stehen vier verschiedene Farbtöne zur Wahl. Das „Del Ray Coupé“ ist ganz mit zweifarbigem Vinyl ausgekleidet; die Türverkleidungen bestehen aus gemustertem Material. Der „Convertible“ und der „Handyman Station Wagon“ wurden aus dem Programm gestrichen. Der Motor entspricht demjenigen der Special-Serie. Vier sechssitzige Modelle stehen zur Wahl: „Sedan“, 4türig, 1.771 $, 135.146 Stück. „Sedan“, 2türig, 1.717 $, 194.498 Stück. „Handyman Station Wagon“ (mit umklappbarem Rücksitz), 4türig, 2.133 $, 27.175 Stück. „Del Ray Coupé“, 2türig, 1.782 $, 66.403 Stück.

Bel Air - Serie 2400 C (Sechszylinder):
In diesem Jahr sind die Modelle dieser Serie noch umfangreicher ausgestattet als im Vorjahr: Neu sind in diesem Jahr die felgenbedeckenden Radzierkappen, eine elektrische Uhr, Teppichboden und vieles mehr. Beim „Sport Coupé“ ist an der A-Säule eine Innenleuchte angeordnet; zweifarbige Sitzbezüge (Fashion Fiesta) und eine verschwenderische Fülle an Chrom charakterisieren den Fahrgastraum. Der „Convertible“ ist noch aufwendiger ausgestattet. Der Motor entspricht demjenigen der Special-Serie. Fünf Modelle stehen zur Wahl: „Sedan“, 4türig, 6sitzig, 1.884 $, 246.284 Stück. „Sedan“, 2türig, 6sitzig, 1.830 $, 144.401 Stück. „Sport Coupé“, 2türig, 6sitzig, 2.061 $, 99.047 Stück. „Convertible Coupé“, 2türig, 5sitzig, 2.185 $, 24.047 Stück. „Townsman Station Wagon“ (mit Karosserieverkleidungselementen aus „Dinoc“-Holzimitat. Es gibt drei Sitzbänke, von denen sich die hinteren beiden mit ein paar Handgriffen ausbauen lassen), 4türig, 8sitzig, 2.283 $, 8.156 Stück.

Gesamtstückzahl 1954: 1.414.365 Stück.

CHEVROLET 1955

Die 1955er Modelle sind völlig neu. Das komplett überarbeitete Fahrgestell mit einem

▲ 1955. Chevrolet Bel Air „Hardtop Sport Coupé".

◀ 1954. Chevrolet Bel Air „Convertible".

1955. Heckansicht des Bel Air „Station Wagon". ▼

Radstand von 2,92 m sorgt für eine erheblich verbesserte Steifigkeit.

„One-Fifty" - Serie 1500 A (Sechszylinder oder V8):

Diese Serie umfaßt die preisgünstigsten Modelle der Marke. Gummiteppich vorne und hinten, Panoramascheibe. Der Namenszug „CHEVROLET" steht am vorderen Kotflügel. Die One-Fifty-Modelle werden weiterhin mit dem bewährten Sechszylindermotor ausgestattet (Hubraum: 3,857 Liter; mit Schaltgetriebe 123 PS bei 3.800 U/min, mit Powerglide 136 PS bei 4.600 U/min) Wahlweise kann auch das neue V8-Aggregat geordert werden. Vier Modelle stehen zur Wahl: „Sedan", 4türig, 6sitzig, 1.728 $, 29.998 Stück. „Sedan", 2türig, 6sitzig, 1.685 $, 66.416 Stück. „Utility Sedan" (mit Schiebeseitenfenster), 2türig, 3sitzig, 1.593 $, 11.196 Stück. „Handyman Station Wagon" (mit umklappbarem Rücksitz), 2türig, 6sitzig, 2.030 $, 17.936 Stück.

„Two-Ten Serie 2100 B (Sechszylinder oder V8):

Diese Serie umfaßt die Chevrolet-Mittelklasse-Modelle; neben der „One-Fifty"-Ausstattung gibt es folgendes Zubehör: Windschutzscheibeneinfassung aus Edelstahl, Rückfahrscheinwerfer, Vordersitze mit verchromten Zierleisten, Handschuhfachbeleuchtung, Aschenbecher und Zigarettenanzünder, Seitliche Zierleiste in Höhe der Gürtellinie und breite Chromleiste von der hinteren Tür bis zu den Heckleuchten. Der Motor entspricht demjenigen der Special-Serie. Sechs sechssitzige Modelle stehen zur Wahl: „Sedan", 4türig, 1.819 $, 317.724 Stück. „Sedan", 2türig, 1.775 $, 249.105 Stück. „Del Ray Club Coupé", 2türig, 1.835 $, 115.584 Stück. „Sport Coupé"1, 2türig, 2.079 $, 11.675 Stück. „Townsman Station Wagon"1, 2türig, 2.030 $, 29.918 Stück. „Beauville Station Wagon"1, 4türig, 2.127 $, 82.303 Stück. Mit umklappbarem Rücksitz.

Bel Air - Serie 2400 C (Sechszylinder oder V8):

Dies ist die luxuriöseste Serie. Zusätzlich zur „Two-Ten"-Ausstattung weisen diese Modelle Teppichboden, tropfenförmige Chromzierleisten mit weißlackiertem Innenteil an den hinteren Kotflügeln, eine vergoldete Aufschrift „BEL AIR" hinter den Türen und felgenbedekkende Radzierkappen auf. Der Motor entspricht demjenigen der Special-Serie. Sechs DeLuxe Modelle stehen zur Wahl: „Sedan", 4türig, 1.932 $, 345.372 Stück. „Sedan", 2türig, 1.888 $, 168.313 Stück. „Convertible", 2türig, 2.206 $, 41.292 Stück. „Hardtop Sport Coupé", 2türig,

Rechts: 1956. Chevrolet Bel Air „Hardtop Sport Sedan“.

Unten: 1956. Chevrolet 210 „Sedan“ beim Feuerwehreinsatz (aus: Saturday Evening Post).

2.067 $, 185.562 Stück. „Nomad Wagon“1, 2türig, 2.472 $, 3.103 Stück. „Beauville Station Wagon“1, 4türig, 2.262 $, 24.313 Stück. Mit umklappbarem Rücksitz. **Gesamtstückzahl 1955: 1.830.038 Stück.** Anläßlich der Produktion des 50.000.000sten Fahrzeugs des General Motors Konzerns baut Chevrolet einen Wagen „ganz aus Gold“. Bei diesem sind sämtliche Metallteile, 314 Zierelemente, zahlreiches Zubehör und über 300 Schrauben, Muttern, Bolzen und Nieten vergoldet.

CHEVROLET 1956

Die neuen Modelle werden im November 1955 vorgestellt. Die Änderungen beschränken sich in diesem Jahr auf Details: Kühlergrill mit horizontalen Stäben und integrierten rechteckigen Standlichtern; neue Stoßfänger vorne und hinten und geänderte Stoßstangenhörner (außer beim „Station Wagon“). Die Zierelemente sind von Serie zu Serie unterschiedlich. Alle mit V8-Motor ausgerüsteten Modelle tragen ein V unter dem Chevrolet-Emblem auf der Motorhaube. Der Tankeinfüllstutzen ist generell im linken Rücklicht integriert.

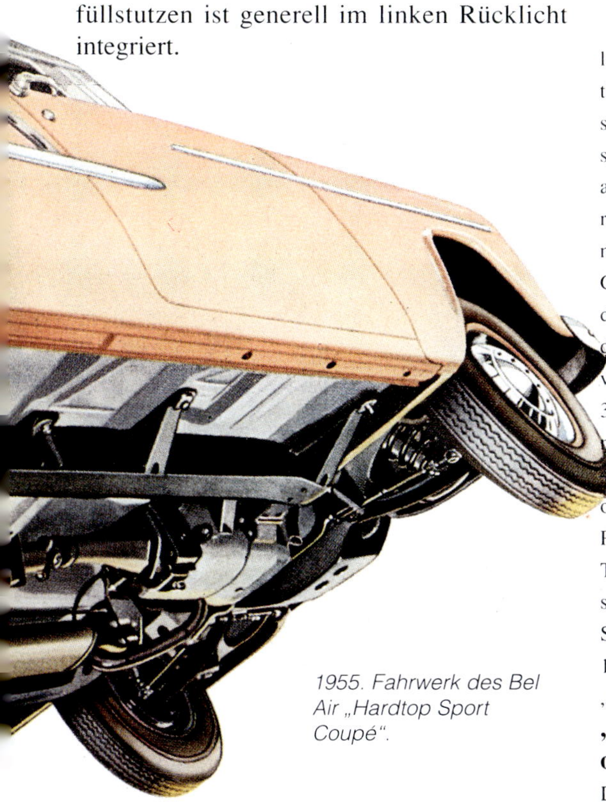

1955. Fahrwerk des Bel Air „Hardtop Sport Coupé“.

„One-Fifty“ - Serie 1500 A (Sechszylinder oder V8):

Der hintere Kotflügel trägt die Aufschrift CHEVROLET. Die Einfassungen der Windschutz- und Heckscheibe sind verchromt. Die in Höhe der Gürtellinie angeordnete Zierleiste endet an der hinteren Tür mit einer kurzen vertikalen Leiste. Diese dient als Abgrenzung für die ausgesprochen originelle Zweifarbenlackierung, die ausschließlich für diese Serie angeboten wird. Zur Serienausstattung gehören: Zweispeichen-Lenkrad mit Hupring, abschließbares Handschuhfach, Deckenleuchte, Innenverkleidung aus Moleskin und Vinyl, schwarzer Gummiteppich, kleine Radzierkappen, Sonnenblende auf der Fahrerseite. Einige Ausstattungsdetails sind von Modell zu Modell verschieden. Drei verschiedene Motorvarianten stehen zur Wahl: Sechszylinder, Hubraum: 3,857 Liter; mit Schaltgetriebe 140 PS bei 4.200 U/min, mit Powerglide 136 PS bei 4.200 U/min. V8, Hubraum: 4,340 Liter, mit Schaltgetriebe oder „Touch-Down overdrive“ 162 PS bei 4.400 U/min, mit Powerglide 170 PS bei 4.600 U/min. Gegen Aufpreis kann der „V8 Super Turbo Fire“ mit 205 PS geordert werden. Vier Modelle stehen zur Wahl (Produktionszahlen unbekannt): „Sport Sedan“, 4türig, 6sitzig, 1.869 $. „Sedan“, 2türig, 6sitzig, 1.825 $. „Utility Sedan“, 2türig, 3sitzig, 1.734 $. „Nomad Station Wagon“, 2türig, 6sitzig, 2.171 $.

„Two-Ten“ - Serie 2100 B (Sechszylinder oder V8):

Der hintere Kotflügel trägt die Aufschrift CHEVROLET. Die Windschutz- und Heckscheibeneinfassungen sind verchromt. Eine geschwungene Zierleiste verläuft vom Scheinwerfer bis zum hinteren Stoßfänger. Die Ausstattung ist von Modell zu Modell leicht unterschiedlich. Serienmäßig gibt es zwei Sonnenblenden, einen Aschenbecher und einen Zigarettenanzünder. Die Innenausstattung ist aufwendiger verarbeitet als in der Basisserie. Der „Sport Sedan“ weist keine Mittelkonsole auf. Es werden dieselben Motorvarianten wie für die Special-Serie angeboten. Für das V8-Aggregat ist ein Aufpreis von 99 Dollar zu bezahlen. Acht Modelle stehen zur Wahl: „Sedan“, 4türig, 6sitzig, 1.955 $, 283.125 Stück. „Hardtop Sport Sedan“, 6sitzig, 2.117 $, 20.021 Stück. „Sedan“, 2türig, 6sitzig, 1.912 $, 205.545 Stück. „Del Ray Coupé“, 2türig, 6sitzig, 1.971 $, 56.382 Stück. „Hardtop Sport Coupé“, 2türig, 2.063 $, 16.616 Stück. „Nomad Wagon“ (mit umklappbaren Sitzen), 2türig, 6sitzig, 2.215 $, 22.038 Stück. „Townsman Station Wagon“ (mit umklappbaren Sitzen), 4türig, 6sitzig, 2.263 $, 113.656 Stück. „Beauville Station Wagon“ (mit umklappbaren Sitzen), 4türig, 9sitzig, 2.348 $, 17.988 Stück.

Bel Air - Serie 2400 C (Sechszylinder oder V8):

Die „BEL AIR“-Aufschrift und das Chevrolet-Emblem befinden sich am hinteren Kotflügel. Die für diese Serie typische Seitenverzierung ist deutlich in den Illustrationen zu erkennen. Zur Ausstattung gehören ein Zweispeichen-Lenkrad sowie dicke Teppiche hinten und vorne (außer beim „Beauville Station Wagon“). Es werden dieselben Motorvarianten wie für die Special-Serie angeboten. Sieben Modelle stehen zur Wahl: „Sedan“, 4türig, 6sitzig, 2.068 $, 269.798 Stück. „Hardtop Sport Sedan“, 6sitzig, 2.230 $, 103.602 Stück. „Sedan“, 2türig, 6sitzig, 2.025 $, 104.849 Stück. „Hardtop Sport Coupé“,

Oben: 1956. Chevrolet 210 „Beauville Station Wagon“.
Rechts: Chevrolet 210 „Sedan“.

Unten: 1957. Bel Air DeLuxe „Convertible“.

2türig, 2.176 $, 128.382 Stück. „Convertible Coupé“, 2türig, 6sitzig, 2.344 $, 41.268 Stück. „Nomad Wagon“, 2türig, 6sitzig, 2.608 $, 7.886 Stück. „Beauville Station Wagon“ (mit umklappbaren Sitzen), 4türig, 9sitzig, 2.482 $, 13.268 Stück.

Gesamtstückzahl 1956: 1.621.018 Stück.

CHEVROLET 1957

Für die Freunde der Marke ist 1957 ein magisches Jahr. Allgemein gelten die im Oktober 1956 vorgestellten Modelle als die gelungensten Chevrolets überhaupt. Der Werbeslogan des Jahres lautet denn auch: „Sweet, Smooth, and Sassy“ („Süß, schön und gewagt!“). Dabei haben sich die Fahrzeuge gegenüber dem Vorjahr nicht revolutionär geändert: Neben dem traditionellen Facelifting am Kühlergrill führt Chevrolet jedoch ein völlig neues Zierleistendesign ein und verändert den Einsatz der Farben radikal. Die von Serie zu Serie unterschiedliche Seitenverzierung und die Heckflossen unterstreichen deutlich den modernen und sportlichen Charakter der neuen Modelle.

„One-Fifty“ - Serie 1500 A (Sechszylinder oder V8):

Die Modelle der Chevrolet-Basisserie haben sich gegenüber dem Vorjahr nicht verändert: Sie können nicht in der neuen Zweifarbenlackierung geordert werden. Neu ist nur die zierliche Inox-Zierleiste an der Tür und dem hinteren Kotflügel. Die Motorhaube und der vordere Kotflügel tragen den Chevrolet-Schriftzug. Die Ausstattung beschränkt sich auf das absolut notwendige: Standardlenkrad mit zentralem Hupknopf, kleine Radzierkappen, Kühlergrill aus eloxiertem Aluminium. Der „Handyman Station Wagon“ ist das einzige Modell mit zweifarbiger Lackierung. In Bezug auf die Motorisierung hat sich gegenüber 1956 nichts geändert. Laut „Chevrolet Car Shop Manual“ stehen sechs verschiedene V8-Motoren mit 4,635 Liter Hubraum und sechs verschiedene Getriebe für die gesamte 1957er Modellpalette (mit Ausnahme der Corvette) zur Verfügung. Die Motorleistungen sind wie folgt: Turbo-Fire: 185 PS bei 4.600 U/min. Super Turbo-Fire: 220 PS bei 4.800 U/min. Corvette-Aggregat: 245 PS bei 5.000 U/min; drei Einspritzeraggregate mit 250 PS bei 5.000 U/min, 270 PS bei 6.000 U/min bzw. 283 PS bei 6.200 U/min. Für die „Sedan“-Modelle ist der Corvette-Motor nicht lieferbar.

1957. Bel Air DeLuxe „Hardtop Sport Coupé“.

1957. Chevrolet-Fahrgestell.

Oben: 1957. Bel-Air-Armaturenbrett.

1957. Chevrolet 210 „Hardtop Sport Sedan".

Links: 1957. Chevrolet 150 „Sedan".

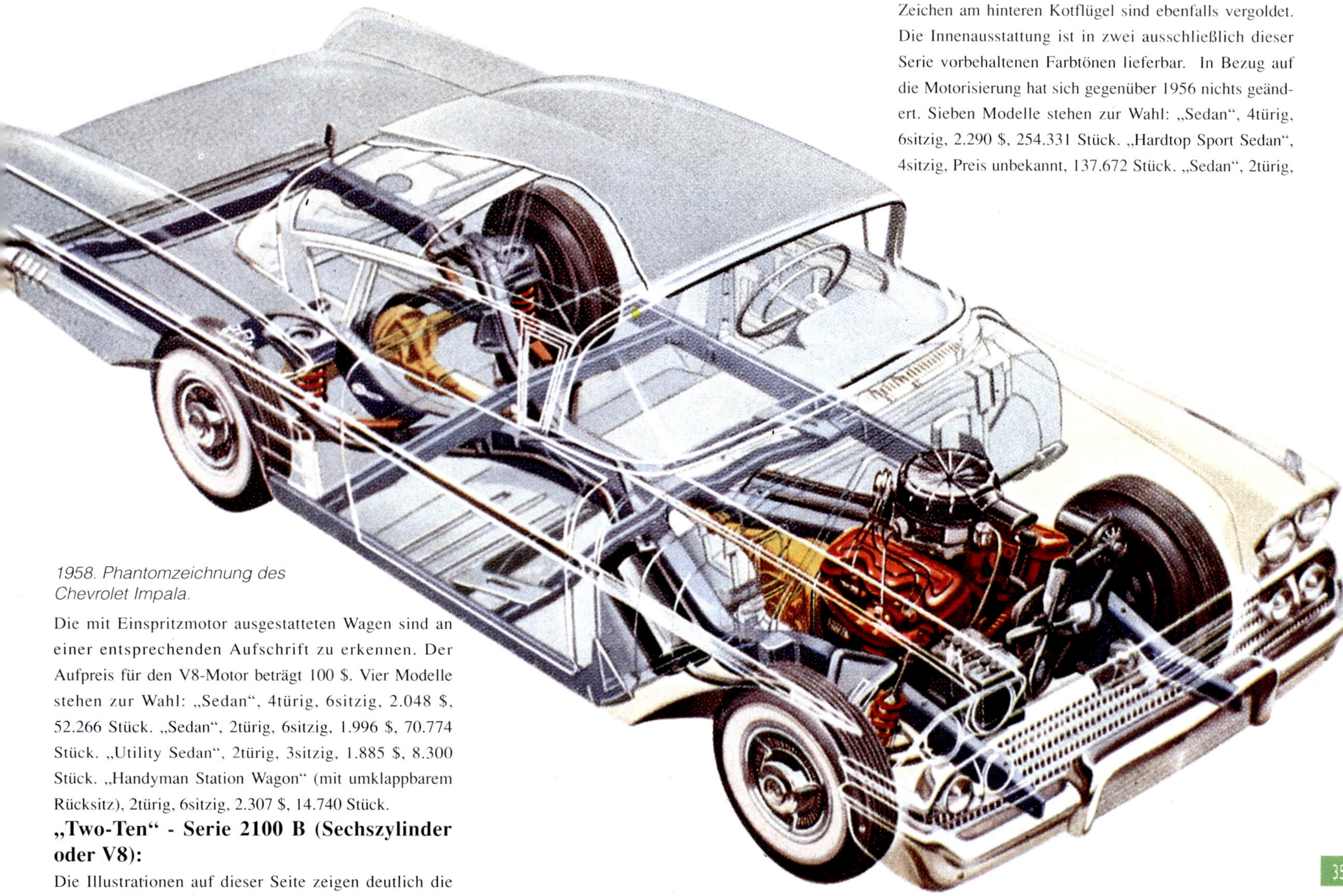

1958. Phantomzeichnung des Chevrolet Impala.

Die mit Einspritzmotor ausgestatteten Wagen sind an einer entsprechenden Aufschrift zu erkennen. Der Aufpreis für den V8-Motor beträgt 100 $. Vier Modelle stehen zur Wahl: „Sedan", 4türig, 6sitzig, 2.048 $, 52.266 Stück. „Sedan", 2türig, 6sitzig, 1.996 $, 70.774 Stück. „Utility Sedan", 2türig, 3sitzig, 1.885 $, 8.300 Stück. „Handyman Station Wagon" (mit umklappbarem Rücksitz), 2türig, 6sitzig, 2.307 $, 14.740 Stück.

„Two-Ten" - Serie 2100 B (Sechszylinder oder V8):

Die Illustrationen auf dieser Seite zeigen deutlich die neue Zweifarbenlackierung. Die Innenauskleidung aus Moleskin und Vinyl kann in drei verschiedenen Zweifarben-Kombinationen geordert werden. Die mit V8-Motor bestückten Fahrzeuge sind an dem großen V unter dem Chevrolet-Schriftzug am Kühler und am Kofferraum zu erkennen. In Bezug auf die Motorisierung hat sich gegenüber 1956 nichts geändert. Acht Modelle stehen zur Wahl: „Sedan", 4türig, 6sitzig, 2.174 $, 260.401 Stück. „Hardtop Sport Sedan", 4türig, 6sitzig, 2.270 $, 16.178 Stück. „Sedan", 2türig, 6sitzig, 2.122 $, 162.090 Stück. „Del Ray Coupé", 2türig, 6sitzig, 2.162 $, 25.664 Stück. „Hardtop Sport Coupé", 2türig, 6sitzig, 2.204 $, 22.631 Stück. „Townsman Station Wagon" (mit umklappbarem Rücksitz), 4türig, 6sitzig, 2.456 $, 27.803 Stück. „Beauville Station Wagon" (mit umklappbarem Rücksitz), 4türig, 9sitzig, 2.563 $, 21.083 Stück. „Nomad Wagon" (mit umklappbarem Rücksitz), 2türig, 6sitzig, 2.402 $, 17.528 Stück.

Bel Air - Serie 2400 C (Sechszylinder oder V8):

Die Modelle dieser Serie sind noch umfangreicher ausgestattet als oben beschrieben. Anstelle einer andersfarbig lackierten Sektion auf dem hinteren Kotflügel weisen die Bel-Air-Modelle eine eloxierte geriffelte Aluminiumblende auf. An den vorderen Kotflügeln sind neben den Scheinwerfern drei zierliche vergoldete Streifen angeordnet. Das „V" zur Kennzeichnung der V8-Modelle und der „BEL AIR"-Schriftzug mit dem Chevrolet-Zeichen am hinteren Kotflügel sind ebenfalls vergoldet. Die Innenausstattung ist in zwei ausschließlich dieser Serie vorbehaltenen Farbtönen lieferbar. In Bezug auf die Motorisierung hat sich gegenüber 1956 nichts geändert. Sieben Modelle stehen zur Wahl: „Sedan", 4türig, 6sitzig, 2.290 $, 254.331 Stück. „Hardtop Sport Sedan", 4sitzig, Preis unbekannt, 137.672 Stück. „Sedan", 2türig,

▲ 1958. Biscayne „Brookwood Station Wagon“.

▼ 1958. Zwei wunderschöne Exemplare des Bel Air Impala „Hardtop Sport Coupé“.
Rechte Seite oben: Impala-Kühlerdetail.

6sitzig, 2.238 $, 62.751 Stück. „Del Ray Hardtop Sport Coupé“, 2türig, 6sitzig, 2.299 $, 166.426 Stück. „Convertible Coupé“, 2türig, 6sitzig, 2.511 $, 47.562 Stück. „Nomad Wagon“, 2türig, 6sitzig, 2.757 $, 6.103 Stück. „Beauville Station Wagon“, 4türig, 9sitzig, 2.580 $, 27.375 Stück.

Gesamtstückzahl 1957: 1.522.536 Stück.

CHEVROLET 1958

Die im Oktober 1957 präsentierten Modelle weisen umfangreiche Neuerungen auf. Die Serien „150“ und „210“ heißen jetzt „Del Ray“ und „Biscayne“; die „Bel Air“-Serie wird durch die neuen Impala-Modelle bereichert (angesichts des großartigen Erfolgs kommen diese Modelle bereits ein Jahr später als eigene Serie auf den Markt). Ein neues Fahrgestell und ein neuer Motor sorgen für deutlich verbesserte Fahrleistungen. Die Fahrzeuge liegen tiefer, sind länger und breiter und mit -einem wuchtigen „Egg Crate“-Kühlergrill (zu deutsch „Eierschachtel“) ausgestattet. Zu den Neuerungen gehören: Doppelscheinwerfer, vorderer Stoßfänger mit Nummernschildhalterung, „Gull Wing“-Heckflossen. V8-Modelle tragen ein V an der Haube bzw. am Kofferraum.

Del Ray - Serien 1100 (6-Zyl.) und 1200 (V8):

An den hinteren Kotflügeln steht die Aufschrift DEL RAY. Diese Basisserie weist nur eine seitliche Zierleiste auf. Zur Grundausstattung gehören schwarze Gummiteppiche, ein Standardlenkrad und einige wenige Chromverzierungen. Motor: Sechszylinder, Hubraum: 3,857 Liter, Leistung: 145 PS bei 4.200 U/min leistet. Oder: V8, Hubraum: 4,635 Liter, Leistung: 185 PS bei 4.600 U/min. Für die V8-Modelle sind mit verschiedene Getriebe und Übersetzungen lieferbar. Weitere Varianten: Super Turbo-Fire: 4,635 Liter, 230 PS bei 4.800 U/min. Turbo-Thrust: 5,7 Liter, 250 PS bei 4.400 U/min. Super Turbo-Thrust: 5,7 Liter, 280 PS bei 4.800 U/min und 315 PS bei 5.600 U/min. Ram-Jet Fuel Injection: 4,635 Liter, 250 PS bei 5.000 U/min und 290 PS bei 6.200 U/min. Der Corvette-Motor kann nicht für die „Sedan“-Modelle geordert werden. Die mit Einspritzeraggregat ausgestatteten Fahrzeuge tragen einen entsprechenden Hinweis auf der Karosserie. Der Aufpreis für V8-Modelle beträgt 107 $. Sechs Modelle stehen zur Wahl1: „Sedan“, 4türig, 6sitzig, 2.155 $. „Sedan“, 2türig, 6sitzig, 2.101 $. „Utility Sedan“, 2türig, 3sitzig, 2.013 $. „Sedan DeLuxe“, 2türig, 1sitzig, 2.123 $. „Yeoman Station Wagon“, 4türig, 6sitzig, 2.467 $. „Yeoman Station Wagon“, 2türig, 6sitzig, 2.413 $. Ab 1958 werden im Chevrolet-Archiv für die einzelnen Modelle nur noch die Gesamtstückzahlen sämtlicher Serien gespeichert: Sedan 4türig: 491.441 Stück, Sedan 2türig: 256.182 Stück, Station Wagon 4türig: 170.473 Einheiten, Station Wagon 2türig: 16[illegible] Stück, Sport Coupé: 142.592 Stück, Sport Sedan: 83.[illegible] Stück, Convertible: 55.989 Stück.

Biscayne - Serien 1500 (6-Zyl.) und 1600 (V8):

Die Modelle dieser Serie sind an der etwas umfangreicheren Verzierung und der zweifarbigen Lackierung zu erkennen. Die hinteren Kotflügel tragen die Aufschrift BISCAYNE (beim „Station Wagon“ BROOKWOOD). Die Motorvarianten entsprechen denjenigen der Del-Ray–Serie. Vier sechssitzige Modelle stehen zur Wahl: „Sedan“, 4türig, 2.155 $. „Sedan“, 2türig, 2.101 $. „Brookwood Station Wagon“, 4türig, 2.290 $. „Brookwood Station Wagon“, 2türig, 2.236 $.

Bel Air - Serien 1700 (6-Zyl.) und 1800 (V8):

Innerhalb dieser Serie nehmen die neuen Impala-Modelle eine Sonderstellung ein. Sie sind die am luxuriösesten ausgestatteten Fahrzeuge der Marke. Vorne neben den Scheinwerfern sind vier vergoldete Streifen angeordnet. Ein farblich abgesetztes Segment in Speziallackierung, zahlreiche Chromverzierungen usw. gehören ebenso zum Lieferumfang wie felgenbedeckende Radzierkappen und eine aufwendig verarbeitete Innenausstattung. Ausschließlich die Impala-Modelle weisen drei Rücklichter auf (Rückfahrscheinwerfer in der Mitte). Der Tankeinfüllstutzen ist hinter einer kleinen Klappe am Kofferraum oberhalb der Stoßstange versteckt. Die Motorvarianten entsprechen denjenigen der Del-Ray-Serie. Sieben Modelle stehen zur Wahl: Standard „Sedan“, 4türig, 6sitzig, 2.440 $. „Hardtop Sport Sedan“, 4türig, 6sitzig, 2.511 $. „Sedan“, 2türig, 6sitzig, 2.386 $. „Hardtop Sport Coupé“, 2türig, 6sitzig, 2.447 $. Impala „Hardtop Sport Coupé“, 2türig, 5sitzig, 2.586 $. „Hardtop Sport Convertible“, 2türig, 5sitzig, 2.724 $. Station Wagon „Nomad Wagon“, 4türig, 6sitzig, 2.728 $. Gesamtstückzahl: 62.751 „Sedan“ und 166.426 „Hardtop“.

▼ 1958. Bel Air Standard „Hardtop Sport Coupé“.

Gesamtstückzahl 1958: 1.255.943 Stück. Chevrolet ist größter Automobilhersteller der Vereinigten Staaten.

CHEVROLET 1959

Mit den 1959er Modellen weist Chevrolet den Weg in die „verrückten Sechziger Jahre“. Gemäß Beschluß des GM-Managements werden künftig jedes Jahr völlig überarbeitete Modelle angeboten. So unterscheiden sich die neuen Chevrolets gravierend von den Vorjahresmodellen. Nie zuvor wurde das Design so umfassend geändert wie in diesem Jahr. Die Scheinwerfer sind so tief angeordnet, daß

▲ 1959. Bel Air „Sedan“.

1959. Bel Air „Sedan“. ▲

man einen entgegenkommenden Chevrolet künftig sogar nachts als solchen erkennt. Typisches Merkmal sind die „Seagull“-Heckflossen (siehe Abbildung).

Biscayne - Serien 1100 (6-Zyl.) und 1200 (V8):

Im Gegensatz zu den Fahrzeugen der Bel-Air-Serie weisen die Biscayne-Modelle eine von den Scheinwerfern bis zur vorderen Tür verlaufende Zierleiste auf. Motor: Sechszylinder, Hubraum: 3,857 Liter, Leistung: 135 PS bei 4.000 U/min. Oder: V8, Hubraum: 4,635 Liter, Leistung: 185 PS bei 4.600 U/min (Aufpreis: 108 $). Die V8-Modelle werden mit unterschiedlichen Getriebe- und Übersetzungsvarianten ausgeliefert: Super Turbo-Fire:

▲
1959. Bel Air Impala „Hardtop Sport Coupé“.

4,635 Liter, 230 PS bei 4.800 min-1. Ram-Jet Fuel Injection: 4,635 Liter, 250 PS bei 5.000 min-1 und 290 PS bei 6.200 min-1. Turbo-Thrust: 5,700 Liter, 250 PS bei 4.400 min-1. Super Turbo-Thrust: 5,700 Liter, 300 PS bei 4.800 min-1. Special Super Turbo-Thrust: 5,700 Liter, 315 PS bei 5.600 min-1. Fünf Modelle stehen zur Wahl: „Sedan“, 4türig, 6sitzig, 2.301 $. „Sedan“, 2türig, 6sitzig, 2.247 $. „Utility Sedan“, 2türig, 6sitzig, 2.160 $. „Brookwood Station Wagon“, 4türig, 6sitzig, 2.749 $. „Brookwood Station Wagon“, 4türig, 9sitzig, 2.852 $. Gesamtstückzahlen für alle Serien: Sedan 4türig: 525.461 Stück, Sedan 2türig: 281.924 Stück, Station Wagon 4türig: 188.623 Stück, Station Wagon 2türig: 20.760 Einheiten, Sport Coupé: 164.901 Stück, Sport Sedan: 182.520 Stück, Convertible: 727.659 Stück.

Bel Air - Serien 1500 (6-Zyl.) und 1800 (V8):

Die vorderen Kotflügel tragen die Aufschrift BEL AIR. (Bei den „Station Wagon“-Modellen steht an dieser Stelle jedoch die Aufschrift „Parkwood“ bzw. „Kingwood“).
Eine mit einer farbigen Nut unterteilte Zierleiste verläuft vom Scheinwerfer bis zum Hecklicht. Die Motorvarianten entsprechen denjenigen der Biscayne-Serie. Fünf Modelle stehen zur Wahl: „Sedan“, 4türig, 6sitzig, 2.440 $. „Hardtop Sport Sedan“, 4türig, 6sitzig, 2.556 $. „Sedan“, 2türig, 6sitzig, 2.386 $. „Parkwood Station Wagon“, 4türig, 6sitzig, 2.749 $. „Kingwood Station Wagon“, 4türig, 9sitzig, 2.852 $.

Impala - Serien 1700 (6-Zyl.) und 1700 (V8):

Auch in diesem Jahr sind die Impala-Modelle die luxuriösesten der Marke. Der Impala-Schriftzug und das Chevrolet-Emblem sind am hinteren Kotflügel in den Farbstreifen der seitlichen Chromleiste integriert. Eine zusätzliche Zierleiste verläuft ausgehend vom Schnittpunkt der Heckflossen über die Kofferraummitte hinweg. Auch die Rücklichter weisen Chromeinfassungen auf. Zusätzlich zur Serienausstattung der Bel-Air-Modelle gehören bei dieser Serie eine elektrische Uhr und zwei Sonnenblenden zum Lieferumfang. Die Motorvarianten entsprechen denjenigen der Biscayne-Serie. Fünf sechssitzige Modelle stehen zur Wahl: „Sedan“, 4türig, 2.592/2.710 $. „Hardtop Sport Sedan“, 4türig, 2.664 $. „Hardtop Sport Coupé“, 2türig, 2.599 $. „Convertible Coupé“, 2türig, 2.849 $. „Nomad Wagon“, 4türig, 2.891 $.
Gesamtstückzahl 1959: 1.528.592 Stück.
In diesem Modelljahr wird Chevrolet von Ford auf Platz zwei verwiesen: Laut Statistik produziert Ford in diesem Modelljahr 1.427.835 Stück gegenüber 1.349.562 Stück von Chevrolet (also 78.273 Wagen weniger als Ford).

▲ Das Titelbild des 1959er Chevrolet-Katalogs zeigt einen „Hardtop Sport Sedan“.

Geht man jedoch vom Kalenderjahr 1959 aus, bleibt Chevrolet weiterhin Marktführer: Hier fertigt Ford mit 1.462.140 Stück 66.452 Fahrzeuge weniger als Chevrolet.

CHRYSLER
Von 1924 bis heute

1952. Chrysler-Emblem.

1950. Chrysler Windsor „Newport“. ▼

1950. Chrysler Royal „Station Wagon“. ▼

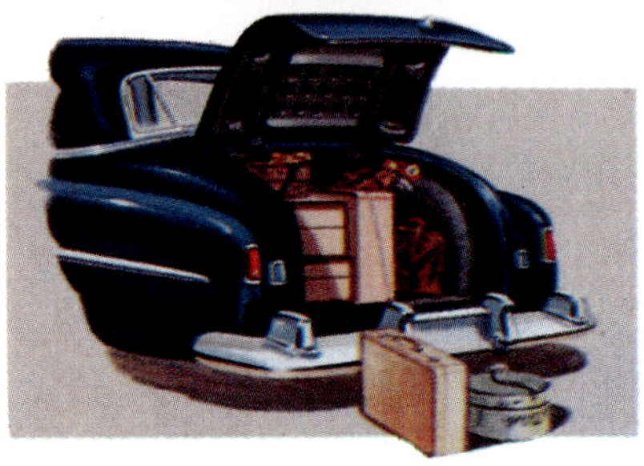

Das Windsor „Club Coupé“ bietet großzügig bemessenen Stauraum. ▲

Obwohl Chrysler erst 1924 gegründet wird, kann sich die Marke innerhalb weniger Jahre einen Platz unter den zehn größten Herstellern sichern. Die Geschichte Walter Percy Chryslers und seiner Automobile ist eine der faszinierendsten Stories der amerikanischen Automobilgeschichte. Chrysler gehört zu den wenigen Herstellern, die die große wirtschaftliche Depression der Zwanziger Jahr unbeschadet überstehen. Im Januar 1924 wird im New Yorker Hotel Commodore das erste Chrysler-Automobil vorgestellt. Bis zum Jahresende werden bereits 32.000 dieser Wagen verkauft: Dies ist ein Verkaufsrekord für das erste Herstellungsjahr in den Vereinigten Staaten. Durch zahlreiche Rennerfolge erwirbt sich Chrysler in Amerika ein hervorragendes Renommee. Das erste amerikanische Fahrzeug, das am 24 Stunden-Rennen von Le Mans teilnimmt, ist ein Chrysler. Unter den zahlreichen Modellen der Marke ist der Chrysler Airflow von 1934 besonders erwähnenswert. Er ist ein revolutionäres Fahrzeug, für das die Marke mit dem Slogan *„The beauty of nature itself“* („So schön wie die Natur selbst“) wirbt. Obwohl die Fachwelt lobende Worte für das ungewöhnliche Styling findet, lehnen die Käufer das Modell ab. Es ist zu fremdartig und wird von vielen als geradezu häßlich empfunden. So wird der Airflow für die Marke zu einem finanziellen Fiasko. Bereits 1937 kehrt Chevrolet zu den klassischeren Formen zurück. Während des zweiten Weltkrieges muß Chrysler ebenso wie alle anderen amerikanischen Hersteller auf Rüstungsproduktion umstellen. Erst Ende 1945 kann die Automobilproduktion wieder anlaufen. Nach dem Krieg präsentiert die Marke zunächst eine stilistisch überarbeitete Neuauflage der Vorkriegswagen. 1949 wirbt Chrysler anläßlich des 25jährigen Firmenjubiläums mit dem Slogan *„Bigger on the Inside - Smaller on the Outside“* (innen größer - außen kleiner). Bis 1954 wartet Chrysler zwar immer wieder mit Neuerungen auf, die Automobile der Marke können es an Modernität jedoch kaum mit den Modellen von Ford und dem GM-Konzern aufnehmen.

CHRYSLER 1950

Die neuen Modelle werden am 5. Januar

1950 präsentiert. Der „Town & Country Newport Hardtop" kommt am 23. Mai auf den Markt. Abgesehen von einem neuen „Egg Crate"-Kühlergrill haben sich die Fahrzeuge gegenüber dem Vorjahr kaum geändert. Das hintere Nummernschild ist am Stoßfänger und nicht mehr auf dem Kofferraumdeckel montiert.

Royal (Sechszylinder):
Diese Serie wird 1950 zum letztenmal angeboten. Die Modelle „Sedan" und „Club Coupé" weisen eine dreigeteilte Heckscheibe auf. Der „Royal"-Schriftzug befindet sich seitlich auf dem vorderen Kotflügel. Motor: Sechszylinder, Hubraum: 4,104 Liter, Leistung: 116 PS bei 3.600 U/min. Fünf Modelle stehen zur Wahl: „Sedan", 4türig, 6sitzig, 2.634 $, 17.713 Stück. „Sedan", 4türig, 8sitzig (Aufbau auf verlängertem Fahrgestell), 2.855 $, 375 Stück. „Club Coupé", 2türig, 6sitzig, 2.114 $, 5.900 Stück. „Town & Country Station Wagon", 4türig, 6sitzig, 2.735 $, 599 Stück. „Station Wagon ", 4türig, 6sitzig, 3.163 $, 100 Stück.

Windsor (Sechszylinder):
Die Fahrzeuge dieser Serie sind umfangreicher ausgestattet als die Royal-Modelle. Anstelle eines „Station Wagon" wird der „Traveler" angeboten. Dieser ist eine Mischung aus Limousine und Nutzfahrzeug: Durch Umklappen der rückwärtigen Sitzlehne entsteht im Fond eine große Ladefläche. Ein Dachgepäckträger bietet zusätzliche Ladekapazität (dieser gehört auch für die „Town & Country"-Modelle zum Lieferumfang). Erstmals wird in diesem Jahr das „Newport" Coupé mit einer großflächigen, dreigeteilten Heckscheibe präsentiert. Das Prestomatic-Getriebe gehört zur Serienausstattung. Die vorderen Kotflügel tragen die Aufschrift WINDSOR. Der Motor entspricht demjenigen der Royal-Serie.

▲ 1951. Armaturenbrett des Chrysler New Yorker.

Sieben Modelle stehen zur Wahl: „Club Coupé", 2türig, 6sitzig, 2.308 $, 20.050 Stück. „Sedan", 4türig, 6sitzig, 2.329 $, 78.199 Stück. „Convertible Coupé", 2türig, 6sitzig, 2.741 $, 2.201 Stück. „Newport", 2türig, 6sitzig, 2.637 $, 9.925 Stück. „Traveler", 4türig, 6sitzig, 2.560 $, 900 Stück. „Sedan", 4türig, 8sitzig, 3.050 $, 463 Stück. „Sedan Limousine", 4türig, 8sitzig, 3.176 $, 17.174 Stück. (Die achtsitzigen Modelle basieren auf einem verlängertem Fahrgestell.)

Saratoga (Achtzylinder):
Die Saragota-Modelle liegen stilistisch voll im Trend der Zeit. Der größere Motor findet unter einer längeren Haube Platz: Reihenachtzylindermotor, Hubraum: 5,300 Liter, Leistung: 135 PS bei 3.200 U/min. Zwei sechssitzige Modelle stehen zur Wahl: „Club Coupé", 2türig, 2.616 $, 300 Stück. „Sedan", 4türig, 2.642 $, 1.000 Stück.

New Yorker (Achtzylinder):
Zum letztenmal setzt die Marke das mittlerweile reichlich betagte Reihenachtzylinderaggregat ein (dieses ist bereits seit 1930 im Einsatz!). Diese luxuriöseste Chrysler-Serie weist eine aufwendige Innenausstattung auf. Die Wollteppiche und die Sitzbezüge sind in verschiedenen Farbtönen lieferbar. Der „Town & Country Newport" (hierbei handelt es sich um eine Limousine und nicht wie man annehmen könnte um einen Kombi) ist als einziges Modell mit der attraktiven Holzverkleidung erhältlich. Die Aufbauten werden aus Stahl gefertigt. Der Motor entspricht demjenigen der Saratoga-Serie. Sechs sechssitzige Modelle stehen zur Wahl: „Club Coupé", 2türig, 2.732 $, 3.000 Stück. „Sedan", 4türig, 2.758 $, 22.633 Stück. „Convertible Coupé", 2türig, 3.238 $, 899 Stück. „Newport", 2türig, 3.133 $, 2.800 Stück. „Wood Wagon", 4türig, Preis unbekannt, 1 Einheit. „Town & Country Newport", 2türig, Preis unbekannt, 700 Stück. Rohes Fahrgestell, Preis unbekannt, 2 Stück.

Gesamtstückzahl 1950: 167.425 Stück. Chrysler steht an 11. Stelle der amerikanischen Automobilhersteller.

▲ 1950. Chrysler Windsor „Sedan".

CHRYSLER 1951

Am 9. Februar 1951 wird der neue V8-Firepower-Motor vorgestellt. Von 165.000 produzierten Wagen sind 78.000 mit Sechszylinder- und 87.000 mit V8-Motor ausgestattet. Chrysler baut ca. 4.000 „Convertibles", 14.460 Zweitürer und 1.950 „Station Wagon". Durch das neue Styling der Kühlerpartie wirken die neuen Modelle wesentlich moderner. Die Standlichter sind direkt unterhalb der Scheinwerfer in einer Chromblende angeordnet.

Windsor (Sechszylinder):
Nach Einstellung der Royal-Modelle ist dies die Basisserie der Marke. In Anlehnung an das „Newport"-Coupé weisen die Windsor-Modelle eine dreigeteilte Heckscheibe auf. Die Serie wird achtzehn Monate lang (also über zwei Modelljahre hinweg) produziert. Die Aufschrift WINDSOR befindet sich an den vorderen Kotflügeln oberhalb der Zierleiste. Der Motor entspricht demjenigen der früheren Royal-Serie. Fünf Modelle stehen zur Wahl: „Club Coupé", 2türig, 6sitzig, 2.368 $. „Sedan", 4türig, 6sitzig, 2.290 $. „Station Wagon", 2türig, 6sitzig, 3.063 $. „Ambulance", 4türig, Preis unbekannt. „Sedan",

Rechts: 1950. Chrysler New Yorker „Town & Country Newport".

1950. Chrysler Windsor „Limousine". ▼

Rechts: 1951. Chrysler New Yorker „Convertible Coupé“.

Unten: 1951. Chrysler New Yorker „Sedan“.

4türig, 8sitzig, 3.197 Stück. (Es liegen nur Gesamtstückzahlen für 1951 und 1952 vor; siehe 1952)

Windsor DeLuxe (Sechszylinder):

Die luxuriöseren Sechszylindermodelle aus dem Hause Chrysler erkennt man an der Aufschrift WINDSOR DELUXE an den vorderen Kotflügeln. Das Prestomatic-Getriebe gehört zur Serienausstattung. Der Motor entspricht demjenigen der früheren Royal-Serie. Sieben Modelle stehen zur Wahl: „Club Coupé“, 2türig, 6sitzig, 2.585 $, 8.565 Stück. „Sedan“, 4türig, 6sitzig, 2.608 $. „Traveler“, 4türig, 6sitzig, 2.867 $, 850 Stück. „Convertible Coupé“, 2türig, 6sitzig, 3.071 $. „Newport“, 2türig, 6sitzig, 2.953 $. „Sedan“ (auf längerem Chassis), 4türig, 8sitzig, 3.416 $, 720 Stück. „Sedan Limousine“ (auf längerem Chassis), 4türig, 8sitzig, 3.537 $, 152 Stück.

Saratoga (V8):

Diese Serie kommt erst im Juli 1951 heraus. Die Saratoga-Modelle basieren auf dem Windsor-Fahrgestell und sind mit dem neuen V8-Motor bestückt. Ein großes V auf der Haube und am Kofferraum weist auf den Motor hin; die Aufschrift SARATOGA befindet sich seitlich an den vorderen Kotflügeln. Motor: V8, Hubraum: 5,423 Liter, Leistung: 180 PS bei 4.000 U/min. Fünf Modelle stehen zur Wahl: „Club Coupé“, 2türig, 6sitzig, 2.989 $. „Sedan“, 4türig, 6sitzig, 3.016 $. „Town & Country Newport“, 2türig, 6sitzig, 3.681 $. „Sedan“, 4türig, 8sitzig, 3.912 $. „Sedan Limousine“, 4türig, 8sitzig, 4.240 $.

New Yorker (V8):

Der Radstand dieser Fahrzeuge ist um 15 cm länger als bei den Windsor- und Saratoga-Modellen. Die Aufschrift NEW YORKER befindet sich seitlich an den vorderen Kotflügeln. Ein V auf der Haube und am Kofferraum weist auf dem V8-Motor hin. Chrysler ist der erste Hersteller, der für seine Fahrzeuge Servolenkung anbietet. Ab 1952 ist diese auch von anderen Herstellern lieferbar. Das Armaturenbrett hat sich seit 1949 nicht geändert. Der Motor entspricht demjenigen der Saratoga-Serie. Fünf sechssitzige Modelle stehen zur Wahl: „Club Coupé“, 2türig, 3.348 $, 3.533 Stück. „Sedan“, 4türig, 3.378 $. „Convertible Coupé“, 2türig, 3.916 $. „Newport“, 2türig, 3.778 $. „Town & Country Newport“, 2türig, 4.026 $, 416 Stück.

Gesamtstückzahl 1951: 163.541 Stück.

▲ 1950. Chrysler Crown Imperial „Sedan“.

▲ 1952. Chrysler Saratoga „Club Coupé“.

CHRYSLER 1952

Die neuen Modelle sind ab 14. Dezember 1951 bei den Vertragshändlern zu sehen. Abgesehen von einigen wenigen Details haben sich die Fahrzeuge gegenüber dem Vorjahr nicht geändert.

Windsor (Sechszylinder):

Motor: Sechszylinder, Hubraum: 4,332 Liter, Leistung 119 PS bei 3.600 U/min. Vier Modelle stehen zur Wahl: „Club Coupé“, 2türig, 6sitzig, 2.475 $, 6.735 Stück (1951+1952). „Sedan“, 4türig, 6sitzig, 2.498 $, 16.112 Stück (1951+1952). „Town & Country“, 4türig, 6sitzig, 3.200 $, 1967 Stück. „Sedan“, 4türig, 8sitzig, 3.342 $, 633 Stück. Laut Chrysler-Statistik werden im Modelljahr 8.337 Zweitürer, 2.793 „Convertibles“ und 1942 „Station Wagon“ gefertigt.

Windsor DeLuxe (Sechszylinder):

Der Motor entspricht demjenigen der Windsor-Serie. Drei Modelle stehen zur Wahl: „Sedan“, 4türig, 6sitzig, 2.727 $, 75.513 Einheiten (1951+1952). „Coupé“, 2türig, 6sitzig, 3.210 $, 4.200 Stück (1951+1952). „Newport“, 2türig, 3.087 $, 10.200 Stück (1951+1952).

Saratoga (V8):

Motor: V8, Hubraum: 5,423 Liter, Leistung: 180 PS bei 4.000 U/min. Fünf Modelle stehen zur Wahl: „Club Coupé“, 2türig, 6sitzig, 3.187 $, 8.501 Stück (1951+1952). „Sedan“, 4türig, 6sitzig, 3.215 $, 35.516 Stück (1951+1952). „Town & Country Wagon“, 4türig, 6sitzig, 3.925 $, 1.299 Stück (1951+1952). „Ambulance“, 4türig, Preis unbekannt, 1 Stück. „Sedan“ (nur auf Bestellung lieferbar), 4türig, 8sitzig, 4.172 $, 183 Stück.

New Yorker (V8):

Der Motor entspricht demjenigen der Saratoga-Serie. Drei sechssitzige Modelle stehen zur Wahl: „Sedan“, 4türig, 3.530 $, 40.415 Einheiten (1951+1952). „Convertible Coupé“, 2türig, 4.033 $, 2.200 Stück (1951+1952). „Newport“, 2türig, 3.969 $, 5.800 Stück (1951+1952). Rohes Fahrgestell, Preis unbekannt, 1 Stück.

Gesamtstückzahl 1952: 120.692 Stück.

CHRYSLER 1953

Am 30. Oktober 1952 präsentiert Chrysler dem Publikum seine neuen Modelle. Die Linienführung hat sich grundlegend geändert. Die Wagen sind länger geworden. Die Motorhaube ist flacher und fällt nach vorne leicht ab. Erstmals seit dem Chrysler Airflow (1934-1937) bietet die Marke wieder Fahrzeuge mit einteiliger Windschutzscheibe an. Der Kühlergrill und die Stoßstangenhörner wirken zierlicher. Gegen Ende des Modell-

1953. Chrysler Windsor DeLuxe „Convertible ▲ Coupé".

Rechts: 1953. Chrysler New Yorker DeLuxe „Convertible Coupé".

jahres kommt das neue Powerglide-Zweigangautomatikgetriebe auf den Markt. Die seit mehr als zwanzig Jahren aus dem Programm gestrichenen Speichenräder feiern ein Comeback.

Windsor (Sechszylinder):
In der Windsor-Serie werden weiterhin die preisgünstigsten Modelle angeboten. Der Tankeinfüllstutzen ist künftig hinten links angeordnet (außer beim „Station Wagon" und den Achtsitzermodellen, bei denen das Kotflügel-Design des Vorjahres erhalten bleibt). Motor: Sechszylinder, Hubraum: 4,332 Liter, Leistung: 119 PS bei 3.600 U/min. Vier Modelle stehen zur Wahl: „Club Coupé", 2türig, 6sitzig, 2.555 $, 11.646 Stück. „Sedan", 4türig, 6sitzig, 2.577 $, 18.879 Stück. „Town & Country Wagon", 4türig, 6sitzig, 1.142 $, 1.299 Stück. „Sedan" 4türig, 8sitzig, 3.279 $, 425 Stück.

Windsor DeLuxe (Sechszylinder): Einziges äußerliches Unterscheidungsmerkmal zur Windsor-Serie ist die Aufschrift „WINDSOR DELUXE" an den vorderen Kotflügeln. Der Preisunterschied ergibt sich aus der umfangreicheren Ausstattung. Der Motor entspricht demjenigen der Windsor-Serie. Drei sechssitzige Modelle stehen zur Wahl: „Sedan", 4türig, 2.806 $, 45.385 Stück. „Convertible Coupé", 2türig, 3.290 $, 1.250 Stück. „Newport", 2türig, 3.166 $, 5.642 Stück.

New Yorker (V8):
Die New Yorker unterscheiden sich von den anderen Serien nur durch wenige Zubehör- bzw. Verzierungsdetails. Die zweifarbig lackierten Modelle verkaufen sich am besten. Das V auf der Haube und am Kofferraum weist auf den V8-Motor hin (Hubraum: 5,430 Liter, Leistung: 180 PS bei 4.000 U/min). Fünf Modelle stehen zur Wahl: „Club Coupé", 2türig, 6sitzig, 3.336 $, 7.749 Stück. „Sedan", 4türig, 6sitzig, 3.365 $, 37.540 Stück. „Newport", 2türig, 6sitzig, 3.782 $, 2.525 Stück. „Town & Country Wagon", 4türig, 6sitzig, 1.399 $, 416 Stück. „Sedan", 4türig, 8sitzig, 4.363 $, 100 Stück.

New Yorker DeLuxe (V8):
Außer den achtsitzigen Modellen (Radstand 3,54 m bei 5,36 m Gesamtlänge) basieren alle 1953er Chryslers auf einem einheitlichen Fahrgestell mit einem Radstand von 3,19 m. Damit bietet die Marke erstmals kürzere Fahrzeuge an. Ausschließlich in dieser Serie bietet die Marke ein „Convertible Coupé" an. Die Innenausstattung ist wesentlich aufwendiger und attraktiver als bei den anderen Serien. In diesem Jahr gehören die Speichenräder und die Klimaanlage zur serienmäßigen Ausstattung. Das Fluid Drive-Getriebe wird im Juni durch das ebenfalls serienmäßig gelieferte Powerglide-Getriebe ersetzt. Noch im laufenden Modelljahr wird dieses neue Getriebe in 35.000 Modelle dieser Serie eingebaut. Die vorderen Kotflügel tragen oberhalb der Radausschnitte die Aufschrift „NEW YORKER DELUXE." Der Motor entspricht demjenigen der New-Yorker-Serie. Vier sechssitzige Modelle stehen zur Wahl: „Club Coupé", 2türig, 3.370 $, 1.934 Stück. „Sedan", 4türig, 3.526 $, 20.585 Stück. „Newport", 2türig, 3.493 $, 3.715 Stück. „Convertible Coupé", 2türig, 4.025 $, 950 Stück. Rohes Fahrgestell, Preis unbekannt, 21 Stück.

Gesamtstückzahl 1953: 160.377 Stück

In diesem Jahr erwirbt die Marke die Briggs Manufacturing Company für 35 Millionen Dollar.

▲ 1953. Chrysler New Yorker DeLuxe „Newport" in zweifarbiger Lackierung („Alpine Blue" und „Flagship Blue").

CHRYSLER 1954

Seit sechs Jahren hat sich der Chrysler-Stil nicht grundlegend geändert und auch die 1954er Modelle bieten keine gravierenden Neuerungen. In diesem Jahr beschränkt sich die Marke im wesentlichen auf das traditionelle Facelifting der Kühlerpartie. Die Stoßfänger sind zierlicher, die Scheinwerfer grösser ausgefallen. An den Rücklichtern und den seitlichen Zierleisten wurden ebenfalls geringfügige Veränderungen vorgenommen.

1954. Chrysler New Yorker DeLuxe „Convertible Coupé".

Das Armaturenbrett wurde überarbeitet. 1954 werden der Sechszylindermotor und das „Club Coupé"-Modell zum letztenmal angeboten.

Windsor DeLuxe (Sechszylinder):

Diese Serie ist die einzige, in der das Powerglide-Getriebe nicht serienmäßig eingebaut ist. Mit dem Ende des Koreakrieges erleben Weißwandreifen ein Comeback und die Qualität der Chromteile verbessert sich. Motor: Sechszylinder, Hubraum 4,332 Liter, Leistung: 119 PS bei 3.600 U/min. Sechs Modelle stehen zur Wahl: „Club Coupé", 2türig, 6sitzig, 2.541 $, 5.659 Stück. „Sedan", 4türig, 6sitzig, 2.562 $, 33.563 Stück. „Convertible Coupé", 2türig, 6sitzig, 2.046 $, 500 Stück. „Newport", 2türig, 6sitzig, 2.831 $, 3.655 Stück. „Town & Country Wagon", 4türig, 6sitzig, 1.142 $, 1.299 Stück. „Sedan", 4türig, 8sitzig, 3.492 $, 500 Stück.

New Yorker (V8):

Die hinteren Kotflügel tragen die Aufschrift „NEW YORKER". Das V auf der Haube und am Kofferraum weist auf den V8-Motor hin. 75 % aller ausgelieferten Fahrzeuge sind mit der für einen Aufpreis von 140 Dollar angebotenen Servolenkung ausgestattet. Eine effiziente Dreistufen-Klimaanlage wälzt die Luft im Fahrgastraum in weniger als drei Minuten um. Motor: V8, Hubraum: 5,423 Liter, Leistung: 195 PS bei 4.400 U/min. Fünf Modelle stehen zur Wahl: „Club Coupé", 2türig, 6sitzig, 3.202 $, 2.079 Stück. „Sedan", 4türig, 6sitzig, 3.229 $, 15.488 Stück. „Newport", 2türig, 6sitzig, 3.503 $, 1.312 Stück. „Town & Country Wagon", 4türig, 6sitzig, 4.023 $, 1.100 Stück. „Sedan", 4türig, 8sitzig, 4.368 $, 140 Stück.

New Yorker DeLuxe (V8):

Diese Chrysler-Luxusserie unterscheidet sich unter anderem durch einen leicht unterschiedlichen Kühlergrill und die hinteren Kotflügelschützer. Weiteres Erkennungsmerkmal sind die DeLuxe-Radzierkappen. Zur Belebung des Verkaufs bietet die Marke gegen Jahresende Sondermodelle in zwei neuen Lackfarben an („Bluebird" und „Golden Falcon"). Zum Lieferumfang dieser Modelle gehören Speichenräder, getönte Scheiben, spezielle Innenausstattung sowie Servolenkung und -bremsen. Motor: V8, Hubraum: 5,423 Liter, Leistung 235 PS bei 4.400 U/min. Vier sechssitzige Modelle stehen zur Wahl: „Club Coupé", 2türig, 3.406 $, 1.861 Stück. „Sedan", 4türig, 3.433 $, 26.907 Stück. „Convertible Coupé", 2türig, 3.938 $, 724 Stück. „Newport", 2türig, 3.707 $, 4.814 Stück. Rohes Fahrgestell, Preis unbekannt, 17 Stück.

Gesamtstückzahl 1954: 101.744 Stück.

IMPERIAL

An dieser Stelle bietet sich ein kleiner Exkurs in die Geschichte der IMPERIAL – Modelle an. Der erste Imperial entsteht 1926 im Chrysler-Werk von East Jefferson (Detroit). Zunächst handelt es sich bei den so benannten Fahrzeugen um Chrysler – Modelle mit etwas längerem Aufbau und luxuriöserer Ausstattung; stilistisch besteht zu den übrigen Fahr-

▼ 1954. Chrysler New Yorker DeLuxe „Newport" in „Torch Red".

Links: 1955. Chrysler Windsor DeLuxe „Convertible Coupé“.

▲
1955. Chrysler Imperial „Sedan“.

zeugen der Marke kein Unterschied. In den Katalogen werden die Imperial-Modelle nicht erwähnt: Die Händler bieten sie persönlich ihren besonders wohlhabenden und prestigebewußten Kunden an. Das Design der Modelle bleibt bis 1955 so gut wie unverändert. Nach Ansicht des Chrysler-Managements sind Komfort, luxuriöse Ausstattung und voluminöse Motoren der Schlüssel zum Erfolg; das Karosseriestyling spielt in ihren Augen eine eher untergeordnete Rolle. In den Jahren nach dem Krieg werden die Imperial-Modelle nur in relativ geringen Stückzahlen produziert: Von 1946 bis 1949 werden 800 Stück gefertigt.

Ab diesem Zeitpunkt wird die Imperial-Modellpalette erweitert und die Stückzahlen erhöht. 1950 werden zwei Serien (Imperial und Crown Imperial) angeboten. Erstere basiert im wesentlichen auf der New-Yorker-Serie mit Custom-Innenausstattung; deutliches Erkennungsmerkmal ist der von Cadillac inspirierte Kühlergrill. Die zweite Serie ist mit Lederpolsterung und sonstigem Luxuszubehör höchst aufwendig ausgestattet. Der Preis liegt bei etwa 5.300 Dollar.

Die Modelle von 1951 und 1952 sind völlig baugleich. In diesen beiden Jahren werden insgesamt 27.698 Stück (Imperial und Crown Imperial) gefertigt. Die Preis liegen zwischen 2.687 $ für das „Club Coupé“ und 6.740 $ für die „Limousine“. Die Firma fertigt für die Städte Los Angeles, Detroit und New York drei Exemplare des „Parade Phaeton“ auf

Crown Imperial-Fahrgestell. 1953 kostet die „Limousine" der Serie Crown Imperial 7.044 $ und der achtsitzige „Sedan" 6.922 $. Die Stückzahlen erreichen 111 bzw. 48 Stück. Die Gesamtstückzahl der Serien Custom Imperial und Crown Imperial liegt bei 9.018 Stück. 1954 werden insgesamt 5.758 Stück produziert, darunter 23 achtsitzige „Sedan" und 77 „Limousines" der Serie Crown Imperial.
1955 lanciert die Chrysler Corporation unter

Rechts: 1955. Chrysler New Yorker DeLuxe „Newport" in zweifarbiger Lackierung („Jade Green" und „Platinum").

1955. Chrysler Windsor DeLuxe „Town & Country Wagon". ▼

dem Namen Imperial eine eigenständige Marke. Elvis Presley gibt in einem seiner Filme mit Blick auf ein Imperial „Convertible" von 1957 den Kommentar: *„The flying saucers have landed at last!"* (Die fliegenden Untertassen sind endlich gelandet!). Das Styling der Fahrzeuge ist denn auch völlig neu und ungewöhnlich. Bei der Herstellung der Imperial-Karosserien wird kein einziges Chrysler-Standardteil verwendet.

CHRYSLER 1955

Die Werbung preist die neuen Modelle mit den Slogans *„The Million Dollar Look"* und *„The Forward Look"* an. Für die radikale Überarbeitung des Chrysler-Stils zeichnet Entwicklungschef Virgil Exner verantwortlich. Er ließ sich bei seinen Entwürfen von den ersten Imperial-Parade-Phaeton-Modellen des Jahres 1952 inspirieren. Die Vorstellung der Modelle erfolgt in drei Etappen: Am 17. November 1955 hat die Basisserie einschließlich der Modelle „Nassau" und „St.Regis Hardtop" Premiere. Am 5. Januar 1956 folgen der „Town & Country" und der „Station Wagon". Am 8. Februar schließlich wird der legendäre Chrysler 300 präsentiert; mit diesem Modell bietet die Marke das zweitteuerste Automobil der Vereinigten Staaten an. Die Illustrationen verdeutlichen, wie gravierend sich die 1955er Modelle gegenüber dem Vorjahr verändert haben. Die Sechszylindermodelle wurden aus dem Katalog gestrichen. Die Basismodelle werden unter der Bezeichnung „Nassau", die Luxusmodelle unter der Bezeichnung „Newport" vertrieben. Auffälliges Merkmal ist die großflächige Windschutz- und Heckscheibe.

1955. Chrysler Imperial „Hardtop". ▼

Windsor DeLuxe (V8):
Der Kühlergrill der Windsor DeLuxe-Modelle unterscheidet sich nur unwesentlich von demjenigen der New Yorker: Die Standlichter sind separat unterhalb der Scheinwerfer angeordnet (bei den New Yorker Modellen sind sie in „bananenförmigen" Gehäusen am Stoßfänger montiert). Die Rücklichter sind jetzt in die Heckflossen integriert. Die Rückfahrscheinwerfer sind in Stoßstangenhöhe unterhalb des Kofferraums angeordnet. Wichtigste Neuerung des Jahres ist jedoch der am Armaturenbrett montierte Schalthebel für das automatische Powerglide-Getriebe. Motor: V8, Hubraum: 4,930 Liter, Leistung: 188 PS bei 4.400 U/min. Fünf sechssitzige Modelle stehen zur Wahl: „Sedan", 4türig, 2.660 $, 63.896 Stück. „Nassau", 2türig, 2.703 $, 18.474 Stück. „Newport", 2türig, 2.818 $, 13.126 Stück. „Convertible Coupé", 2türig, 3.090 $, 1.395 Stück. „Town & Country Wagon", 4türig, 3.331 $, 1.983 Stück.

New Yorker DeLuxe (V8):
Wesentliche Unterschiede zur Windsor-Serie sind der Kühlergrill und der geänderte hintere Stoßfänger. Der frühere zweitürige „Hardtop" wird jetzt unter der Bezeichnung „Newport" bzw. „St.Regis" (luxuriösere Version) vertrieben. Im weiteren Verlaufe des Modelljahres kommt eine „St.Regis"-Sonderserie mit spezifischer Außenverzierung unter der Bezeichnung „New York De Luxe Newport St.Regis" heraus. Motor: V8, Hubraum: 5,423 Liter, Leistung: 250 PS bei 4.600 U/min. Fünf sechssitzige Modelle stehen zur Wahl: „Sedan", 4türig, 3.494 $, 33.342 Stück. „St.Regis", 2türig, 3.690 $, 11.076 Stück. „Newport", 2türig, 3.652 $, 5.777 Stück. „Convertible Coupé", 2türig, 3.924 $, 946 Stück. „Town & Country Wagon", 4türig, 4.208 $, 1.036 Stück. Rohes Fahrgestell, Preis unbekannt, 1 Stück.

Chrysler 300 (V8):
Der 300 ist der leistungsstärkste amerikanische Wagen des Jahres. Motor: V8, Hubraum: 5,423 Liter, Leistung: 300 PS bei 5.200 U/min. Der Kühlergrill und die Stoßstangenhörner werden von den Imperial-Modellen übernommen. Die Innenausstattung ist in Leder ausgeführt. Der Chrysler 300 ist auch nach heutigen Maßstäben etwas Besonderes und gehört zu den begehrtesten Sammlerstücken der Marke. Nur ein Modell wird angeboten: „Hardtop Coupé", 2türig, 4.109 $, 1.725 Stück.

Limks: 1956. Frontansicht des Chrysler Windsor.

▲ 1956. Blick ins Innere eines Chrysler Windsor „Newport".

Gesamtstückzahl 1955: 176.038 Stück.
Chrysler steht an 9. Stelle der amerikanischen Automobilhersteller.

CHRYSLER 1956

Ab sofort werden sämtliche Chrysler-Modelle mit einer 12-Volt-Anlage ausgestattet. Der viertürige „Hardtop Sedan" (ohne B-Säulen) ist neu im Programm. Er kann in den Serien Windsor und New Yorker geordert werden.

Windsor (V8):

Der Kühlergrill erhält ein gelungenes neues Styling: Dominant sind die drei horizontalen Chromstäbe mit angedeutetem Mittelknick; beiderseits des Kühlergrills sind die Standlichter angeordnet. Das Design der in die Heckflossen integrierten Rücklichter mit eingebautem Rückfahrscheinwerfern ist ebenfalls neu. Motor: V8, Hubraum: 5,423 Liter, Leistung: 225 PS bei 4.400 U/min. Sechs sechssitzige Modelle stehen zur Wahl: „Sedan", 4türig, 2.770 $, 53.119 Stück. „Convertible Coupé", 2türig, 3.235 $, 1.011 Stück. „Town & Country Wagon", 4türig, 3.498 $, 2.700 Stück. „Nassau", 2türig, 2.804 $, 11.400 Stück. „Newport", 2türig, 2.941 $, 10.800 Stück. „Newport", 4türig, 3.028 $, 7.050 Stück.

New Yorker (V8):

Der Kühlergrill dieser Modelle unterscheidet sich deutlich von demjenigen der Windsor-Serie. Er ist extrem schmal und besteht aus zahlreichen horizontalen Lamellen (in Sechsergruppen zusammengefaßt) und fünf senkrechten Stäben. Auch die Stoßfänger sind anders. Die „St. Regis"-Modelle werden mit einer originellen Dreifarbenlackierung ausgeliefert. Erstmals in diesem Jahr sind die hinteren Kotflügel mit acht kleinen verchromten „Zähnen" verziert - diese bleiben über Jahre hinweg das Erkennungsmerkmal dieser Serie. Motor: V8, Hubraum: 5,8 Liter, Leistung: 280 PS bei 4.600 U/min. Sechs sechssitzige Modelle stehen zur Wahl: „Hardtop Sedan", 4türig, 3.673 $, 27.749 Stück. „Convertible Coupé", 2türig, 4.136 $, 921 Stück. „Town & Country Wagon", 4türig, 4.417 $, 1.070 Stück. „Newport", 2türig, 3.845 $, 4.115 Stück. „Newport", 4türig, 3.995 $, 3.599 Stück. „St.Regis", 2türig, 3.889 $, 6.686 Stück.

Chrysler 300 B (V8):

Bei diesem Modell wurden als einzige sichtbare Veränderung neue Heckflossen im gleichen Stil wie bei den anderen Serien eingeführt. Der Bedienungsknopf für das automatische Powerglide-Getriebe ist links am Armaturenbrett angeordnet. Der Wagen wird serienmäßig mit Lederausstattung ausgeliefert. Auch in diesem Jahr ist der Chrysler 300 B das leistungsstärkste und schnellste Automobil der Vereinigten Staaten.
Chrysler gewinnt den Schnelligkeitsweltrekord für Serienwagen in Daytona Beach mit 233 km/h. Motor: V8, Hubraum: 5,8 Liter, Leistung: 340 PS bei 5.200 U/min (gegen Aufpreis ist ein 355 PS starkes Aggregat mit höh-

1956. Heckansicht des Chrysler Windsor.
▼

▼ 1956. Chrysler Windsor „Newport".

▲
1956. Chrysler Windsor „Sedan".

1956. Chrysler Windsor DeLuxe „Town & Country Wagon".
▼

Links: 1957. Chrysler New Yorker „Sedan“.

Oben: 1957. Chrysler New Yorker „Hardtop“.

erer Verdichtung erhältlich). Nur ein Modell wird angeboten: „Hardtop Coupé“, 2türig, 4.242 $, 1.102 Stück.
Gesamtstückzahl 1956: 107.490 Stück.

CHRYSLER 1957

Die am 29. Oktober 1956 präsentierten Modelle wurden umfassend überarbeitet. Auffälligstes Merkmal der völlig neuen Karosserien sind die hinteren Kotflügel mit den noch größeren Heckflossen. Auch die Fahrgestelle sind neu. Mit der kompletten Revidierung der Modellpalette liegt Chrysler voll im Trend der Zeit: Ende der Fünfziger Jahre überbieten sich die amerikanischen Automobilhersteller mit Neuheiten. Bereits kurz nach Anlaufen der Produktion wird erneut eine Veränderung vorgenommen: Sämtliche Modelle werden mit Doppelscheinwerfern ausgestattet. Die wichtigste Innovation des Jahres ist sicherlich die Drehstabfederung – ein System, das die Europäer bereits seit André Citroëns legendärem „Traction avant“ kennen- und schätzengelernt haben. Die Panoramascheiben sind ebenfalls neu.

Windsor (V8):

Die Bezeichnung „Newport“ für zweitürige Modelle ohne B-Säule entfällt. Die „Hardtop“-Modelle werden mit „Flight Sweep“-Sonderausstattung ausgeliefert: der Raum zwischen den Chromleisten am hinteren Kotflügel ist in derselben Farbe lakkiert wie das Dach. Der hintere Kotflügel trägt die Aufschrift WINDSOR. Motor: V8, Hubraum: 5,8 Liter, Leistung: 285 PS bei 4.600 U/min. Vier sechssitzige Modelle stehen zur Wahl: „Sedan“, 4türig, 3.088 $, 17.639 Stück. „Hardtop“, 2türig, 3.153 $, 14.027 Stück. „Hardtop“, 4türig, 3.217 $, 14.354 Stück. „Town & Country Wagon“, 4türig, 3.574 $, 2.035 Stück.
Saratoga (V8): Nach fünfjähriger Pause feiert die Bezeichnung „Saratoga“ ein Comeback. Diese auf den alten Windsor-Modellen basierende Serie wartet mit einer verbesserten Innenausstattung und einem stärkeren Motor auf. Zur Serienausstattung gehören: Rückfahrscheinwerfer, Handbremskontrolleuchte, automatisches Torqueflite-Getriebe, felgenbedeckende Inox-Radkappen, Servolenkung. Durch die seitliche Zierleiste wirken die Modelle zierlicher. Die meisten Käufer entscheiden sich für die zweifarbige Sonderausstattung. Die Aufschrift „SARATOGA“ befindet sich vorne am Kotflügel unterhalb der Zierleiste. Drei sechssitzige Modelle stehen zur Wahl: „Sedan“, 4türig, 3.718 $, 14.977 Stück. „Hardtop“, 2türig, 3.754 $, 10.633 Stück. „Hardtop“, 4türig, 3.832 $, 11.586 Stück.

New Yorker (V8):

„The most glamourous car in a generation“ (der schönste

▲ 1957. Chrysler New Yorker „Convertible Coupé“.

Wagen seiner Zeit), so heißt es in der Werbung. Deutliches Unterscheidungsmerkmal dieser Serie sind die zwei langen seitlichen Zierleisten (gegen Aufpreis wird der Zwischenraum zwischen diesen Leisten in Dachfarbe lackiert). Die hinteren Kotflügel tragen auch in diesem Jahr sieben kleine verchromte „Zähne“. Die Aufschrift NEW YORKER befindet sich vorne unterhalb der beiden Zierleisten. Beliebtes Sonderzubehör sind die beiden hinten montierten Antennen, die den futuristischen Charakter der Autos zusätzlich unterstreichen. Der New Yorker „Town & Country Wagon“ wird mit „Captive-Air“-Bereifung ausgeliefert (ein Ersatzrad gehört nicht zum Lieferumfang). Die Windschutzscheibe des „Convertible“ ist stärker gewölbt als bei den anderen Modellen. Motor: V8, Hubraum: 6,420 Liter, Leistung: 325 PS bei 4.600 U/min. Der Motor ist auf fünf stoßabsorbierenden Gummiblöcken gelagert. Fünf sechssitzige Modelle stehen zur Wahl: „Sedan“, 4türig, 4.173 $, 12.369 Stück. „Hardtop“, 2türig, 4.202 $, 8.863 Stück. „Hardtop“, 4türig, 4.259 $, 10.948 Stück. „Convertible Coupé“, 2türig, 4.638 $, 1.049 Stück. „Town & Country Wagon“, 4türig, 4.746 $, 1.391 Stück.

Chrysler 300 C (V8):

Auch der diesjährige Chrysler 300 ist in Amerika in Punkto Leistung und Schnelligkeit Spitzenreiter. Der neu gestylte Kühlergrill steht dem Wagen gut zu Gesicht. Einziges Zierelement ist eine Leiste am hinteren Kotflügel, an deren Ende das neue blau-weiß-rote Emblem angeordnet ist. Dieses Logo ziert ebenfalls die Radzierkappen, den Kofferraumdeckel, das Handschuhfach und die Lenkradnabe. Bedingt durch die kleinen Räder (14 Zoll / 35,5 cm) muß Chrysler für zusätzliche Kühlung der Bremsen sorgen: unterhalb der Scheinwerfer befindet sich eine Öffnung, über die Kühlluft zu den vorderen Bremsen gelangt. Der Wagen ist ausschließlich in einfarbiger Lackierung lieferbar. Motor: V8, Hubraum: 6,420 Liter, Leistung: 375 PS bei 5.200 U/min (gegen Aufpreis 390 PS bei 5.400 U/min). Zwei sechssitzige Modelle stehen zur Wahl: „Hardtop“, 2türig, 4.929 $, 1.918 Stück. „Hardtop Coupé“, 2türig, 5.359 $, 484 Stück.
Gesamtstückzahl 1957: 118.718 Stück.

CHRYSLER 1958

Angesichts der allgemeinen wirtschaftlichen Rezession muß die amerikanische Automobilindustrie schwere Einbußen hinnehmen. Auch Chrysler schreibt rote Zahlen und muß die Konzeption neuer Modelle verschieben. So wird an den am 1. November 1957 präsentierten Modellen lediglich ein geringfügiges Facelifting vorgenommen. Neu ist die verchromte Einfassung der Doppelscheinwerfer. Der extrem niedrige Kühlergrill wird bei den Modellen der Serien Saratoga und New Yorker optisch bis zu den Radausschnitten verlängert. Die Windsor-Modelle sind von dieser Änderung nicht betroffen. Das Grilldesign übernimmt Chrysler von Dodge. Die meisten Wagen werden mit Automatikgetriebe, Servolenkung, Heizung und Scheibenwaschanlage ausgeliefert. Wichtigste Neuheit des Jahres ist der „Auto Pilot“, ein Tempostat, der den Wagen ohne Betätigung des Gaspedals auf der vom Fahrer gewählten Geschwindigkeit hält.

Windsor (V8):

Eine in der Mitte des vorderen Kotflügels ansetzende schmale Zierleiste verläuft entlang der Seitenpartie. Der zweitürige „Hardtop“ ohne B–Säulen wird mit „Flight Sweep“-Sonderausstattung ausgeliefert: der Raum zwischen den beiden Zierleisten am hinteren Kotflügel ist in der Farbe des Daches lackiert. Anders als im Vorjahr laufen die Zierleisten nicht mehr rund, sondern spitz zu. Die hinteren Kotflügel tragen die Aufschrift WINDSOR. Das Fahrgestell wird von Dodge übernommen. Motor: V8, Hubraum: 5,8-00 Liter, Leistung: 290 PS bei 4.600 U/min. Sechs Modelle stehen zur Wahl: „Sedan“, 4türig, 6sitzig, 3.129 $, 12.861 Stück. „Hardtop“, 2türig, 6sitzig, 3.214 $, 6.205 Stück. „Hardtop“, 4türig, 6sitzig, 3.279 $, 6.254 Stück. „Convertible Coupé“, 2türig, 6sitzig, Preis unbekannt, 2 Stück. „Town & Country Wagon“, 4türig,

▲ *1957. Chrysler Saratoga „Hardtop“.*

6sitzig, 3.616 $, 791 Stück. „Town & Country Wagon“ (dritte Sitzbank entgegen der Fahrtrichtung angeordnet), 4türig, 9sitzig, 3.803 $, 862 Stück.

Saratoga (V8):

Diese Serie hat sich gegenüber 1957 kaum geändert. Die seitliche Zierleiste reicht vom Ansatz der vorderen Tür bis zur Heckleuchte. Die Aufschrift SARATOGA steht seitlich am Kotflügel vor der Tür. Gegen Aufpreis ist die „Flight Sweep“-Verzierung erhältlich. Wie bereits im Vorjahr ist der Innenspiegel nicht oben an der Windschutzscheibe, sondern am Armaturenbrett montiert. Motor: V8, Hubraum: 5,8 Liter, Leistung: 310 PS bei 4.600 U/min. Drei sechssitzige Modelle stehen zur Wahl: „Sedan“, 4türig, 3.818 $, 8.698 Stück. „Hardtop“, 2türig, 3.878 $, 4.456 Stück. „Hardtop“, 4türig, 3.955 $, 5.322 Stück.

New Yorker (V8):

Auch die Modelle dieser Serie profitieren von den oben beschriebenen Änderungen. Deutliches Erkennungsmerkmal ist das spezielle Emblem an der zweiten Chromleiste. Bei dieser Serie ist der Raum zwischen den beiden seitlichen Zierleisten nicht lackiert, sondern mit einem dünnen Streifen aus eloxiertem Aluminium versehen. Die Innenausstattung aus „Jacquard Foutainbleu“ und Metallic-Vinyl ist wesentlich aufwendiger und luxuriöser als bei den Saragota-Modellen („Chinmail“ und Metallic-Vinyl). In diesem Jahr wird neben den „Convertible“ auch der „Hardtop“ mit der stark gewölbten Panoramascheibe ausgestattet. Motor: V8, Hubraum: 6,420 Liter, Leistung: 345 PS bei 4.600 U/min. Sechs Modelle stehen zur Wahl: „Sedan“, 4türig, 6sitzig, 4.295 $, 7.110 Stück. „Hardtop“, 2türig, 6sitzig, 4.347 $, 3.205 Stück. „Hardtop“, 4türig, 6sitzig, 4.404 $, 5.227 Stück. „Convertible Coupé“, 2türig, 6sitzig, 4.761 $, 666 Stück. „Town & Country Wagon“, 4türig, 6sitzig, 4.868 $, 428 Stück. „Town & Country Wagon“, 4türig, 9sitzig, 5.083 $, 775 Stück.

Chrysler 300 D (V8):

Im Prinzip bleibt bei dieser Serie alles beim alten. Neu sind lediglich die stark gewölbte Windschutzscheibe und die rot lackierten Radkappen. Das Armaturenbrett wird von der New-Yorker-Serie übernommen. Der Buchstabe C im Emblem an den hinteren Kotflügeln wird durch ein D ersetzt. Dieses Emblem ist an zehn verschiedenen Stellen des Wagens angebracht. Einige Modelle dieser Serie werden mit elektronischer Einspritzung (Bendix Electrojector) ausgerüstet. Damit setzt Chrysler erstmals die Errungenschaften der Elektronik in die Praxis um. Das System erweist sich jedoch als fehlerhaft, so daß die Wagen ins Werk zurückgerufen und mit einem herkömmlichen Vergaser bestückt werden. Motor: V8-„Firepower“, Hubraum: 6,420 Liter, Leistung: 380 PS bei 5.200 U/min (ge-

▼ *1959. Chrysler Windsor „Hardtop“.*

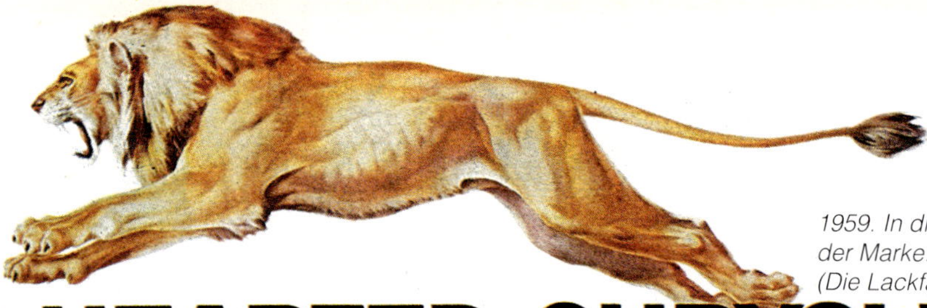

1959. In diesem Jahr wird der Löwe zum Wappentier der Marke. Unten: Chrysler New Yorker „Hardtop" (Die Lackfarbe heißt „Lustre-Bond Spun Yellow").

LION-HEARTED CHRYSLER

gen Aufpreis 390 PS bei 5.200 U/min). Zwei sechssitzige Modelle stehen zur Wahl: „Hardtop", 2türig, 5.173 $, 618 Stück. „Hardtop Coupé", 2türig, 5.603 $, 191 Stück. **Gesamtstückzahl 1958:** 49.504 Stück.

CHRYSLER 1959

Die Präsentation der neuen Chrysler-Modelle erfolgt am 24. Oktober 1958. Wie in jedem Jahr wurde das Design des Kühlergrills geändert. Die vorderen und hinteren Stoßfänger sowie die Heckflossen sind zierlicher gestaltet. Die Rücklichter sind in einer Vertiefung unterhalb der Heckflossen angeordnet. Das Nummernschild ist nicht mehr am Kofferraum, sondern an der Stoßstange montiert. In diesem Jahr bringt Chrysler einen neuen Motor heraus. Dieses Aggregat wird auch von den Schwesterfabrikaten DeSoto, Plymouth und Dodge eingesetzt. Der „Station Wagon" trägt jetzt den Namen „Town & Country" . Liegesitze sind in allen Serien erhältlich (beim 300 E serienmäßig). 1959 wird ein goldener Löwe als neues Emblem eingeführt; je nach Serie ist es vorne oder hinten an den Kotflügeln angeordnet. Zum letztenmal werden Fahrzeuge mit separatem Fahrgestell angeboten. Ab 1960 fertigt Chrysler ausschließlich in selbsttragender Bauweise.

Windsor (V8):

Wie bereits 1958 basieren die Windsor-Modelle auf dem Dodge-Fahrgestell; die Karosserie ist in diesem Jahr jedoch tiefer gelegt. Für die Sitzbezüge kann der Käufer zwischen vierzehn verschiedenen Stoffarben mit Metallic-Effekt wählen. Der Bezugsstoff wird mit Vinyl kombiniert. Die schräg verlaufende seitliche Zierleiste weist in der Mitte der Vordertür einen Knick auf; unterhalb dieser Stelle sind drei vergoldete Zierelemente angeordnet. Die hinteren Kotflügel tragen die Aufschrift CHRYSLER. Motor: V8, Hubraum: 6,274 Liter, Leistung: 305 PS bei 4.600 U/min. Sechs Modelle stehen zur Wahl: „Sedan", 4türig, 6sitzig, 3.204 $, 19.910 Stück. „Hardtop", 2türig, 6sitzig, 3.289 $, 6.675 Stück. „Hardtop", 4türig, 6sitzig, 3.353 $, 6.084 Stück. „Convertible Coupé", 2türig, 6sitzig, 3.620 $, 961 Stück. „Town & Country Wagon", 4türig, 6sitzig, 3.691 $, 992 Stück. „Town & Country Wagon", 4türig, 9sitzig, 3.878 $, 751 Stück.

Saratoga (V8):

Die Saratoga-Modelle basieren auf einem verlängerten Fahrgestell (Radstand 3,20 m). Die Karosserie entspricht derjenigen der Windsor-Modelle. Die Motorhaube ist jedoch um 11 cm länger. Die seitliche Verzierung ist völlig anders als bei der Windsor-Serie: Zwei geschwungene Leisten verlaufen vom Scheinwerfer bis zum hinteren Stoßfänger. Auf Wunsch wird der Raum zwischen den Leisten in Dachfarbe lackiert. Die hinteren Kotflügel tragen die Aufschrift SARATOGA. Die Innenausstattung wird wahlweise in Vinyl oder „Jacquard Mayfair" ausgeführt. Motor: V8, Hubraum: 6,274 Liter, Leistung: 325 PS bei 4.600 U/min. Drei sechssitzige Modelle stehen zur Wahl: „Sedan", 4türig, 3.966 $, 8.783 Stück. „Hardtop", 2türig, 4.026 $, 3.753 Stück. „Hardtop", 4türig, 4.104 $, 4.943 Stück.

New Yorker (V8):

Bei den Modellen diese Serie laufen die zwei seitlichen Zierleisten spatenförmig aus. Auf Wunsch wird eine originelle Zweifarbenlackierung geliefert (siehe Illustrationen). Die Innenausstattung ist in „Jacquard" und Vinyl ausgeführt. Der Kunde hat die Wahl zwischen 22 verschiedenen Farbkombinationen. Das Armaturenbrett hat sich seit 1957 kaum geändert. Motor: V8, Hubraum: 6,764 Liter, Leistung: 350 PS bei 4.600 U/min. Sechs Modelle stehen zur Wahl: „Sedan", 4türig, 6sitzig, 4.424 $, 7.792 Stück. „Hardtop", 2türig, 6sitzig, 4.476 $, 2.435 Stück. „Hardtop", 4türig, 6sitzig, 4.533 $, 4.805 Stück. „Convertible Coupé", 2türig, 6sitzig, 4.890 $, 286 Stück. „Town & Country Wagon", 4türig, 6sitzig, 4.997 $, 444 Stück. „Town & Country Wagon", 4türig, 9sitzig, 5.212 $, 564 Stück. Rohes Fahrgestell, Preis unbekannt, 2 Stück.

Chrysler 300 E (V8):

Die amerikanische Presse bezeichnet die Chrysler 300 liebevoll als „Big Brute". Nur einige weinige Details haben sich gegenüber dem Vorjahr geändert. Der neue Motor (V8, Hubraum: 6,764 Liter, Leistung: 380 PS bei 5.000 U/min) ist ebenso leistungsfähig wie zuvor, weist jedoch ein verbessertes Leistungs-/Gewichtsverhältnis auf. Zudem erlaubt er rationellere und preisgünstigere Fertigungsmethoden. Zwei sechssitzige Modelle stehen zur Wahl: „Hardtop", 2türig, 5.319 $, 550 Stück. „Hardtop Coupé", 2türig, 5.749 $, 140 Stück.

Gesamtstückzahl 1959: 69.411 Stück.

Chrysler steht an 12.Stelle der amerikanischen Automobilhersteller.

▼ 1959. Chrysler New Yorker „Town & Country Wagon" in zweifarbiger Lackierung („Gray Rose" und „Ivory White").

▲ 1959. Chrysler Saratoga „Hardtop" in zweifarbiger Lackierung („Storm Gray Metallic" und „Ivory White").

1958: Frontpartie der Windsor-Modelle.
▼

CORVETTE

Von 1953 bis heute

▲ *1954. Kühleremblem.*

Chevrolet Corvette 1954.

Die Corvette ist einer jener amerikanischen *„Dream Cars"*, wie sie immer wieder auf den Automobilsalons zu bewundern sind. Doch anders als die meisten dieser Fahrzeuge wird dieser automobile Traum Wirklichkeit: Angesichts des begeisterten Echos, das die Corvette seitens des Ausstellungspublikums erntet, entschließt sich Chevrolet zur Produktion des Wagens - und dies, obwohl ein Sportwagen überhaupt nicht in die eher biedere Chevrolet-Modellpalette paßt. Das altväterliche Image der Marke ist bei der Lancierung der Corvette denn auch alles andere als förderlich. Zudem ist die Ur-Corvette viel zu schwach motorisiert, um den Ansprüchen der potentiellen Sportwagenkäufer gerecht zu werden: Der altersschwache „Blue Flame"-Sechszylindermotor und die absolut unsportliche Powerglide-Automatik wollen so gar nicht zu einem rassigen Sportwagen passen. Äußerlich aber ist dieser Wagen wunderschön und ausgesprochen originell: Dank einer ausgesprochen gelungenen Linienführung hat dieser Chevrolet eine geradezu charismatische Ausstrahlung. Der Name Corvette wird zur Legende und kann sich bis 1990 im Modellkatalog der Marke behaupten. Die Presse hat für das Corvette-Aggregat nur spöttische Kommentare übrig, und so muß Chevrolet reagieren: Bereits ein Jahr nach der Lancierung, 1955, wird eine neue Version mit V8-Motor präsentiert. Dieser verleiht der Corvette zwar wesentlich mehr Power, doch die Verkaufszahlen bleiben nach wie vor weit hinter den Erwartungen zurück. Die Produktionseinstellung scheint beschlossene Sache. Doch da präsentiert Ford seinen „Thunderbird": Chevrolet kann und will den Sportwagenmarkt nicht kampflos der Konkurrenz überlassen. So gibt man der Corvette noch eine Chance. Mit motorsportlichen Erfolgen kann das Image zwar etwas verbessert werden, doch die Verkaufszahlen sind auch 1956 trotz eines Faceliftings denkbar gering.

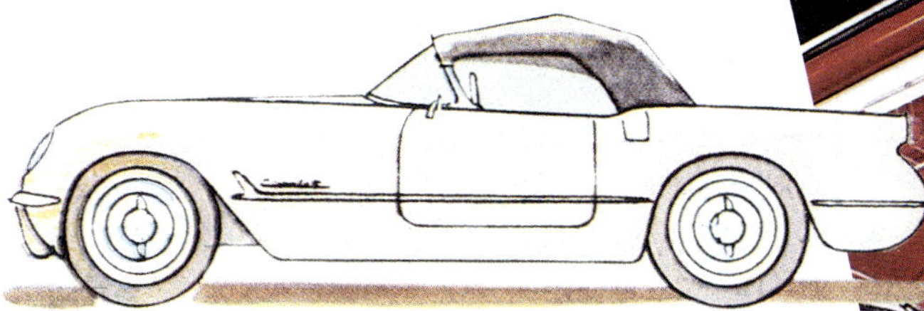

Corvette 1954. ▲

▲Blick ins Innere einer 1954er Corvette.

Links: Corvette 1954.

palette (Pennant Blue, Sportsman Red, Black und Polo White). Verdeck bei allen Fahrzeugen einheitlich sandfarben.

Serie E 2934 (Sechszylinder):
Hubraum: 3,858 Liter, Leistung: 155 PS bei 4.200 U/min. Ausschließlich erhältlich als „Convertible", 2türig, 2sitzig, 3.523 $, 3.640 Stück.

Den großen Durchbruch schafft erst die mit dem 1957er Modell eingeführte Benzineinspritzung. Damit wird die Corvette zu einer echten Rakete. Laut Chevrolet-Werbung ist sie der einzige Wagen auf dem Markt mit einem PS pro Kubikzoll: 283 cubic inches = 283 PS. Angesichts solcher Werte steht dem Erfolg des Wagens nichts mehr im Wege: Bereits 1958 können über 9.000 Stück verkauft werden.

CORVETTE 1953

Charakteristische Merkmale: Kühlergrill mit dreizehn breiten, vertikalen „Zähnen". In die stark gerundeten Kotflügel integrierte Scheinwerfer, fehlende Türgriffe, Panoramascheibe, Mittelschalthebel, Automatisches Powerglide-Getriebe, gut bestücktes Armaturenbrett, vornehmlich in Handarbeit gefertigte Fiberglas-Karosserie. Beliebteste Lackfarbe: „Polo White", rote Schalensitze. Serie E 2934 (Sechszylinder): Hubraum: 3,858, Leistung: 150 PS bei 4.200 U/min. Ausschließlich erhältlich als „Convertible", 2türig, 2sitzig, 3.498 $, 315 Stück.

CORVETTE 1954

Wesentliche Änderungen: Erweiterte Farb-

Rechts: Die „Tretcorvette" besteht, wie ihre große Schwester, aus Fiberglas.

CORVETTE 1955

Wesentliche Änderungen: V8-Motor anstelle des früheren Sechszylinders (die vorderen Kotflügel tragen ein großes vergoldetes V und den CHEVROLET-Schriftzug). 12 Volt-Anlage.

Serie E 2934 (V8):

Hubraum: 4,341, Leistung: 210 PS bei 5.200 U/min. Ausschließlich erhältlich als „Convertible", 2türig, 2sitzig, Preis unbekannt, 700 Stück.

1957. Export-Corvette.

CORVETTE 1956

Wesentliche Änderungen: neugestaltete vordere Kotflügel, verchromte Scheinwerfereinfassungen, Türgriffe außen, V-förmige Einbuchtung an den Flanken, in die hinteren Kotflügel integrierte Heckleuchten. Innenausstattung ausschließlich in sandfarben oder rot erhältlich. Sechs verschiedene Lackfarben: Onyx Black, Polo White, Venitian Red, Cascade Green, Aztec Copper und Arctic Blue.

Serie E 2934 (V8):

Hubraum: 4,341, Leistung: 210 PS bei 5.200 U/min. Ausschließlich erhältlich als „Convertible", 2türig, 2sitzig, 3.120 $, 3.467 Stück.

CORVETTE 1957

Wesentliche Änderungen: Neben dem 1956er Aggregat kam gegen Aufpreis ein stärkerer Motor geordert werden. Zwei Auspuffrohre, mit Vinyl bezogene Schalensitze, sportliches Dreispeichen-Lenkrad, Teppichboden, Aussenspiegel, elektrische Uhr. Zusätzliche Lackfarbe: Silver. Kombinationsfarben für Zweifarbenlackierung: weiß, silber oder sandfarben.

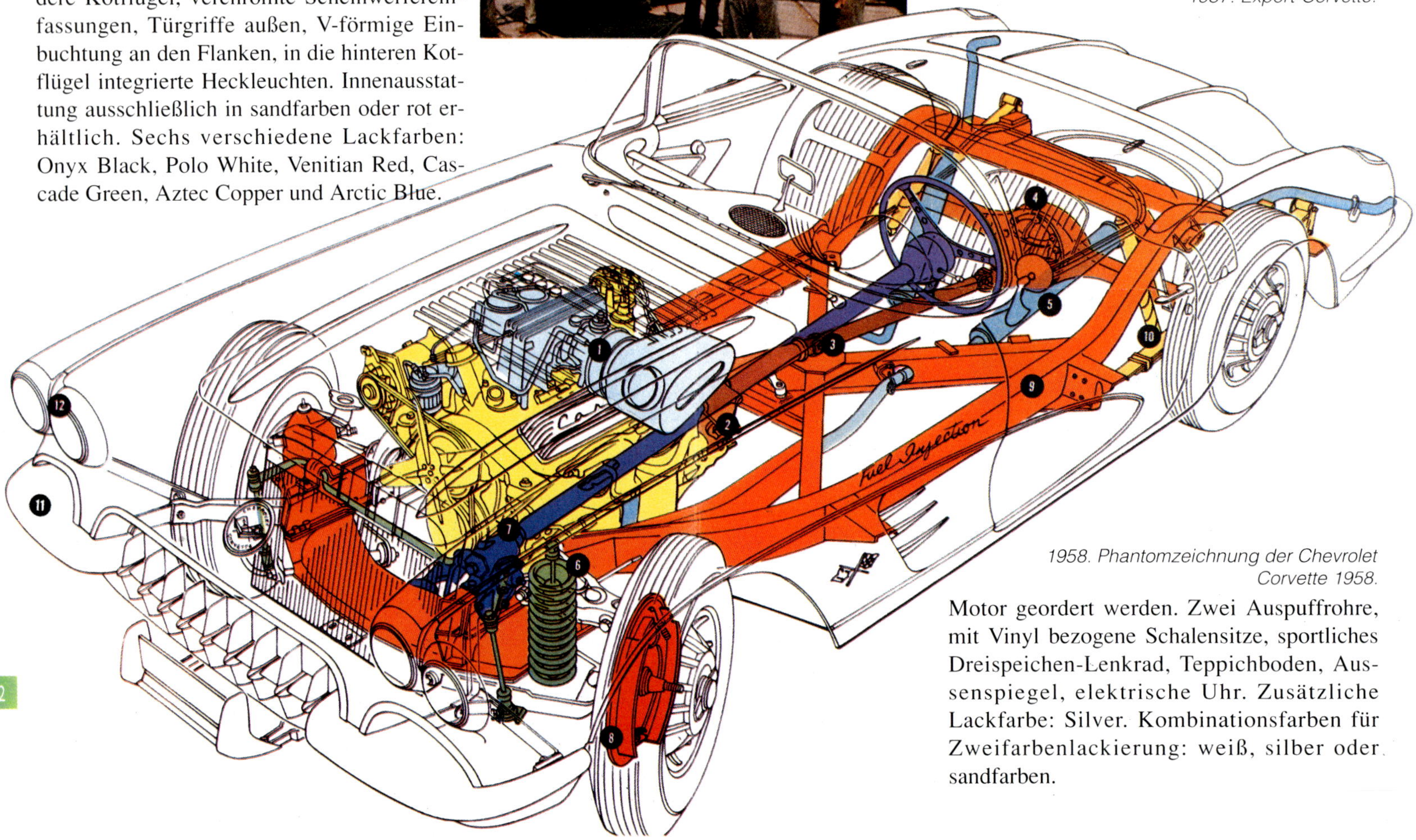

1958. Phantomzeichnung der Chevrolet Corvette 1958.

Rechts: Chevrolet Corvette 1956.

▼Chevrolet Corvette 1958.

▲Chevrolet Corvette 1957.

▲Chevrolet Corvette 1959.

▲Titelbild des 1959er Corvette-Katalogs.

▼

Serie E 2934 (V8): Hubraum:
4,635, Leistung: 220 PS bei 4.800 U/min. Ausschließlich erhältlich als „Convertible", 2türig, 2sitzig, 3.465 $, 6.339 Stück.

CORVETTE 1958

Wesentliche Änderungen: größere seitliche Einbuchtung mit drei schmalen horizontalen Zierstäben, Doppelscheinwerfer vorne, Kühlergrill mit vier „Zähnen" weniger, Dummy-Öffnungen auf der Motorhaube, mit Chromleisten betonte hintere Kotflügel längere Stoßfänger vorne und hinten. Neu gestaltetes Interieur: sportlicheres Armaturenbrett (Instrumente in Gruppen zusammengefaßt), Haltegriff für den Beifahrer am Armaturenbrett, Innenausstattung wahlweise in rot, türkis oder anthrazit. Sechs verschiedene Lackfarben stehen zur Wahl: Charcoal (anthrazit), White, Red, Blue und Turquoise. Die Flankeneinbuchtung wird nur in weiß oder silber lackiert.

Serie J 800 (V8):
Hubraum: 4,635 Liter. Leistung: 230 PS bei 4.800 U/min. Ausschließlich erhältlich als „Convertible", 2türig, 2sitzig, 3.631 $, 9.168 Stück.

CORVETTE 1959

Wesentliche Änderungen: Wegfall der Dummy-Öffnungen an der Motorhaube und der Kofferraumleisten. Neugestaltete Sitze. Die 1959er Farbtöne heißen Cream, Silver, White, Red, Black und Crown Saphire. Neben blau, rot und türkis wird die Innenausstattung erstmals auch in schwarz angeboten.

Serie J 800 (V8):
Hubraum: 4,635 Liter. Leistung: 230 PS bei 4.800 U/min. Ausschließlich erhältlich als „Convertible", 2türig, 2sitzig, 3.875 $, 9.670kg.

DESOTO (1928 · 1960)

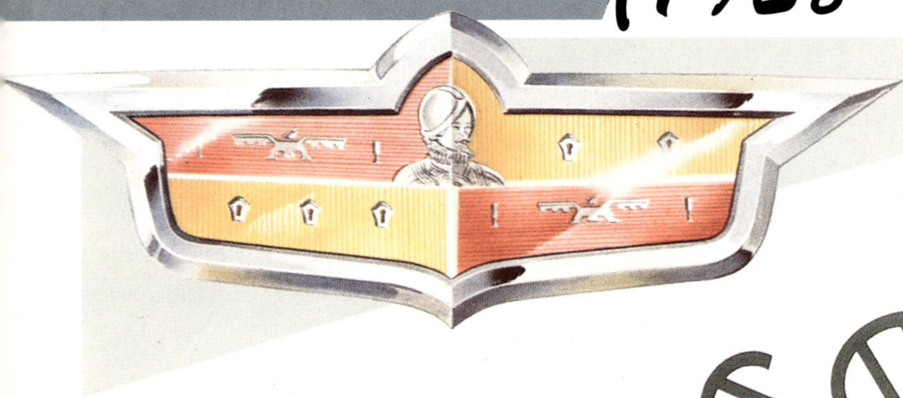

Hernando DeSoto.

▲ 1950. DeSoto Custom „Sedan".

1950. DeSoto DeLuxe „Carry All". ▲

1950. DeSoto Custom „Suburban Sedan". ▼

1950. DeSoto Custom „Sportsman Hardtop". ▼

Hernando DeSoto ist der Name des spanischen Conquistadors, der im Jahr 1541 den Mississippi entdeckte. Nach ihm benennt die Chrysler Corporation die im Jahr 1928 neu gegründete Automobilmarke. Das erste Automobil mit diesem Namen wird am 6. August 1928 (also im Modelljahr 1929) vorgestellt und erreicht bereits im ersten Jahr eine Verkaufszahl von 81.065 Stück! Ein Rekord, den die Marke über dreißig Jahre lang halten kann. DeSoto ist der Erfolg von Anfang an hold. Die Fahrzeuge der Marke fügen sich genau in die Lücke zwischen Chrysler und Plymouth ein. Bei der Lancierung DeSotos ließ sich Walter Chrysler jedoch nicht ausschließlich von automobilistischen Erwägungen leiten: Er wollte vielmehr den bei der Firma Dodge (die Chrysler wollte) tonangebenden Banken seine Machtposition demonstrieren. Der geradezu überwältigende Start der neuen Marke kommt Chrysler also sehr gelegen.

Während des Krieges müssen bei DeSoto wie bei allen anderen Herstellern Rüstungsgüter anstelle von Automobilen gefertigt werden. Die Rückumstellung auf zivile Produktion ist mit erheblichen Problemen verbunden. Die unsachgemäße Lagerung der Werkzeuge und Maschinen während des Krieges und Probleme mit der Belegschaft verzögern den Neubeginn. So kommen die ersten Fahrzeuge erst im März 1946 auf den Markt. Wie die meisten amerikanischen Hersteller bietet auch DeSoto nur eine revidierte Neuauflage seines Vorkriegsmodells an. Dieses bleibt bis Anfang 1949 so gut wie unverändert. In Punkto Werbung orientiert sich DeSoto im Jahr 1949 an der Chrysler-Muttergesellschaft. Der neue Wagen wird unter dem Slogan „The Car With You In Mind" (bei der Konzeption dieses Wagens dachten wir an Sie!). Aufgrund der oben beschriebenen Probleme erfolgt die Präsentation jedoch erst im März 1949: Damit bildet die Chrysler-Gruppe auf dem amerikanischen Markt das Schlußlicht bei der Vorstellung der ersten wirklich neuen Automobile nach dem Krieg.

Rechts: 1950. DeSoto Custom „Station Wagon“.

DESOTO 1950

Abgesehen von einer neu gestalteten Frontpartie und schlankeren hinteren Kotflügeln mit Profilkante entsprechen die als „New DeSoto“ angepriesenen Modelle denjenigen des Vorjahres. Deutlichstes Unterscheidungsmerkmal ist der in Karosseriefarbe lackierte Mittelstreifen des Kühlergrills. Dieser ist ausschließlich an den 1950er Modellen zu finden.

DeLuxe (Sechszylinder):

Diese Modelle sind an der Aufschrift DELUXE an den vorderen Türen zu erkennen (nur das Modell „Carry All“ trägt an dieser Stelle seine eigene Bezeichnung). In diesem Jahr werden 2.350 Stück eines „Taxicab“ auf DeLuxe-Fahrgestell ausgeliefert. Motor: Sechszylinder, Hubraum: 3,877 Liter, Leistung: 112 PS bei 3.600 U/min. Vier Modelle stehen zur Wahl: „Club Coupé“, 2türig, 6sitzig, 1.976 $, 10.703 Stück. „Sedan“, 4türig, 6sitzig, 1.986 $, 18.489 Stück. „Sedan“, 4türig, 8sitzig, 2.676 $, 235 Stück. „Carry All“, 4türig, 6sitzig, 2.191 $, 3.900 Stück.

Custom (Sechszylinder):

Diese Modelle sind an der Aufschrift CUSTOM an den vorderen Türen zu erkennen (nur die Modelle „Suburban“ und „Sportsman“ tragen an dieser Stelle ihre eigene Bezeichnung). Motor: Wie DeLuxe. Acht Modelle stehen zur Wahl: „Sedan“, 4türig, 6sitzig, 2.174 $, 72.664 Stück. „Club Coupé“, 2türig, 6sitzig, 2.156 $, 6.100 Stück. „Sportsman Hardtop“, 2türig, 6sitzig, 2.489 $, 4.600 Stück. „Convertible Coupé“, 2türig, 6sitzig, 2.578 $, 2.900 Stück. „Station Wagon“, 4türig, 6sitzig, 3.093 $, 600 Stück. „Steel Station Wagon“, 4türig, 6sitzig, 2.717 $, 100 Stück. „Sedan“, 4türig, 8sitzig, 2.863 $, 734 Stück. „Suburban Sedan“, 4türig, 8sitzig, 3.179 $, 623 Stück. („Sedan“ und „Suburban Sedan“ auf verlängertem Fahrgestell mit 3,54 m Radstand gegenüber 3,19 m Standardmaß).

▲ 1950. DeSoto Custom „Convertible Coupé“.

Links: Illustration aus dem 1952er DeSoto-Katalog.

Gesamtstückzahl 1950: 127.430 Stück. DeSoto steht an 14. Stelle der amerikanischen Automobilhersteller.

DESOTO 1951

Die 1951er Modelle werden am 27. Januar vorgestellt. Die neugestaltete Motorhaube ragt vorne über die Kotflügel hinaus, und der Kühlergrill ist ausgesprochen wuchtig ausgefallen. Die für die Marke seit 1942 typischen „Zähne“ bleiben erhalten. Entlang des oberen Grillabschlusses verläuft eine massive Blende quer über die gesamte Frontpartie. Die vorderen Kotflügel sind runder und die Stoßstangen wuchtiger ausgefallen.

DeLuxe (Sechszylinder):

Die Aufschrift DELUXE befindet sich in diesem Jahr an den vorderen Kotflügeln. Zur Serienausstattung gehören: kleine Radzierkappen, „Oriflow“-Stoßdämpfer, hochverdichteter „Floating Power“ Motor, „Fatherlight“-Lenkrad, erhöhter Sitz, neue Handbremse, Hochleistungs-Lichtmaschine, „Synchromesh“- Dreigangautomatik, Ölbadluftfilter und automatischer Starter. Die geschlossenen Modelle werden serienmäßig mit wurzelholzfurniertem Armaturenbrett ausgeliefert. Gegen Aufpreis kann das automatische Prest-O-Matic-Getriebe geordert werden. Motor: Sechszylinder, Hubraum: 4,105 Liter. Leistung: 116 PS bei 3.600 U/min. Vier Modelle stehen zur Wahl (Stückzahlen siehe 1952: Im Werksarchiv ist lediglich ein Gesamtwert für 1951 und 1952 gespeichert - eine separate Angabe ist daher nicht möglich): „Sedan“, 4türig, 6sitzig, 2.227 $. „Sedan“ (auf verlängertem Fahrgestell), 4türig, 8sitzig, 3.001 $. „Club Coupé“, 2türig, 6sitzig, 2.215 $. „Carry All“, 4türig, 6sitzig, 2.457 $.

Custom (Sechszylinder):

An diesen luxuriöser ausgestatteten Modellen wurden dieselben Änderungen wie bei der DeLuxe-Serie vorgenommen. Je nach Modell tragen die vorderen Kotflügel die Aufschrift CUSTOM, SUBURBAN bzw. SPORTSMAN. Motor: wie DeLuxe. Sieben Modelle stehen zur Wahl: „Sedan“, 4türig, 6sitzig, 2.438 $. „Club Coupé“, 2türig, 6sitzig, 2.418 $. „Sportsman Hardtop“, 2türig, 6sitzig, 2.761 $. „Convertible Coupé“, 2türig, 6sitzig, 2.862 $. „Station Wagon“, 4türig, 6sitzig, 3.047 $. „Sedan“ (auf verlängertem Fahrgestell), 4türig, 8sitzig, 3.211 $. „Suburban Sedan“ (auf verlängertem Fahrgestell), 4türig, 8sitzig, 3.566 $. Das Werksarchiv enthält

▼ *1951. DeSoto Custom „Sedan“.*

1951. DeSoto DeLuxe „Carry All“. ▼

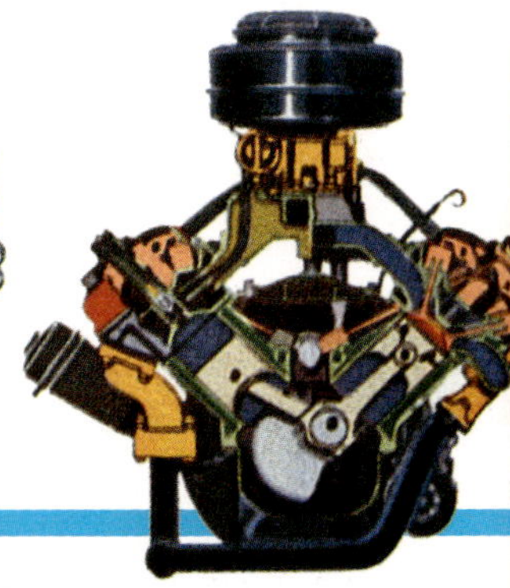

nur die folgenden Stückzahlen:
3.910 Custom „Convertible“,
6.775 Custom „Hardtop“ und
3.910 Custom „Station Wagon“.
Gesamtstückzahl 1951: 120.757 Stück.

▲ *1951. DeSoto Custom „Club Coupé“.*

DESOTO 1952

Die am 15. November 1951 präsentierten Modelle haben sich aufgrund des Koreakrieges so gut wie nicht geändert. Zur Unterscheidung von den Vorjahresmodellen dienen nur wenige Details: Rücklichter mit integrierten Rückfahrleuchten, Aufschrift DESOTO in Reliefblockschrift (nicht mehr kursiv) an der Motorhaube, höheres und schmaleres Kühleremblem. Am Valentinstag des Jahres 1952 wartet die Marke aber schließlich doch mit einer Neuheit auf: Eine neue Serie („Firedome“) von Modellen mit V8 Motor wird lanciert. Gleichzeitig mit der Einführung der Firedome-Serie wird die Motorhaube der übrigen Modelle (DeLuxe und Custom) verändert. An die Stelle der früheren Kühlerfigur (Hernando DeSotos behelmtes Haupt) tritt eine Lüftungsöffnung.

DeLuxe (Sechszylinder):

Die vorderen Kotflügel tragen die Aufschrift DELUXE. Motor: wie 1951. Vier Modelle stehen zur Wahl: „Sedan“, 4türig, 6sitzig, 2.333 $, 13.506 Stück (1951+1952). „Sedan“, 4türig, 8sitzig, 3.142 $, 343 Stück (1951+1952). „Club Coupé“, 2türig, 6sitzig, 2.319 $, 6.100 Stück (1951+1952). „Carry All“, 4türig, 6sitzig, 2.572 $, 1.700 Stück (1951-1952).

Custom (Sechszylinder):

Die vorderen Kotflügel tragen die Aufschrift CUSTOM. Motor: wie 1951. Gegen Aufpreis kann das neue V8-Aggregat geordert werden. Sieben Modelle stehen zur Wahl: „Sedan“, 4türig, 6sitzig, 2.552 $, 88.491 Stück (1951+1952). „Club Coupé“, 2türig, 6sitzig, 2.531 $, 19.000 Stück (1951+1952). „Sportsman Hardtop“, 2türig, 6sitzig, 2.890 $, 8.750 Stück (1951+1952). „Convertible Coupé“, 2türig, 6sitzig, 2.996 $, 3.950 Stück (1951+1952). „Station Wagon“, 4türig, 6sitzig, 3.189 $, 1.440 Stück (1951+1952). „Sedan“, 4türig, 8sitzig, 3.362 $, 769 Stück „Suburban Sedan“, 4türig, 9sitzig, 3.734 $, 600 Stück.

1952. DeSoto Firedome „Sedan“.

Firedome (V8):

Der 1952 von DeSoto als große Neuheit präsentierte Motor („Hemi“ V8) wird von der Chrysler-Muttergesellschaft bereits seit dem Vorjahr angeboten. Erstmals seit 1930-1931 hat DeSoto wieder einen Achtzylinder im Programm. In punkto Karosserie und Ausstattung sind die Fireball-Modelle baugleich mit den Fahrzeugen der Custom-Serie (abgesehen von diversen Modifikationen, die durch das schwerere Aggregat erforderlich wurden). Die vorderen Kotflügel tragen die Aufschrift FIREDOME, und am Kofferraum befindet sich eine „8“; diese wird bereits kurze Zeit später durch das Zeichen „V8“ ersetzt. Motor: V8, Hubraum: 4,422 Liter, Leistung: 160 PS bei 4.400 U/min. Sechs Modelle stehen zur Wahl: „Sedan“, 4türig, 6sitzig, 2.740 $, 35.651 Stück. „Club Coupé“, 2türig, 6sitzig, 2.718 $, 5.699 Stück. „Sportsman Hardtop“, 2türig, 6sitzig, 3.078 $, 3.000 Stück. „Convertible Coupé“, 2türig, 6sitzig, 3.183 $, 850 Stück. „Station Wagon“, 4türig, 6sitzig, 3.377 $, 550 Stück. „Sedan“, 4türig, 8sitzig, 3.547 $, 80 Stück.
Gesamtstückzahl 1952: 97.585 Stück. Die in den DeSoto-Prospekten gezeigten Wagen sind mit Weißwandreifen bestückt, doch wegen des Koreakrieges muß in der Praxis auf solchen Luxus verzichtet werden. Beginnend mit dem 18. Oktober 1951 werden im Werk in der Detroiter Warren Avenue für das laufende Modelljahr sage und schreibe 45.800 V8-Motoren hergestellt. Das entspricht einer Rekordproduktion von 60 Motoren pro Stunde. 85% aller Fahrzeuge entstehen in den Werkshallen an der Wyoming Avenue (ebenfalls in Detroit).

1953. DeSoto Firedome „Convertible Coupé“.

Unten: 1951. DeSoto-Armaturenbrett.

DESOTO 1953

Anläßlich des 25jährigen Firmenjubiläums revidiert DeSoto seine Serienbezeichnungen: Die Sechszylindermodelle werden ab sofort

Das Titelbild des 1953er DeSoto-Katalogs zeigt einen Firedome „Sedan“.

Unten: 1953. DeSoto Firedome „Sedan“ mit langem Radstand.

als„Powermaster“ vertrieben (die Begriffe DeLuxe und Custom entfallen). Die luxuriöseren Achtzylindermodelle kommen weiterhin als „Firedome“ auf den Markt. Das neue Fahrgestell bietet eine verbesserte Verwindungssteifigkeit. Äußerlich sichtbare Änderungen: Die hinteren Kotflügel sind in die Flanken integriert und die vorderen Kotflügel sind in Gürtellinenhöhe gerade vorgezogen. Der Kühlergrill weist jetzt 11 „Zähne“ auf (zwei mehr als früher). Die Heckscheibe ist etwas stärker geneigt.

Powermaster Six (Sechszylinder):
Der „Sportsman“ weist eine dreigeteilte Heckscheibe auf. Die achtsitzigen Modelle werden weiterhin mit den 1952er Karosserien und der gewölbten, einteiligen Windschutzscheibe im Chrysler-Airflow-Stil ausgeliefert. Die vorderen Kotflügel tragen die Aufschrift POWERMASTER. Motor: Sechszylinder, Hubraum: 4,857 Liter, Leistung: 116 PS bei 3.600 U/min. Fünf Modelle stehen zur Wahl: „Club Coupé“, 2türig, 6sitzig, 2.434 $, 8.063 Stück. „Sedan“, 4türig, 6sitzig, 2.456 $, 33.644 Stück. „Sedan“, 4türig, 8sitzig, 3.266 $, 225 Stück. „Sportsman Hardtop“, 2türig, 6sitzig, 1.470 $, 3.000 Stück. „Station Wagon“, 4türig, 6sitzig, 3.093 $, 500 Stück.

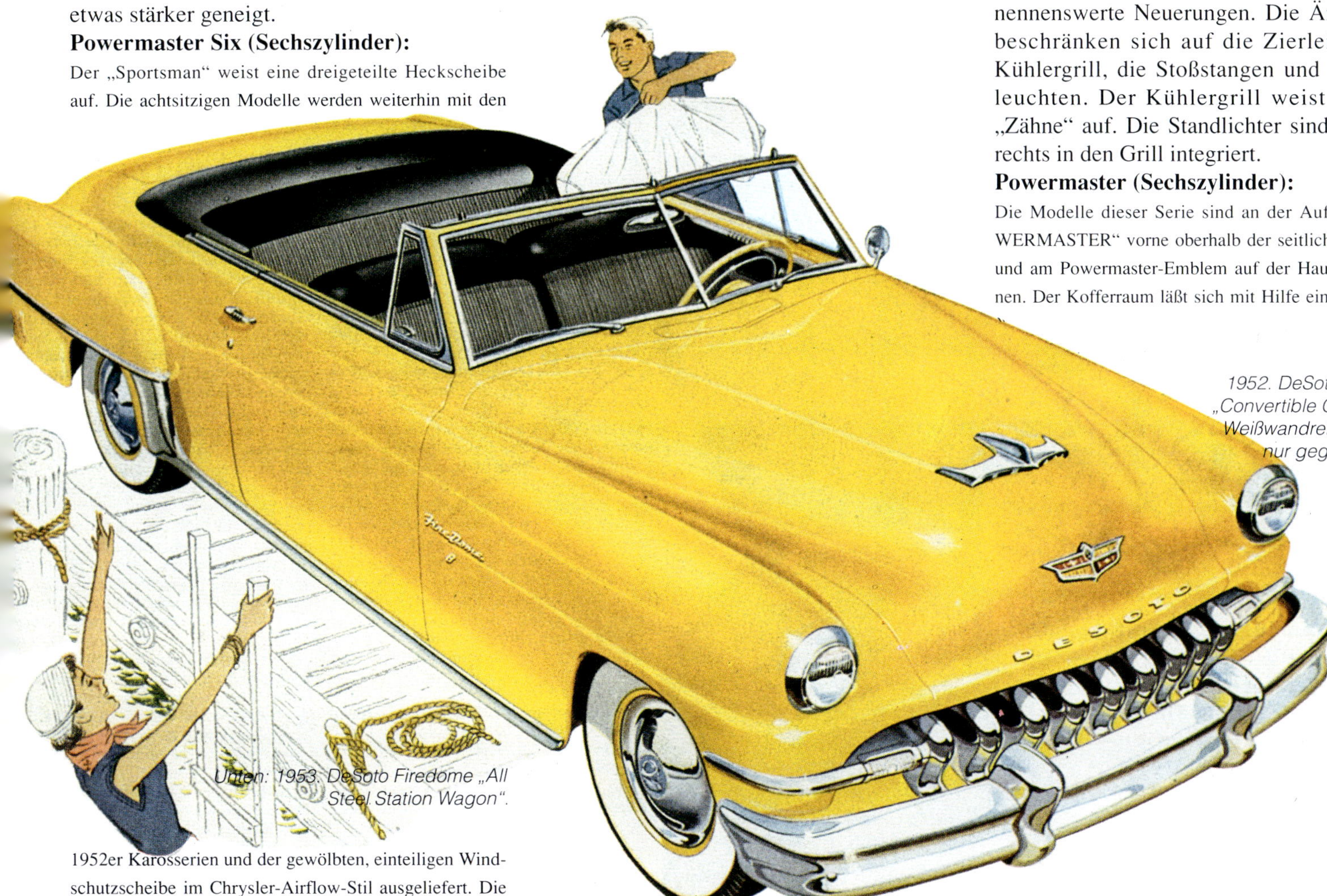

1952. DeSoto Firedome „Convertible Coupé“. Die Weißwandreifen werden nur gegen Aufpreis geliefert.

Firedome (V8):
Die V8-Modelle unterscheiden sich kaum von den Sechszylindern. Deutlichstes äußerliches Unterscheidungsmerkmal ist die Aufschrift FIREDOME V8 an den vorderen Kotflügeln. Der Tankeinfüllstutzen befindet sich jetzt links unterhalb des Kofferraumes. Neue Heckleuchten (Bremslicht, Standlicht und Rückfahrscheinwerfer sind zu einer Einheit zusammengefaßt). An der rechten Kofferraumseite steht die Aufschrift EIGHT. Eine Chromleiste ziert die vorderen Kotflügel. Dies gilt jedoch nicht für den „Station Wagon“ und den achtsitzigen „Sedan“, der seine Vorjahreskarosserie beibehält. Der Motor bleibt unverändert. Sechs Modelle stehen zur Wahl: „Club Coupé“, 2türig, 6sitzig, 2.718 $, 14.591 Stück. „Sedan“, 4türig, 6sitzig, 2.740 $, 64.211 Stück. „Sedan“, 4türig, 8sitzig, 3.544 $, 200 Stück. „Convertible Coupé“, 2türig, 6sitzig, 3.172 $, 1.700 Stück. „Sportsman Hardtop“, 2türig, 6sitzig, 3.069 $, 4.700 Stück. „Station Wagon“, 4türig, 6sitzig, 3.366 $, 1.100 Stück.

Gesamtstückzahl 1953: 129.959 Stück. DeSoto steht an 12. Stelle der amerikanischen Automobilhersteller. Der DeSoto Adventurer, ein Versuchsmodell, wird im Laufe des Jahres auf mehreren Automobilsalons präsentiert.

DESOTO 1954

Nach der umfassenden Modellüberarbeitung des Jahres 1953 bietet DeSoto 1954 kaum nennenswerte Neuerungen. Die Änderungen beschränken sich auf die Zierleisten, den Kühlergrill, die Stoßstangen und die Heckleuchten. Der Kühlergrill weist wieder 9 „Zähne“ auf. Die Standlichter sind links und rechts in den Grill integriert.

Powermaster (Sechszylinder):
Die Modelle dieser Serie sind an der Aufschrift „POWERMASTER“ vorne oberhalb der seitlichen Zierleiste und am Powermaster-Emblem auf der Haube zu erkennen. Der Kofferraum läßt sich mit Hilfe eines horizontal angeordneten Chromgriffs öffnen. Das Interieur wurde in Bezug auf die Farbgebung, die Polsterung, das Armaturenbrett usw. völlig überarbeitet. Das in diesem Jahr lancierte Powerglide-Automatikgetriebe ist nach Aussagen des Herstellers das „reaktionsschnellste“ auf dem amerikanischen Markt. Serienmäßig wird jedoch weiterhin das

Unten: 1953. DeSoto Firedome „All Steel Station Wagon“.

Links: 1954. DeSoto Firedome 8 „Sedan“ mit langem Radstand.

1955. DeSoto Fireflite „Convertible Coupé“. ▼

robuste Schaltgetriebe (drei Vorwärtsgänge und ein Rückwärtsgang ohne Overdrive) eingebaut. Powerglide und Overdrive werden nur gegen Aufpreis geliefert (98 bzw. 189 $). Motor: Sechszylinder, Hubraum: 4,105 Liter, Leistung: 116 PS bei 3.600 U/min. Fünf Modelle stehen zur Wahl: „Club Coupé“, 2türig, 6sitzig, 2.364 $, 3.499 Stück. „Sedan“, 4türig, 6sitzig, 2.386 $, 14.967 Stück. „Sedan“, 4türig, 8sitzig, 3.281 $, 263 Stück. „Sportsman Hardtop“, 2türig, 6sitzig, 2.893 $, 250 Stück. „Station Wagon“, 4türig, 6sitzig, 3.108 $, 1.225 Stück.

Unten: 1954. DeSoto Powermaster „Station Wagon“.

Firedome (V8):
Die Modelle dieser Serie sind an der Aufschrift FIREDOME am vorderen Kotflügel und am V8-Emblem auf der Haube und am Kofferraum zu erkennen. Der „Sportsman Hardtop“ weist eine einteilige Windschutzscheibe auf. Im Frühjahr kommt das viertürige Luxusmodell „Coronado“ heraus. Zur höchst umfangreichen Ausstattung gehören: Powerglide-Getriebe, Servobremsen und -lenkung, felgenbedeckenden DeLuxe-Radzierkappen und Weißwandreifen. Der Wagen wird zweifarbig in Cadiz Blue und Sahara Beige lackiert. Die Innenausstattung ist farblich auf den Lack abgestimmt (Sitzbezüge aus elfenbeinfarbenem Leder und blauem Nylonsamt, hochflooriger blauer Teppichboden). Das Modell wird in der nachfolgenden Aufstellung nicht gesondert erwähnt. Die Stückzahlen für dieses Modell sind in denjenigen des sechssitzigen „Sedan“ enthalten. Motor: V8, Hubraum: 4,422 Liter, Leistung: 170 PS bei 4.400 U/min. Sechs Modelle stehen zur Wahl: „Club Coupé“, 2türig, 6sitzig, 2.652 $, 5.762 Stück. „Sedan“, 4türig, 6sitzig, 2.673 $, 45.095 Stück. „Sedan“, 4türig, 8sitzig, 3.559 $, 165 Stück. „Convertible Coupé“, 2türig, 6sitzig, 3.144 $, 1.025 Stück. „Sportsman Hardtop“, 2türig, 6sitzig, 2.923 $, 4.700 Stück. „Station Wagon“, 4türig, 6sitzig, 3.361 $.

DESOTO 1955

Wie die meisten anderen amerikanischen Hersteller überarbeitet auch DeSoto seine Modelle in zweijährigem Turnus. Trotz der in diesem Jahr vorgenommenen, umfassenden Änderungen bleibt der gelungene Stil des Vorjahres weitgehend erhalten. Der Sechszylindermotor wurde aus dem Programm gestrichen. Alle Modelle weisen jetzt eine ungeteilte Windschutzscheibe und einen Kühlergrill (sieben „Zähne“) mit seitlich integrierten Standlichtern auf. Das Interieur mit dem neugestylten Armaturenbrett verdient den von DeSotos Werbefachleuten geprägten Namen „Dual Cockpit“. Der Schalthebel befindet sich am Armaturenbrett. Die Zierelemente auf der Motorhaube sind neu. Alle 1955er Modelle werden mit einer Doppelrohr-Auspuffanlage ausgerüstet.

▼ 1954. DeSoto Powermaster „Club Coupé“.

Firedome (V8):
Die Wagen dieser Serie sind am FIREDOME-Schriftzug an den vorderen Kotflügeln zu erkennen. Eine breite Zierleiste verläuft über die gesamte Seitenpartie; die hintere Kotflügelwölbung wird durch einen Knick in der Leiste betont. An der C-Säule des „Sportsman Hardtop“ ist ein kleinformatiges Ornament angebracht. Nach kurzem wird dieses Modell auch in der Fireflite-Zweifarbenlackierung angeboten. Ab diesem Zeitpunkt wird eine Sonnenblende an der Windschutzscheibe montiert. Zum serienmäßigen Lieferumfang gehören fünf schlauchlose Reifen, eine wasserfeste Zündanlage und elektrische Scheibenwischer mit variabler Geschwindigkeit. Motor:

1955. DeSoto Firedome „Special Sportsman“. ▼

V8, Hubraum: 4,766 Liter, Leistung: 185 PS bei 4.400 U/min. Fünf Modelle stehen zur Wahl: „Sedan“, 4türig, 6sitzig, 2.498 $, 46.288 Stück. „Convertible Coupé“, 2türig, 6sitzig, 2.824 $, 625 Stück. „Sportsman Hardtop“, 2türig, 6sitzig, 2.654 $, 28.944 Stück. „Special Sportsman“, 2.541 $, 4.700 Stück. „Station Wagon“, 4türig, 6sitzig, 3.125 $, 1.803 Stück.

Fireflite (V8):

Die Modelle dieser Serie sind an der Aufschrift FIREFLITE an den vorderen Kotflügeln zu erkennen. Sie weisen aufwendig verarbeitete Sitzbezüge aus Seidennylon auf. Die Innenausstattung ist farblich auf die Dachlackierung abgestimmt. Die „Color Sweep“-Lackierung (beim „Convertible“ und „Hardtop“ serienmäßig, sonst gegen Aufpreis) ist wunderschön. Originell ist auch das Design der zwei seitlichen Zierleisten. Auch im Frühling dieses Jahres wartet die Marke mit einem „Coronado“-Modell auf. Motor: wie Firedome. Vier sechssitzige Modelle stehen zur Wahl: „Sedan“, 4türig, 2.727 $. „Coronado Sedan“, 4türig, 3.151 $, 26.637 Stück (Sedan + Coronado Sedan). „Convertible Coupé“, 2türig, 2.939 $, 775 Stück. „Sportsman Hardtop“, 2türig, 2.939 $, 10.313 Stück.

Gesamtstückzahl 1955: 131.753 Stück. Die deutsche Firma Ghia fertigt drei Dream-Car-Prototypen für DeSoto: „Falcon Roadster“, „Flight Sweep I Convertible“ und „Flight Sweep II Coupé“.

Linke Seite: 1955. DeSoto Fireflite „Sedan“ mit Innenansicht und Helmscheinwerfer (auf dieser Seite links).

DESOTO 1956

Der Kühlergrill der umfassend überarbeiteten DeSoto-Modelle des Jahres 1956 weist nicht mehr die für die Marke typischen „Zähne“, sondern ein weitaus klassischeres, zierlicheres Design auf.

In der Mitte des Grills befindet sich ein grosses V. Vorne auf der Motorhaube steht in Reliefblockbuchstaben die Aufschrift DESOTO. Die Standlichter sind in die Stoßstangenhörner integriert. Standlicht, Rücklicht und Rückfahrscheinwerfer sind einzeln auf einer vertikalen Blende unterhalb der Heckflossen angeordnet. Die meisten Modelle werden mit zweifarbiger Lackierung ausgeliefert.

Firedome (V8):

Die vorderen Kotflügel tragen die Aufschrift FIREDOME (bei den zweitürigen Modellen befindet sich der Namenszug am hinteren Kotflügel). Auffällig sind die vorstehenden verchromten Scheinwerfereinfassungen. Der „Station Wagon“ kann in dreifarbiger Lackierung geordert werden. Zur Serienausstattung gehören: Servolenkung, Handbremse, Scheibenwischer mit konstanter Geschwindigkeit, 12 V-Anlage. Die „Hardtop“-Modelle dieser Serie erhalten den Namen „SeVille“. Dieses Modell gibt es auch in einer viertürigen Version ohne B-Säule. Motor: V8, Hubraum: 5,112 Liter, Leistung: 230 PS bei 4.400 U/min. Sieben sechssitzige Modelle stehen zur Wahl: „SeVille“, 2türig, 2.684 $, 19.136 Stück. „SeVille“, 4türig, 2.833 $, 4.030 Stück. „Sportsman“, 2türig, 2.783 $, 4.589 Stück. „Sportsman“, 4türig, 2.954 $, 1.645 Stück. „Sedan“, 4türig, 2.805 $, 44.909 Stück. „Convertible Coupé“, 2türig, 3.032 $, 2.646 Stück. „Station Wagon“, 4türig, 3.321 $, 2.950 Stück.

Fireflite (V8):

Die vorderen Kotflügel tragen die Aufschrift FIREFLITE. Die Scheinwerfereinfassungen sind in der Farbe der Karosserie lackiert. Oben auf den vorderen Kotflügeln ist ein verchromtes Zierelement angeordnet. Die viertürigen Modelle weisen zwei seitliche Zierleisten auf. Das Powerglide-Getriebe gehört zur Serienausstattung (Wahlschalter links neben dem Lenkrad). Motor: V8, Hubraum: 5,112 Liter, Leistung: 255 PS bei 4.400 U/min. Fünf sechssitzige Modelle stehen zur Wahl: „Sportsman“, 2türig, 3.256 $, 7.479 Stück. „Sportsman“, 4türig, 3.029 $, 18.207 Stück. „Sedan“, 4türig, 3.341 $,

1955. DeSoto Firedome „Station Wagon“. ▼

1954. DeSoto Firedome „Sportsman Hardtop“. ▼

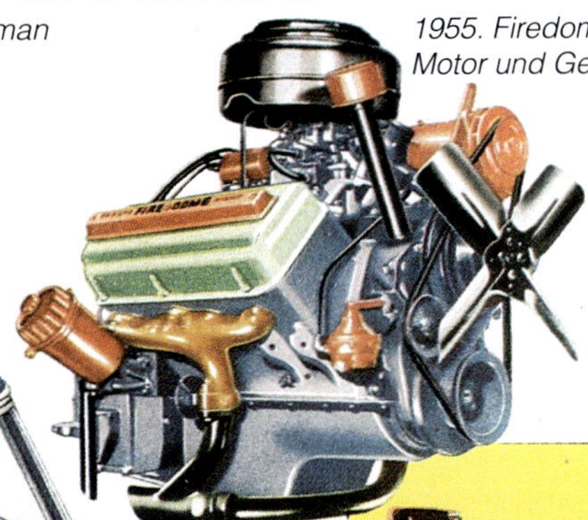

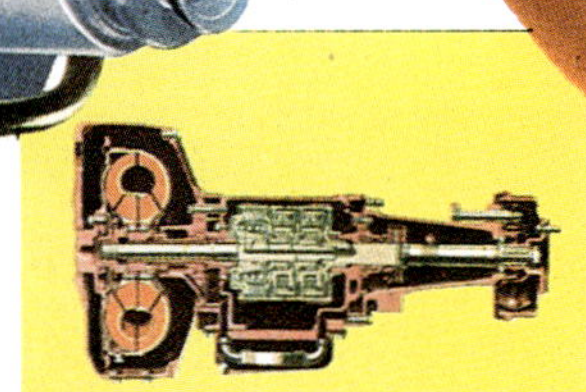

1955. Firedome V8-Motor und Getriebe.

1955. DeSoto Fireflite „Sedan“. ▼

▼ *1956. DeSoto Firedome und Fireflite „Sedan". In diesem Jahr stehen 85 verschiedene Farbkombinationen zur Wahl!*

44.909 Stück. „Convertible Coupé", 2türig, 3.454 $, 3.350 Stück. „Convertible Pacer", 2türig, 3.565 $, 1.485 Stück.

Adventurer (V8):

Der am 18. Februar 1956 präsentierte Adventurer (auch „Golden Adventurer" genannt) basiert in technischer Hinsicht auf den Fireflite-Modellen. Ausstattungsmerkmale: zwei Auspuffrohre, zwei Außenspiegel, elektrische Fensterheber, Uhr, Lederpolsterung usw. Motor: V8, Hubraum: 5,592 Liter, Leistung: 320 PS bei 5.200 U/min. Nur ein einziges Modell wird angeboten: „Hardtop Coupé", 2türig, 6sitzig, 3.678 $, 996 Stück.

Gesamtstückzahl 1956: 104.395 Stück.

DESOTO 1957

Mit einem neuem Karosseriestyling und einem überarbeiteten Fahrgestell kann DeSoto den Verkauf beleben. Die 1957er Modelle werden am 30. Oktober 1956 präsentiert. Nur auf den Adventurer müssen die Kunden noch zwei Monate lang warten. Die längeren, tieferliegenden Aufbauten warten mit neuen Zierelementen und anderer Zweifarbenlackierung auf. Der Kühlergrill weist zwei massive Querleisten auf; darunter befindet sich ein feinmaschiges Gitter. Der Stoßfänger (ohne Hörner) fügt sich harmonisch in das Gesamtbild ein. Die Heckflossen sind schmaler geworden und hinten weiter hochgezogen.

Firesweep (V8):

Die serienmäßige Ausstattung der neuen DeSoto-Basisserie ist auf ein absolutes Minimum beschränkt. Dafür wird ein ausgesprochen umfangreicher Katalog von Sonderzubehör angeboten. Die meisten Wagen werden mit der gegen Aufpreis erhältlichen zweifarbigen Lackierung ausgeliefert. Originell ist das Design der zwei seitlichen Zierleisten (siehe Illustrationen). Die Fläche zwischen den beiden Leisten ist in der Farbe des Dachs lackiert. Motor: V8, Hubraum: 5,323 Liter, Leistung: 245 PS bei 4.400 U/min. Fünf Modelle stehen zur Wahl: „Sedan", 4türig, 6sitzig, 2.777 $, 17.300 Stück. „Sportsman", 2türig, 6sitzig, 2.836 $, 13.333 Stück. „Sportsman", 4türig, 6sitzig, 2.912 $, 23.339 Stück. „Station Wagon", 4türig, 6sitzig, 3.169 $, 2.270 Stück. „Station Wagon", 4türig, 9sitzig, 3.310 $, 1.198 Stück.

Firedome (V8):

Anders als bei den Modellen der Firesweep-Serie greift die Marke für diese Fahrzeuge nicht mehr auf Bauteile des Dodge-Schwesterfabrikats zurück. Das Fahrgestell wird jedoch weiterhin von Chrysler übernommen. Das Design der Rücklichter hat sich gegenüber 1956 nicht geändert. Die Auspuffrohre sind in den hinteren Stoßfänger integriert. Der „Sedan" weist drei Seitenscheiben auf. Das Nummernschild ist jetzt am Kofferraum befestigt; nur beim „Station Wagon" ist es in Stoßstangenmitte montiert. Die Heckflosse trägt die Aufschrift FIREDOME. Zu den am häufigsten georderten Optionen gehören die zweifarbige Lackierung, die beiden Radioantennen und die Doppelscheinwerfer. Motor: V8, Hubraum: 5,592 Liter, Leistung: 270 PS bei 4.600 U/min. Vier sechssitzige Modelle stehen zur Wahl: „Sedan", 4türig, 2.958 $, 23.339 Stück. „Sportsman", 2türig, 3.085 $, 12.179 Stück. „Sportsman", 4türig, 3.142 $, 9.050 Stück. „Convertible Coupé", 2türig, 3.361 $, 1.297 Stück.

Fireflite (V8):

Bei diesen Modellen trägt die Heckflosse die Aufschrift FIREFLITE. Die zweifarbige Lackierung ist beim „Hardtop Sportsman" und dem „Convertible Coupé" serienmäßig, bei allen anderen Modellen gegen Aufpreis, erhältlich. Auf den vorderen Kotflügeln ist ein verchromtes Zierelement angeordnet. Einfarbig lackierte Fahrzeuge weisen eine schlichte seitliche Zierleiste auf. Das „Convertible Coupé" (ab 1958 auch der „Sportsman") ist mit einer speziellen Windschutzscheibe bestückt. Das automatische Torqueflite-Getriebe, Schaumstoffsitze, Rückfahrscheinwerfer und Radzierkappen gehören zur Serienausstattung. Motor: V8, Hubraum: 5,323 Liter, Leistung 295 PS. Sechs Modelle stehen zur Wahl: „Sedan", 4türig, 6sitzig, 3.487 $, 11.565 Stück. „Hardtop Sportsman", 2türig, 6sitzig, 3.487 $, 7.217 Stück. „Sportsman", 4türig, 6sitzig, 3.671 $, 6.726 Stück. „Convertible Coupé", 2türig, 6sitzig, 3.890 $, 1.151 Stück. „Shopper Station Wagon", 4türig, 6sitzig, 3.982 $, 837 Stück. „Explorer Station Wagon", 4türig, 9sitzig, 4.124 $, 934 Stück.

Adventurer (V8):

Die Adventurer-Modelle sind die leistungsstärksten Fahrzeuge der DeSoto-Palette. Motor: V8, Hubraum: 5,651 Liter, Leistung: 345 PS bei 5.200 U/min. Mit einem Hubraum von 345 cubic inches bietet der Adventurer-Motor also eine Leistung von einem PS pro Kubikzoll – und dies ohne Aufpreis. Chevrolet verlangt für die gleiche Leistung bei seinem 1956 präsentierten Modell 300 einen stattlichen Aufpreis. Das „Convertible Coupé" wird etwas später als die übrigen Modelle präsentiert. Wie bereits 1956 sind die Zierelemente vergoldet. Nachdem die Vorschriften der meisten amerikanischen Bundesstaaten mittlerweile Doppelscheinwerfer zulassen, werden die Adventurer-Modelle serienmäßig damit bestückt. Die Ausstattung ist höchst umfangreich. Zwei sechssitzige Modelle stehen zur Wahl: „Hardtop Coupé", 2türig, 3.997 $, 1.650 Stück. „Convertible Coupé", 2türig, 4.272 $, 300 Stück.

Gesamtstückzahl 1957: 117.750 Stück. DeSoto hält einen Marktanteil von 1,67%. Die Produktion des Schaltgetriebes wird dieses Jahr eingestellt.

DESOTO 1958

Aufgrund von Sparmaßnahmen verzichtet die Marke in diesem Jahr weitgehend auf Änderungen. Das Jahr 1958 ist von der allgemeinen wirtschaftlichen Rezession geprägt, und DeSoto bekommt die Auswirkungen der Krise besonders hart zu spüren. Das endgültige Aus für das Unternehmen im Jahr 1960 kündigt sich bereits jetzt an. Die Vertragshändler präsentieren die neuen Modelle am 1. November 1957. Der Adventurer wird der Öffentlichkeit jedoch erst anläßlich der Chicagoer Automobilausstellung am 4. Januar 1958 vorgestellt.

Firesweep (V8):

Diese Serie basiert weiterhin auf einem Dodge-Fahrgestell. Neu ist die untere Einkerbung am Kühlergrill. Gegen Aufpreis ist eine umfangreichere Ausstattungsvariante erhältlich. Der „Sportsman" weist die stark gewölbte Panorama-Windschutzscheibe auf. Die hinteren Kotflügel tragen die Aufschrift FIRESWEEP. Die elektrischen Scheibenwischer gehören zur Serienausstattung.

1956. Oben: DeSoto Firedome „Sportsman". Darunter: Firedome „Seville".

Motor: V8, Hubraum: 5,733 Liter, Leistung: 280 PS bei 4.600 U/min. Sechs Modelle stehen zur Wahl: „Sedan", 4türig, 6sitzig, 2.819 $, 7.646 Stück. „Sportsman", 2türig, 6sitzig, 2.890 $, 5.635 Stück. „Sportsman", 4türig, 6sitzig, 2.953 $, 3.003 Stück. „Convertible Coupé", 2türig, 6sitzig, 3.219 $, 700 Stück. „Station Wagon Shopper", 4türig, 6sitzig, 3.266 $, 1.305 Stück. „Station Wa-

Oben: 1956. DeSoto Adventurer „Hardtop Coupé".

▲ *1957. DeSoto Fireflite „Sedan".*

gon Explorer", 4türig, 9sitzig, 3.408 $, 1.125 Stück.

Firedome (V8):

Die Modelle dieser Serie sind an der Aufschrift FIREDOME an den hinteren Kotflügeln zu erkennen. Das Kühlerdesign ist zierlicher und fügt sich harmonisch in die Frontpartie ein. Die Zierelemente an den Kotflügeln

1957. DeSoto Fireflite „Station Wagon". ▼

1956. DeSoto Fireflite „Hardtop". ▼

Rechts: 1956. DeSoto-Armaturenbrett. Besonders hervorgehoben: der Gangwähler für das Automatikgetriebe („Push Button Driving").

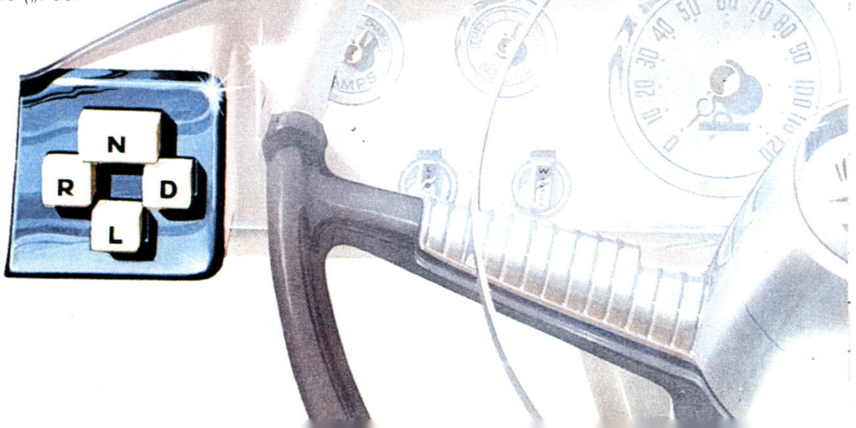

werden nur auf Wunsch montiert. Die Sitzbezüge sind aus genarbtem Vinyl und „Frontier Homespun" bezogen. Die Innenausstattung ist farblich auf den Lack abgestimmt. Motor: V8, Hubraum: 5,913 Liter, Leistung: 295 PS bei 4.600 U/min. Vier sechssitzige Modelle stehen zur Wahl: „Sedan", 4türig, 3.085 $, 9.505 Stück. „Sportsman", 2türig, 3.178 $, 4.325 Stück. „Sportsman", 4türig,

3.325 $, 3.130 Stück. „Convertible Coupé“, 2türig, 3.489 Dollar, 519 Stück.

Fireflite (V8):

Die Modelle dieser Serie sind an der Aufschrift FIREFLITE an den hinteren Kotflügeln und der langen durchgehenden Zierleiste an der Seite zu erkennen (bei den Modellen der anderen Serien setzt die Leiste erst in Höhe des vorderen Radausschnitts an). Zusätzlich wurde vorne an den Kotflügeln ein kleines Emblem in die Zierleiste integriert. Beim „Convertible“ und beim „Hardtop“ gehört der Farbeinsatz zur Serienausstattung. Nicht weniger als 86 Farbkombinationen für die zweifarbige Lackierung und 14 Farbtöne für die einfarbige Lackierung stehen zur Wahl. Die Sitzbezüge bestehen aus metallisiertem Damast und Vinyl. Die integrierten Armlehnen sind aus gebürstetem Aluminium. Motor: V8, Hubraum: 5,913 Liter, Leistung: 305 PS bei 4.600 U/min. Sechs Modelle stehen zur Wahl: „Sedan“, 4türig, 6sitzig, 3.583 $, 4.192 Stück. „Sportsman“, 2türig, 6sitzig, 3.675 $, 3.284 Stück. „Sportsman“, 4türig, 6sitzig, 3.731 $, 3.243 Stück. „Convertible Coupé“, 2türig, 6sitzig, 3.972 $, 474 Stück. „Station Wagon Shopper“, 4türig, 6sitzig, 4.225 $, 318 Stück. „Station Wagon Explorer“, 4türig, 9sitzig, 4.172 $, 609 Stück.

Adventurer (V8):

Die Ausstattung der Adventurer-Modelle hat sich gegenüber dem Vorjahr nicht geändert. Als Option ist in diesem Jahr eine elektronische Einspritzanlage von Bendix erhältlich. Es handelt sich hierbei um das gleiche System, wie es von Chrysler für das Modell 300 angeboten wird. Genau wie die Muttergesellschaft muß auch DeSoto die solchermaßen bestückten Fahrzeuge ins Werk zurückrufen und einen herkömmlichen Vergaser nachrüsten. Motor: V8, Hubraum: 5,913 Liter, Leistung: 345 PS bei 5.000 U/min. Zwei sechssitzige Modelle stehen zur Wahl: „Hardtop Coupé“, 2türig, 4.071 $, 350 Stück. „Convertible Coupé“, 2türig, 4.369 $, 82 Stück.

Gesamtstückzahl 1958: 36.700 Stück.

DESOTO 1959

Die Frontpartie der neuen DeSoto wurde auf höchst gelungene Weise neu gestylt. Sonst bleiben die Aufbauten unverändert erhalten. Die Scheinwerfer befinden sich immer noch unterhalb des Haubenrandes. In die breiten Stoßfänger wurden zwei große Lufteinlaßöffnungen integriert (eine dritte ist verdeckt unterhalb des Stoßfängers angeordnet). Die beiden nahezu parallel verlaufenden seitlichen Zierleisten sind schlichter als zuvor; der Raum zwischen den beiden Leisten ist silbern lackiert.

1956. Stoffmustersammlung.

Firesweep (V8):

Die Firesweep-Modelle tragen keine Serienbezeichnung auf der Karosserie. Zweifarbige Lackierung ist gegen Aufpreis erhältlich. Zu Saisonbeginn werden zunächst nur vier Modelle angeboten. Kurze Zeit später kommen jedoch in dieser Serie zwei zusätzliche „SeVille“-Modelle heraus. Zur Serienausstattung gehören die Doppelrohr-Auspuffanlage beim „Convertible“, schaumstoffgepolsterte Sitze, „Captive-Air“-Bereifung beim „Station Wagon“ und Teppichboden bei allen Modellen außer beim viertürigen „Sedan“ und dem „Station Wagon“. Motor: V8, Hubraum: 5,913 Liter, Leistung: 295 PS bei 4.600 U/min. Sechs Modelle stehen zur Wahl: „Sedan“, 4türig, 6sitzig, 2.904 $, 9.649 Stück. „Sportsman“, 4türig, 6sitzig, 3.038 $, 2.875 Stück. „Sportsman“, 2türig, 6sitzig, 2.967 $, 5.481 Stück. „Convertible Coupé“, 2türig, 6sitzig, 3.315 $, 596 Stück. „Station Wagon Shopper“, 4türig, 6sitzig, 3.366 $, 1.054 Stück. „Station Wagon Explorer“, 4türig, 9sitzig, 3.508 $, 1.179 Stück.

Firedome (V8):

Die vorderen Kotflügel tragen die Aufschrift FIREDOME. Die zweite Karosseriefarbe (silber) ist nur gegen Aufpreis erhältlich. Die Scheibeneinfassungen des viertürigen „Sedan“ bestehen aus poliertem Metall (anstelle von lackierten Elementen in der Firesweep-Serie). Zusätzlich zur Firesweep-Ausstattung wird serienmäßig folgendes Zubehör ausgeliefert: Rückfahrscheinwerfer, gepolstertes Armaturenbrett, Schaumstoffsitze hinten, Teppichboden vorne und hinten, Radzierkappen, Speziallenkrad und Scheibenwischer mit verschiedenen Geschwindigkeiten. Motor: V8, Hubraum: 6,273 Liter, Leistung: 305 PS bei 4.600 U/min. Sechs sechssitzige Modelle stehen zur Wahl: „Sedan“, 4türig, 3.234 $, 9.171 Stück. „Sportsman“, 4türig, 3.398 $, 2.862 Stück.

1959. Das Exportmodell des Adventurer „Convertible Coupé“ kommt in Europa unter dem Namen „Diplomat“ auf den Markt.

▲ 1959. Exportmodell des Fireflite „Explorer Station Wagon“. Dieser wurde in Europa unter dem Namen „Diplomat DeLuxe Suburban Wagon“ vertrieben.

„Sportsman“, 2türig, 3.341 $, 2.744 Stück. „Convertible Coupé“, 2türig, 3.653 $, 299 Stück.

Fireflite (V8):

Die Fireflite-Modelle weisen einen entsprechenden Schriftzug an den vorderen Kotflügeln und ein großes Emblem an den hinteren Kotflügeln auf. Zusätzlich zur Fireflite-Ausstattung wird serienmäßig folgendes Zubehör ausgeliefert: Stoßstangenhörner vorne und hinten, Torquelite-Automatikgetriebe, elektrische Uhr, Handbremskontrolleuchte, zweifarbige Lackierung, Windabweiser am Dach und Scheibenwaschanlage. Motor: V8, Hubraum: 6,273 Liter, Leistung: 325 PS bei 4.600 U/min. Sechs Modelle stehen zur Wahl: „Sedan“, 4türig, 6sitzig, 3.763 $, 4.480 Stück. „Sportsman“, 4türig, 6sitzig, 3.888 $, 2.364 Stück. „Sportsman“, 2türig, 6sitzig, 3.831 $, 1.393 Stück. „Convertible Coupé“, 2türig, 6sitzig, 4.152 $, 186 Stück. „Station Wagon Shopper“, 4türig, 6sitzig, 4.216 $, 271 Stück. „Station Wagon Explorer“, 4türig, 9sitzig, 4.358 $, 433 Stück.

Adventurer (V8):

Die Modelle dieser Serie tragen die Aufschrift ADVENTURER an den vorderen Kotflügeln. Statt Silber wird in diesem Jahr Gold als zweiter Farbton für die zweifarbige Lackierung angeboten. Am hinteren Kotflügel ist ein kleines Emblem angeordnet. Das Dach des zweitürigen „Hardtop“ ist mit Lederimitat bezogen. Zusätzlich zur Fireflite-Ausstattung wird serienmäßig folgendes Zubehör ausgeliefert: Servobremsen und -lenkung, Doppelauspuff, zwei Radioantennen hinten, zwei Außenspiegel, Weißwandreifen, Verzierung am Kofferraumdeckel, Fahrersitz mit verstellbarer Rücklehne. Motor: 6,273 Liter, Leistung: 350 PS bei 5.000 U/min. Zwei sechssitzige Modelle stehen zur Wahl: „Hardtop Coupé“, 2türig, 4.427 $, 590 Stück. „Convertible Coupé“, 2türig, 4.749 $, 97 Stück.

Gesamtstückzahl 1959: 42.423 Stück. DeSoto steht an 13. Stelle der amerikanischen Automobilhersteller.

Abschließend möchte ich an dieser Stelle auf das Jahr 1960 eingehen. Dies ist das letzte Jahr für die Marke, denn aufgrund unüberwindlicher wirtschaftlicher Schwierigkeiten muß die Firma ihre Geschäftstätigkeit am 30. November 1960 – 47 Tage nach Vorstellung der 1961er Modelle – einstellen.

DESOTO 1960

Die 1960er DeSoto-Modelle weisen große Ähnlichkeit mit denjenigen von Chrysler auf. Das Fertigungsprogramm sieht nur noch zwei Serien mit jeweils drei sechssitzigen Modellen vor:

Fireflite:

„Sedan“, 4türig, 3.017 $, 9.032 Stück. „Hardtop Coupé“, 2türig, 3.102 $, 3.494 Stück. „Hardtop Sedan“, 4türig, 3.167 $, 1.958 Stück.

Adventurer:

„Sedan“, 4türig, 3.017 $, 9.032 Stück. „Hardtop Coupé“, 2türig, 3.102 $, 3.494 Stück. „Hardtop Sedan“, 4türig, 3.167 $, 1.958 Stück.

Gesamtstückzahl 1960: 19.411 Stück. Im September wartet die Marke für das Modelljahr 1961 ausschließlich mit den Modellen der Fireflite-Serie auf. Diese sind so gut wie identisch mit den Fahrzeugen des Vorjahres, werden jedoch unter der Serienbezeichnung „DeSoto“ angeboten. Der Preisunterschied gegenüber 1960 beträgt lediglich einen Dollar. „Hardtop Coupé“, 2türig, 6sitzig, 3.102 $, 911 Stück. „Hardtop Sedan“, 4türig, 6sitzig, 3.166 $, 2.123 Stück. Damit endet die Geschichte der Firma DeSoto nach 32 Jahren (1928 bis 1960) und einer Gesamtproduktion von 2.024.629 Stück. Die oben beschriebenen Modelle sind heute gesuchte Sammlerstücke.

1958. Frontansicht. ▲

DODGE Von 1930 bis heute

Zu Beginn des 20. Jahrhunderts gründen die Brüder John und Horace Dodge in Detroit eine Werkstatt. Von Anfang an können sie sich gute Aufträge sichern. Sie fertigen zunächst Antriebsaggregate und Getriebe für Ransom Eli Olds (Oldsmobile), später auch Motoren, Hinterachsen und Getriebe für Henry Ford. Die Gebrüder Dodge zeigen einen hervorragenden Geschäftssinn und können innerhalb kurzer Zeit ein beträchtliches Vermögen erwirtschaften. Als Hauptauftraggeber Ford 1913 beschließt, sich von seinen Zulieferern unabhängig zu machen und viele der vorher zugekauften Teile künftig selbst herzustellen, stehen die Dodge-Brüder von heute auf morgen ohne Aufträge da. Ein neues Betätigungsfeld muß gefunden werden, um die riesigen Werkshallen, das Personal und die Maschinen anderweitig auszulasten. Dank der bisherigen Erfahrungen im Bereich der Automobilherstellung bietet sich die Fertigung eines eigenen Fahrzeugs als optimale Lösung an: So verläßt am 14. November 1914 der erste Dodge das Werk in Detroit. Die beiden Firmengründer sind höchst traditionsbewußt und setzen mehr auf Altbewährtes als auf Modernität. Ihr erstes Fahrzeug spiegelt diesen Charakter wider: Es ist simpel, funktionell und ausgesprochen zuverlässig. Im Januar des Jahres 1920 (Dodge ist inzwischen zum zweitgrößten Automobilhersteller der Vereinigten Staaten avanciert) erliegt John einer Lungenentzündung. Horace kann den Tod seines Bruders nicht verwinden und stirbt im Dezember desselben Jahres.

Die beiden Dodge-Witwen übertragen ihren Bankiers die Leitung des Unternehmens. Doch die Geschäfte gehen schlecht, und um größere Verluste zu vermeiden, wird das Werk bereits kurze Zeit später für 170 Millionen Dollar an Walter Percy Chrysler veräußert. Dieser hatte bereits seit zwei Jahren ernsthaftes Interesse an der Firma gezeigt. Für ihn sind vor allem die hervorragenden Fertigungseinrichtungen und das weitreichende Absatznetz der Firma Dodge von Bedeutung, da er durch Ausnutzung dieser Möglichkeiten seine Preise weiter senken und seinen Marktanteil ausbauen kann. Die Firmenbezeichnung „Dodge Brothers“ wird 1930 in „Dodge“ umgewandelt. Dodge bleibt innerhalb der Chrysler Corporation ein autonomes, unabhängiges Unternehmen. Die Fahrzeuge der Marke fügen sich in die Lücke zwischen den luxuriösen Automobilen von Chrysler, den Massenfahrzeugen von Plymouth und den Mittelklasse-Wagen von DeSoto ein. Dodge, der 1934 viertgrößter Automobilhersteller der Vereinigten Staaten ist, führt als erster die sogenannten „Showdowns“ ein: In diesen Werbefilmen werden Wagen der Konkurrenz in direktem Vergleich mit Automobilen von Dodge gezeigt, wobei natürlich jeweils die Überlegenheit der Dodge-Modelle unterstrichen wird. Im amerikanischen Fernsehen sind solche Dodge-Werbefilme auch heute noch zu sehen. In den drei Jahren nach dem Zweiten Weltkrieg wartet Dodge mit den 1942er Modellen in nahezu unveränderter Form auf. Neu gestaltet wurde lediglich die Frontpartie. Auch die Serienbezeichnungen bleiben erhalten. Im Februar 1949 kommen die ersten wirklich neuen Modelle nach dem Krieg auf den Markt. Verglichen mit der Konkurrenz erfolgt die Präsentation erst relativ spät (im April 1949): Dodge kämpft mit denselben Problemen wie die Muttergesellschaft Chrysler. Die längeren, tiefer liegenden Ponton-Karosserien der neuen Modelle entsprechen dem amerikanischen Zeitgeschmack. Die Kotflügel sind in die Seitenflächen integriert, und die Zeit der Trittbretter ist ein für allemal vorbei.

DODGE 1950

Die neuen Modelle werden am 4. Januar 1950 präsentiert. Nur auf das „Diplomat Hardtop Coupé“ der Serie Coronet müssen die Kunden noch bis zum 11. Juni warten. Abgesehen von einer moderneren Frontpartie entsprechen die Aufbauten im wesentlichen denjenigen von 1949. Links und rechts neben dem aus drei massiven Chromstäben bestehenden Kühlergrill sind die runden Standlichter angeordnet. In der Mitte des Grills befindet sich das Dodge-Emblem. Die neuen Rückleuchten sind in die Kotflügel integriert. An den vorderen und den hinteren Kotflügeln ist jeweils eine schlichte verchromte Zierleiste angeordnet. Die Modellbezeichnung befindet sich unterhalb der vorderen Leiste neben der Tür. Motor: Sechszylinder, Hubraum: 3,667 Liter, Leistung: 103 PS bei 3.600 U/min.

Wayfarer (Sechszylinder):

Dies ist die Basisserie der Marke. Das Chassis hat einen Radstand von 2,92 m. Drei zweitürige Modelle stehen zur Wahl: „Sedan“, 6sitzig, 1.738 $, 65.000 Stück. „Coupé“, 3sitzig, 1.611 $, 7.000 Stück. „Roadster“, 3sitzig, 1.727 $, 2.903 Stück.

Meadowbrook (Sechszylinder):

Die unter dieser Bezeichnung angebotene Limousine ist

Linke Seite: 1950. Coronet „Station Wagon“, Wayfarer „Roadster“ (oder „Sportabout“) und Coronet „Club Coupé“ (von rechts nach links).

▲ 1950. Dodge Coronet „Sedan“.

das meistverkaufte Modell der Marke: „Sedan“, 4türig, 6sitzig, 1.848 $,
221.791 Stück (einschließlich des „Sedan“ der Coronet-Serie).

Coronet (Sechszylinder):

Die Coronet-Serie beinhaltet die luxuriösesten Dodge-Modelle. Erkennungsmerkmale sind der Chromring an den Rädern und der Namenszug CORONET an den vorderen Kotflügeln. Der „Diplomat“ ist neu im Programm. Der Radstand beträgt 3,14 m (wie bei der Meadowbrook-Limousine). Sieben Modelle stehen zur Wahl: „Sedan“, 4türig, 6sitzig, 1.927 $ (Stückzahl siehe Meadowbrook). „Club Coupé“, 2türig, 6sitzig, 2.012 $, 38.502 Stück. „Diplomat Hardtop Coupé“, 2türig, 6sitzig, 2.329 $, 3.600 Stück. „Station Wagon“, 4türig, 6sitzig, 2.865 $, 600 Stück. „Sierra Metal Station Wagon“, 4türig, 6sitzig, 2.865 $, 100 Stück. „Sedan“ (auf verlängertem Fahrgestell), 4türig, 7sitzig, 2.617 $, 1.300 Stück.

Gesamtstückzahl 1950: 331.220 Stück Dodge steht an 8. Stelle der amerikanischen Automobilhersteller.

1951. Dodge Coronet „Convertible Coupé“ mit automatischem Verdeck. Darunter: Innenansicht. ▼

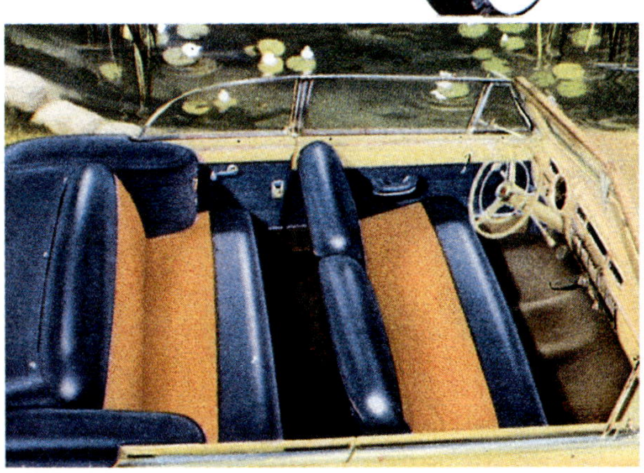

Titelbild des 1951er Coronet- und Meadowbrook-Katalogs. ▼

DODGE 1951

Aufgrund des Korea-Krieges muß Dodge auf eine Überarbeitung der Vorjahresmodelle verzichten. Alle Anstrengungen konzentrieren sich auf die Fertigung von Rüstungsgütern. Die Automobilproduktion tritt in den Hintergrund. Die am 20. Januar 1951 präsentierten Modelle sind also nahezu identisch mit denjenigen des Vorjahres. Neu ist jedoch das Design des Kühlergrills: Dieser findet beim Publikum großen Anklang - Viele halten die 1951er Modelle für die schönsten, die die Marke je gefertigt hat! Als Kühlerfigur dient weiterhin der Steinbock, der bereits seit 1931 im Einsatz ist. Die Haube und der Kofferraum tragen die Aufschrift DODGE (in Relief-Großbuchstaben). Die seitlichen Zierleisten und die Serienbezeichnungen bleiben unverändert. Anstelle des früheren horizontalen Schriftzugs weisen die Radkappen jetzt einen roten Punkt in einem schwarzen Ring auf. Die Aufschrift Dodge ist konzentrisch um den roten Punkt herum angeordnet. Das Entwicklungsbüro arbeitet intensiv an der Entwicklung eines V8-Motors. Die Herstellung der achtsitzigen Modelle sowie des „Sierra Station Wagon“ mit Ganzstahlkarosserie wird noch vor Ablauf des Modelljahres eingestellt. In punkto Motor hat sich gegenüber dem Vorjahr nichts geändert.

Wayfarer (Sechszylinder):

Keine nennenswerten Änderungen gegenüber dem Vorjahr. Drei zweitürige Modelle stehen zur Wahl: „Sedan“, 6sitzig, 1.895 $. „Coupé“, 3sitzig, 1.757 $. „Roadster“, 3sitzig, 1.884 $.

Meadowbrook (Sechszylinder):

Keine nennenswerten Änderungen gegenüber dem Vorjahr. Ein einziges Modell: „Sedan“, 4türig, 6sitzig, 2.016 $.

Coronet (Sechszylinder):

Keine nennenswerten Änderungen gegenüber dem Vor-

▲ ▶
1951. Armaturenbrett und Radkappe.

▲
1952. Dodge Kingsway „Sedan“ (Exportmodell).

jahr. Sechs Modelle stehen zur Wahl: „Sedan“, 4türig, 6sitzig, 2.103 $. „Club Coupé“, 2türig, 6sitzig, 2.088 $. „Diplomat Hardtop Coupé“, 2türig, 6sitzig, 2.426 $. „Convertible Coupé“, 2türig, 6sitzig, 2.514 $. „Sierra Metal Station Wagon“, 4türig, 6sitzig, 2.710 $. „Sedan“, 4türig, 8sitzig, 2.855 $.

Einzelstückzahlen siehe 1952. **Gesamtstückzahl 1951:** 336.656 Stück Dodge steht an 6. Stelle der amerikanischen Automobilhersteller.

DODGE 1952

Die Präsentation der Modelle erfolgt am 10. November 1951. Der Korea-Krieg geht weiter, und Dodge ist weiterhin stark mit rüstungsrelevanten Aufgaben ausgelastet. So unterscheiden sich die neuen Fahrzeuge nur durch Details von ihren Vorgängern: lackierte Kühlergrillöffnungen, rote Rückstrahler unter den Rücklichtern, andere Radzierkappen, neuer Kofferraumgriff, kleine Änderungen an den Innenverkleidungen und am Armaturenbrett. Der Motor hat sich seit 1950 nicht verändert.

Wayfarer (Sechszylinder):

Keine nennenswerten Änderungen gegenüber dem Vorjahr. Drei 2türige Modelle stehen zur Wahl: „Sedan“, 6sitzig, 2.034 $, 70.700 Stück (1951+1952). „Coupé“, 3sitzig, 1.886 $, 6.702 Stück (1951+1952). „Roadster“, 3sitzig, 1.924 $, 1.002 Stück (1951+1952).

Meadowbrook (Sechszylinder):

Keine nennenswerten Änderungen gegenüber dem Vorjahr. Ein einziges Modell: „Sedan“, 4türig, 6sitzig, 2.164 $, 392.202 Einheiten (1951+1952). In dieser Zahl ist der „Sedan“ der Coronet-Serie enthalten.

Coronet (Sechszylinder):

Keine nennenswerten Änderungen gegenüber dem Vorjahr. Sechs Modelle stehen zur Wahl: „Sedan“, 4türig, 6sitzig, 2.256 $. „Club Coupé“, 2türig, 6sitzig, 2.240 $, 56.103 Stück (1951+1952). „Diplomat Hardtop Coupé“, 2türig, 6sitzig, 2.602 $, 21.600 Stück (1951+1952). „Convertible Coupé“, 2türig, 6sitzig, 2.698 $, 5.550 Stück (1951+1952). „Sierra Metal Station Wagon“, 4türig, 6sitzig, 2.908 $, 4.000 Stück (1951+1952). „Sedan“, 4türig, 8sitzig, 3.064 $, 1.150 Stück (1951+1952).

Gesamtstückzahl 1952: 268.094 Stück.

DODGE 1953

Das Jahr 1953 ist aus mehreren Gründen für die Marke von Bedeutung: Präsentation völlig neuer Modelle (am 23. Oktober 1952, Coronet-Sechszylinder am 18. März 1953), Einführung des ersten Automatikgetriebes und Erscheinen des „Hemi“-V8-Motors. Ab 6. April 1953 kann erstmals eine Klimaanlage als Option geordert werden. Der Kühlergrill besteht in diesem Jahr aus zwei breiten Stäben mit fünf vertikalen Unterteilungen. Die Windschutzscheibe weist keine mittlere Unterteilung mehr auf, und die Türöffnungen sind breiter. Die neue Dachform ermöglicht den Einbau einer großflächigen durchgehenden Heckscheibe. Die Rücklichter sind oval. Der Kofferraum läßt sich per Knopfdruck öffnen. Neu ist auch das Design der seitlichen Zierleiste (siehe Illustrationen).

Meadowbrook (Sechszylinder):

Der „Special Sedan“ weist keinerlei Chromverzierungen auf. Dieses typische Vertreterauto wird nur bis April 1953 produziert. An seine Stelle tritt der „Sedan“ mit verchromten Scheibeneinfassungen und denselben seitlichen Zierleisten wie bei den übrigen Modellen. Die vorderen Kotflügel tragen die Aufschrift MEADOWBROOK. Der Motor entspricht demjenigen von 1950. Fünf sechssitzige Modelle stehen zur Wahl: „Special Sedan“ und „Sedan“, 4türig, 2.000 $, 84.758 Stück. „Special Sedan“ und „Sedan“, 2türig, 1958 $, 36.766 Stück. „Suburban“, 2türig, 2.176 $, 15.751 Stück.

Coronet (Sechszylinder und V8):

Die „Sedan“-Modelle dieser Serie können wahlweise mit Sechszylinder- oder V8-Motor (Hubraum: 3,948 Liter, Leistung: 140 PS bei 4.400 U/min). Die mit dem größeren Aggregat bestückten Modelle tragen vorne an der Haube zwischen Kühlerfigur und Kühlergrill eine kleine ovale Öffnung („Jet Flow“) mit einem V und der roten Aufschrift DODGE EIGHT. In der folgenden Aufstellung gilt die erste Preisangabe für die Sechs- und die zweite für die Achtzylindermodelle. Modelle mit einer Preisangabe sind mit V8-Motor ausgestattet. Fünf sechs-

▲
1953. Dodge Coronet „Hardtop Diplomat“.

▲
1953. Dodge Coronet „Convertible Coupé“.

▲ 1953. Dodge Coronet „Sedan“.

▲ 1953. Dodge Meadowbrook „Sedan“.

sitzige Modelle stehen zur Wahl: „Sedan“, 4türig, 2.111/2.220 $. „Sedan“, 2türig, 2.084/2.198 $. (Stückzahlen für die „Sedan“-Modelle siehe Meadowbrook). „Hardtop Diplomat“, 2türig, 2.361 $, 17.334 Stück. „Convertible Coupé“, 2türig, 2.494 $, 4.100 Stück. „Sierra Station Wagon“, 4türig, 2.503 $, 5.400 Stück. **Gesamtstückzahl 1953:** 301.827 Stück.

DODGE 1954

Die Präsentation der 1954er Modelle erfolgt am 8. Oktober 1953. Nur auf den „Sierra Station Wagon“ müssen die Kunden noch bis zum 8. Dezember warten. Nach den umfassenden Änderungen des Jahres 1953 wurde in diesem Jahr auf wesentliche Änderungen verzichtet. Wie üblich wurde jedoch der Kühlergrill einem Facelifting unterzogen. Die Standlichter sind in diesem Jahr links und rechts in den Grill integriert. Die seitlichen Zierleisten sind genau spiegelverkehrt angeordnet (siehe umseitige Illustrationen). Die kursivgeschriebene Serienbezeichnung befindet sich an den hinteren Kotflügeln. Zwei Motorvarianten stehen zur Wahl: Sechszylinder, Hubraum: 3,667 Liter, Leistung 110 PS bei 3.600 U/min oder „Red Ram“ V8, Hubraum: 3,948 Liter, Leistung: 150 PS bei 4.400 U/min.

Meadowbrook (Sechszylinder und V8):

Eine schmale Chromleiste am vorderen Kotflügel ist die einzige Verzierung dieser Basismodelle. Auch auf verchromte Scheibeneinfassungen wurde verzichtet. Zwei Modelle stehen zur Wahl: „Sedan“, 4türig, 6sitzig, 2.000/2.151 $, 11.193 Stück. „Club Coupé“, 2türig, 6sitzig, 1.958/2.129 $, 4.251 Stück.

Coronet (Sechszylinder und V8):

Die Coronet bilden bei Dodge ab sofort die Mittelklasse. Die Ausstattung entspricht im wesentlichen derjenigen der Meadowbrook-Modelle. Zusätzlich gehören jedoch verchromte Scheibeneinfassungen und hintere Kotflügelschützer zum Lieferumfang. Der „Sierra Station Wagon“ weist eine etwas unterschiedliche Seitenverzierung auf. Sechs sechssitzige Modelle stehen zur Wahl: „Sedan“, 4türig, 2.111/2.220 $, 50.963 Stück. „Club Coupé“, 2türig, 2.084/2.198 $, 12.499 Stück. „Suburban“, 2türig, 2.204/2.492 $, 9.489 Stück. „Sierra Station Wagon“, 4türig, 2.694/2.935 $, 1.300 Stück. „Hardtop Coupé“, 2türig, 2.355 $, 100 Stück. „Convertible Coupé“, 2türig, 2.489 $, 50 Stück.

Links: 1953. Reihensechszylinder der Coronet- und Meadowbrook-Modelle.

Royal (V8):

Diese Modelle der neuen Dodge-Luxusserie werden ausschließlich mit V8-Motor ausgeliefert. Vier sechssitzige Modelle stehen zur Wahl: „Sedan“, 4türig, 2.348 $, 50.050 Stück. „Club Coupé“, 2türig, 2.324 $, 8.900 Stück. „Hardtop Coupé“, 2türig, 2.478 $, 3.852 Stück. „Convertible Coupé“, 2türig, 2.607 $, 2.000 Stück. **Gesamtstückzahl 1954:** 151.761 Stück Dodge steht an 8. Stelle der amerikanischen Automobilhersteller. In diesem Jahr ist ein besonders aufwendig ausgestattetes Dodge „Convertible Coupé“ offizieller „Pace Car bei der Eröffnung des Rennens von Indianapolis am 31. Mai. Kurz darauf wird eine limitierte Sonderserie von 701 originalgetreuen Kopien dieses Wagen an die Vertragshändler ausgeliefert. Zur Ausstattung gehören Speichenräder und Continental-Bereifung. Besonderes Erkennungsmerkmal ist ein Emblem mit der Aufschrift „500“. Am 16. Juni erringt die Marke einen großartigen sportlichen Erfolg: Der bereits am 20. Februar anläßlich der Chicagoer Auto Show präsentierte Roadster („Fire Arrow“) stellt auf der Chrysler-Teststrecke in Chelsea/Michigan mit 246 km/h einen neuen Geschwindigkeitsweltrekord auf.

DODGE 1955

Die am 17. November 1954 (der „Station Wagon“ und „Royal Lancer“ folgen erst einen Monat später) präsentierten Modelle sind völlig neu gestaltet. In der Dodge-Werbung heißt das neue Styling „Flair-Fashion“. Die Dreifarbenlakkierung in ausgefallenen Farbkombination (z.B. rosa, weiß und schwarz) ist ebenso neu im Programm wie die riesige Panorama-Windschutzscheibe. Sie vermittelt dem Fahrer den Eindruck, in einem gläsernen Cockpit zu sitzen. Beide Motoren (Sechs- und Achtzylinder) profitieren von einem Leistungsplus. Die Achtzylindermodelle sind an dem großen V unter dem Dodge-Emblem auf der Haube und am Kofferraum zu erkennen. Das erstmals auch von Dodge angebotene Chrysler Powerglide-Getriebe wird vom Armaturenbrett aus betätigt.

Coronet (Sechszylinder und V8):

Beim „Sedan“ beginnt die seitliche Zierleiste am Scheinwerfer und endet am vorderen Türausschnitt. Bei dreifarbig lackierten Modellen dient die Zierleiste als Farbabgrenzungslinie. Zwei Motorvarianten: Sechszylinder, Hubraum: 3,667 Liter, Leistung: 123 PS bei 3.600 U/min; oder V8, Hubraum: 4,423 Liter, Leistung: 175 PS bei 4.400 U/min. Sechs Modelle stehen zur Wahl: „Sedan“, 4türig,

Unten: 1954. Dodge Coronet „Sierra Station Wagon“ und „Sedan“.

▲ 1954. Dodge Royal „Sedan“.

Links: 1954. Blick ins Innere eines Royal „Club Coupé“. Im Hintergrund ein Royal „Sedan“.

6sitzig, 2.068/2.171 $, 46.074 Stück. „Sedan“, 2türig, 6sitzig, 1.988/2.091 $, 24.104 Stück. „Lancer Hardtop“, 2türig, 6sitzig, 2.256 $, 26.727 Stück. „Suburban“, 2türig, 6sitzig, 2.324/2.427 $, 8.115 Stück. „Sierra Station Wagon“, 4türig, 6sitzig, 2.438/2.541 $ und „Sierra Station Wagon“, 4türig, 8sitzig, 2.540/2.643 $, 5.352 Stück.

Royal (V8):

Die Modelle dieser Serie sind an den verchromten Scheinwerfereinfassungen und dem kursivgeschriebenen Namenszug ROYAL an den vorderen Kotflügeln zu erkennen. Motor: „Red Ram“ V8, Hubraum: 4,423 Liter, Leistung: 183 PS bei 4.400 U/min. Vier Modelle stehen zur Wahl: „Sedan“, 4türig, 6sitzig, 2.285 $, 45.323 Stück. „Lancer Hardtop“, 2türig, 6sitzig, 2.370 $, 25.831 Stück. „Sierra Station Wagon“, 4türig, 6sitzig, 2.634 $ und „Sierra Station Wagon“, 4türig, 8sitzig, 3.730 $, 5.506 Stück.

Custom Royal (V8):

Bei „Sedan“-Modellen dieser Serie verläuft die Zierleiste über die ganze Seitenpartie bis zum hinteren Kotflügel und endet am Dodge-Emblem und der kursivgeschriebenen Aufschrift ROYAL. Die Verzierung des „Lancer Hardtop“ und des „Lancer Convertible“ ist identisch mit derjenigen der dreifarbigen Coronet-Modelle. Die Heckflossen weisen verchromte Zierelemente auf. Die hinteren Kotflügel tragen die Aufschrift ROYAL LANCER und ein vergoldetes V8-Emblem. Der Radstand beträgt für alle Serien einheitlich 3,05 m. Motor: „Super Red Ram“ V8, Hubraum: 4,423 Liter, Leistung: 193 PS bei 4.400 U/min. Drei sechssitzige Modelle stehen zur Wahl: „Sedan“, 4türig, 2.068/2.171 $, 55.503 Stück. „Lancer Hardtop“, 2türig, 2.256 $, 30.499 Stück. „Lancer Convertible“, 2türig, 2.256 $, 3.302 Stück.

Gesamtstückzahl 1955: 316.584 Stück.

DODGE 1956

Abgesehen von einem Facelifting hat sich an den am 7. Oktober 1955 präsentierten Modellen nicht viel geändert. Die Dodge-Werbung aber verspricht: *„Dramatic new, the Dodge 56 is born of success to challenge the future“*. Die Frontpartie ist ähnlich wie Vorjahr, doch die seitliche Verzierung ist neu. Der Detroiter Mode folgend läßt auch Dodge seinen Autos Heckflossen wachsen; diese sind durch die besondere Art der Zweifarbenlackierung noch zusätzlich betont. Dem allgemeinen Trend folgend wartet Dodge auch in diesem Jahr mit leistungsstärkeren Motoren auf.

Coronet (Sechszylinder und V8):

Zum Lieferumfang der Dodge-Basisserie gehören neben verchromten Scheinwerfer- und Scheibeneinfassungen auch die sogenannten „Saddle Sweep“-Zierleisten. Der kursivgeschriebene Schriftzug CORONET befindet sich an den hinteren Kotflügeln. Zwei Motorvarianten: Sechszylinder, Hubraum 3,667 Liter, Leistung: 131 PS bei 3.600 U/min; oder V8, Hubraum: 4,423 Liter, Leistung 189 PS bei 4.400 U/min. Acht Modelle stehen zur Wahl: „Sedan“, 4türig, 6sitzig, 2.232/2.340 $. „Club Coupé“, 2türig, 6sitzig, 2.159/2.267 $. „Lancer Hardtop“, 4türig, 6sitzig, 2.517 $. „Lancer Hardtop“, 2türig, 6sitzig, 2.403 $. „Convertible Coupé“, 2türig, 6sitzig, 2.463 $. „Suburban“, 2türig, 6sitzig, 2.456/2.564 $. „Sierra Station Wagon“, 4türig, 6sitzig, 2.681 $. „Sierra Station Wagon“,

Rechts: 1955. Dodge Coronet „Lancer Hardtop“ und „Sedan“ (darüber).

Links:
Das Titelbild des 1956er Dodge-Katalogs zeigt einen Lancer.

1956. Dodge Royal „Sedan". ▲

4türig, 8sitzig, 2.787 \$. Ab 1956 gibt der Hersteller nur noch die Seriengesamtstückzahlen pro Modelljahr an: 142.613 Stück.

Royal (V8):

Die Modelle dieser Serie sind an den sechs „Zähnen" am Kühlergrill und den zusätzlichen Rückfahrscheinwerfern zu erkennen. Die hinteren Kotflügel tragen das V8-Emblem und die kursivgeschriebene Aufschrift ROYAL. Motor: „Red Ram" V8, Hubraum: 5,160 Liter, Leistung: 218 PS bei 4.400 U/min. Sechs Modelle stehen zur Wahl: „Sedan", 4türig, 6sitzig, 2.478 \$. „Lancer Hardtop", 4türig, 6sitzig, 2.662 \$. „Lancer Hardtop", 2türig, 6sitzig, 2.548 \$. „Custom Suburban", 2türig, 6sitzig, 2.694 \$. „Custom Sierra Station Wagon", 4türig, 6sitzig, 2.834 \$. „Custom Sierra Station Wagon", 4türig, 8sitzig, 2.939 \$. Royal-Gesamtstückzahl im Modelljahr: 48.780 Stück.

Custom Royal (V8):

Die Modelle dieser Serie sind an den lackierten mit feinem Chromrand verzierten Scheinwerfereinfassungen, den spezifischen Zierleisten und der kursivgeschriebenen Aufschrift CUSTOM ROYAL an den hinteren Kotflügeln zu erkennen. Motor: „Super Red Ram" V8. Hubraum: 5,160 Liter, Leistung: 230 PS bei 4.400 U/min. Vier sechssitzige Modelle stehen zur Wahl: „Sedan", 4türig, 2.588 \$. „Lancer Hardtop", 4türig, 2.772 \$. „Lancer Hardtop", 2türig, 2.658 \$. „Convertible", 2türig, 2.878 \$. Custom-Royal-Gesamtstückzahl im Modelljahr: 49.293 Stück.

Gesamtstückzahl 1956: 205.820 Stück Dodge steht an 8. Stelle der amerikanischen Automobilhersteller. In diesem Jahr sind 90,3 % aller ausgelieferten Fahrzeuge mit Automatikgetriebe, 94,8 % mit Heizung, 62,6 % mit Rückfahrscheinwerfern, 60,2 % mit Weißwandreifen, 17,3 % mit Servobremsen und 24,3 % mit Servolenkung ausgestattet. Zur Jahresmitte kommt die „La Femme"-Sonderserie mit lavendelblau/weißer Lackierung und goldgetupften Sitzbezügen auf den Markt. Als Sonderzubehör werden Regenschirm, Mütze und Tasche passend zur Lackfarbe angeboten.

DODGE 1957

Dodge präsentiert seine neuen Modelle zeit-

1956. Gangwähler für das Automatikgetriebe. ▶

1956. Dodge Custom Royal Lancer „Hardtop".
▼

gleich mit Chrysler am 30. Oktober 1957. Äußerlich unterscheiden sich die Fahrzeuge deutlich von denjenigen der Muttergesellschaft. Der „Swept Wing Look“ mit den noch markanteren Heckflossen wirkt ausgesprochen futuristisch. Der sogenannte „gull-wing“ Kühlergrill besteht aus einer fast stoßstangenbreiten horizontalen Leiste mit einem V-förmigen Mittelteil, in den das Dodge-Emblem integriert ist. Die neue Vorderradaufhängung wird jedoch von Chrysler übernommen (Torsionsstäbe anstelle von Blattfedern). Diese wirkt sich ausgesprochen vorteilhaft auf die Straßenlage der Wagen aus und wird noch heute verwendet. In diesem Jahr stattet Dodge seine Fahrzeuge erstmals mit 14-Zoll-Reifen aus. Das Fahrgestell erreicht einen stattlichen Radstand von 3,10 m und ist damit länger als je zuvor. Die neuen Modelle werden beim Publikum mit Begeisterung aufgenommen und die Verkaufszahlen sind entsprechend gut. Doch dieser Erfolg ist nicht von Dauer: Der Kundschaft bleibt die mangelhafte Verarbeitungsqualität auf Dauer nicht verborgen, und so geht der Absatz in den folgenden Jahren zurück.

Coronet (Sechszylinder und V8):

Die Modelle dieser Serie sind an der langen, über die gesamte Seitenpartie verlaufenden Zierleiste zu erkennen. Eine weitere Leiste umrahmt die Heckflossen. Die hinteren Kotflügel tragen die Aufschrift CORONET. Zwei Motorvarianten: Sechszylinder, Hubraum: 3,667 Liter, Leistung: 138 PS bei 4.000 U/min; oder „Red Ram“ V8, Hubraum: 5,323 Liter, Leistung: 245 PS bei 4.400 U/min. Fünf sechssitzige Modelle stehen zur Wahl: „Sedan“, 4türig, 2.588 $. „Club Coupé“, 2türig, 2.416/2.524 $. „Lancer Hardtop“, 4türig, 2.335/2.443 $. „Lancer Hardtop“, 2türig, 2.630 $. „Convertible“, 2türig, 2.807 $. Die uns für die Zeit von 1957 bis 1960 vorliegenden Unterlagen lassen lediglich die Angabe annähernder Stückzahlen zu. Coronet-Gesamtstückzahl: 160.500 Stück im Modelljahr bzw. 160.979 Stück im Kalenderjahr. (einschließlich der Serie D 500).

Rechts: 1958. Dodge Custom „Sierra Station Wagon“. Rechts daneben: Innenraumaufteilung.

Royal (V8):

Die Modelle dieser etwas umfangreicher ausgestatteten Serie sind an den verchromten Scheinwerfereinfassungen zu erkennen. Der Kofferraum trägt ein großes V und oberhalb der seitlichen Zierleiste an den vorderen Kotflügeln befindet sich die Aufschrift ROYAL. Die Fahrzeuge dieser Serie werden entweder in Detroit oder in Los Angeles montiert. Motor: V8 der Coronet-Serie. Drei sechssitzige Modelle stehen zur Wahl: „Sedan“, 4türig, 2.677 $. „Lancer Hardtop“, 4türig, 2.783 $. „Lancer Hardtop“, 2türig, 2.734 $. Royal-Gesamtstückzahl im Modelljahr 41.000 Stück bzw. 40.999 Stück im Kalenderjahr.

Custom Royal (V8):

Deutlichstes Unterscheidungsmerkmal sind weiterhin die sechs „Zähne“ am Kühlergrill. Auf der Haube und am Kofferraum befindet sich die Aufschrift DODGE (in goldeten Buchstaben). Die Serienbezeichnung befindet sich oberhalb der Chromleiste an den vorderen Kotflügeln. Motor: „Super Red Ram“ V8, Hubraum: 5,323 Liter, Leistung: 285 PS bei 4.000 U/min. Vier sechssitzige Modelle stehen zur Wahl: „Sedan“, 4türig, 2.846 $. „Lancer Hardtop“, 4türig, 2.956 $. „Lancer Hardtop“, 2türig, 2.885 $. „Convertible“, 2türig, 3.111 $. Custom-Royal-Gesamtstückzahl im Modelljahr 47.000 Stück bzw. 55.149 Stück im Kalenderjahr.

Station Wagon (V8):

Erstmals werden die „Station Wagon“ in einer gesonderten Serie angeboten. Der „Suburban“ und der „Sierra“ weisen die gleiche Ausstattung wie die Fahrzeuge der Coronet-Serie auf. Beim etwas umfangreicher ausgestatteten „Custom Sierra“ ist das Reserverad auf ungewöhnliche Weise hinter dem Hinterrad unter einer abnehmbaren Blechabdeckung montiert. Die neunsitzigen Modelle weisen eine entgegen der Fahrtrichtung montierte zusätzliche Sitzbank („Spectator“) auf. Motor: „Super Red Ram“. Fünf Modelle stehen zur Wahl: „Suburban“, 4türig, 6sitzig, 2.826 $. „Sierra“, 4türig, 6sitzig, 2.911 $. „Sierra“, 4türig, 9sitzig, 3.038 $. „Custom Sierra“, 4türig, 6sitzig, 3.052 $. „Custom Sierra“, 4türig, 9sitzig, 3.180 $. Station-Wagon-Gesamtstückzahl im Modelljahr 32.000 Stück bzw. 30.481 Stück im Kalenderjahr.

1957. Frontansicht.

D 500 (V8):

Die Modelle dieser Serie sind mit einem besonders starken V8-Aggregat ausgestattet: Hubraum 5,800 Liter, Leistung: 340 PS bei 5.200 U/min. Dieser Motor kann gegen Aufpreis auch für die Serien geordert werden. Ein kleines Schild an der linken Kofferraumseite weist auf den großen Motor hin. Im übrigen entspricht die Ausstattung derjenigen der Royal-Custom-Serie. Zwei sechssitzige Modelle stehen zur Wahl: „Club Sedan“, 2türig, 3.279 $. „Convertible“, 2türig, 3.635 $. Die Stückzahlen dieser Serie sind in denjenigen der Coronet-Serie enthalten.

Gesamtstückzahl 1957: 293.616 Stuck Dodge steht an 7. Stelle der amerikanischen Automobilhersteller. 1957 wurden 96,5 % aller ausgelieferten Fahrzeuge mit Automatikgetriebe, 2,2 % mit elektrisch verstellbaren Sitzen, 2,1 % mit hydraulischen Fensterhebern, 53,7 % mit Radio, 15,1% mit Doppelauspuff und 93,4 % mit V8-Motor ausgestattet.

DODGE 1958

Die am 1. November 1957 präsentierten Modelle entsprechen im wesentlichen denjenigen des Vorjahres. Die auffälligste Änderung betrifft den Kühlergrill: Er besteht aus einem beidseitig von einem „Raketenhorn“ flankierten schlichten Wabengitter. Der vordere Stoßfänger weist keine Hörner auf. Bei allen Serien kann gegen Aufpreis einer der folg-enden Motoren eingebaut werden: D 500-Motor (Hubraum: 5,913 Liter, Leistung: 305 PS bei 4.600 U/min) und Super D 500 mit elektronischer Einspritzung (Hubraum: 5,913 Liter, Leistung: 333 PS bei 4.800 U/min).

Coronet (Sechszylinder und V8):

Selbst die Basismodelle der Marke weisen verchromte Scheibeneinfassungen auf. Eine schlichte Zierleiste verläuft über die Seitenpartie hinweg, eine weitere zierliche Leiste umrahmt die Heckflossen. Die Aufschrift DODGE steht in Relief-Großbuchstaben auf der Haube und in Kursivschrift am Kofferraum. Die Serienbezeichnung befindet sich an den hinteren Kotflügeln. Zwei Motorvarianten: Sechszylinder, Hubraum: 3,667 Liter, Leistung: 138 PS bei 4.000 U/min; oder „Red Ram“ V8, Hubraum: 5,323 Liter, Leistung: 245 PS bei 4.400 U/min. Fünf sechssitzige Modelle stehen zur Wahl: „Sedan“, 4türig, 2.495/2.602 $. „Sedan“, 2türig, 2.414/2.521 $. „Lancer Hardtop“, 4türig, 2.729 $. „Lancer Hardtop“, 2türig, 2.644 $. „Convertible“, 2türig, 2.907 $. Coronet-Gesamt-

Links: 1958. Dodge Custom Royal „Lancer Hardtop“.

stückzahl im Modelljahr 77.000 Stück bzw. 77.388 Stück im Kalenderjahr.

Royal (V8):
Die Aufschrift DODGE in Relief-Großbuchstaben befindet sich auf der Haube und am Kofferraum. Auf der Haube sind zusätzlich zwei Zierelemente angeordnet. Die für den Europaexport bestimmten Fahrzeuge tragen die Bezeichnung „Kingsway“; eine entsprechende Aufschrift befindet sich an den Heckflossen. Zur Jahresmitte kommt der „Lancer“ heraus. Mit ihm versucht die Marke, die katastrophalen Verkaufsergebnisse der ersten Jahreshälfte zu beleben, doch vergeblich: Die allgemeine wirtschaftliche Rezession macht der gesamten Automobilbranche schwer zu schaffen und auch Dodge bleibt vor den Auswirkungen nicht verschont. Motor: „Super Red Ram“ V8, Hubraum: 5,323 Liter, Leistung: 265 PS bei 4.600 U/min. Drei sechssitzige Modelle stehen zur Wahl: „Sedan“, 4türig, 2.875 $. „Lancer Hardtop“, 4türig, 2.875 $. „Lancer Hardtop“, 2türig, 2.814 $. Royal-Gesamtstückzahl im Modelljahr 15.500 Stück bzw. 15.165 Stück im Kalenderjahr.

Custom Royal (V8):
Bei den Modellen dieser Serie steht der Name des Herstellers in vergoldeten Buchstaben auf der Haube und am Kofferraum. Bei den Europamodellen befindet sich die Serienbezeichnung an den Heckflossen, bei den für den amerikanischen Markt bestimmten Fahrzeugen auf der Haube. Motor: D 500 V8, Hubraum: 5,913 Liter, Leistung: 305 PS bei 4.600 U/min. Vier sechssitzige Modelle stehen zur Wahl: „Sedan“, 4türig, 2.985 $, „Lancer Hardtop“, 4türig, 3.097 $, „Convertible Coupé“, 2türig, 3.523 $, „Regal Lancer“, 2türig, 3.200 $. Custom-Royal-Gesamtstückzahl im Modelljahr: 21.000 Stück bzw. 23.949 Stück im Kalenderjahr.

Station Wagon (V8):
Ausstattungsmäßig ist der „Suburban“ mit der Coronet-Serie, der „Sierra“ mit der Royal-Serie und der „Custom Sierra“ mit der Custom-Royal-Serie vergleichbar. Motor: „Ram Fire“ V8, Hubraum: 5,733 Liter, Leistung: 295 PS bei 4.600 U/min. Fünf Modelle stehen zur Wahl: „Suburban“, 4türig, 6sitzig, 2.930 $. „Sierra“, 4türig, 6sitzig, 2.995 $. „Sierra“, 4türig, 9sitzig, 3.137 $. „Custom Sierra“, 4türig, 6sitzig, 3.172 $. „Custom Sierra“, 4türig, 9sitzig, 3.314 $. Station-Wagon-Gesamtstückzahl im Modelljahr 20.500 Stück bzw. 30.481 Stück im Kalenderjahr.

Gesamtstückzahl 1958: 114.665 Stück Dodge steht an 10. Stelle der amerikanischen Automobilhersteller. Etwa ein Dutzend Fahrzeuge werden mit einer neuen elektronischen Einspritzanlage (Bendix EFI) ausgestattet, doch aufgrund technischer Probleme muß Dodge diese ins Werk zurückrufen und auf herkömmliche Vergaser umrüsten.

1959. Dodge Kingsway „Club Sedan“ (Exportmodell). ▼

1959. Dodge Kingsway „Lancer ▲ Hardtop“ (Exportmodell).

DODGE 1959

Am 10. Oktober 1958 präsentiert Dodge umfassend überarbeitete und verbesserte Modelle. Die Stilelemente der vorangegangenen Jahre sind noch deutlicher ausgeprägt: höhere, schmalere Heckflossen, noch längerer Kotflügelüberstand über den Scheinwerfern, spitz auslaufende vordere Kotflügel, breitere Zierleisten, ein noch breiterer Kühlergrill mit integrierten Standlichtern, als Schürze ausgebildete Stoßstangen. Vordere Liegesitze mit an der Seite angeordnetem Verstellhebeln sind gegen Aufpreis lieferbar. Für alle Serien sind folgende Motoren als Option erhältlich: D 500 V8, Hubraum: 6,273 Liter, Leistung: 320 PS bei 4.600 U/min und Super D 500 V8 mit Einspritzung, Hubraum: 6,273 Liter, Leistung: 345 PS bei 5.000 U/min.

Coronet (Sechszylinder und V8):
An der Ausstattung hat sich gegenüber dem Vorjahr nichts geändert. Zwei Motorvarianten: Sechszylinder, Hubraum: 3,667 Liter, Leistung: 135 PS bei 3.600 U/min; oder „Red Ram“ V8, Hubraum: 5,340 Liter, Leistung: 255 PS bei 4.400 U/min. Fünf sechssitzige Modelle stehen zur Wahl: „Sedan“, 4türig, 2.537/2.657 $. „Club Sedan“, 2türig, 2.466/2.586 $. „Lancer Hardtop“, 2türig, 2.594/2.714 $. „Lancer Hardtop“, 4türig, 2.792 $. „Convertible“ 2türig, 2.039 $. Coronet-Gesamtstückzahlen im Modelljahr 96.900 Stück bzw. 96.782 Stück im Kalenderjahr.

Royal (V8):
An der Ausstattung hat sich gegenüber dem Vorjahr nichts geändert. Motor: serienmäßig „Red Ram“. Drei sechssitzige Modelle stehen zur Wahl: „Sedan“, 4türig, 2.884 $.„Lancer Hardtop“, 2türig, 3.019 $. „Lancer Hardtop“, 4türig, 2.940 $. Royal-Gesamtstückzahl im Modelljahr 14.900 Stück bzw. 14.807 Stück im Kalenderjahr.

Custom Royal (V8):
An der Ausstattung hat sich gegenüber dem Vorjahr nichts geändert. Motor: „Super Ram Fire“ V8, Hubraum: 5,913 Liter, Leistung: 305 PS bei 4.600 U/min. Vier sechssitzige Modelle stehen zur Wahl: „Sedan“, 4türig, 3.095 $. „Lancer Hardtop“, 4türig, 3.229 $. „Lancer Hardtop“, 2türig, 3.151 $. „Convertible“, 2türig, 3.372 $. Custom-Royal-Gesamtstückzahl im Modelljahr 16.500 Stück bzw. 21.206 Stück im Kalenderjahr.

Station Wagon (V8):
An der Ausstattung hat sich gegenüber dem Vorjahr nichts geändert. Vier Modelle stehen zur Wahl: „Sierra“, 4türig, 6sitzig, 3.053 $. „Sierra“ 4türig, 9sitzig, 3.174 $. „Custom Sierra“, 4türig, 6sitzig, 3.268 $. „Custom Sierra“, 4türig, 9sitzig, 3.389 $. Station-Wagon-Gesamtstückzahl im Modelljahr 23.500 Stück bzw. 23.590 Stück im Kalenderjahr.

Gesamtstückzahl 1959: 192.798 Stück Dodge steht an 8. Stelle der amerikanischen Automobilhersteller.

EDSEL (1957 · 1959)

1959 Edsel Ranger „Hardtop Coupé". ▼

Die Geschichte der nach Henry Fords Sohn benannten Automarke Edsel ist nicht lange. Sie beginnt am 4. September 1957 und endet gut zwei Jahre später am 19.November 1959. Trotzdem (oder vielleicht gerade deswegen) fand diese Marke in der Presse weit mehr Beachtung, als manch anderer Hersteller. Edsel, das ist ein geradezu spektakulärer Mißerfolg für den Automobilgiganten Ford. Für die Lancierung der Marke scheut die Muttergesellschaft keine Kosten. Die erste Niederlassung entsteht in Ecorse Township im US-Bundesstaat Michigan. Bereits 1956, also noch vor Auslieferung des ersten Fahrzeugs, etabliert Ford ein umfassendes Verkaufsnetz mit über Tausend Vertragshändlern im ganzen Land. Das Territorium der Vereinigten Staaten wird in insgesamt fünf Verkaufsgebiete eingeteilt und 24 Marketing-Manager werden ernannt. Die Lancierung der neuen Marke wird von einer umfangreichen Werbekampagne unterstützt. In allen großen Zeitungen des Landes werden ganzseitige Annoncen geschaltet. In Werbefilmen wird die neue Edsel-Linienführung („The New Edsel Line") attraktiv in Szene gesetzt. Ausgabefreudigkeit hat auf die amerikanische Öffentlichkeit schon immer einen großen Eindruck gemacht, und so verweist Ford mit Stolz darauf, daß das Unternehmen über 250 Millionen Dollar in den Aufbau der Edsel-Produktion investiert. (Nach Einstellung der Marke werden die neu angeschafften Anlagen für die Fertigung des Ford Falcon verwendet). In Detroit herrscht große Zuversicht. Angesichts der hervorragenden Ergebnisse umfangreicher Marktstudien rechnet das Management mit dem Verkauf von über 200.000 Wagen im ersten Jahr. Um solch enorme Stückzahlen liefern zu können, soll in fünf verschiedenen Werken produziert werden: Mahwah/New Jersey, Sommerville/Massachusetts, Wayne/ Michigan, Louisville/Kentucky und Milpitas bei San José/Kalifornien. Die Errichtung weiterer Werke an der Westküste ist geplant. Am 4. September 1957 ist es schließlich so weit: Der erste Edsel wird präsentiert. Doch der erwartete Käuferandrang bleibt aus. Vor allem der hohe Preis schreckt potentielle Kunden ab. Die allgemeine wirtschaftliche Rezession ist deutlich zu spüren, und die Amerikaner sind knapp bei Kasse. So werden in den USA mit einem Mal die relativ preisgünstigen Automobile europäischer Herkunft interessant. Vorerst lassen sich die Edsel-Manager nicht von schlechten Verkaufsergebnissen beirren. Tausende von Fahrzeugen laufen vom Band: im Juli sind es 3.729, im August 19.876 und im September 18.815. Die Vertragshändler können solche Stückzahlen bei weitem nicht absetzen und so baut sich schnell ein enormer Fahrzeugbestand auf. Schließlich entschließt man sich doch zu einer Drosselung der Produktion: im Oktober werden lediglich 7.666 Stück gefertigt, im November und Dezember gar nur noch 2.483 bzw. 2.183 Stück. Die Gesamtstückzahl für 1957 beträgt 54.607 Stück (das entspricht 63.100 Stück im Modelljahr). Die Produktionsziffern der einzelnen Werke sind wie folgt: Mahwah 6.400, Sommerville 11.400, Wayne 4.900, Louisville 33.000, Milpitas 7.100. Viele dieser Wagen werden rein für die Halde produziert und warten vergeblich auf einen Käufer.

Rechts: 1958. Corsair-Kühlerfigur.

1959. Edsel Citation „Convertible". ▼

1958. Edsel „Station Wagon Bermuda".

EDSEL 1958

Das von den früheren Packard-Automobilen inspirierte, ungewöhnliche Styling der Frontpartie stößt bei vielen Amerikanern auf Ablehnung. Besonders der ovale Kühlergrill, der wegen seiner Ähnlichkeit mit einem Pferdekummet als *„Horse Collar"* bezeichnet wird, gefällt dem Publikum nicht. In technischer Hinsicht basieren die preislich in der Mittelklasse angesiedelten Edsel-Modelle (2.484 und 3.496 Dollar) auf denjenigen der Muttergesellschaft. Auch beim Schwesterfabrikat Mercury werden Anleihen gemacht. Im Vergleich zu den beiden anderen Marken bietet Edsel jedoch mehr Luxus und mehr Leistung an. Die Fahrzeuge sind vor allem als Konkurrenz zu Buick, Oldsmobile und Chrysler gedacht, zu denen Ford bisher keine echte Alternative anzubieten hatte. Mitte Januar 1958 wird die Edsel Division mit den Marken Mercury und Lincoln und Ford England zur Mercury-Edsel-Lincoln Division zusammengefaßt (Modelle Anglia, Zephyr, Consul, Zodiac und Lieferwagen Thames Van). Sitz der Firma ist die Ford-Hauptniederlassung in Dearborn. Jede Marke bleibt zwar eigenständig bestehen, doch die Fahrzeuge, das Händlernetz und die Werbung werden vereinheitlicht. Auch das Management und die Verwaltung werden zusammengelegt.

Ranger - Serie A (V8):

Die beiden Basisserien, Ranger und Pacer, basieren auf einem Ford-Chassis (Radstand 3 m). Motor: Ford 352, V8. Hubraum: 5,913 Liter. Leistung: 303 PS bei 4.600 U/min. Motorblock und Zylinderkopf sind gelb lackiert; der Luftfilter und die Zylinderkopfabdeckung sind weiß mit roter Aufschrift „E-400" (diese Angabe steht für das Drehmoment und nicht die Leistung). Vier sechssitzige Modelle stehen zur Wahl: „Sedan", 2türig, 2.484 $, 4.615 Stück. „Sedan", 4türig, 2.557 $, 5.929* Stück. „Hardtop Coupé", 2türig, 2.558 $, 5.151* Stück. „Hardtop Sedan", 4türig, 2.643 $, 3.010* Stück.

Pacer - Serie B (V8):

Corsair - Serie A (V8): Die Modelle der Corsair- und Citation-Serie basieren auf einem Mercury-Chassis (Radstand 3,15 m). Äußerlich sind die Fahrzeuge nahezu identisch mit derjenigen der Pacer-Serie: Kühlerpartie, Stoßstangen, und Kühlerfigur sind gleich. Auch in punkto Ausstattung gibt es kaum Unterschiede. Der um über 600 Dollar höhere Preis ergibt sich vor allem aus dem stärkeren Motor: V8. Hubraum: 6,416 Liter. Leistung: 345 PS bei 4.600 U/min. Zwei sechssitzige Modelle stehen zur Wahl: „Hardtop Coupé", 2türig, 3.311 $, 3.313* Stück. „Hardtop Sedan", 4türig, 3.390 $, 5.920* Stück.

Citation - Serie B (V8):

Diese Modelle unterscheiden sich von denjenigen der Corsair-Serie vor allem durch ihre umfangreichere Ausstattung. Der Käufer kann zwischen 161 Farbkombinationen wählen. Zum serienmäßigen Lieferumfang gehören außer dem Corsair-Zubehör ein gepolstertes Armaturenbrett, eine elektrische Uhr und eine Handschuhfachbeleuchtung. Der „Convertible" weist zwei Auspuffrohre auf. Motor: wie Corsair. Drei sechssitzige Modelle stehen zur Wahl: „Hardtop Coupé", 2türig, 3.500 $, 2.534* Stück. „Hardtop Sedan", 4türig, 3.580 $, 5.072* Stück. „Convertible", 2türig, 3.766 $, 1.571 Stück.

Station Wagon (V8):

Die Modelle dieser Serie basieren auf dem Fahrgestell des Ford „Station Wagon" (Radstand 2,95 m). Die Frontpartie wird von den zweitürigen Ford-Modellen übernommen. Auch für die hinteren Kotflügel und die Scheinwerfer greift Edsel auf Ford-Serienteile zurück. Ausstattung und Motor: wie Ranger. Vier Modelle stehen zur Wahl: „Roundup", 2türig, 6sitzig, 2.841 $, 924* Stück. „Villager", 4türig, 6sitzig, 2.898 $, 2.054* Stück. „Villager", 4türig, 9sitzig, 2.955 $, 1.735* Stück. „Bermuda", 4türig, 6sitzig, 3.155 $, 892* Stück.* Bei den mit einem Stern gekennzeichneten Angaben handelt es sich um anhand der Fahrgestellnummern erstellte Schätzwerte.

Gesamtstückzahl 1957: 54.607 Stück (im Modelljahr 63.110 Stück) Gesamtstückzahl 1958: 26.563 Stück Edsel steht an 14. Stelle der amerikanischen Automobilhersteller.

EDSEL 1959

Die Präsentation der neuen Modelle erfolgt am 31. Oktober 1958. In diesem Modelljahr werden 44.891 Stück produziert. Alle Fahrzeuge werden im Werk von Louisville montiert. Die Verkaufszahlen bleiben weit hin-

1959. Edsel Ranger „Hardtop Sedan".▲

ter den Erwartungen zurück und so muß die Marke Sparmaßnahmen ergreifen. Die Serien Pacer und Citation werden eingestellt.

Ranger (V8):

Die Ranger werden auf einem neuen Chassis (Radstand 3,05 m) montiert. Die Karosseriestruktur entspricht derjenigen der 1959er Ford-Modelle. Die Modelle wurden umfassend überarbeitet, doch der „Horse Collar"-Kühlergrill bleibt erhalten. Motor: V8. Hubraum: 4,483 Liter. Leistung: 200 PS bei 4.400 U/min. Motorblock und Zylinderkopf sind schwarz lackiert. Der Luftfilter und die Zylinderkopfabdeckung sind vergoldet. Als Option kann auch ein Reihen-Sechszylinder (Leistung: 145 PS bei 4.000 U/min) geordert werden. Bei diesem Aggregat sind der Motorblock und der Zylinderkopf schwarz, der Luftfilter und die Zylinderkopfabdeckung rot lackiert. Vier sechssitzige Modelle stehen zur Wahl: „Sedan", 2türig, 2.629 $, 7.778 Stück. „Sedan", 4türig, 2.684 $, 12.814 Stück. „Hardtop Coupé", 2türig, 2.691 $, 5.474 Stück. „Hardtop Sedan", 4türig, 2.756 $, 2.352 Stück.

Corsair (V8):

Die Corsair-Modelle sind umfangreicher ausgestattet und mit einem stärkeren Motor bestückt als die oben beschriebenen. Rein äußerlich kann man die Fahrzeuge der beiden Serien an ihren leicht unterschiedlichen seitlichen Zierleisten unterscheiden. Motor: V8. Hubraum: 5,438 Liter. Leistung: 225 PS bei 4.400 U/min. Vier sechssitzige Modelle stehen zur Wahl: „Convertible", 2türig, 3.072 $, 1.343 Stück. „Sedan", 4türig, 2.812 $, 3.301 Stück. „Hardtop Coupé", 2türig, 2.819 $, 2.315 Stück. „Hardtop Sedan", 4türig, 2.885 $, 1.694 Stück.

Station Wagon - Villager (V8):

Von der umfangreichen Station-Wagon-Serie des Vorjahres überleben nur die Villager-Modelle. Motor: Corsair-V8 oder Ranger-Sechszylinder. Zwei Modelle stehen zur Wahl: „Station Wagon", 4türig, 6sitzig, 2.971 $, 5.687 Stück. „Station Wagon", 4türig, 9sitzig, 3.055 $, 2.133 Stück. **Gesamtstückzahl 1959:** 29.677 Stück Edsel steht an 15. Stelle der amerikanischen Automobilhersteller.

1959. Edsel Ranger „Sedan".▼

EDSEL 1960

Noch im Februar 1959 dementiert Henry Ford II alle Gerüchte, daß Edsel von der Einstellung bedroht sei. Die Marke, so betont er mit Nachdruck, sei und bleibe ein fester Bestandteil des Ford-Konzerns. Nach Überwindung der anfänglichen Schwierigkeiten rechne man mit steigenden Verkaufszahlen und Gewinnen. Mit den komplett neu gestylten 1960er Modellen werde Edsel auf Erfolgskurs gehen.

Links: 1960. Edsel Ranger „Convertible" in „Regal Red".

Links: *1959. Edsel Corsair „Hardtop Sedan“.*

Das Titelbild des 1960er Edsel-Katalogs zeigt ein Ranger DeLuxe „Hardtop Coupé“. ▼

Ranger (V8):
Motor: V8. Hubraum: 4,483 Liter. Leistung: 200 PS bei 4.400 U/min. Motorblock und Zylinderkopf sind schwarz, Luftfilter und Zylinderkopfhaube rot lackiert. Auf Wunsch kann der 1959er Ranger-Sechszylindermotor eingebaut werden. Zehn Modelle stehen zur Wahl: „Sedan“, 2türig, 2.643 $, 777 Stück. „Convertible“, 2türig, 6sitzig, 3.000 $, 76 Stück. DeLuxe „Sedan“, 4türig, 6sitzig, 2.736 $, 162 Stück. „Hardtop Coupé“, 2türig, 6sitzig, 2.743 $, 52 Stück. „Hardtop Sedan“, 4türig, 6sitzig, 2.809 $, 31 Stück. Standard „Sedan“, 4türig, 6sitzig, 2.697 $, 1.126 Stück. „Hardtop Coupé“, 2türig, 6sitzig, 2.705 $, 243 Stück. „Hardtop Sedan“, 4türig, 6sitzig, 2.770 $, 104 Stück.

Station Wagon - Villager (V8):
Motor: Ranger-Sechszylinder oder -V8. Zwei Modelle stehen zur Wahl: „Station Wagon“, 4türig, 6sitzig, 2.989 $, 216 Stück. „Station Wagon“, 4türig, 9sitzig, 3.072 $, 59 Stück. **Gesamtstückzahl 1960:** 2.846 Stück.

Angesichts solcher Verheißungen sind die am 15. Oktober 1959 präsentierten Fahrzeuge eine herbe Enttäuschung. Sie sind durchschnittliche Massenfahrzeuge ohne jeglichen Charme. Trotz drastisch reduzierter Preise kann sich das Publikum auch in diesem Jahr nicht für die Edsel-Modelle begeistern. So muß bereits am 19. November 1959 die Produktionseinstellung und Werksschließung bekannt gegeben werden.

1959. Edsel Villager▲ *„Station Wagon“.*

1960. Edsel Villager „Station Wagon“ in ▼*„Sherwood Green Metallic“.*

1960. Edsel Ranger DeLuxe „Sedan“ in zweifarbiger Lackierung („Bronze Rose Metallic“ und „Polar White“).▼

Links: 1950. Ford-Emblem.

Von 1903 bis heute

▲ 1959. Ford Custom DeLuxe „Country Squire Station Wagon“.

▼ 1950. Ford Custom DeLuxe „Convertible“.

1950. Ford Custom DeLuxe „Sedan“. ▲

Henry Ford wird am 30. Juli 1863 auf einer Farm in Michigan geboren. Schon als Kind wird seine Begeisterung für alles Technische deutlich. Sein Vater behauptet, er habe *„Zahnräder im Kopf“*. Bereits mit 16 Jahren zieht er nach Detroit. Dort verdient er sich mit allerhand Jobs seinen Lebensunterhalt und sammelt erste Erfahrungen in der Maschinenbaubranche. 1888 heiratet Ford die Farmerstochter Clara Jane Bryant. 1891 tritt er bei der Edison Illuminating Company eine Stellung als Ingenieur an. Am 6. November desselben Jahres wird sein erster und einziger Sohn Edsel geboren. Doch fürs Familienleben bleibt nicht viel Zeit. Ford ist von der Idee besessen, ein eigenes Automobil zu bauen. In der Weihnachtsnacht 1891 ist es dann soweit: Der erste Motor steht testbereit auf dem Küchentisch. Und siehe da – er funktioniert! Doch mit diesem Erfolg gibt sich Ford nicht zufrieden. Er arbeitet fieberhaft an der Verwirklichung seines Traumes, ein eigenes Automobil zu produzieren. 1903, im Jahr der Gründung der Ford Motor Company, formuliert Henry Ford seinen wohl wichtigsten Leitsatz: *„Wirtschaftliche Fertigung ist nur dann möglich,“* so meint er, *„wenn ein Automobil genau wie das andere ist. Konsequente Großserienfertigung ist angesagt“*. Mit steigenden Stückzahlen senkt Ford die Verkaufspreise. Arbeitsoptimierung heißt die Devise. Eine komplett neue Fertigungsstraße führt zu einer deutlichen Erhöhung des Produktionstaktes. Benötigte man 1905 noch 12 Stunden und 28 Minuten für die Montage eines Fahrgestells, so schafft man die gleiche Arbeit 1914 in nur 1 Stunde und 33 Minuten. Erstmals erfolgen sämtliche Montageabschnitte am Band. Bereits früher hatte es bei Ford Montagebänder gegeben, doch diese deckten nur Teilbereiche ab. Mit der Einführung der Fließbandfertigung ändert sich das Bild in den Werkshallen. Für die Arbeiter verschlechtert sich die Lage ihre Tätigkeit wird zunehmend monotoner. 1908 hat Ford sein Ziel erreicht: Mit dem „Model T“ präsentiert er ein preiswertes, praktisch wartungsfreies Fahrzeug, daß sich selbst von einer Frau (!) steuern läßt. Das „Model T“ steht am Anfang einer neuen Ära. Mit ihm beginnt die Volksmotorisierung Amerikas. 1914 produziert Ford über 300.000 Fahrzeuge. Zum Vergleich: alle anderen Hersteller zusammengenommen liefern im selben Zeitraum nur 100.000 Stück mehr. Doch damit ist die Grenze noch lange nicht erreicht: 1917 rollen 735.020, 1922 gar 1.301.067 „Model T's“ vom Band. Bis zum 26. Mai 1927 wird das „Model T“ produziert. Die Gesamtstückzahl liegt bei über 15 Millionen Stück! Während des Zweiten Weltkriegs ist Ford voll mit Rüstungsaufträgen ausgelastet. Der erste Nachkriegswagen – ein mit allem erdenklichen Sonderzubehör ausgestattetes Super-DeLuxe-Modell – verläßt das Werk am 3. Juli 1945, zwei Monate vor der japanischen Kapitulation. Er wird an den damaligen amerikanische Präsident Harry S. Truman ausgeliefert. Die Präsentation der ersten Modelle erfolgt am 26. Oktober 1945. Innerhalb von zwei Tagen gehen über 300.000 Bestellungen bei den Vertragshändlern ein. Wie bei allen anderen Herstellern auch handelt es sich bei den „neuen“ Fahrzeugen lediglich um eine überarbeitete Neuauflage der 1942er Modelle. Der erste wirklich neue Ford nach dem Krieg wird am 10. Juni 1948 im New Yorker Waldorf Astoria präsentiert. Ende der vierziger Jahre ist Ford nach Chevrolet zweitgrößter Automobilhersteller der Vereinigten Staaten. Erst ein Jahr später avanciert die Marke zum Marktführer. Hinweis: In den nachfolgenden Modellaufstellungen gilt die erste Preisangabe jeweils für die Sechs- und die zweite für die Achtzylindermodelle. Ist nur ein Preis angegeben, so bezieht sich dieser auf den V8.

1950. Armaturenbrett. ▼

FORD 1950

Die Ende 1949 präsentierten Modelle haben sich gegenüber dem Vorjahr kaum verändert. Die Werbung aber verspricht „50 Neuerungen für 1950“. Nachstehend seien nur die wichtigsten erwähnt: Verdeckter Tankverschluß, neuer Kofferraumgriff mit integrierter Nummernschildbeleuchtung, rechteckige Standlichter, neue Kühlerfigur und neues Haubenemblem, dreiflügeliger Ventilator, außen Türgriffe mit Druckknopf. Der Kühlergrill bleibt unverändert.

DeLuxe (Sechszylinder und V8):
Bei diesen relativ spartanisch ausgestatteten Modellen verläuft eine schlichte Zierleiste über die Seitenpartie hinweg. Zwei Motorvarianten (für alle seriengleich): Sechszylinder, Hubraum: 3,702 Liter, Leistung: 95 PS bei 3.300 U/min und V8, Hubraum: 3,915 Liter, Leistung: 100 PS bei 3.600 U/min. Drei Modelle stehen zur Wahl: „Sedan“, 4türig, 6sitzig, 1.472/1.575 $, 77.888 Stück. „Sedan“, 2türig, 6sitzig, 1.424/1.498 $, 275.360 Stück. „Business Coupé“, 2türig, 3sitzig, 1.333/1.419 $, 35.120 Stück.

▼ 1950. Fahrgestell der V8-Modelle.

1951. Ford Custom DeLuxe „Sedan“. ▼

▼ 1951. Blick ins Innere eines Ford Custom DeLuxe „Convertible“.

Custom DeLuxe (Sechszylinder und V8):
Die Modelle dieser Serie sind an einer entsprechenden Aufschrift vorne auf der seitlichen Zierleiste zu erkennen. Die serienmäßige Ausstattung umfaßt verchromte Scheibeneinfassungen, einen verchromten Hupring, zwei Sonnenblenden, eine Armlehne an jeder Tür und einen Haltegriff für den Beifahrer. Sechs sechssitzige Modelle stehen zur Wahl: „Sedan“, 4türig, 1.558/1.637 $, 247.181 Stück. „Sedan“, 2türig, 1.511/1.590 $, 398.060 Stück. „Club Coupé“, 2türig, 1.511/1.595 $, 85.111 Stück. „Country Squire Station Wagon“, 2türig, 2.028/2.107 Stück. „Crestliner“, 2türig, 1.711 $, 8.703 Stück. „Convertible“, 2türig, 1.948 $, 50.299 Stück.

Gesamtstückzahl 1950: 1.187.122 Stück. Ford ist zweitgrößter Automobilhersteller der Vereinigten Staaten.

FORD 1951

Die neuen Modelle weisen einige auffällige Veränderungen gegenüber dem Vorjahr auf. Neu ist insbesondere das Design des Kühlergrills (das runde Zierelement in der Mitte fehlt). In die mittlere Kühlerquerstrebe wurden zwei sogenannte „Raketenhörner“ („Dual Spinners“) integriert. Trotzdem wurde nicht auf separate Stoßstangenhörner verzichtet. Der neue Gesamteindruck wird ferner durch die runden Standlichter noch verstärkt. Die Rücklichter enden in einem seitlich über die Kotflügel nach vorne gezogenen Zierelement. Im Innenraum hat sich vor allem das Armaturenbrett geändert. Die Instrumente sind jetzt übersichtlich im Blickwinkel des Fahrers angeordnet. Erstmals bietet Ford neben dem herkömmlichen Dreigangschaltgetriebe eine Zweigangautomatic („Ford-O-Matic“) an. Diese ist gegen einen Aufpreis von 159 Dollar für die Sechs- und Achtzylindermodelle erhältlich. Der „Semaphone Drive Selector“ mit fünf Schaltstellungen ist an der Lenksäule montiert.

DeLuxe (Sechszylinder und V8):
Die Wagen der Basisserie sind nur mit dem allernotwendigsten ausgestattet. Auf verchromte Zierelemente wird verzichtet; anstelle eines Hupringes gibt es lediglich einen Drucknopf; zum Lieferumfang gehören nur eine Sonnenblende und nur eine Armlehne an der Fahrerseite. Zwei Motorvarianten (für alle Serien gleich): Sechszylinder, Hubraum: 3,702 Liter, Leistung: 95 PS bei 3.600 U/min und V8, Hubraum: 3,915 Liter, Leistung: 100 PS bei 3.600 U/min. Drei Modelle stehen zur Wahl: „Sedan“, 4türig, 6sitzig, 1.465/1.540 $, 54.265 Stück. „Sedan“, 2türig, 6sitzig, 1.417/1.492 $, 146.010 Stück. „Business Coupé“, 2türig, 3sitzig, 1.324/1.411 $, 20.343 Stück.

Custom DeLuxe (Sechszylinder und V8):
Ausstattungsmäßig hat sich gegenüber dem Vorjahr nichts geändert. Der „Victoria Hardtop“, ein neues zweitüriges Hardtop-Modell ohne B-Säulen, trifft den Publikumsgeschmack auf Anhieb. Besonders das farblich abgesetzte Dach findet bei der Kundschaft großen Anklang. Sieben Modelle stehen zur Wahl: „Sedan“, 4türig, 6sitzig, 1.553/1.633 $, 232.691 Stück. „Sedan“, 2türig, 6sitzig, 1.505/1.585 $, 317.869 Stück. „Club Coupé“, 2türig, 6sitzig, 1.505/1.595 $, 85.111 Stück. „Country Squire

1952. Ford Crestline „Convertible“. ▼

Station Wagon“, 2türig, 8sitzig, 2.029/2.110 $, 29.017 Stück. „Crestliner“, 2türig, 6sitzig, 1.595 $, 8.703 Stück. „Victoria Hardtop“, 2türig, 6sitzig, 1.925 $, 110.285 Stück. „Convertible“, 2türig, 6sitzig, 1.949 $, 40.934 Stück. **Gesamtstückzahl 1951:** 900.770 Stück Ford ist zweitgrößter Automobilhersteller der Vereinigten Staaten.

FORD 1952

Am 1. Februar 1952 präsentiert Ford erstmals seit 1949 wieder völlig neue Modelle. Die neuen Aufbauten basieren auf einem Fahrgestell mit verlängertem Radstand (2,92 m statt 2,90 m). Die Windschutzscheibe weist keinen Mittelsteg mehr auf. In der Mitte des Kühlergrills ist wieder das runde Zierelement angeordnet. Der Tankverschluß ist verdeckt hinter dem Nummernschild angeordnet (außer bei den „Station Wagon“, wo dies aus Platzgründen nicht möglich war). Das Armaturenbrett wurde völlig neugestaltet. Die Brems- und Kupplungspedale sind hängend angeordnet. Neue Serienbezeichnungen werden eingeführt. Die Crestliner bilden ab diesem Jahr eine eigene Serie.

Mainline (Sechszylinder und V8):

Die Modelle dieser Basisserie sind ausgesprochen spartanisch ausgestattet. Auf verchromte Zierelemente wird verzichtet; anstelle eines Hupringes gibt es lediglich einen Drucknopf; zum Lieferumfang gehören nur eine Sonnenblende und nur eine Armlehne an der Fahrerseite. Die vorderen Kotflügel tragen die Aufschrift MAINLINE. Zwei Motorvarianten (für alle Serien gleich): Neuer Sechszylinder mit hängenden Ventilen, Hubraum: 3,552 Liter, Leistung: 101 PS bei 3.500 U/min und V8, Hubraum: 3,915 Liter, Leistung: 110 PS bei 3.800 U/min. Vier Modelle stehen zur Wahl: „Sedan“, 4türig, 6sitzig, 1.530/1.600 $, 41.277 Stück. „Sedan“, 2türig, 6sitzig, 1.485/1.555 $, 79.931 Stück. „Business Coupé“, 2türig, 3sitzig, 1.289/1.459 $, 10.137 Stück. „Ranch Wagon“, 2türig, 6sitzig, 1.832/1.902 $, 32.566 Stück.

Customline (Sechszylinder und V8):

Die Wagen dieser Mittelklasseserie sind umfangreicher ausgestattet als die Mainline-Modelle: verchromte Scheibeneinfassungen, verchromter Hupring, zwei Sonnenblenden, Armlehne an jeder Tür, Haltegriff für den Beifahrer. Die Serienbezeichnung befindet sich vorne oberhalb der seitlichen Zierleiste. Eine schräge Zierblende betont den hinteren Kotflügelansatz. Bei den zweitürigen Modellen ist diese Blende direkt an den Kotflügeln, bei den viertürigen Modellen an den hinteren Türen montiert. Vier Modelle stehen zur Wahl: „Sedan“, 4türig, 6sitzig, 1.615/1.685 $, 188.303 Stück. „Sedan“, 2türig, 6sitzig, 1.570/1.640 $, 175.762 Stück. „Club Coupé“, 2türig, 3sitzig, 1.579/1.649 $, 26.550 Stück. „Country Sedan Station Wagon“, 4türig, 6sitzig, 2.060 $, 11.927 Stück.

Crestline (V8):

Die Modelle dieser luxuriösesten Ford-Serie gibt es nur mit V8-Motor. Zum Lieferumfang gehören Radzierkappen und eine zusätzliche Zierleiste am unteren Rand der Seitenscheiben. Der „Country Squire Station Wagon“ weist eine Ganzstahlkarosserie mit einer Außenverzierung aus Holz auf. Drei Modelle stehen zur Wahl: „Victoria Hardtop“ (Modell ohne B-Säulen), 2türig, 6sitzig, 1.925 $, 77.720 Stück. „Sunliner Convertible“, 2türig, 6sitzig, 2.027 $, 22.534 Stück. „Country Squire Station Wagon“, 4türig, 8sitzig, 2.186 $, 5.426 Stück. **Gesamtstückzahl 1952:** 777.531 Stück. Ford ist zweitgrößter Automobilhersteller der Vereinigten Staaten.

▲
1952. Ford Mainline „Business Coup
▼

▲ 1952. Ford Customline „Sedan“.

FORD 1953

Die am 12. Dezember 1952 präsentierten Modelle sind schlichter und dadurch schöner geworden. Die neu gestylte Frontpartie ist deut-

Links: 1952. Ford Crestline „Country Squire Station Wagon“.

lich moderner. Ansonsten haben sich nur Details geändert. Ein Emblem auf der Lenkradnabe verweist auf das Firmenjubiläum: „50th Anniversary 1903-1953“. Die Innenausstattung ist farblich auf den Lack abgestimmt.

1952. Ford Customline „Sedan“. ▲

1954. Im Vordergrund ein Mainline „Sedan“, dahinter ein Customline „Club Coupé“. ▼

Dabei kann der Kunde zwischen 200 verschiedenen Farbkombinationen wählen. Die zweifarbige Lackierung wird für die Crestline-Modelle serienmäßig, für alle anderen gegen Aufpreis angeboten.

Mainline (Sechszylinder und V8):
Die Ausstattung hat sich gegenüber 1952 nicht geändert. In diesem Jahr weisen auch die Fahrzeuge dieser Serie die Zierblende am hinteren Kotflügelansatz auf, doch diese sind wesentlich schmaler als bei den anderen Serien. Motor: wie im Vorjahr. Vier Modelle stehen zur Wahl: „Sedan“, 4türig, 6sitzig, 1.783/1.766 $, 66.463 Stück. „Sedan“, 2türig, 6sitzig, 1.734/1.717 $, 152.995 Stück. „Club- Coupé“ (6-Zyl.) und „Business- Coupé“, (V8), 2türig, 3sitzig, 1.743/1.614 $, 26.550 Stück. „Ranch Wagon“ (nur V8, Ganzstahlkarosserie, keine Zierleisten), 2türig, 6sitzig, 2.095 $, 66.976 Stück.

Customline (Sechszylinder und V8):
An der Ausstattung hat sich gegenüber dem Vorjahr nichts geändert. Die seitliche Zierleiste reicht vom Scheinwerfer bis zum vorderen Türgriff. Am hinteren Kotflügel ist eine zusätzliche Zierleiste angeordnet. Vier sechssitzige Modelle stehen zur Wahl (für die Sechszylindervarianten liegen keine Preisangaben vor): „Sedan“, 4türig, 1.858 $, 66.463 Stück. „Sedan“, 2türig, 1.809 $, 152.995 Stück. „Club Coupé“, 2türig, 1.820 $, 26.550 Stück. „Country Sedan Station Wagon“, 4türig, 2.267 $, 66.976 Stück.

Crestline (V8):
An der Ausstattung hat sich gegenüber dem Vorjahr nichts geändert. Drei Modelle stehen zur Wahl: „Victoria Hardtop“, 2türig, 6sitzig, 2.110 $, 128.302 Stück. „Sunliner Convertible“, 2türig, 6sitzig, 2.330 $, 40.861 Stück. „Country Squire Station Wagon“ (Ganzstahlkarosserie mit Holzimitatverkleidung), 4türig, 8sitzig, 2.403 $, 11.001 Stück. Gesamtstückzahl 1953: 1.184.187 Stück. Ford ist zweitgrößter Automobilhersteller der Vereinigten Staaten.

FORD 1954

Die Präsentation der neuen Modelle findet am 6. Januar 1954 statt. Auch in diesem Jahr wurde die Frontpartie einem Facelifting unterzogen. Die Standlichter sind jetzt an den äußeren Enden der Querstrebe des Kühlergrills angeordnet. In diesem Jahr wartet die Marke mit einem neuen V8-Motor mit hängenden Ventilen auf. Dieses Aggregat leistet 25% mehr als sein Vorgänger. Am 24. Februar kündigt Ford einen neuen Wagen an: den Thunderbird. Die ersten Auslieferungen dieses Wagens sind für das Modelljahr 1955 geplant.

Mainline (Sechszylinder und V8):
An der Ausstattung hat sich gegenüber dem Vorjahr nichts geändert. Neu im Programm ist jedoch der „Ranch Wagon“. Drei Motorvarianten: Sechszylinder, Hubraum: 3,653 Liter, Leistung: 115 PS bei 3.900 U/min; oder V8, Hubraum: 3,915 Liter, Leistung: 130 PS bei 4.200 U/min; oder V8, Hubraum 4,193 Liter, Leistung: 160 PS bei 4.400 U/min (gegen Aufpreis). Vier sechssitzige Modelle stehen zur Wahl: „Sedan“, 4türig, 1.701/1.858 $, 55.371 Stück. „Sedan“, 2türig, 1.651/1.809 $, 123.329 Stück. „Business Coupé“, 2türig, 1.548/1.820 $, 10.665 Stück. „Ranch Wagon“ (mit umfangreicherer Customline-Ausstattung), 4türig, 2.029/2.267 $, 44.315 Stück.

Customline (Sechszylinder und V8):
An der Ausstattung hat sich gegenüber dem Vorjahr nichts geändert. Fünf sechssitzige Modelle stehen zur Wahl: „Sedan“, 4türig, 1.793/1.870 $, 262.499 Stück. „Sedan“, 2türig, 1.744/1.820 $, 293.375 Stück. „Club Coupé“, 2türig, 1.753/1.830 $, 33.951 Stück. „Station Wagon“, 2türig, 2.122/2.198 $, 36.086 Stück. „Country Sedan Station Wagon“, 4türig, 2.202/2.279 $, 48.384 Stück.

Crestline (Sechszylinder und V8):
Die Modelle dieser Serie können ab diesem Jahr auch in einer Sechszylinderversion geordert werden. Im übrigen bleibt die Ausstattung gegenüber dem Vorjahr unverändert. Neu im Programm sind die Modelle „Sunliner Convertible“ und „Skyliner Hardtop“. Der „Skyliner“ weist über den Vordersitzen einen Dacheinsatz aus getöntem

Links: 1954. Ford Crestline „Sunliner Convertible“.

Glas auf. Die Sitzbezüge aus Vinyl und Nylon sind in den Farben blau, grün und koralle erhältlich. Fünf Modelle stehen zur Wahl: „Sedan“, 4türig, 6sitzig, 2.898/ 1.975 $, 99.677 Stück. „Victoria Hardtop“, 2türig, 6sitzig, 2.055/ 2.131 $, 95.464 Stück. „Sunliner Convertible“, 2türig, 6sitzig, 2.164/2.241 $, 13.144 Stück. „Skyliner Hardtop“, 2türig, 6sitzig, 2.164/2.241 $, 33.685 Stück. „Country Squire Station Wagon“, 4türig, 8sitzig, 2.339/ 2.415 $, 12.797 Stück. **Gesamtstückzahl 1954:** 1.394.762 Stück. Ford ist zweitgrößter Automobilhersteller der Vereinigten Staaten.

FORD 1955

Die 1955er Modelle werden vom 25. Oktober 1954 bis zum 25. August 1955 (der Thunderbird 7. September 1954 bis 16. September 1955) produziert. Die Präsentation der völlig neu gestalteten Wagen erfolgt am 22. Oktober 1954. Die neuen Aufbauten sind länger, breiter und flacher. Auch der Innenraum wurde einem Facelifting unterzogen. Am Armaturenbrett wird nur der Tachometer vom Vorjahr übernommen. Die wohl augenfälligste Neuerung dieses Jahres ist die Panorama-Windschutzscheibe und die großflächige Heckscheibe.

Oben: 1953. Ford Crestline „Sunliner Convertible“. Unten: Detailaufnahme des Tachometers.

Mainline (Sechszylinder und V8):
Die Mainline-Basisserie weist im wesentlichen dieselben Ausstattungsmerkmale wie in den Vorjahren auf. Neu ist jedoch die Innenverkleidung aus Vinyl und grau-schwarz-gestreiftem Moleskin. Der Kunde kann zwischen 10 verschiedenen Farben wählen: *Raven Black, Banner Blue, Aquatone Blue, Waterfall Blue, Snowshoe White, Pinetree Green, Sea Sprite Green, Neptune Green, Buckskin Brown und Torch Red.* Motoren (für alle Serien mit Ausnahme des Thunderbird gleich): Sechszylinder, Huraum: 3,653 Liter, Leistung: 120 PS bei 4.000 U/min; oder V8, Hubraum: 4,455 Liter-V8 162 PS bei 4.400 U/min (in der „Power Pack“-Version 182 PS bei 4.400 U/min). Drei sechssitzige Modelle stehen zur Wahl: „Sedan“, 4türig, 1.753/1.853 $, 41.794 Stück. „Sedan“, 2türig, 1.707/1.807 $, 76.698 Stück. „Business Coupé“, 2türig, 1.706/1.820 $, 8.809 Stück.

Customline (Sechszylinder und V8):
Die Modelle dieser Serie weisen im wesentlichen dieselben Ausstattungsmerkmale wie in den Vorjahren auf. Neu ist die am Scheinwerfer ansetzende und bis zum hinteren Kotflügel reichende seitliche Zierleiste. Zusätzlich zur Mainline-Farbpalette werden folgende Zwei-Farben-Kombinationen angeboten: *Aquatone Blue, Sea Sprite Green, Buckskin Brown oder Torch Red mit Snowshoe White, Waterfall Blue mit Banner Blue und Neptune Green mit Pinetree Green.* Zwei sechssitzige Modelle stehen zur Wahl: „Sedan“, 4türig, 1.845/1.945 $, 235.417 Stück. „Sedan“, 2türig, 1.801/1.901 $, 236.575 Stück.

Fairlane (Sechszylinder und V8):
Zum serienmäßigen Lieferumfang dieser Modelle gehören zahlreiche Extras, die für die anderen Ford-Modelle nur gegen Aufpreis erhältlich sind. Die einem geschwungenen V verlaufende Zierleiste ist ausgesprochen originell. Die Serienbezeichnung ist bei den „Sedan“-Modellen an den hinteren Kotflügeln und beim zweitürigen „Convertible“ und „Hardtop“ in Türmitte angeordnet. Die Wagen sind in 13 verschiedenen Farben erhältlich: *Goldenrod Yellow, Raven Black, Banner Blue, Aquatone Blue, Waterfall Blue, Snowshoe White, Pinetree Green, Sea Sprite Green, Neptune Green, Buckskin Brown, Torch Red, Tropical Rose und Regency Purple.* Letztere drei sind nur für den „Sunliner Convertible“ lieferbar.

▲ *1955. Ford Fairlane „Crown Victoria Skyliner“.*

Darüberhinaus sind unzählige Zwei-Farben-Kombinationen möglich. Die Innenverkleidungen werden in braun, grün oder blau angeboten. Sechs sechssitzige Modelle stehen zur Wahl: „Town Sedan", 4türig, 1.960/2.060 $, 254.437 Stück. „Club Sedan", 2türig, 1.914/2.014 $, 173.311 Stück. „Victoria Hardtop", 2türig, 2.095/2.195 $, 113.372 Stück. „Crown Victoria", 2türig, 2.202/2.302 $, 33.165 Stück. „Crown Victoria Skyliner" (mit Dacheinsatz aus grünem Plexiglas), 2türig, 2.272/2.372 $, 1.999 Stück. „Sunliner Convertible", 2türig, 2.224/2.324 $, 49.966 Stück.

Station Wagon (Sechszylinder und V8):

Erstmals bilden die „Station Wagon" eine eigene Serie. Der „Ranch Wagon" ist das Basismodell, der „Country Sedan" bildet die Mittelklasse und der „Country Squire" ist das Luxusmodell. Die Ausstattungen der drei Modellkategorien entsprechen denjenigen der Serien Mainline, Customline bzw. Fairlane. Fünf Modelle stehen zur Wahl: „Ranch Wagon", 2türig, 6sitzig, 2.043/2.143 $, 40.493 Stück. „Custom Ranch Wagon", 2türig, 6sitzig, 2.109/2.209 $, 43.671 Stück. „Country Sedan", 4türig, 6sitzig, 2.156/2.256 $, 53.075 Stück. „Country Sedan", 4türig, 8sitzig, 2.287/2.387 $, 53.209 Stück. „Country Squire", 4türig, 8sitzig, 2.392/2.492 $, 19.011 Stück.

Thunderbird - Serie 40 A (V8):

In diesem Jahr präsentiert Ford erstmals einen Sportwagen (der Hersteller selbst bevorzugt die Bezeichnung „personal car"). Der zweisitzige Thunderbird wird serienmäßig mit abnehmbarem Hardtop aus Glasfaser ausgeliefert. Das Viskose-Verdeck ist nur gegen Aufpreis erhältlich. Zahlreiche Bauteile stammen aus dem 1953er Ford-Serienprogramm. Die „kappenförmigen" Scheinwerfergehäuse und der Ferrari-ähnliche Kühlergrill gefallen dem Publikum auf Anhieb. Trotzdem erreicht der relativ teure Wagen nicht die ansonsten bei Ford üblichen, enormen Absatzzahlen. Der mit zwei Hörnern bewehrte, vordere Stoßfänger ist relativ schlicht. Die beiden Auspuffrohre sind entsprechend der neuesten Mode in den hinteren Stoßfänger integriert. Die stromlinienförmig gestylten hinteren Kotflügel tragen die Aufschrift THUNDERBIRD und an den vorderen Kotflügeln befinden sich neun Chromstreifen und das V8-Emblem. Als Sonderausstattung können elektrisch verstellbare Sitze und hydraulische Fensterheber sowie Servobremsen und -lenkung geordert werden. Motor: V8, Hubraum: 4,783 Liter, Leistung: 193 PS bei 4.400 U/min (mit „Ford-O-Matic" 198 PS bei 4.400 U/min). Nur ein einziges Modell: „Convertible", 2türig, 2sitzig, 2.944 $, 16.155 Stück.

Alle Abbildungen auf dieser Seite: 1955 - 1958. Ford Thunderbird.

1956. Ford Fairlane „Club Sedan“. ▼

1956. Ford Fairlane „Town Sedan“. ▲

Gesamtstückzahl 1955: 1.764.524 Stück. Ford ist zweitgrößter Automobilhersteller der Vereinigten Staaten.

FORD 1956

Die neuen Modelle haben sich gegenüber dem Vorjahr kaum verändert. Der zweitürige Hardtop weist jedoch einen neuen Dachaufbau auf. In diesem Jahr sind die Standlichter nicht mehr rund, sondern oval. Die seitlichen Zierleisten sind zwar etwas breiter geworden, haben sich aber im übrigen nicht geändert. An der Innenausstattung erkennt man deutlich den Trend hin zu mehr Sicherheit: Das Armaturenbrett und die Sonnenblenden sind gepolstert, die Lenksäule schiebt sich bei einem Aufprall um 6,5 cm zusammen. Erstmals werden Sicherheitsgurte angeboten. In punkto Technik verdient die neue 12-Volt-Anlage Erwähnung.

Mainline (Sechszylinder und V8):

Die Ausstattung bleibt gegenüber 1955 unverändert. Motoren (für alle Serien mit Ausnahme des Thunderbird gleich): Sechszylinder, Hubraum: 3,653 Liter, Leistung: 137 PS bei 4.200 U/min; oder V8, Hubraum: 4,455 Liter, Leistung: 173 PS bei 4.400 U/min (mit „Ford-O-Matic“ 176 PS bei 4.400 U/min). Drei Modelle stehen zur Wahl: „Sedan“, 4türig, 6sitzig, 1.895/1.995 $, 49.448 Stück. „Sedan“, 2türig, 6sitzig, 1.850/1.950 $, 106.974 Stück. „Business Coupé“, 2türig, 3sitzig, 1.748/1.848 $, 8.020 Stück.

Customline (Sechszylinder und V8):

Die Ausstattung bleibt gegenüber 1955 unverändert. Das Ford-Emblem befindet sich am Kofferraum. Drei sechssitzige Modelle stehen zur Wahl: „Sedan“, 4türig, 1.985/2.085 $, 170.695 Stück. „Sedan“, 2türig, 1.939/2.040 $, 164.828 Stück. „Victoria Hardtop“, 2türig, 2.093/2.193 $, 33.130 Stück.

Fairlane (Sechszylinder und V8):

Die Ausstattung bleibt gegenüber 1955 unverändert. Am Kofferraum ist ein V-Emblem angebracht. Die Auspuffrohre sind in die Stoßstangenhörner integriert. Sieben sechssitzige Modelle stehen zur Wahl: „Town Sedan“, 4türig, 2.093/2.194 $, 24.4872 Stück. „Club Sedan“, 2türig, 2.047/2.147 $, 142.629 Stück. „Town Victoria“, 4türig, 2.249/2.349 $, 32.111 Stück. „Club Victoria Hardtop Coupé“, 2türig, 2.194/2.294 $, 177.735 Stück. „Crown Victoria“, 2türig, 2.337/2.438 $, 9.209 Stück. „Crown Victoria Skyliner“, 2türig, 2.407/2.507 $, 603 Stück. „Sunliner Convertible“, 2türig, 2.359/2.459 $, 58.147 Stück.

Station Wagon (Sechszylinder und V8):

Die Ausstattung bleibt gegenüber 1955 unverändert. Sechs Modelle stehen zur Wahl: „Ranch Wagon“, 2türig, 6sitzig, 2.185/2.285 $, 48.348 Stück. „Custom Ranch Wagon“, 2türig, 6sitzig, 2.249/2.350 $, 42.317 Stück. „Parklane Wagon“, 2türig, 6sitzig, 2.428/2.528 $, 15.186 Stück. „Country Sedan“, 4türig, 6sitzig, 2.297/2.397 $, Stückzahl unbekannt. „Country Sedan“, 4türig, 8sitzig, 2.428/2.528 $, 85.374 Stück. „Country Squire“, 4türig, 8sitzig, 2.533/2.633 $, 23.221 Stück.

Thunderbird (V8):

Auffälligste Änderung gegenüber dem Vorjahr ist das auf dem Kofferraum montierte Reserverad. Durch diese Lösung wird zwar Platz im Kofferraum gewonnen, doch die Gewichtsverteilung ist weniger optimal als vorher. Parallel zur Hardtopversion des Vorjahres wird ein neuer Dachaufsatz mit „Bullaugen“ angeboten. Der 1956er Thunderbird weist nur noch ein in den Stoßfänger integriertes Auspuffrohr auf. Neu sind die zusätzlichen Lüftungsöffnungen an den Seiten. Motor: V8, Hubraum: 4,783 Liter, Leistung: 200 PS bei 4.600 U/min (mit „Ford-O-Matic“ 202 PS bei 4.600 U/min); oder Thunderbird-Spezial-V8, Hubraum: 5,110 Liter, Leistung: 215 PS

1956. Ford Fairlane „Crown Victoria“. ▼

1956. Ford Fairlane „Sunliner Convertible“. ▼

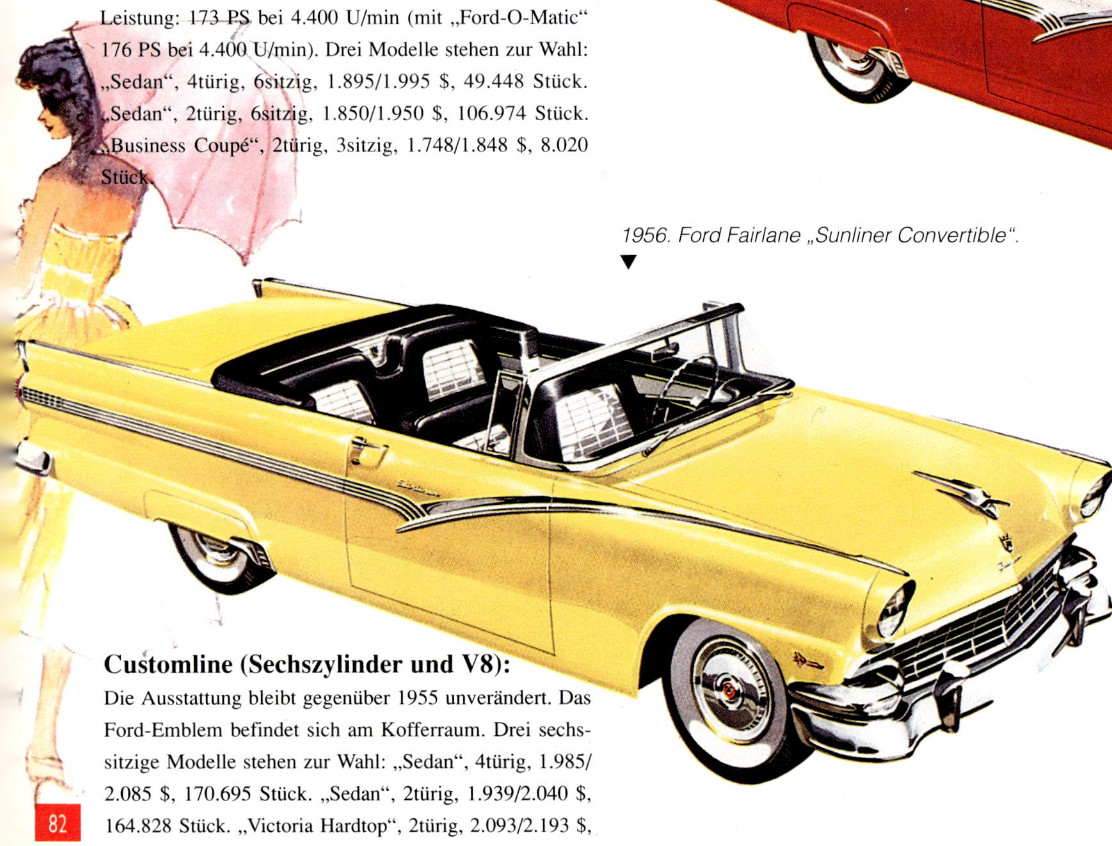

Oben: Blick ins Innere eines 1955er Ford Thunderbird. Darunter: ein Ford Thunderbird von 1956.

bei 4.600 U/min (mit „Ford-O-Matic“ 225 PS bei 4.600 U/min). Nur ein Modell: „Convertible“, 2türig, 2sitzig, 3.151 $, 15.631 Stück.

Gesamtstückzahl 1956: 1.373.542 Stück. Ford ist zweitgrößter Automobilhersteller der Vereinigten Staaten.

FORD 1957

Die Präsentation der neuen Modelle erfolgt im Oktober 1956. Auf den neuen Thunderbird müssen die Kunden jedoch bis zum 13.

1956. Ford Fairlane „Club Victoria Hardtop Coupé“. ▼

Dezember 1956 warten. Zur Jahresmitte wird der Katalog um das Modell Fairlane 500 „Skyliner Retractable Hardtop“ ergänzt. Die neuen, völlig überarbeiteten Modelle weisen nur wenig Ähnlichkeit mit denjenigen des

1957. Phantomzeichnung eines Ford T'bird. ▼

1956. Ford Fairline „Crown Victoria“. ▲

Vorjahres auf. Die Aufbauten sind länger und flacher geworden. Die hinteren Kotflügel tragen markante Heckflossen. Neu ist auch die 14-Zoll-Bereifung. Der hintere Radausschnitt ist aerodynamisch gestylt. Aus Sicherheitsgründen sind die Scharniere der Motorhaube jetzt hinten montiert. In diesem Jahr wartet die Marke mit einem völlig neuen „Skyliner“-Modell auf. Dieses läßt sich per Knopfdruck innerhalb weniger Sekunden in ein Cabriolet verwandeln: Durch einen raffinierten Mechanismus wird das Dach automatisch in den Kofferraum versenkt.

Custom (Sechszylinder und V8):

Bei den Modellen dieser Serie verläuft eine Zierleiste von der hinteren Tür (bei zweitürigen Modellen vom hinteren Kotflügel) bis zu den Heckleuchten. Bei zweifarbig lackierten Fahrzeugen dient diese Leiste zur Farbabgrenzung. Motoren (für alle Serien mit Ausnahme des Thunderbird gleich): Sechszylinder, Hubraum: 3,653 Liter, Leistung: 144 PS bei 4.200 U/min; oder V8, Hubraum: 4,455 Liter, Leistung: 190 PS bei 4.500 U/min. Drei Modelle stehen zur Wahl: „Sedan“, 4türig, 6sitzig, 2.042/2.142 $, 69.924 Stück. „Sedan“, 2türig, 6sitzig, 1.991/2.091 $, 116.923 Stück. „Business Coupé“, 2türig, 3sitzig, 1.889/1.979 $, 6.888 Stück.

Custom 300 (Sechszylinder und V8):

Die Modelle dieser Serie sind etwas umfangreicher ausgestattet als die oben beschriebenen. Als Basis dient dasze Fahrgestell mit einem Radstand von 2,95 m. Zur Unterscheidung von den einfachen Custom-Modellen dient das vergoldete Blatt zwischen den vorderen seitlichen Zierleisten. Am Kofferraum befindet sich ein kleines Ford-Emblem und auf der Haube oberhalb des Kühlergrills steht in Relief-Großbuchstaben der Name FORD. Zwei Modelle stehen zur Wahl: „Sedan“, 4türig, 6sitzig, 2.057/2.257 $, 198.877 Stück. „Sedan“, 2türig, 6sitzig, 2.105/2.705 $, 160.360 Stück.

Fairlane (Sechszylinder und V8):

Diese Serie umfaßt die Basismodelle der Fahrzeuge mit langem Radstand (3 m). Die Ausstattung entspricht im wesentlichen derjenigen der Custom-300, doch die seitliche Verzierung ist unterschiedlich (siehe Illustrationen). Die vorderen Kotflügel tragen die Aufschrift FAIRLANE. Vier sechssitzige Modelle stehen zur Wahl: „Town Sedan“, 4türig, 2.286/2.386 $, 52.060 Stück. „Club Sedan“, 2türig, 2.235/2.335 $, 39.843 Stück. „Town Victoria“, 4türig, 2.357/2.457 $, 12.695 Stück. „Club Victoria Hardtop Coupé“, 2türig, 2.293/2.393 $, 44.127 Stück.

Fairlane 500 (Sechszylinder und V8):

Die Modelle dieser Serie sind umfangreicher ausgestattet als die oben beschriebenen. Zusätzliches Chrom und ein vergoldetes Blatt zwischen den Zierleisten sind die Erkennungsmerkmale. Der „Sunliner Convertible“ weist eine spezielle zweifarbige Lackierung auf: die Karosserie ist oben hell und unten einen Ton dunkler lackiert. Bei den geschlossenen Modellen ist das Dach in derselben Farbe lackiert wie der untere Karosseriebereich. Sechs sechssitzige Modelle stehen zur Wahl: „Town Sedan“, 4türig, 2.333/2.433 $, 193.162 Stück. „Club Sedan“, 2türig, 2.281/2.381 $, 93.753 Stück. „Town Victoria“, 4türig, 2.404/2.504 $, 68.550 Stück. „Club Victoria Hardtop Coupé“, 2türig, 2.339/2.439 $, 183.202 Stück. „Sunliner Convertible“, 2türig, 2.505/2.605 $, 77.728 Stück. „Skyliner Convertible“, 2türig, 2.864 $, 20.766 Stück.

Links: 1956. Ford Fairlane „Club Sedan“.

Station Wagon (Sechszylinder und V8): Diese Modelle basieren auf dem kurzen Fahrgestell der Custom-Serie. Drei verschiedene Ausstattungsvarianten werden angeboten. Fünf Modelle stehen zur Wahl: „Ranch Wagon“, 2türig, 6sitzig, 2.301/2.401 $, 60.486 Stück. „Del Rio“, 2türig, 6sitzig, 2.397/2.497 $, 46.105 Stück. „Country Sedan“, 4türig, 6sitzig, 2.451/2.551 $, 135.251 Stück. „Country Sedan“, 4türig, 9sitzig, 2.556/2.656 $, 49.538 Stück. „Country Squire“ 4türig, 9sitzig, 2.684/2.784 $, 27.690 Stück.

Rechts: 1957. Ford Fairlane 500 „Town Victoria“.

1957. Ford Fairlane 500 „Sunliner Convertible“. ▼

Thunderbird (V8): In diesem Jahr wurde der Thunderbird einem umfassenden Facelifting unterzogen. Das Reserverad befindet sich wieder im Kofferraum. Die hinteren Kotflügel weisen Heckflossen auf. Auf Stoßstangenhörner wurde verzichtet. Die vorderen Standlichter sind seitlich in den Stoßfänger integriert. Weitere Merkmale: Fairlane-Radzierkappen, 1956er Armaturenbrett, 14-Zoll-Bereifung, Radstand von 2,59 m. Motoren: V8, Hubraum: 4,783 Liter, Leistung: 212 PS bei 4.500 U/min; oder Special Thunderbird-V8, Hubraum: 5-,110 Liter, Leistung: 245 PS bei 4.600 U/min bzw. 270 PS bei 4.800 U/min (es kann auch eine speziell getunte Version mit 285 PS bei 5.000 U/min georert werden). Ein einziges Modell: „Convertible“, 2türig, 2sitzig, 3.408 $, 21.380 Stück.

Gesamtstückzahl 1957: 1.522.408 Stück. Ford ist zweitgrößter Automobilhersteller der Vereinigten Staaten.

FORD 1958

Die Präsentation der Modelle findet am 7. November 1957 statt. Wie üblich wird der Thunderbird jedoch erst etwas später, am 13. Januar 1958, vorgestellt. Trotz der hervorragenden Verkaufszahlen des Jahres 1957 wird die Ford-Palette einem umfassenden Facelifting unterzogen: Dummy-Lüftungsöffnungen am Dach, wabenförmiger Kühlergrill, durch einen Kotflügelüberstand geschützte Doppelscheinwerfer, futuristisch anmutender Kofferraumdeckel, getrennte Heckleuchten in ovaler Chromeinfassung, um die Ecken herumgezogene vordere Standlichter, zwei unterhalb des hinteren Stoßfängers endende Auspuffrohre, neue Radzierkappen, zwei kleine Zierelemente an den vorderen Kotflügeln, aerodynamischer Radausschnitt vorne, neue Farbeinteilung für die zweifarbigen Modelle. Zum ersten Mal bietet Ford das Cruise-O-Matic-Ge-

Linke Seite: Blick ins Innere eines 1957er Ford Fairlane „Town Sedan“.

1958. Ford Fairlane 500 „Club Victoria Hardtop Coupé“. ▼

Rechts: 1958. Ford Thunderbird „Tudor Hardtop".

triebe und das von Ford entwickelte pneumatische Federungssystem an; letzteres ist nur für die Fairlane- und Station-Wagon-Modelle erhältlich.

Custom 300 (Sechszylinder und V8):
An der Ausstattung hat sich gegenüber 1957 nichts geändert. Motoren (für alle Serien mit Ausnahme des Thunderbird gleich): Sechszylinder, Hubraum: 3,653 Liter, Leistung 145 PS bei 4.200 U/min; oder V8, Hubraum: 4,455 Liter, Leistung: 205 PS bei 4.500 U/min; oder V8 „Interceptor", Hubraum: 5,438 Liter, Leistung: 240 PS bei 4.600 U/min; oder V8 „Interceptor Special", Hubraum: 5,438 Liter, Leistung: 265 PS bei 4.600 U/min. Drei Modelle stehen zur Wahl: „Sedan", 4türig, 6sitzig, 2.119/2.556 $, 163.368 Stück. „Sedan", 2türig, 6sitzig, 2.065/2.202 $, 173.441 Stück. „Business Coupé", 2türig, 3sitzig, 1.977/2.114 $, 4.062 Stück.

Fairlane (Sechszylinder und V8):
An der Ausstattung hat sich gegenüber 1957 nichts geändert. Die Serienbezeichnung (in Kursivschrift) befindet sich an der Haube, an den hinteren Kotflügeln und am Kofferraum. Vier sechssitzige Modelle stehen zur Wahl: „Town Sedan", 4türig, 2.250/2.374 $, 57.490 Stück. „Club Sedan", 2türig, 2.196/2.320 $, 38.366 Stück. „Town Victoria", 4türig, 2.394/2.517 $, 5.868 Stück. „Club Victoria Hardtop Coupé", 2türig, 2.329/2.453 $, 16.416 Stück.

Fairlane 500 (Sechszylinder und V8):
An der Ausstattung hat sich gegenüber 1957 nichts geändert. Die volle Serienbezeichnung ist am hinteren Kotflügel angegeben; die Haube und der Kofferraumdeckel tragen lediglich die Aufschrift FAIRLANE. Sechs sechssitzige Modelle stehen zur Wahl: „Town Sedan", 4türig, 2.403/2.527 $, 105.698 Stück. „Club Sedan", 2türig, 2.349/2.473 $, 34.041 Stück. „Town Victoria", 4türig, 2.474/2.598 $, 36.059 Stück. „Club Victoria Hardtop Coupé", 2türig, 2.410/2.534 $, 80.439 Stück. „Sunliner Convertible", 2türig, 2.625/2.749 $, 35.029 Stück. „Skyliner Convertible", 2türig, 3.138 $, 14.713 Stück.

Station Wagon (Sechszylinder und V8):
An der Ausstattung hat sich gegenüber 1957 nichts geändert. Die Serienbezeichnung befindet sich an den Kotflügeln neben den Heckleuchten. Sechs Modelle stehen zur Wahl: „Ranch Wagon", 2türig, 6sitzig, 2.372/2.479 $, 35.578 Stück. „Ranch Wagon", 4türig, 6sitzig, 2.426/2.533 $, 32.854 Stück. „Del Rio", 2türig, 6sitzig, 2.478/2.585 $, 12.687 Stück. „Country Sedan", 4türig, 6sitzig, 2.532/2.639 $, 68.772 Stück. „Country Sedan", 4türig, 9sitzig, 2.639/2.746 $, 20.702 Stück. „Country Squire", 4türig, 9sitzig, 2.769/2.876 $, 15.020 Stück.

Thunderbird (V8):
Die Thunderbird-Serie wird um ein viertüriges Modell, den „Tudor Hardtop" (oder auch „Square Bird"), erweitert. Die Präsentation des „Convertible" erfolgt erst am 13. Januar 1958. Der Wagen wurde um 46 cm verlängert. Durch den neuen Stoßfänger wirkt der Wagen wesentlich wuchtiger. In dieser Version geht viel von der ursprünglichen Ausstrahlung des Thunderbird verloren. Die Doppelscheinwerfer sind in die Kotflügel integriert. Auch die fünf auffälligen Chromstreifen an den hinteren Kotflügeln sind der Schönheit des Wagens eher abträglich. Die Aufschrift THUNDERBIRD (in Kursivschrift) befindet sich an den vorderen Kotflügeln. Erstmals ist der Innenraum mit Vinyl verkleidet. Motor: V8 „Interceptor", Hubraum: 5,438 Liter, Leistung: 300 PS bei 4.600 U/min. Die Gemischaufbereitung erfolgt über Vierfach-Vergaser. Die Doppelrohr-Auspuffanlage gehört zur Serienausstattung, das Cruise-O-Matic-Getriebe dagegen ist nur gegen Aufpreis erhältlich. Trotzdem werden die meisten Wagen mit diesem Zusatz ausgeliefert. Zwei Modelle stehen zur Wahl: „Tudor Hardtop", 2türig, 4sitzig, 3.330 $, 35.758 Stück. „Convertible", 2türig, 4sitzig, 3.914 $, 2.134 Stück. **Gesamtstückzahl 1958:** 1.038.560 Stück. Ford ist zweitgrößter Automobilhersteller der Vereinigten Staaten.

1959. Ford Fairlane 500 „Club Victoria Hardtop Coupé". ▼

1958. Ford Thunderbird „Convertible". ▲

FORD 1959

Die Präsentation der neuen Modelle findet am 17. Oktober 1958 bei den Vertragshändlern statt. Die neuen Thunderbird werden 10 Tage später vorgestellt. Nach Ansicht vieler Sammler sind die Ford-Modelle des Jahres 1959 die schönsten, die jemals gebaut wurden. Die perfekten Proportionen tragen der Marke so manchen Ehrenpreis ein. Anders als viele Konkurrenten bietet Ford kein übermässig futuristisches Design an – die Marke liefert keine Raumschiffe auf Rädern sondern Automobile von Klasse und Eleganz. In die gerade nach hinten gezogenen Heckflossen sind die neuen Rücklichter integriert. Die Scheinwerfer sind unter kantigen Kotflügelüberständen mit verchromten Innenflächen angeordnet. Die Haube ist außergewöhnlich flach. Die seitliche Verzierung ist äußerst schlicht und fügt sich harmonisch in das elegante Gesamtbild ein. Der breite Kühlergrill reicht über die gesamte Frontpartie. Der schlichte Stoßfänger weist integrierte Standlichter und Stoßstangenhörner auf. Die Serie Custom läuft aus. Die neuen Spitzenmodelle heißen „Galaxie".

1959. Ford Thunderbird „Tudor Hardtop“. ▲

Custom 300 (Sechszylinder und V8):
Unter dieser Serienbezeichnung werden ab diesem Jahr die Basismodelle angeboten. Motoren (für alle Serien mit Ausnahme des Thunderbird gleich): Sechszylinder, Hubraum: 3,653 Liter, Leistung: 145 PS bei 4.000 U/min (Holley-Einfachvergaser); oder V8, Hubraum: 4,783 Liter, Leistung: 200 PS bei 4.400 U/min (Holley-Doppelvergaser); oder V8 „Thunderbird 332“, Hubraum: 5,438 Liter, Leistung: 225 PS bei 4.400 U/min (Holley-Vierfachvergaser). Drei Modelle stehen zur Wahl: „Sedan“, 4türig, 6sitzig, 2.273/2.391 $, 249.553 Stück. „Sedan“, 2türig, 6sitzig, 2.219/2.337 $, 228.573 Stück. „Business Coupé“ (nur mit Sechszylindermotor), 2türig, 3sitzig, 2.132 $, Stückzahl unbekannt.

Fairlane (Sechszylinder und V8):
Hierbei handelt es sich um die Mittelklasse-Modelle aus dem Hause Ford. Zwei sechssitzige Modelle stehen zur Wahl: „Town Sedan“, 4türig, 2.411/2.529 $, 64.663 Stück. „Club Sedan“, 2türig, 2.357/2.475 $, 35.126 Stück.

Fairlane 500 (Sechszylinder und V8):
Die Modelle dieser Serie sind an der Aufschrift FAIRLANE 500 an den hinteren Kotflügeln und der aufwendigeren seitlichen Verzierung zu erkennen. Vier sechssitzige Modelle stehen zur Wahl: „Town Sedan“, 4türig, 2.530/2.648 $, 35.670 Stück. „Club Sedan“, 2türig, 2.476/2.594 $, 10.141 Stück. „Town Victoria“, 4türig, 2.602/2.720 $, 9.308 Stück. „Club Victoria Hardtop Coupé“, 2türig, 2.537/2.655 $, 23.892 Stück.

Galaxie (Sechszylinder und V8):
Die luxuriösen Galaxie-Modelle werden mit Thunderbird-Dach und Fairlane 500-Ausstattung ausgeliefert. Sechs sechssitzige Modelle stehen zur Wahl: „Town Sedan“, 4türig, 2.582/2.700 $, 183.108 Stück. „Club Sedan“, 2türig, 2.528/2.646 $, 52.848 Stück. „Town Victoria“, 4türig, 2.654/2.772 $, 47.728 Stück. „Club Victoria Hardtop Coupé“, 2türig, 2.589/2.707 $, 121.869 Stück. „Sunliner Convertible“, 2türig, 2.389/2.346 $, 12.915 Stück. „Skyliner Convertible“, 2türig, 2.957 $, 45.868 Stück.

Station Wagon (Sechszylinder und V8):
Die Modelle dieser Serie können in drei verschiedenen Ausstattungsvarianten geordert werden. Sechs Modelle stehen zur Wahl: „Ranch Wagon“, 2türig, 6sitzig, 2.567/2.685 $, 35.578 Stück. „Ranch Wagon“, 4türig, 6sitzig, 2.634/2.752 $, 32.854 Stück. „Country Sedan“, 2türig, 6sitzig, 2.678/2.796 $, 68.772 Stück. „Country Sedan“, 4türig, 6sitzig, 2.745/2.863 $, 68.772 Stück. „Country Sedan“, 4türig, 9sitzig, 2.829/2.947 $, 20.702 Stück. „Country Squire“, 4türig, 9sitzig, 2.958/3.076 $, 15.020 Stück.

Thunderbird (V8):
Der Thunderbird hat sich gegenüber dem Vorjahr kaum geändert. Das Wabengitter des Kühlergrills wurde durch feine, horizontale Stäbe ersetzt. Der vordere Stoßfänger weist zwei zierliche Hörner auf. An die Stelle der seitlichen Chromstreifen tritt ein verchromter Pfeil. Erstmals kann ein automatisches Verdeck geordert werden. Im Innenraum sind die 1959er Modelle an den Instrumenten mit weißen Skalen (früher schwarz) zu erkennen. Der Innenraum ist mit Vinyl oder einer Vinyl–Moleskin–Kombination verkleidet. Gegen Aufpreis kann Lederausstattung in vier verschiedenen Farbtönen bestellt werden. Motoren: V8 „Special Thunderbird 352“, Hubraum: 5,766 Liter, Leistung: 300 PS bei 4.600 U/min (Holley-Vierfachvergaser und Doppelauspuff); oder V8 „Special Thunderbird 430“, Hubraum: 7,043 Liter, Leistung: 350 PS bei 4.400 U/min (Holley-Vierfachvergaser, Doppelauspuff). Die Fahrzeuge werden serienmäßig mit Cruise-O-Matic-Getriebe ausgestattet. Zwei Modelle stehen zur Wahl: „Tudor Hardtop“, 2türig, 4sitzig, 3.696 $, 57.195 Stück. „Convertible“, 2türig, 4sitzig, 3.979 $, 10.261 Stück. **Gesamtstückzahl 1959:** 1.462.140 Stück. Damit ist Ford erstmals größter Automobilhersteller der Vereinigten Staaten.

1959. Blick ins Innere eines Ford Thunderbird „Convertible“. ▼

1959. Ford Thunderbird „Tudor Hardtop“. ▼

HUDSON (1910 - 1957)

1950. Pacemaker „Brougham Convertible“ Serie 500. ▼

Rechts: Das Titelbild des 1950er Hudson-Katalogs zeigt einen Custom Commodore „Sedan“ der Serie 504.

Rechts: 1950. Super „Sedan“ Serie 501.

Die erste Werbung für einen Hudson finden wir in der *Saturday Evening Post* vom 19. Juni 1909. Gut zwei Wochen später verläßt der erste Wagen das Werk. Bis zum Jahresende produziert - und verkauft - die Marke 1.000 Stück, im darauffolgenden Jahr wird eine Stückzahl von 4.000 erreicht. Dies ist der offiziell registrierte Rekord für das erste Produktionsjahr. In den nun folgenden Jahren gelingt es der Marke, sich einen Platz unter den größten Automobilherstellern der Vereinigten Staaten zu sichern. Nach dem Zweiten Weltkrieg läuft die Produktion am 30. August 1945 wieder an. Die ersten Wagen werden am 1. Oktober 1945 an die Vertragshändler ausgeliefert. Bei diesen Modellen handelt es sich, wie bei den anderen Herstellern auch, um überarbeitete Vorkriegswagen. Bis 1947 bleiben diese Fahrzeuge beinahe unverändert im Programm. In diesem Jahr läuft der dreimillionste Hudson vom Band. Um weiterhin als unabhängiger Hersteller neben den drei „Großen von Detroit“ bestehen zu können, muß sich die Marke einen Vorsprung gegenüber der Konkurrenz sichern. So präsentiert Hudson bereits im Dezember 1948 ein komplett überarbeitetes Programm. Die amerikanische Kundschaft sieht Neuigkeiten auf dem Automobilsektor bereits mit großer Ungeduld entgegen, und so setzt ein „Run“ auf das 1948er Hudson-Modell mit dem neuen „Step Down Design“ ein. Es wird im Dezember 1948 vorgestellt. Der Entwurf für den Wagen stammt vom Hudson-Entwicklungsteam unter der Leitung von Frank Spring. Die tiefliegende Ponton-Karosserie wirkt revolutionär modern. Eine „Vacumotive“-Kupplungsautomatik mit automatischem „Drive Master“-Getriebe wird als Sonderausstattung angeboten. Die New Yorker Vertragshändler der Marke starten in diesem Jahr erstmals eine Automobil-Werbekampagne im Fernsehen. 1949 feiert Hudson 40jähriges Firmenjubiläum. Der Katalog sieht 14, gegenüber dem Vorjahr beinahe unveränderte Modelle, vor: Angesichts steigender Verkaufszahlen werden Neuerungen nicht für notwendig erachtet. Doch der Erfolg der Marke ist nicht von Dauer: Am 1. Mai 1954 fusioniert Hudson mit Nash-Kelvinator und wird so Bestandteil der neuen American Motors Corporation. Ende 1957 schließt das Werk endgültig seine Pforten. Unter dem Namen AMC wird 1966 eine unabhängige Marke gegründet.

HUDSON 1950

Die Präsentation der neuen Modelle erfolgt am 18. November 1949. Die Fahrzeuge haben sich gegenüber den beiden vorangegangenen Jahren kaum verändert. Durch das neue Design des

Rechts: 1950. Verdeck des „Brougham Convertible“.

▲ 1950. Custom Commodore „Brougham Convertible“ Serie 504.

Kühlergrills (vier horizontale Stäbe) wirken die Wagen jedoch niedriger. Die *Fastback-Ponton-Karosserie* bleibt jedoch erhalten. Alle Modelle weisen seitlich im Schwellenbereich eine breite Chromzierleiste auf. Zur Ausstattung gehören: Innenverkleidung aus Durafab-Kunststoff, 46 cm-Lenkrad, zwei verstellbare Sonnenblenden, Ausstellfenster (nur beim „Club Sedan“), zweigeteilte „Full View“ Windschutzscheibe, Deckenbeleuchtung vorne, abschließbarer Kofferraum, Gummiteppich im Kofferraum, Kühleremblem mit Beleuchtung. Die in den nachfolgenden Aufstellungen enthaltenen Preisangaben gelten in der Reihenfolge der Serienüberschriften.

Pacemaker - Serie 500 (6-Zyl.)
Pacemaker DeLuxe - Serie 50A (6-Zyl.):
Hierbei handelt es sich um die Basisserie der Marke in der einfachsten Ausstattungsvariante: gestreifte Sitzbezüge aus Bedford-Samt, Gummiteppiche hinten und vorne, blaues Zweispeichenlenkrad, mit Stoff bezogenes Armaturenbrett, Taschen auf der Rückseite der vorderen Sitzlehnen (nur bei den „Sedan“), Aschenbecher neben den Vordersitzen und am Armaturenbrett, in den untersten Querstab des Kühlergrills integrierte Standlichter. Die vorderen Kotflügel weisen Zierelemente auf. Die Ausstattung der DeLuxe-Modelle ist etwas umfangreicher. Motor: Reihensechszylinder, Hubraum: 3,8 Liter, Leistung: 112 PS bei 4.000 U/min. Fünf sechssitzige Modelle stehen zur Wahl: „Sedan“, 4türig, 1.933/1.959 $. „Brougham“, 2türig, 1.912/1.928 $. „Club Coupé“, 2türig, 1.933/1.959 $. „Coupé“ (nur als Pacemaker 500), 2türig, 1.807 $. „Brougham Convertible“, 2türig, 2.428/2.444 $. Stückzahlen im Modelljahr: 39.455 Pacemaker 500 und 22.297 Pacemaker DeLuxe. Außerdem wurden vom „Convertible“ 1.865 Stück (Pacemaker 500) und 660 Stück (Pacemaker 50A DeLuxe) gefertigt.

Super - Serie 501 (6-und 8-Zylinder):
Die Modelle dieser Serie sind an dem kleinen Emblem, vorne, oberhalb des Radausschnitts zu erkennen. Die vorderen Kotflügel weisen keine Zierelemente auf. Zusätzlich zur Pacemaker-Ausstattung wird folgendes Zubehör geliefert: gestreifte Moleskin-Innenverkleidung, zweifarbiges Holzimitatarmaturenbrett, Uhr mit Aufziehwerk, Halteschlaufen aus Velours und blaßgelbes Lenkrad. Folgende Ausstattungselemente haben die Super-Modelle mit denjenigen der Commodore-Serie gemeinsam: Teppichboden, Armlehnen an den Sitzen, seitliches Ausstellfenster bei den „Sedan“, verchromte Scheibeneinfassungen, größere Heckscheibe bei den „Sedan“ und „Brougham“, links und rechts unterhalb des Kühlergrills angeordnete Standlichter, Taschen auf der Rückseite der vorderen Sitzlehnen, Aschenbecher neben den Sitzen und am Armaturenbrett, Stoßfänger mit vier Hörnern. Die Beleuchtung für das, am hinteren Stoßfänger montierte Kennzeichen, ist an den Stoßstangenhörnern montiert. Motor: Sechszylinder, Hubraum: 4,291 Liter, Leistung: 123 PS bei 4.000 U/min. oder Achtzylinder, Hubraum: 4,160 Liter, Leistung: 128 PS bei 4.200 min-1. Vier sechssitzige Modelle stehen zur Wahl: „Sedan“, 4türig, 2.015/2.189 $. „Brougham“, 2türig, 2.068/2.152 $. „Club Coupé“, 2türig, 2.102/2.186 $. „Brougham Convertible“ (nur mit Sechszylindermotor), 2türig, 2.629 $. Stückzahlen im Modelljahr: 17.246 Super Six und 1.074 Super Eight.

Custom Commodore - Serie 502 (6-Zyl.)
Custom Commodore - Serie 504 (8-Zyl.):
Hierbei handelt es sich um die luxuriösesten Modelle der Marke mit umfangreicherer und aufwendigerer Ausstattung als bei den anderen Serien. Deutlichstes Unterscheidungsmerkmal ist die lange, seitliche Chromleiste, in die vorne die Serienbezeichnung integriert ist. Die Innenverkleidung besteht aus einer Kombination aus Nylongewebe und Bedford-Samt (blaßgelb mit braunen Streifen oder graublau mit blauen Streifen). Weitere Ausstattungsmerkmale: Schaumstoffsitze, Rücksitze mit Chromelementen, breite mittlere Armlehne im Fond, Zigarettenanzünder, Dreispeichen-Lenkrad, zwei Deckenleuchten im Fond beim „Sedan“ und beim „Coupé“. Motor: siehe Super. Drei sechssitzige Modelle stehen zur Wahl: „Sedan“, 4türig, 2.282/2.366 $. „Club Coupé“, 2türig, 2.257-/2.341 $. „Brougham Convertible“ (mit roter Lederausstattung und hydraulischen Fensterhebern), 2türig, 2.809/2.893 $. Stückzahlen im Modelljahr: 24.605 Custom Commodore Six und 6.731 Custom Commodore Eight. **Gesamtstückzahl 1950:** 143.586 Stück. Hudson steht an 13. Stelle der amerikanischen Automobilhersteller. Die Marke wird mit dem „Merit Award“, der höchsten Auszeichnung des Verbandes der amerikanischen Industrie ausgezeichnet. In der Begründung heißt es: *„Die exklusiven Modelle der Marke kombinieren Fortschritt, Ästhetik und Technik in idealer Weise.“*

HUDSON 1951

Die neuen Modelle werden im September 1950 vorgestellt und bis Januar 1951 produziert. Wichtigste Neuheit des Jahres ist die Einführung der Hornet-Serie. Die Aufbauten haben sich gegenüber dem Vorjahr kaum verändert. Nur die Kühlerpartie wurde einem

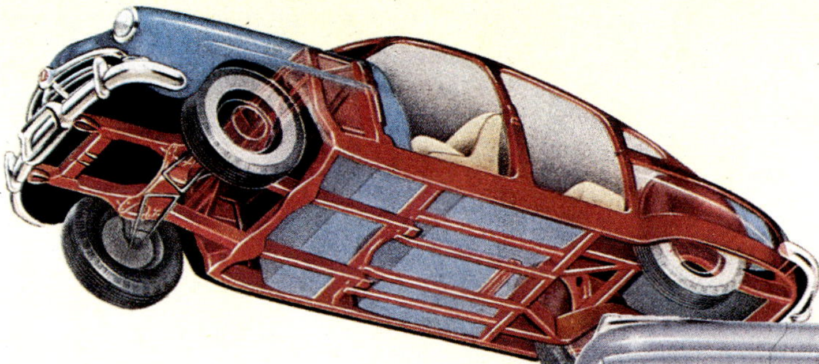

▼1951. Pacemaker „Sedan“ Serie 4A.

▲Diese beiden Zeichnungen stammen aus dem 1951er Hudson-Katalog.

1951. Pacemaker Custom „Brougham“ Serie 4A. ▲

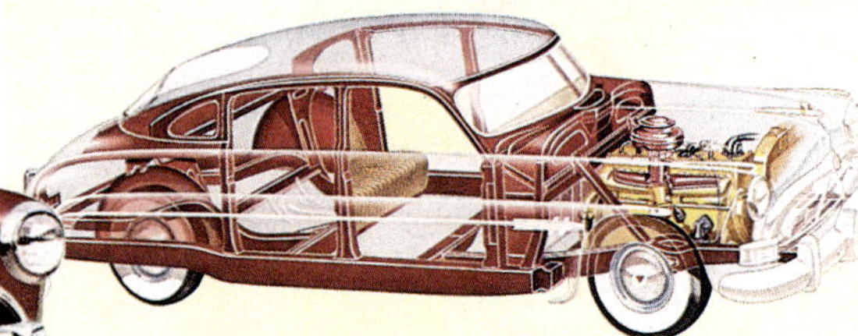

1951. Pacemaker Custom „Club Coupé“ Serie 4A. ▲

Facelifting unterzogen. Die Standlichter sind bei den Pacemaker-Modellen seitlich am unteren Querstab des Kühlergrills angeordnet. Die Ausstattung wurde generell verbessert: zwei Brems- und Rücklichter, Benzinuhr und Kühlwassertemperaturanzeige, Defrosteranlage für die Windschutzscheibe, Sicherheitsschlösser, Rückspiegel, zwei Druckluftfanfaren.

Pacemaker Custom - Serie 4A (6-Zyl.):
Die Modelle haben sich gegenüber dem Vorjahr kaum geändert. Motor: wie 1950. Fünf Modelle stehen zur Wahl: „Sedan“, 4türig, 6sitzig, 2.145 $. „Brougham“, 2türig, 6sitzig, 2.102 $. „Club Coupé“, 2türig, 6sitzig, 2.145 $. „Coupé“, 2türig, 3sitzig, 1.664 $. „Brougham Convertible“, 2türig, 6sitzig, 2.642 $, 425 Stück. Stückzahlen im Modelljahr: 34.495 Stück.

Super Custom -Serie 5A (6-Zyl.):
Ebenso wie bei den Commodore-Modellen sind die Seiten mit einer langen verchromten Leiste verziert, die in einem sanft geschwungenen Bogen nach unten abfällt. Im September 1951 wird in dieser Serie ein neues zweitüriges Modell, der „Hollywood Hardtop“ (ohne B-Säulen), präsentiert. Die Modelle der Serien Super Custom, Commodore Custom und Hornet weisen am vorderen Stoßfänger ein trapezförmiges Emblem auf. Motor: wie 1950. Für diese Serie kann jedoch kein Achtzylindermotor mehr geordert werden. Fünf sechssitzige Modelle stehen zur Wahl: „Sedan“, 4türig, 2.287 $. „Brougham“, 2türig, 2.238 $. „Club Coupé“, 2türig, 2.287 $. „Hollywood Hardtop“, 2türig, 2.605 $, 1.100 Stück. „Brougham Convertible“, 2türig, 2.827 $, 282 Stück. Stückzahlen im Modelljahr: 22.532 Stück.

Commodore Custom - Serie 6A (6-Zyl.)
Commodore Custom - Serie 8A (8-Zyl.):
Diese Modelle werden durch die Hornet-Serie von ihrem Spitzenplatz verdrängt. Die Serienbezeichnung befindet sich seitlich an den vorderen Kotflügeln. Auf der Rückseite der vorderen Sitzlehnen befinden sich Haltegriffe. Die Sitzbezüge sind gestreift. Motor: wie 1950. Vier sechssitzige Modelle stehen zur Wahl: „Sedan“, 4türig, 2.480/2.568 $. „Club Coupé“, 2türig, 2.455/2.543 $. „Hollywood Hardtop“, 2türig, 2.780/2.869 $, Stückzahl: 819 (6-Zyl.) und 669 (8-Zyl.) „Brougham Convertible“ (9 verschiedenen Lederfarben; hydraulisches Verdeck in blaßgelb, braun oder schwarz, auf Wunsch mit Kunststoffheckscheibe; hydraulische Fensterheber), 2türig, 3.011/2.099 $, Stückzahl: 211 (6-Zyl.) und 181 (8-Zyl.). Stückzahlen im Modelljahr: 16.979 Commodore Custom Six und 14.243 Custom Commodore Eight.

Hornet - Serie 7A (6-Zyl.):
Die auf den Commodore-Modellen basierenden Fahrzeuge dieser Serie sind mit einem Hochleistungs-Sechszylindermotor bestückt. Zur Unterscheidung dienen zahlreiche Ausstattungsdetails: „Skyliner Styling“-Kühlerfigur aus Chrom und Gold, Hornet-Emblem an den vorderen Kotflügeln, Armaturenbrett aus Chrom und Leder mit indirekt beleuchteten Instrumenten, Sitzbezüge wie bei den Commodore-Modellen, jedoch in braun mit goldenen Streifen oder in graublau mit blauen Streifen. Motor: Reihensechszylinder. Hubraum: 5,045 Liter. Leistung: 145 PS bei 3.800 U/min. Vier sechssitzige Modelle stehen zur Wahl: „Sedan“, 4türig, 2.568 $. „Club Coupé“, 2türig, 2.543 $. „Hollywood Hardtop“, 2türig, 2.869 $, 2.101 Stück. „Brougham Convertible“, 2türig, 3.099 $, 551 Stück. Stückzahl im Modelljahr: 43.666 Stück.
Gesamtstückzahl 1951: 93.333 Stück

HUDSON 1952
Abgesehen von einigen Detailänderungen entsprechen die im Januar 1952 präsentierten Fahrzeuge denjenigen des Vorjahres. Im Mai desselben Jahres kündigt Hudson jedoch neue Modelle für 1953 an. Zu diesem Zweck plant das Unternehmen die Anschaffung zahlreicher neuer Werkzeugmaschinen.

Pacemaker - Serie 4B (Sechszylinder):
Die Modelle dieser Basisserie sind von den teueren Modellen durch das fehlende Chromdreieck am Kühlergrill zu unterscheiden. Die serienmäßige Ausstattung ist weniger umfangreich als in den Vorjahren. Merkmale: kleinere Heckleuchten, Innenverkleidung aus grauem Velours mit roten und braunen Streifen, schwarzer Gummiteppich, dunkelbraun lackiertes Armaturenbrett, Zigarettenanzünder, hellbraunes Zweispeichenlenkrad, zwei Druckluft-

Rechts: 1952. Hornet-Armaturenbrett (Serie 7B).

1952. Pacemaker „Sedan" Serie 4B. ▲

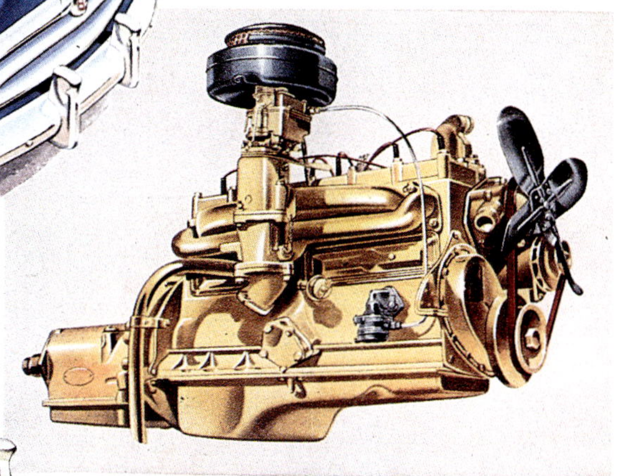

▲ 1952. Hornet-Sechszylindermotor.

1952. Hornet „Club Coupé" Serie 7B. ▲

Links: 1952. Hornet „Sedan" Serie 7B.

▲ Blick ins Innere eines 1952er Hornet.

fanfaren, Armlehnen vorne (beim „Sedan" und „Club Coupé" auch im Fond), Taschen auf der Rückseite der vorderen Sitzlehnen. Die stromlinienförmigen hinteren Radabdeckungen werden nur gegen Aufpreis geliefert. Die Modelle sind gegenüber 1951 um etwa 165 Dollar teurer geworden. (Modellaufstellung siehe Wasp-Serie; die erste Preisangabe gilt jeweils für die Pacemaker-Version). Motor: Reihensechszylinder. Hubraum: 3,8 Liter. Leistung: 112 PS bei 4.000 U/min.

Wasp - Serie 5B (Sechszylinder):

Die Wasp-Modelle basieren auf dem Pacemaker-Chassis, sie sind jedoch um 2,5 cm länger. In der Mitte des hinteren Stoßfängers ist ein zusätzliches Horn angeordnet. Ein spezielles Firmenemblem befindet sich auf der Motorhaube. Diese Serie tritt an die Stelle der früheren Super-Custom-Reihe, obwohl die Ausstattung und die Linienführung eher den Commodore-Modellen entspricht. Ab 1953 werden die Commodore-Modelle unter der Serienbezeichnung Wasp (bzw. Super Wasp in der stärker motorisierten Variante) verkauft. Zur Standardausstattung gehören: Innenverkleidung aus blaßgelbem Velours mit braunen und roten Streifen, Schaumstoffsitze, breite mittlere Armlehne im Fond, Zigarettenanzünder, Dreispeichenlenkrad mit Halbring, beim Öffnen der vorderen Türen automatisch einschaltende Deckenbeleuchtung, Metallhaltegriff auf der Rückseite der vorderen Sitzlehnen, Samthalteschlaufe, stromlinienförmige hintere Kotflügel. Motor: Reihensechszylinder, Hubraum: 4,292 Liter, Leistung: 127 PS bei 4.000 U/min. Sechs Modelle stehen zur Wahl: „Sedan", 4türig, 6sitzig, 2.311/2.466 $. „Brougham", 2türig, 6sitzig, 2.264/2.413 $. „Club Coupé", 2türig, 6sitzig, 2.311/2.466 $. „Coupé" (nur als Pacemaker Six), 2türig, 3sitzig, 2.812 $. „Hollywood Hardtop" (nur als Wasp Six), 2türig, 6sitzig, 3.048 $, 1.320 Stück. „Brougham Convertible" (nur als Wasp Six), 2türig, 6sitzig, 2.642 $, 220 Stück. Stückzahlen im Modelljahr: 7.486 Pacemaker Six und 21.876 Wasp Six.

Commodore - Serie 6B (Sechszylinder)
Commodore - Serie 8B (Achtzylinder):

Die Modelle dieser Serien sind an der geschwungenen seitlichen Chromleiste zu erkennen. Vorne an dieser Leiste befindet sich die Serienbezeichnung COMMODORE 6 bzw. 8. Der Kühlergrill weist das für die Marke typische verchromte Dreieck auf. Die hinteren Stoßstangenhörner umrahmen das Kennzeichen. Die DeLuxe-Radzierkappen gehören zur Serienausstattung. Bei den Sechszylindermodellen besteht die Innenverkleidung aus Bedford-Velours (in 6 verschiedenen Farbtönen mit grauen und braunen Streifen lieferbar). Für die Achtzylindermodelle wird hellbraunes Nylongewebe mit goldenen Streifen oder blaugestreiftes Nylongewebe in zwei verschiedenen Blautönen angeboten. Die Ausstattung der Commodore-Modelle ist umfangreicher und aufwendiger verarbeitet als bei den oben beschriebenen Serien. Motor: Wasp-Sechszylinder oder Commodore-Achtzylinder wie 1950. Vier sechssitzige Modelle stehen zur Wahl: „Sedan", 4türig, 2.674/2.769 $. „Club Coupé", 2türig, 2.647/2.742 $. „Hollywood Hardtop", 2türig, 3.000/3.095 $, Stückzahl: 100 (6-Zyl.) und 190 (8-Zyl.).„Brougham Convertible", 2türig, 3.247/3.342 $, Stückzahl: 20 (6-Zyl.) und 30 (8-Zyl.)Stückzahlen im Modelljahr: 1.592 Commodore Six und 3.125 Commodore Eight.

Hornet - Serie 7B (Sechszylinder):

Die Hornet-Modelle basieren auf dem Commodore 8. Die Innenverkleidung besteht aus dunkelblauem oder braunem Leder, die inneren Scheibeneinfassungen bestehen aus Holzimitat. Zur Unterscheidung dieser Modelle dient das spezielle Emblem an den vorderen Kotflügeln, die Kühlerfigur aus Chrom und Gold sowie das Hornet-Zeichen an den vorderen Türen. Preislich besteht kein Unterschied zwischen den Commodore-8- und den Hornet-Modellen. Motor: wie 1951. Vier sechssitzige Modelle stehen zur Wahl: „Sedan", 4türig, 2.769 $. „Club Coupé", 2türig, 2.742 $. „Hollywood Hardtop", 2türig, 3.095 $, 2.160 Stück. „Brougham Convertible", 2türig, 3.342 $, 360 Stück. Stückzahl im Modelljahr: 35.921 Stück.

Gesamtstückzahl 1952: 76.354 Stück. Hudson steht an 14. Stelle der amerikanischen Automobilhersteller.

▲ *1953. „Brougham Convertible", „Sedan" und „Hollywood Hardtop".*

▲ *1953. Hornet „Sedan" Serie 7C.*

HUDSON 1953

Im November 1952 werden unter der Bezeichnung „Jet" und „Super Jet" neue, kleinere Modelle präsentiert. Die Serien Commodore und Pacemaker werden bereits nach kurzer Zeit eingestellt, und der Katalog sieht nur noch drei Serien vor.

Jet Serie 1C (Sechszylinder)
Super Jet Serie 2C (Sechszylinder):

Die Linienführung dieser Modelle ist ausgesprochen konventionell. An die Stelle des Fastback tritt das Notchback. Der Kühlergrill weist eine breite, ovale Öffnung auf. Die hinteren Radabdeckungen werden nur gegen Aufpreis geliefert. Bei den Super-Jet-Modellen befindet sich die Serienbezeichnung seitlich an den vorderen Kotflügeln. Die Motorhaube ist mit einer Dummy-Lüftungsöffnung („Air Scoop") versehen. Motor: Reihensechszylinder. Hubraum: 3,308 Liter. Leistung: 104 PS bei 4.000 U/min. Zwei sechssitzige Modelle stehen zur Wahl:

Jet und Super Jet

„Sedan", 4türig, 1.858/1.954 $.

Super Jet

„Club Coupé", 2türig, 1.933 $. Stückzahl im Modelljahr: 21.143 Stück.

Wasp Serie 4C (Sechszylinder)
Super Wasp Serie 5C (Sechszylinder):

In der Wasp-Serie bietet Hudson ab diesem Jahr ihre Mittelklassemodelle an. Die auf einem Fahrgestell mit 3,02 m basierenden Aufbauten haben sich gegenüber dem Vorjahr nicht geändert. Lediglich der Kühlergrill wurde überarbeitet. Motor: Pacemaker Six von 1952. Fünf Modelle stehen zur Wahl:

Wasp und Super Wasp

„Sedan", 4türig, 6sitzig, 2.311/2.466 $. „Sedan", 2türig, 6sitzig, 2.264/2.413 $. „Club Coupé", 2türig, 6sitzig, 2.311/2.466 $.

Super Wasp

„Hollywood Hardtop", 2türig, 6sitzig, 2.812 $, 590 Stück. „Brougham Convertible", 2türig, 6sitzig, 3.048 $, 50 Stück. Stückzahl im Modelljahr: 17.792 Stück.

Hornet - Serie 7C (Sechszylinder):

Abgesehen vom „Air Scoop" an der Motorhaube haben sich die Modelle dieser Serie gegenüber dem Vorjahr nicht verändert. Zusätzlich zur Wasp-Ausstattung wird folgendes Zubehör geliefert: elektrische Uhr, rechteckige Stoßstangenhörner vorne, Schaumgummisitze, DeLuxe-Radzierkappen, hydraulische Fensterheber (nur beim „Convertible"). Die Innenverkleidung besteht aus Nylongewebe. Motor: wie 1952. Vier sechssitzige Modelle stehen zur Wahl: „Sedan", 4türig, 2.769 $. „Club Coupé", 2türig, 2.742 $. „Hollywood Hardtop", 2türig, 3.095 $, 910 Stück. „Brougham Convertible", 2türig, 3.342 $. Stückzahl im Modelljahr: 27.208 Stück.

Gesamtstückzahl 1953: 77.098 Stück. Hudson steht an 15. Stelle der amerikanischen Automobilhersteller.

HUDSON 1954

Die neuen Modelle werden am 2. Oktober 1953 bei den Vertragshändlern vorgestellt. Nur auf die Jetliner-Serie müssen die Kunden noch 10 Tage warten. Bereits seit sieben Jahren bietet die Marke mehr oder weniger unveränderte Modelle an. Gerüchte von einer bevorstehenden Fusion gehen um. Am 14. Januar 1954 schließlich steht fest, wer der neue Geschäftspartner ist: Gleichzeitig mit der Ankündigung des Italia-Sondermodells wird die Fusion zwischen Hudson und Nash-Kelvinator beschlossen. Am 24. März 1954 gibt die Hauptversammlung der Aktionäre grünes Licht für den Zusammenschluß. So wird die Hudson Motor Company am 1. Mai 1954 zu einer Abteilung der American Motors Corporation. Im Anschluß an diese Fusion bringt Hudson bis 1956 den kleinen Vierzylinder Nash Metropolitan unter seinem Namen auf den Markt. Einziger Unterschied: Anstelle eines „M" ziert ein „H" die Frontpartie des Wagens. Der letzte „echte" Hudson passiert die Werkstore am 29. Oktober 1954.

Jet - Serie 1D (Sechszylinder):

Der neue Kühlergrill weist eine mit vier kleinen „Zähnen" bewehrte mittlere Querstrebe auf. Abgesehen von neuen Farben im Innenraum hat sich an der Ausstattung nichts geändert. Die für die anderenSerien erhältlichen Sonderlackierungen werden für diese Modelle nicht angeboten. Am 12. April 1954 kommt ein ausgesprochen spartanisch ausgestattetes Sparmodell heraus: der „Family Club Sedan". Motor: Jet-Motor von 1953. Drei Modelle stehen zur Wahl: „Sedan", 4türig, 6sitzig, 1.858 $. „Family Club Sedan", 2türig, 1.621 $. „Utility Sedan", 2türig, 6sitzig, 1.837 $. Stückzahl im Modelljahr (einschließlich Super Jet und Jetliner): 14.224 Stück.

Super Jet - Serie 2D (Sechszylinder)
Jetliner - Serie 3D (Sechszylinder):

Die vorderen Kotflügel tragen die Aufschrift SUPER JET. Auch in diesem Jahr weist die Motorhaube die Dummy-Lüftungsöffnung auf. Motor: Super Jet-Motor von 1953. Zwei Modelle stehen zur Wahl: „Sedan", 4türig, 6sitzig, 1.954/2.057 $. „Club Sedan", 2türig, 6sitzig, 1.933/2.046 $.

Wasp Serie 4D (Sechszylinder)
Super Wasp Serie 5D (Sechszylinder):

Stilistisch weisen die 1954er Wasp-Modelle große Ähnlichkeit mit denjenigen der Jet-Serie auf. Der Kühlergrill weist in diesem Jahr eine massive mittlere Querstrebe auf. Sämtliche Fahrzeuge sind mit einer ungeteilten Panorama-Windschutzscheibe ausgestattet. Motor: Reihensechszylinder. Hubraum: 3,8 Liter. Leistung: 126 PS bei 4.400 U/min. (Wasp); bzw. Reihensechszylinder, Hub-

1953. Wasp „Sedan" Serie 4C. ▼

raum: 4,291 Liter, Leistung: 140 PS bei 4.000 U/min. (Super Wasp). Fünf sechssitzige Modelle stehen zur Wahl: „Sedan“, 4türig, 2.256/2.466 $. „Club Sedan“, 2türig, 2.209/2.413 $. „Club Coupé“, 2türig, 2.256/2.466 $. „Hollywood Hardtop“ (nur als Super Wasp), 2türig, 2.704 $, 2.654 Stück. „Brougham Convertible“ (nur als Super Wasp), 2türig, 3.004 $, 1.263 Stück. Stückzahl im Modelljahr: 11.603 Stück.

▲Titelbild des 1954er Hudson-Katalogs.

Hornet Special Six - Serie 6D (6-Zyl.)
Hornet Six - Serie 7D (6-Zyl.):

Abgesehen von einem längeren Radstand (3,15 m) sind die Fahrzeuge dieser Serien beinahe baugleich mit den der Wasp-Modellen. Die vorderen Kotflügel tragen die Aufschrift HUDSON und am Kofferraum ist ein spezielles Emblem angeordnet. Der serienmäßige Lieferumfang ist etwas umfangreicher als der für die Super-Wasp-Serie. Am 19. März 1954 wird die um etwa 115 bis 140 $ preisgünstigere Sparversion (Hornet Special) präsentiert. Motor: Reihensechszylinder. Hubraum: 5,045 Liter. Leistung: 160 PS bei 3.800 U/min. Fünf sechssitzige Modelle stehen zur Wahl: „Sedan“, 4türig, 2.619/2.769 $. „Club Sedan“ (nur als Hornet Special Six), 2türig, 2.571 $. „Club Coupé“, 2türig, 2.619/2.742 $. „Hollywood Hardtop“ (nur als Hornet Six), 2türig, 2.988 $, 2.654 Stück. „Brougham Convertible“ (nur als Hornet Six), 2türig, 3.288 $, 1.263 Stück.

Italia - Custom (Sechszylinder):

Mit diesem auf einem Jet-Chassis basierenden Modell will Hudson eine Alternative zur Chevrolet Corvette, zum Ford Thunderbird und zum Chrysler Ghia bieten. Der Entwurf für die bei der Mailänder Carrozzeria Touring gefertigte Aluminium-Karosserie stammt von Frank Spring. Zur Ausstattung gehören Borrani-Speichenräder, eine ungeteilte Windschutzscheibe, „Air-Scoop“-Lüftungsöffnung, komfortable, mit dreilagigem Schaumstoff gepolsterte Leder-Schalensitze, dicker Teppichboden, Weißwandreifen, Heizung, Radio, Blinker (serienmäßig, nicht wie sonst gegen Aufpreis) und Rückfahrscheinwerfer. Motor: Reihensechszylinder. Hubraum: 3,3 Liter. Leistung: 114 PS bei 4.000 U/min. Nur ein einziges Modell: „GT Sport Coupé“, 2türig, 4sitzig, 4.800 $, 27 Stück. (25 Stück plus einem „Coupé“-Prototyp und einem viertürigen X-161-Prototyp). Heute existieren noch 21 dieser Wagen. Gesamtstückzahl 1954: 28.032 Stück Hudson steht an 15. Stelle der amerikanischen Automobilhersteller.

Ganz oben: 1954. Super Jet „Sedan“ Serie 2D. Darunter: Blick in den Kofferraum. Rechts: Innenansicht.

HUDSON 1955

Die neuen Modelle werden am 23. Februar 1955 auf dem Chicagoer Automobilsalon präsentiert. Seit der Gründung der American Motors Corporation produzieren Nash und Hudson ihre Fahrzeuge auf denselben Montagebändern im Werk von Kenosha im US-Bundesstaat Wisconsin. Beide Marken verwenden die gleichen Karosserien und die gleichen Motoren. Sie verkaufen ihre Produkte auch zum gleichen Preis. Bis auf das „H“ für Hudson bzw. „N“ für Nash an den Radkappen und am Kühlergrill sind die Fahrzeuge beider Hersteller absolut identisch.

Rambler 5500 (Sechszylinder):

Vier verschiedene Ausstattungsvarianten stehen zur Wahl: Die Fleet-Modelle sind schlicht und schmucklos mit ihren lackierten Scheinwerfereinfassungen und Windschutzscheiben ohne Chromumrandung. Ihre Ausstattung beschränkt sich auf das Allernotwendigste. Die DeLuxe-Modelle weisen verchromte Scheinwerfereinfassungen auf; die hinteren Kotflügel tragen die Aufschrift DELUXE. Die Super-Modelle tragen die „Air Scoop“-Lüftungsöffnung auf der Haube. Die Custom-Modelle weisen eine luxuriöse Innenausstattung auf. Sie sind an dem außen am Heck montierten Reserverad und dem CUSTOM-Schriftzug an den vorderen Kotflügeln zu erkennen. Motor: Reihensechszylinder. Hubraum: 3,203 Liter. Leistung: 90 PS bei 3.800 U/min. Zwölf Modelle stehen zur Wahl: Fleet Special „Utility Wagon“, 2türig, 3sitzig, 1.570 $, 21 Stück. "DeLuxe Business Sedan", 2türig, 3sitzig, 1.457 $, 34 Stück. DeLuxe „Sedan“, 4türig, 6sitzig, 1.695 $. „Club Sedan“, 2türig, 5sitzig, 1.585 $

„Suburban“ 2türig, 5sitzig, 1.771 $. Super „Sedan“, 4türig, 6sitzig, 1.798 $. „Club Sedan“, 2türig, 5sitzig, 1.683 $, 2.970 Stück. „Suburban“, 2türig, 5sitzig, 1.869 $, 1.335 Stück. „Country Sedan“, 4türig, 6sitzig, 1.975 $, (hiervon wurde kein einziges Exemplar verkauft) Custom „Sedan“, 4türig, 6sitzig, 1.989 $. „Cruiser Country“, 4türig, 5sitzig, 2.098 $, 12.023 Stück. „Country Club“ 4türig, 5sitzig, 1.995 $, 601 Stück. In der Rambler-Serie wurden insgesamt 7.210 Stück des „Sedan“ produziert.

Wasp Super und Wasp Custom - Serie 40 :

Zur Unterstreichung der Markenindividualität beschließt das AMC-Management, die Hudson-Modelle weiterhin mit dem mittlerweile reichlich betagten Jet-Aggregat auszurüsten. Weiteres Unterscheidungsmerkmal zum Nash-Schwesterfabrikat ist die Zweikreisbremsanlage. Das Reserverad ist außen unter einer in Karosseriefarbe lackierten Metallabdeckung montiert. Die Standlichter sind links und rechts neben dem „Egg Crate“-Kühlergrill angeordnet. Anstelle des „Air Scoop“ tritt eine breite Lüftungsöffnung unterhalb der Windschutzscheibe. Die Motorhaube trägt die Aufschrift HUDSON (in Relief-Großbuchstaben). Eine lange Chromleiste verläuft von den Scheinwerfern über die vorderen Kotflügel bis zu den Türgriffen. Eine weitere Leiste beginnt am vorderen Rand des Türfensters und verläuft parallel zur Kontur des hinteren Kotflügels bis zu den Rücklichtern. Jetzt tragen die vorderen Kotflügel die Aufschrift SUPER oder CUSTOM. Die A-Säulen sind nach vorne geneigt. Motor: Reihensechszylinder. Hubraum: 3,308 Liter. Leistung: 120 PS bei 4.000 U/min. Drei sechssitzige Modelle stehen zur Wahl: Super „Sedan“, 4türig, 2.290 $ (Die Stückzahl ist in der Angabe für den Custom „Sedan“ enthalten).Custom „Sedan“, 4türig, 2.460 $, 5.551 Stück. „Hollywood Hardtop“, 2türig, 2.570 $, 1.640 Stück.

Hornet Super Serie 40 (Sechszylinder) Hornet Custom Serie 80 (V8):

Abgesehen von einem größeren Radstand (3,08 m anstatt 2,90 m) entsprechen diese Modelle denjenigen der Wasp-Serie. Die vorderen Kotflügel tragen die Aufschrift HORNET. Die Ausstattung ist umfangreich und aufwendig verarbeitet. Motor: Reihensechszylinder. Hubraum: 5,045 Liter. Leistung 160 PS bei 3.800 U/min. oder V8, Hubraum: 5,241 Liter. Leistung: 208 PS bei 4.200 U/min. Gegen Aufpreis kann ein 170 PS starker Sechszylindermotor oder der neue Packard-V8 mit Twin Ultramatic-Getriebe geordert werden. Drei sechssitzige Modelle stehen zur Wahl: Super Six und V8 „Sedan“, 4türig, 2.565/2.825 $. Custom Six und V8 „Sedan“, 4türig, 2.760/3.015 $, 5.357 und 4.449 Stück. „Hollywood Hardtop“, 2türig, 2.880/3.145 $, 1.554 und 1.770 Stück.

1956. Phantomzeichnung zur Verdeutlichung des Karosserieaufbaus. ▼

▲1955. Hornet Custom „Sedan“ und „Hollywood Hardtop“ (beide Serie 80).

1957. Hornet Custom „Hardtop Coupé“ Serie 80. ▼

HUDSON 1956

Die Präsentation der neuen Modelle erfolgt am 30. November 1955. Die Rambler-Serie folgt mit zweiwöchiger Verspätung. Im Prinzip handelt es sich um die gleichen Fahrzeuge wie im Vorjahr. Es wurden jedoch einige Modelle aus dem Katalog gestrichen. Die Rambler weisen als einzige einen geänderten Radstand. Ein außen montiertes Reserverad wird nur noch für die Hornet-Serie angeboten.

Rambler 5600 (Sechszylinder):

Abgesehen von den Hudson-Radzierkappen und dem Kühlergrill sind diese Fahrzeuge baugleich wie die Namensvetter von Nash. An der Ausstattung hat sich gegenüber 1955 nichts geändert. Motor: Reihensechszylinder.

Hubraum: 3,203 Liter. Leistung: 120 PS bei 4.200 U/min. Sieben sechssitzige Modelle stehen zur Wahl: DeLuxe „Sedan“, 4türig, 1.826 $. Super „Sedan“, 4türig, 1.936 $. „Station Wagon“, 4türig, 2.230 $. „Hardtop Station Wagon“, 4türig, 2.491 $. Custom „Sedan“, 4türig, 2.056 $. „Station Wagon“, 4türig, 2.221 $. „Hardtop Station Wagon“, 4türig, 2.326 $. Stückzahl 1956: 20.496 Stück. Detailliertere Stückzahlangaben liegen nicht vor.

Wasp - Serie 40 (Sechszylinder):
Der Kühlergrill besteht aus einem sehr engmaschigen Gitter. In der V-förmigen Einkerbung der oberen Kühlereinfassung ist das Hudson-Emblem angeordnet. Die Serienbezeichnung befindet sich an der hinteren Tür oberhalb des V in der seitlichen Zierleiste (siehe Illustrationen). Motor: Reihensechszylinder. Hubraum: 3,308 Liter. Leistung: 120 PS bei 4.000 U/min. Gegen Aufpreis ist ein stärkeres Aggregat lieferbar (3,308 Liter, 130 PS bei 4.000 U/min). Nur ein einziges Modell: „Super Sedan“, 4türig, 6sitzig, 2.416 $, 2.519 Stück.

Hornet-Serie 50 Hornet-Serie 80 (V8):
Abgesehen von einer umfangreicheren und aufwendiger verarbeiteten Ausstattung entsprechen die Modelle dieser Serie den Wasp-Modellen. Die Serienbezeichnung befindet sich oberhalb des V an der seitlichen Zierleiste. Die

Links:
1956. Die Filmstars John Forsythe und Eli Wallach werben für Hudson (gezeigtes Modell: Hornet Custom „Sedan“).

1956. Hornet Custom „Sedan“. ▼

Links: 1956. Hornet Super „Sedan“.

▲ *1954. Der Hudson Italia Custom wird bei Touring gefertigt. Zeichnung von Leslie Saalsburg.*

Fahrzeuge werden wahlweise mit Dreigangschaltgetriebe, Hydra-Matic oder Packard-Ultramatic ausgestattet. Motor: Reihensechszylinder. Hubraum: 5,045 Liter. Leistung: 165 PS bei 3.800 U/min. Gegen Aufpreis kann ein stärkerer Sechszylindermotor oder ein Packard-V8 (5,765 Liter, 220 PS bei 4.600 min-1) geordert werden. Fünf sechssitzige Modelle stehen zur Wahl:

Super
„Sedan“, 4türig, 2.777 $.

Custom (Sechszylinder)
„Sedan“, 4türig, 3.019 $, 3.022 Stück. „Hollywood Hardtop“, 2türig, 3.136 $, 358 Stück.

Custom (V8)
„Sedan“, 4türig, 3.286 $, 1.962 Stück. „Hollywood Hardtop“, 2türig, 3.429 $, 1.053 Stück.

Hornet Special Serie 50 (V8):
Unter der altbekannten Bezeichnung wird am 5. März 1956 eine neue Serie präsentiert: Die auf einem Wasp-Chassis basierenden Modelle sind mit einem leistungsstarken AMC-V8-Aggregat ausgestattet (4,095 Liter, 190 PS bei 4.900 U/min). Innen wie außen sind die Modelle mit den Super Hornet vergleichbar. Zwei Modelle stehen zur Wahl: „Super Sedan“, 4türig, 2.626 $, 1.528 Stück. „Super Hollywood Hardtop“, 2türig, 2.471 $, 229 Stück.
Gesamtstückzahl 1956: 22.588 Stück.

HUDSON 1957

Dies ist das letzte Jahr für die Marke. Der Katalog sieht nur noch die Hornet-Modelle vor.Wichtigste Neuerungen gegenüber dem Vorjahr: 14 Zoll-Bereifung, Hydra-Matic-Getriebe, stärkerer Motor, Doppelrohr-Auspuffanlage, modernere Innenausstattung, gepolstertes Armaturenbrett, 12-Volt-Anlage. Der letzte Hudson Wagen läuft am 25. Oktober 1956 vom Band.

Hornet - Serie 80 (V8):
In der Custom-Variante stehen 32 Farben zur Auswahl. Motor: V8. Hubraum: 5,356 Liter. Leistung: 255 PS bei 4.700 U/min. Vier sechssitzige Modelle stehen zur Wahl:
Super „Sedan“, 4türig, 2.821 $, 1.103 Stück. „Hardtop Coupé“, 2türig, 2.911 $, 266 Stück.
Custom „Sedan“, 4türig, 3.011 $, 1.256 Stück. „Hardtop Coupé“, 2türig, 3.101 $, 483 Stück.
Gesamtstückzahl 1957: 1.345 Stück.

KAISER (1945 - 1955)

1952. Der Kaiser „Traveler“ – ein typisches Vertreterfahrzeug. ▼

Kaiser-Emblem.

Firmengründer Henry J. Kaiser.

Die Kaiser-Frazer Corporation wird am 9. August 1945 im US-Bundesstaat Nevada gegründet. Gesellschafter sind Henry J. Kaiser - der während des Zweiten Weltkrieges mit seiner Schiffswerft ein Vermögen erwirtschaftet hatte - und Joseph W. Frazer, Chef der ehemaligen Graham-Paige-Automobilwerke. Die beiden haben sich vorgenommen ein ganz besonderes Automobil zu bauen mit dem es keine andere Marke aufnehmen kann. Die Geschäftspartner bringen unter dem Namen Kaiser und Frazer gleich zwei Marken heraus. Chassis und Karosserie sind identisch, die Unterschiede bestehen nur in der Verarbeitungsqualität und in der Ausstattung. Die Frazer sind um etwa 200 bis 600 Dollar teurer als die vergleichbaren Kaiser-Modelle. Zuerst wird in einem von Kaisers Werken an der Westküste produziert, bis man sich schließlich in Willow Run, Michigan, unweit von Detroit, niederläßt. Anfangs konzentrieren sich alle Anstrengungen auf den Bau eines Fronttrieblers. Dieser wird auch bis zum Prototyp entwickelt, erreicht jedoch aus ungeklärten Gründen nie die Produktionsreife.
1947 sind bereits 70.000 Automobile der Firma auf dem Markt, und die Zukunft des Unternehmens scheint gesichert. Doch die großen Automobilhersteller nehmen die Herausforderung durch den Neuankömmling an. Sie reagieren mit einem Preiskrieg, dem Kaiser-Frazer nicht gewachsen ist. Finanzielle Probleme sind die unausweichliche Folge.
Kaiser beschließt 1950 eine komplett überarbeitete Modellpalette herauszubringen, doch aus vielerlei Gründen kann das Werk die gesetzten Termine nicht einhalten. Im Oktober 1949 steht schließlich fest, daß für die Überarbeitung der Modelle keine Zeit mehr bleibt. Um dennoch mit 1950er Modellen aufwarten zu können, beschließt man, an den im Vorjahr produzierten Wagen einfach die Schilder mit der Fahrgestellnummer auszutauschen: In einem Schreiben vom 3. November 1949 wird den Vertragshändlern der Besuch eines Mitarbeiters des Stammwerks angekündigt, der die Schilder an allen Fahrzeugen austauschen soll. Gleichzeitig verpflichtet man die Vertragshändler dazu, diese „Austauschaktion“ den Kunden gegenüber vertraulich zu behandeln. Anhand der Verkaufszahlen läßt sich belegen, daß es sich bei 16% aller 1950 verkauften Fahrzeuge um Wagen von 1949 handelt. Offiziell beginnt das Modelljahr am 7. November 1949 und endet am 16. Februar 1950. An diesem Tag werden die neuen 1951er Modelle präsentiert. Diese enthalten schließlich doch die Neuerungen, die eigentlich bereits für 1950 geplant waren.
Für die Überarbeitung der neuen Modelle suchte die Marke erneut den fachkundigen Beistand von Howard „Dutch“ Darrin. Die von dem genialen Designer entworfenen Fahrzeuge sind von der Konzeption her völlig neu; sie bleiben bis zur endgültigen Werksschließung im Jahr 1955 im wesentlichen unverändert im Programm. Für die luxuriöse, aufwendig verarbeitete Innenausstattung zeichnet Carlton Spencer verantwortlich. Das Ergebnis kann sich sehen lassen. Herbe Kritik übt die Fachpresse jedoch an dem viel zu schwachen Motor: Der „Supersonic“ ist ein Sechszylinderaggregat mit nur 115 PS - und dies zu einer Zeit, in der die meisten anderen Hersteller bereits mit wesentlich leistungsstärkeren V8-Motoren aufwarten. Pluspunkte erntet die Marke wie immer durch das gelungene Styling der Karosserien. Besonders die viertürige, sechssitzige Limousine kommt auf dem Markt gut an: Über 39.000 Stücke dieses Modells können verkauft werden. Auch der „Utility Sedan“ und das „Business Coupé“ sind höchst erfolgreich. Leider wurde der wunderschöne viertürige, sechssitzige „Convertible“ von 1949 aus dem Programm genommen. Angesichts knapper Finanzen muß die Firma ihre Modellpalette straffen-. Ab 1953 muß sich Kaiser gar auf ein einziges Modell, den „Sedan“ in einer 2- und einer 4türigen Version, beschränken. Nachfolgend seien die zwei wichtigsten Modelle der Marke im einzelnen behandelt. Hierbei handelt es sich um den nach dem Firmengründer benannten „Henry J“ und den nach dem Hausstylisten der Marke benannten „Kaiser-Darrin“.

HENRY J

Im Frühjahr 1950 wird unter dieser Bezeichnung ein neues

Rechts: 1952. Blick ins Innere eines Kaiser DeLuxe „Sedan".

Unten: 1954. Kaiser Manhattan „Sedan".

Rechts: 1950. Kaiser Virginian „Sedan".

Modell präsentiert, das laut Werbung „von einer über 600-jährigen Erfahrung im Bereich des Automobils profitiert". Das klingt nach einer geradezu haarsträubenden Übertreibung, doch der Hersteller rechtfertigt seine Aussage so: Für das „beste Automobil auf dem amerikanischen Markt" werden Teile von namhaften Zulieferern wie Goodyear, Borg-Warner, Monroe, Auto Lite und anderen verwendet. Rechnet man die Jahre zusammen, in denen jeder einzelner dieser Zulieferer ihr umfangreiches Know-How erworben hat, so kommt man tatsächlich auf

Unten: 1951. Henry J. (Standardmodell).

▲ 1954. Besonderer Gag des Kaiser-Darrin: Die Schiebetüren.

600 Jahre. Der Prototyp für das Modell stammt von der Detroiter Metal Products Corporation. Chefdesigner Darrin ändert nur einige Kleinigkeiten, bevor der Wagen in Serie geht. Der relativ kleine, zweitürige „Sedan" weist ein Fastback mit gerade nach hinten gezogenen rückwärtigen Kotflügeln und schmalen Heckflossen auf. Nur die 1952er Modelle haben noch das außen am Heck montierte Reserverad. Die Frontpartie des Wagens stößt bei vielen potentiellen Käufern auf Ablehnung. Der Henri J ist eigentlich auf die Zielgruppe der Kleinverdiener abgestimmt und soll nach dem Willen des Herstellers die Nachfolge des „Model T" von Ford antreten. Doch der Preis paßt nicht in dieses Konzept. Mit anfänglich 1.363 Dollar für den Vier- und 1.499 Dollar für den Sechszylinder (ab 1954 sogar 1.404 bzw. 1.566 Dollar) ist der Henry J nicht billiger als die Konkurrenz: Einen Ford kann man 1953 ab 1.416 Dollar erwerben. So erweist sich der Wagen als Flop, und die Produktion muß schon nach kurzem eingestellt werden. Das „Modelljahr 1954" währt nur noch 17 Tage (vom 3. bis zum 20. November 1953).

Stückzahlen 1951: 38.500 Standard Vierzylinder und 43.400 DeLuxe Sechszylinder. 1952: 3.000 Vagabond Vierzylinder, 7.600 Corsair Vierzylinder und 2.900 Vagabond DeLuxe Sechszylinder. 1953: 9.333 Corsair Vierzylinder und 8.172 Vagabond DeLuxe Sechszylinder. 1954: 800 Corsair Vierzylinder und 325 Vagabond DeLuxe Sechszylinder.

KAISER-DARRIN

Am 26. September 1952 kündigt Kaiser einen neuen offenen Sportwagen mit Kunststoffkarosserie an. Die ersten Prototypen erscheinen im darauffolgenden Februar und sind in der Folgezeit auf verschiedenen Automobilsalons in den Vereinigten Staaten zu sehen. Die Produktion läuft im November 1953 an und die ersten Modelle treffen am 6. Januar1954 bei den Vertragshändlern ein. Eine Besonderheit der weitgehend in Handarbeit gefertigten Fahrzeuge sind die beiden Schiebetüren. Es entstehen insgesamt 435 Exemplare. Nach der Schließung des Kaiser-Werks erwirbt Howard „Dutch" Darrin die noch vorhandenen Rohkarosserien, Fahrgestelle und diverse andere Einzelteile. Hieraus entstehen zwischen 1955 und 1858 insgesamt 50 weitere Exemplare dieses Sportwagens. Als Herzstück dient in diesem Fall der V8-Motor des Cadillac Eldorado (anfangs 270, später sogar 335 PS!).

Die Firma Kaiser stellt ihre Geschäftstätigkeit im Jahr 1955 ein, doch die Fahrzeuge der Marke werden noch sieben Jahre lang unter dem Namen „Carabella" in Argentinien produziert.

1950. Lincoln Cosmopolitan „Sport Sedan".

LINCOLN

Von 1920 bis heute

Rechts: 1950. Lincoln-Frontpartie.

Im Jahr 1917 kehren Henri Martyn Leland und sein Sohn Wilfred der Firma Cadillac im Streit den Rücken. Firmenchef William C. Durant hatte Lelands Vorschlag, in den Cadillac-Werks-hallen Flugzeugmotoren für den Kriegseinsatz der US Air Force zu fertigen, abgelehnt. Der 74-jährige Leland aber ist ein Patriot wie er im Buche steht, und so entschließt er sich – trotz seines hohen Alters – zur Gründung eines eigenen Unternehmens. Es entsteht die Lincoln Motor Company, so benannt nach dem ersten Präsidenten, dem Leland 1964 seine Stimme gegeben hatte. Anfangs stellt die Firma also keine Automobile, sondern Liberty-Flugzeug-motoren her. Im Zusammenhang mit einem Großauftrag der Regierung wird Leland ein Vorschuß von 10 Millionen Dollar gewährt. Bei Kriegsende steht Leland vor ernsten Problemen. Er verfügt inzwischen über umfangreiche Fertigungsanlagen, und seine 6.000 Mann starke Belegschaft will beschäftigt sein. Die Entscheidung, Automobile anstelle von Flugzeugmotoren herzustellen, liegt auf der Hand, denn in diesem Bereich kennt Leland sich aus. Es muß bei Null angefangen werden, doch die Amerikaner haben vollstes Vertrauen in das neue Unternehmen: Bereits am ersten Tag werden Aktien im Wert von 6,5 Millionen Dollar verkauft. Dies ist das Stammkapital der Gesellschaft. Für Leland kommt von vornherein nur die Fertigung eines qualitativ hochwertigen Fahrzeugs in Frage. Infolge einer verfehlten Modellpolitik gerät das Unternehmen jedoch in wirtschaftliche Schwierigkeiten und muß 1921 Konkurs anmelden. Es gilt, einen Käufer für das marode Unternehmen zu finden. Am 4. Februar 1922 übernimmt Henry Ford auf Wunsch seines Sohnes Edsel die Lincoln Motor Company für 8 Millionen Dollar. Edsel Ford hatte schon immer ein qualitativ hochwertiges Fahrzeug produzieren wollen. Das Ford Modell T – das billigste auf dem amerikanischen Markt angebotene Automobil – war ihm zu schlicht, zu simpel. In der Übernahme des Lincoln-Werks sieht er seine grosse Chance. Unter der Präsidentschaft Edsel Fords erlangen die Fahrzeuge der Marke grosses Renommee. Berühmte amerikanische Karosseriedesigner liefern gelungene Entwürfe. Nach Ende des zweiten Weltkriegs, im September 1945, präsentiert Lincoln seine

▲ 1950. Lincoln Cosmopolitan „Convertible".

ersten Nachkriegsmodelle. Wie bei allen anderen Herstellern handelt es sich auch in diesem Fall um eine überarbeitete Neuauflage der 1942er Versionen. Die Amerikaner zeigen aber trotzdem besonderes Interesse für die Fahrzeuge der Marke: Der Lincoln Continental wurde schon bei seiner Lancierung von der Fachpresse zum „Klassiker" erkoren und ist auch nach dem Krieg noch etwas besonderes! 1945 können nicht mehr als 569 Fahrzeuge montiert werden, da sich die Beschaffung von qualitativ hochwertigen Materialien, wie sie für die Herstellung eines Luxusautomobils benötigt werden, als höchst schwierig erweist. In der Lincoln-Entwicklungsabteilung wird bereits fieberhaft an der Entwicklung völlig neuer Fahrzeuge gearbeitet.

Im September 1945 rückt Edsel an die Spitze der Ford Motor Company auf und die Marken Lincoln und Mercury werden zur Lincoln-Mercury Division zusammengefaßt. Von nun an sind sich die Fahrzeuge beider Marken zum verwechseln ähnlich. Aus der Ferne kann man einen Mercury 1949 von einem Lincoln nicht unterscheiden. Deutlichstes Unterscheidungsmerkmal ist der Kühlergrill.

LINCOLN 1950

Die 1950er Modelle haben sich gegenüber dem Vorjahr kaum geändert. Neu ist dic Frontpartie mit dem breiten Kühlergrill. Die originellen zurückversetzten Scheinwerfer bleiben erhalten. Gegen Aufpreis kann ab diesem Jahr für beide Serien das GM-Automatikgetriebe (Hydra-Matic) geordert werden.

Lincoln Serie 0EL:

Die vorderen Kotflügel tragen unterhalb der seitlichen Zierleiste die Aufschrift LINCOLN. Die Modelle dieser Serie weisen eine geteilte Windschutzscheibe auf. Im Laufe des Jahres kommt das „Lido Coupé", ein Modell mit Vinyl-Verdeck und Custom-Innenausstattung, heraus. Motor (für beide Serien gleich): V8. Hubraum: 5,515 Liter. Leistung: 152 PS bei 3.600 U/min. Drei sechssitzige Modelle stehen zur Wahl: „Club Coupé", 2türig, 2.529 $ und „Lido Coupé", 2türig, 2.721 $, 5.748 Stück. „Sport Sedan" 2türig, 2.576 $, 11.741 Stück.

Cosmopolitan Serie 0EH:

Die vorderen Kotflügel tragen die Aufschrift COSMOPOLITAN. Die Modelle dieser Serie weisen eine ungeteilte Windschutzscheibe auf. Im Laufe des Jahres kommt das „Capri Coupé", ein Hardtop-Modell mit ledernem Himmel und Custom-Innenausstattung, heraus. Vier sechssitzige Modelle stehen zur Wahl: „Club Coupé", 2türig, 3.187 $, 1.315 Stück. „Capri Coupé", 2türig, 3.406 $, 509 Stück. „Sport Sedan", 4türig, 3.240 $, 8.332 Stück. „Convertible", 2türig, 3.950 $, 536 Stück.

Gesamtstückzahl 1950: 35.485 Stück. Lincoln steht an 18. Stelle der amerikanischen Automobilhersteller. Im Auftrag des Weißen Hauses fertigt die Marke zehn Sondermodelle. Die überlangen Limousinen weisen seitliche Trittbretter für die Sicherheitsbeamten auf. Als Antriebsaggregat dient ein hoch verdichteter 152 PS starker Achtzylindermotor. Der „Präsidentenwagen" ist mit Hydra-Matic-Getriebe ausgestattet und basiert auf einem Spezial-Chassis mit besonderer Federung und einem verlängerten Radstand von 3,86 m montiert. Die Gesamtlänge beträgt 6,09 m. Das Gewicht liegt um 30% höher als bei einem viertürigen „Sport Sedan" aus der Serienproduktion. Eine Trennscheibe trennt die Fahrerkabine zum Fond hin ab. Die Passagiere im Fond können über eine Gegensprechanlage mit dem Fahrer kommunizieren. Vergoldete Verkleidungen und Sitzbezüge aus Eidechsenleder prägen das stilvolle Interieur.

LINCOLN 1951

Die am 15. November 1950 vorgestellten Fahrzeuge unterscheiden sich nur durch Details von den Vorjahresmodellen. Neu ist lediglich das Design des Kühlergrills.

Lincoln Serie 1EL:

Die Fahrzeuge beider Serien basieren auf einem Fahrgestell mit einem Radstand von 3,17 m. Das Heck wurde etwas verlängert. Die geteilte Windschutzscheibe bleibt erhalten. Motor (für beide Serien gleich): V8. Hubraum: 5,515 Liter. Leistung: 154 PS bei 3.600 U/min. Drei sechssitzige Modelle stehen zur Wahl: „Club Coupé", 2türig, 2.505 $ und „Lido Coupé", 2türig, 2.702 $, 4.482 Stück. „Sport Sedan", 2türig, 2.553 $, 12.279 Stück.

Cosmopolitan Serie 1EH:

Die Fahrzeuge dieser Serie sind an der ungeteilten Windschutzscheibe und der Aufschrift COSMOPOLITAN an den vorderen Kotflügeln zu erkennen. Die hinteren Radabdeckungen und die verchromten Scheibeneinfassungen gehören zum serienmäßigen Lieferumfang. Vier sechssitzige Modelle stehen zur Wahl: „Club Coupé", 2türig, 3.129 $, 1.476 Stück. „Capri Coupé", 2türig, 3.350 $, 1.251 Stück. „Sport Sedan", 4türig, 3.182 $, 12.229 Stück. „Convertible", 2türig, 3.891 $, 857 Stück.

Gesamtstückzahl 1951: 25.386 Stück.

LINCOLN 1952

In diesem Jahr wartet die Marke mit radikal überarbeiteten, rassigen Modellen auf. Die wirkt wesentlich zierlicher als zuvor. Der Kühlergrill und die Stoßstangen wurden in die Frontpartie integriert. Die Scheinwerfer sind nicht mehr zurückversetzt. Die vordere Kotflügelkontur ist mit einer kurzen, spitz zu-

1952. Capri Special Custom „Convertible". ▲

▲ *1951. Lincoln Cosmopolitan „Sport Sedan".*

▲ *1951. Blick ins Innere eines Lincoln Cosmopolitan „Convertible".*

laufenden Leiste betont. Vorne auf der Motorhaube ist das Lincoln-Emblem angeordnet. Eine lange Zierleiste verläuft über die gesamte Seitenpartie. Die Fahrzeuge beider Serien werden mit einer ungeteilten Windschutzscheibe ausgeliefert. Der Tankverschluß ist versteckt hinter dem Kennzeichen angeordnet. Die Capri-Modelle bilden jetzt eine eigene Serie. Das Hydra-Matic-Getriebe gehört bei beiden Serien zur Standardausstattung. Der Radstand beträgt für alle Modelle 3,12 m.

Cosmopolitan Serie 2H:

Motor (für beide Serien gleich): V8. 5,199 Liter. Leistung: 152 PS bei 3.600 U/min. Zwei sechssitzige Modelle stehen zur Wahl: „Hardtop Sport Coupé“, 2türig, 3.293 $, 4.545 Stück. „Sedan“, 4türig, 3.198 $. (Die Stückzahl ist in der Angabe für den 4türigen „Sedan“ der Capri-Serie enthalten).

Capri Serie 2H:

Bei der Capri-Serie handelt es sich um die luxuriösere Ausstattungsvariante. Drei sechssitzige Modelle stehen zur Wahl: „Hardtop Coupé“, 2türig, 3.518 $, 5.681 Stück. „Sedan“, 4türig, 3.331 $, 15.854 Stück. „Convertible“, 2türig, 3.665 $, 1.191 Stück.

Gesamtstückzahl 1952: 31.992 Stück.

LINCOLN 1953

Abgesehen einem vergoldeten V in der Mitte des Kühlergrills und dem fehlenden Lincoln-Schriftzug auf der Haube hat sich gegenüber dem Vorjahr nichts geändert.

Cosmopolitan Serie 8H:

Motor (für beide Serien gleich): V8. Hubraum: 5,200 Liter. Leistung: 205 PS bei 4.200 min-1. Zwei sechssitzige Modelle stehen zur Wahl: „Hardtop Sport Coupé“, 2türig, 3.322 $, 6.562 Stück. „Sedan“, 4türig, 3.226 $, 7.560 Stück.

Capri Serie 8H:

Die Modelle dieser Serie sind an der zusätzlichen Zierleiste im Schwellenbereich zu erkennen. Drei sechssitzige Modelle stehen zur Wahl: „Hardtop Coupé“, 2türig, 3.549 $, 12.916 Stück. „Sedan“, 4türig, 3.453 $, 11.352 Stück. „Convertible“, 2türig, 3.699 $, 2.372 Stück.

Gesamtstückzahl 1953: 41.962 Stück.

LINCOLN 1954

Der LINCOLN-Schriftzug befindet sich jetzt an den vorderen Kotflügeln. Die schräge Chromblende am hinteren Kotflügelansatz wurde durch einen verchromten Steinschlagschutz ersetzt. Das V am Kühlergrill fehlt.

Cosmopolitan: Motor V8

Hubraum: 5,200 Liter, Leistung: 205 PS bei 4.200 U/min. Zwei sechssitzige Modelle stehen zur Wahl: „Hardtop Sport Coupé“, 2türig, 3.625 $, 2.994 Stück. „Sedan“, 4türig, 3.522 $, 4.447 Stück.

Capri:

Einzige Unterscheidungsmerkmale zu den Modellen der Cosmopolitan-Serie ist die Zierleiste im Schwellenbereich und die Serienbezeichnung am hinteren Kotflügel. Drei sechssitzige Modelle stehen zur Wahl: „Hardtop Coupé“, 2türig, 3.869 $, 14.003 Stück. „Sedan“, 4türig, 3.711 $, 13.598 Stück. „Convertible“, 2türig, 4.031 $, 1.951 Stück.

Gesamtstückzahl 1954: 35.733 Stück.

LINCOLN 1955

Zum vierten Mal hintereinander wartet Lincoln mit nahezu unveränderten Modellen auf. Lediglich der überarbeitete Kühlergrill sorgt für ein etwas moderneres Aussehen. Eine lange gerade Zierleiste verläuft über die Seitenpartie. Der Steinschlagschutz am hinteren Kotflügel ist nach hinten bis zum Stoßfänger

▼1954. Capri „Sedan“.

▼Das Titelbild des 1953er Lincoln-Katalogs zeigt einen Capri und einen Cosmopolitan.

Links: 1954. Capri „Hardtop Coupé“.

1955. Capri „Hardtop Coupé“.▼

1956. Blick ins Innere eines Capri „Hardtop Sport Coupé“.▼

1956. Capri „Hardtop Coupé“.▲

gezogen. Die Haube trägt die Aufschrift LINCOLN.

Custom:

Der „Hardtop“ weist eine zusätzliche Leiste im Schwellenbereich auf. Motor: V8. Hubraum: 5,585 Liter. Leistung: 225 PS bei 4.400 U/min. Zwei sechssitzige Modelle stehen zur Wahl: „Hardtop Sport Coupé“, 2türig, 3.666 $, 1.362 Stück. „Sedan“, 4türig, 3.563 $, 2.187 Stück.

Capri:

Der hintere Kotflügel trägt die Aufschrift CAPRI. Zur Unterscheidung von den einfacheren Custom-Modellen dient die zusätzliche Zierleiste im Schwellenbereich. Drei sechssitzige Modelle stehen zur Wahl: „Hardtop Coupé“, 2türig, 3.910 $, 11.462 Stück. „Sedan“, 4türig, 3.752 $, 10.724 Stück. „Convertible“, 2türig, 4.072 $, 1.487 Stück.

Gesamtstückzahl 1955: 41.226 Stück. Die Firma Lincoln, die seit Oktober 1945 Bestandteil der Lincoln-Mercury Division ist, wird am 18. April 1954 wieder zu einer unabhängigen Marke innerhalb des Ford-Konzerns.

LINCOLN 1956

Anfang September 1955 präsentiert Lincoln völlig neu gestylte Modelle. Beim Entwurf ließen sich die Designer von zwei Traumautos, dem XL 500 und dem XM 800 leiten. Die sanft geschwungene Linienführung ist von geradezu vorbildlicher Ausgewogenheit. Die Scheinwerfer sind durch die leicht überstehenden Kotflügel geschützt. Das Kühlergitter besteht aus schmalen, horizontalen Lamellen. Die Standlichter sind seitlich am oberen Holm des zweiteiligen Stoßfängers angeordnet. Die Auspuffrohre sind in die Hörner des hinteren Stoßfängers integriert. Alle Modelle werden serienmäßig mit hinteren Radabdeckungen ausgeliefert. Auf dem Pariser Salon wird am 6. Oktober 1955 unter der Bezeichnung „Mark II Continental“ eine neue Serie präsentiert-. Alle Automobile des Ford-Konzerns werden ab 1956 mit neuem Sicherheitszubehör ausgestattet (Teleskoplenksäule, gepolstertes Armaturenbrett etc.) Auch die Sicherheitsschlösser sind neu.

Capri:

Die Modelle dieser Serie sind an der Aufschrift CAPRI am hinteren Kotflügel und an den Radkappen zu erkennen. Motor: V8. Hubraum: 6,027 Liter. Leistung: 285 PS bei 4.600 U/min. Zwei sechssitzige Modelle stehen zur Wahl: „Hardtop Sport Coupé“, 2türig, 4.119 $, 4.355 Stück. „Sedan“, 4türig, 4.212 $, 4.436 Stück.

Première:

Bei diesen Modellen gehören elektrische Fensterheber und vierfach verstellbare Sitze zum serienmäßigen Lieferumfang. Die hinteren Kotflügel tragen die Aufschrift PREMIERE. Die Radkappen weisen einen goldenen Stern auf weißem Grund auf. Der LINCOLN-Schriftzug befindet sich an den vorderen Kotflügeln und am Heck. Auch die Haube trägt den Markennahmen. Drei Modelle stehen zur Wahl: „Hardtop Coupé“, 2türig, 4.601 $, 19.619 Stück. „Sedan“, 4türig, 4.601 $, 19.465 Stück. „Convertible“, 2türig, 4.747 $, 2.447 Stück.

Continental Mark II:

Mit diesem luxuriösen Modell feiert der Name „Continental“ ein Comeback. Die langgezogene Motorhaube und das kurze Heck, die schlichten Chromverzierungen und die perfekten Proportionen lassen diesen Wagen zum Traum aller Amerikaner werden. Heute zahlen Sammler für die wenigen noch erhaltenen Exemplare echte Liebhaberpreise. Motor: V8. Hubraum: 6,027 Liter. Leistung: 300 PS bei 4.800 U/min.

Gesamtstückzahl 1956: 48.995 Stück.

LINCOLN 1957

In diesem Jahr unterzieht die Marke ihre Modelle zwar lediglich einem oberflächlichen Facelifting, doch die Änderungen sind auf den ersten Blick zu erkennen: Übereinander angeordnete Doppelscheinwerfer, lange ge-

Mark III). Motor: V8. Hubraum: 7,043 Liter. Leistung: 375 PS bei 4.800 U/min. Drei sechssitzige Modelle stehen zur Wahl: „Landau Hardtop Sedan“, 4türig, 4.951 $, 1.184 Stück. „Sedan“, 4türig, 4.951 $, 3.084 Stück. „Hardtop Coupé“, 2türig, 4.803 $, 2.591 Stück.

Première:

Zur Unterscheidung von den Capri-Modellen dient die Zierleiste im Schwellenbereich und die Serienbezeichnung am Kotflügel. Motor: siehe Capri. Drei sechssitzige Modelle stehen zur Wahl: „Hardtop Sedan“, 4türig, 5.505 $, 5.572 Stück. „Sedan“, 4türig, 5.505 $, 1.660 Stück. „Hardtop Coupé“, 2türig, 5.259 $, 3.043 Stück.

Continental Mark III:

Bei diesem Modell weist der Kühlergrill ein quadratisches Maschenmuster auf.
Die Heckscheibe läßt sich nach unten versenken. Die Standardausstattung entspricht derjenigen der übrigen

Links: 1959. Lincoln Mark IV Continental „Executive Limousine“ in „Presidential Black“.

▼1955. Lincoln Première „Hardtop Coupé“.

1957. Lincoln Première „Convertible“.▲

rade Zierleiste unterhalb der Gürtellinie, markantere Heckflossen, Chromblende am Ansatz der hinteren Türen bei den viertürigen Modellen bzw. am hinteren Kotflügel bei den zweitürigen Modellen.

Capri: Motor:

Hubraum: 6,027 Liter. Leistung: 300 PS bei 4.800 U/min. Drei sechssitzige Modelle stehen zur Wahl: „Landau Hardtop Sedan“, 4türig, 5.294 $, 1.451 Stück. „Sedan“, 4türig, 2.794 $, 1.446 Stück. „Hardtop Coupé“, 2türig, 4.649 $, 2.973 Stück.

Première:

Die Unterschiede zwischen den Capri- und den Première-Modellen sind minimal. Deutlichste Unterscheidungsmerkmale sind das Emblem und der Stern an den hinteren Kotflügeln. Motor: siehe Capri. Vier sechssitzige Modelle stehen zur Wahl: „Landau Hardtop Sedan“, 4türig, 5.294 $, 11.223 Stück. „Sedan“, 4türig, 5.294 $, 5.139 Stück. „Hardtop Coupé“, 2türig, 5.149 $, 15.185 Stück. „Convertible“, 2türig, 5.381 $, 3.676 Stück.

Continental Mark II:

Diese Modelle sind mit denjenigen des Vorjahres identisch. Wie 1956 umfaßt die Serienausstattung Radio, Heizung, hydraulische Sitzverstellung und Fensterheber, Servolenkung und -bremsen, Teppichboden, Weißwandreifen, und ein automatisches Turbo-Drive-Getriebe. Nur für die Klimaanlage muß ein Aufpreis bezahlt werden. Der Radstand beträgt 3,20 m. Zwei Modelle stehen zur Wahl: „Hardtop Coupé“, 2türig, 6sitzig, 9.695 $, 444 Stück. „Convertible“, 2türig, 4sitzig, 10.000 $, 2 Stück.
Gesamtstückzahl 1957: 37.870 Stück.

LINCOLN 1958

Alle Lincoln-Modelle des Jahres 1958 sind serienmäßig mit Automatik-Getriebe, Scheibenwaschanlage, Servobremsen, gepolstertem Armaturenbrett und V8-Motor ausgestattet.

Capri:

Wie die Illustrationen zeigen, wurden die Modelle dieser Serie umfassend überarbeitet: schräg angeordnete Doppelscheinwerfer, Kühlergrill mit dünnen horizontalen Stäben, massive „Raketenhörner“ an den wuchtigen Stoßfängern. Eine Zierleiste verläuft von der vorderen Tür bis zum hinteren Stoßfänger (diese Leiste fehlt beim Serien. Auch der Motor ist identisch. Gegen Aufpreis kann jedoch ein mit Dreifachvergaser bestücktes stärkeres Aggregat (400 PS bei 4.600 U/min) geordert werden. Vier sechssitzige Modelle stehen zur Wahl: „Hardtop Sedan“, 4türig, 6.012 $, 4.891 Stück. „Sedan“, 4türig, 6.012 $, 1.283 Stück. „Hardtop Coupé“, 2türig, 5.765 $, 2.328 Stück. „Convertible“, 2türig, 6.223 $, 3.048 Stück.
Gesamtstückzahl 1958: 25.871 Stück.

LINCOLN 1959

Die neuen Fahrzeuge unterscheiden sich nur durch wenige Details von den Vorjahresmodellen.

Capri:

Die Modelle dieser Serie wurden um 5 cm verkürzt, weisen aber immer noch eine beachtliche Gesamtlänge von 5,76 m auf. Die Standlichter sind seitlich in den vorderen Stoßfänger integriert. Die Heckscheibe wurde neugestaltet. Alle Modelle sind serienmäßig mit Automatik-Getriebe, Servobremsen und -lenkung, Doppelauspuff, elektrischer Uhr, Scheibenwaschanlage und Außenspiegel ausgestattet. Motor (für alle Serien gleich): V8. 7,043 Liter. Leistung: 350 PS bei 4400 U/min. Drei sechssitzige Modelle stehen zur Wahl: „Hardtop Sedan", 4türig, 5.594 $, 4.606 Stück. „Sedan", 4türig, 5.594 $, 1.282 Stück. „Hardtop Coupé", 2türig, 5.347 $, 1.963 Stück.

▲ 1958. Vorne ein Première „Hardtop Sedan", dahinter ein „Hardtop Coupé".

▲ 1958. Continental Mark III „Convertible".

Première:

Die Standardausstattung ist umfangreicher als bei den Capri-Modellen: hydraulische Fensterheber, eine Einfassung für das Kennzeichen und elektrisch vierfach verstellbare Sitze gehören zum serienmäßigen Lieferumfang. Drei sechssitzige Modelle stehen zur Wahl: „Hardtop Sedan", 4türig, 5.505 $, 5.572 Stück. „Sedan", 4türig, 5.505 $, 1.660 Stück. „Hardtop Coupé", 2türig, 5.029 $, 3.043 Stück.

Continental Mark IV:

Diese Modelle haben eine Zierleiste am unteren Rand der Karosserie. Der Kühlergrill weist weiterhin das Quadratmaschenmuster auf. Auf jeder Seite sind drei Rücklichter mit integrierten Rückfahrscheinwerfern angeordnet. Die Sitze lassen sich elektrisch in sechs verschiedene Positionen verstellen. Getönte Scheiben gehören ebenso zum Lieferumfang wie ein „Traveler-Tuner"-Radio mit zwei Lautsprechern. Typisch für diese Serie ist die Metallic-Lackierung. Der Radstand beträgt für alle Serien einheitlich 3,33 m. Sechs sechssitzige Modelle stehen zur Wahl: „Executive Limousine", 4türig, 10.230 $, 49 Stück. „Formal Sedan", 4türig, 9.208 $, 78 Stück. „Sedan", 4türig, 6.845 $, 955 Stück. „Hardtop Coupé", 2türig, 6.598 $, 1.703 Stück. „Convertible", 2türig, 7.056 $, 2.195 Stück. „Hardtop Sedan", 4türig, 6.845 $, 6.146 Stück.

Gesamtstückzahl 1959: 30.375 Stück.

Links: 1959. Continental Mark IV „Hardtop Sedan".

MERCURY

Von 1939 bis heute

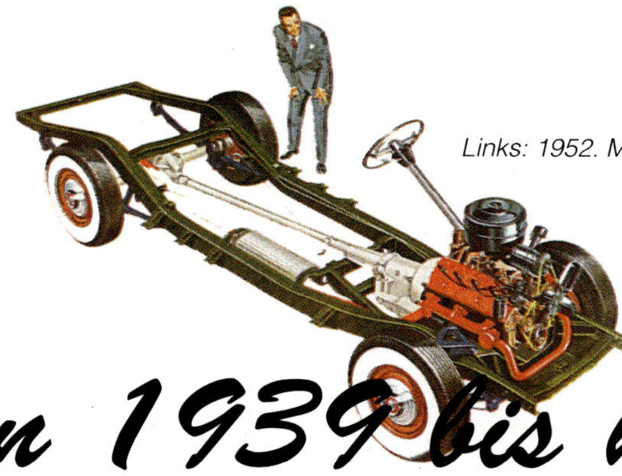

Links: 1952. Mercury-Chassis mit V8-Motor.

1950. Mercury „Sport Sedan“. ▼

Links: 1950. Mercury „Station Wagon“.

1950. Mercury „Convertible“. ▲

Zwischen 1903 und 1922 gab es auf dem amerikanischen Markt nicht weniger als sechs Firmen, die ein Fahrzeug unter demNamen „Mercury“ anboten. Mit der nachfolgend beschriebenen Marke haben sie allesamt nichts zu tun.

Mercury (eine Kreation Henry und Edsel Fords, so benannt nach Merkur, dem Götterboten) bietet vor allem Fahrzeuge in der 1000-Dollar-Klasse an. Damit liegen die Wagen preislich über dem Ford V8 und unter dem Lincoln-Zephyr. Sie sind etwa gleich teuer wie die luxuriöseren Modelle von Dodge und Oldsmobile und die Sparmodelle von Chrysler und Buick. Mercury ist die Neuheit des Jahres 1939 und kann gleich im ersten Jahr eine stolze Erfolgsbilanz vorweisen. 1941 behauptet Henry Ford voll Begeisterung: *„Mercury hat 150.000 Autofahrer dazu veranlaßt, die Marke zu wechseln!“*

Die Produktion der ersten Nachkriegsmodelle läuft bereits Ende1945 an, doch das Werk sieht sich mit zahlreichen Schwierigkeiten konfrontiert. Viele der Werkzeugmaschinen waren während des Krieges unsachgemäß gelagert worden und sind nicht mehr verwendbar. So können die Fahrzeuge der Öffentlichkeit erst am 8. Februar 1946 präsentiert werden. Die Modelle sind abgesehen von einer luxuriöseren Ausstattung baugleich mit denjenigen des Ford-Mutterkonzerns. 1949 schließlich übernimmt die Marke die Aufbauten der Lincoln-Muttergesellschaft. Im selben Jahr läuft der einmillionste Mercury, ein 4türiger „Sedan“, vom Band.

MERCURY 1950

Rein äußerlich unterscheiden sich die neuen Fahrzeuge nur durch Details von den Vorjahresmodellen. Der Firmenname ist in das verchromte Emblem auf der Haube eingraviert. Der gewölbte Kühlergrill hat 44 vertikale Schlitze. In diesem Jahr wartet die Marke mit einem völlig überarbeiteten Armaturenbrett auf. Auch in technischer Hinsicht gibt es Änderungen: der Vergaser, die Handbremse und die Lenkung sind neu. Als Alternative zu den Hardtop-Modellen der Konkurrenten GM und Chrysler bringt Mercury das „Monterey Coupé“ mit Vinyl-Dach, zwei Außenspiegeln, Weißwandreifen, hinteren Radabdeckungen und DeLuxe-Lederausstattung auf den Markt.

Mercury Serie 0CM:

Motor: V8, Hubraum: 4,183 Liter,Leistung: 110 PS bei 3.600 U/min. Der Radstand beträgt einheitlich 3 m. Alle Modelle sind mit einem Dreigangschaltgetriebe mit einem Rückwärtsgang ausgestattet. Gegen Aufpreis kann der Touch-O-Matic-Overdrive geordert werden. Sechs Modelle stehen zur Wahl: „Coupé“, 2türig, 3sitzig, 1.875 $. „Club Coupé“,2türig, 6sitzig, 1.980 $. „Monterey Coupé“, 2türig, 2.146 $. Gesamtstückzahl für alle Coupés: 151.489. „Sport Sedan“, 4türig, 6sitzig, 2.032 $, 132.082 Stück. „Convertible“ (mit hydraulischen Fensterhebern), 2türig, 6sitzig, 3.412 $, 3.341 Stück. „Station Wagon“, 2türig, 8sitzig, 2.561$, 1.746 Stück.

Gesamtstückzahl 1950: 334.081 Stück.

Mercury steht an 7. Stelle der amerikanischen Automobilhersteller.

1951. Mercury „Sport Sedan“. ▲

▲ *1951. Mercury „Sport Sedan“.*

1952. Blick ins Innere eines Mercury „Sport Sedan“. ▲

▲ *1952. Mercury Custom „Sedan“.*

MERCURY 1951

Die Modelle dieses Jahres weisen eine neu gestylte Heckpartie mit längeren Kotflügeln auf. Auch das Design des Kühlergrills ist neu: Der massive Querholm ist in Stoßstangenform ausgebildet und durch viele kleine Schlitze unterteilt. Die Stege zwischen diesen Schlitzen heißen im Fachjargon „Toothie bars“. Die Standlichter sind an den äußeren Enden des Stoßfängers angeordnet. Die ehemals horizontalen Rücklichter wurden durch vertikale ersetzt.

Mercury Serie 1CM:

Motor: V8, Hubraum: 4,183 Liter, Leistung: 112 PS bei 3.600 U/min. Der Radstand beträgt einheitlich 3 m. Alle Modelle werden serienmäßig mit Dreigangschaltgetriebe mit einem Rückwärtsgang ausgestattet. Gegen Aufpreis kann der Touch-O-Matic-Overdrive geordert werden. Jeder dritte Wagen wird mit dem als Option erhältlichen Automatikgetriebe (Merc-O-Matic) ausgestattet. Sechs Modelle stehen zur Wahl: „Sport Coupé“, 2türig, 6sitzig, 1.947 $. „Monterey Coupé“, 2türig, 2.116 $. „Monterey Coupé“ (mit Vinyldach), 2türig, 2.127 $. Gesamtstückzahl für alle Coupés: 142.168 Stück. „Sport Sedan“, 4türig, 6sitzig, 2.000 $, 157.648 Stück. „Convertible“, 2türig, 6sitzig, 2.380 $, 6.759 Stück. „Station Wagon“, 2türig, 8sitzig, 2.530 $, 3.812 Stück.

Gesamtstückzahl 1951: 238.854 Stück.

MERCURY 1952

In diesem Jahr bringen sämtliche Marken des Ford-Konzerns völlig neue Modelle heraus. Da jedoch ein Großteil der Fertigungskapazitäten mit der Produktion von Rüstungsgütern für den Koreakrieg ausgelastet ist, werden die neuen Fahrzeuge erst im Februar 1952 präsentiert. Erstmals bietet Mercury parallel zueinander zwei Serien an. Stoßfänger und der Kühlergrill sind in diesem Jahr zu einer Einheit zusammengefaßt. Die *„Toothie bars“* sind zwischen kleinen „Raketenhörnern“ unterhalb des Stoßfängers angeordnet. Die Standlichter sind an den äußeren Enden des Stoßfängers angeordnet. Erstmals wartet die Marke mit einer ungeteilten Windschutzscheibe auf. Vorne an der Motorhaube befindet sich das Mercury-Emblem und darunter die Aufschrift MERCURY in Relief-Großbuchstaben. Die Lüftungsöffnung auf der Haube dient ausschließlich zu Dekorationszwecken. Eine Zierleiste verläuft vom verchromten Steinschlagschutz am hinteren Kotflügel bis zum Rücklicht. Der Tankverschluß ist verdeckt hinter dem Kennzeichen angeordnet. Neu ist auch die hängende Anordnung der Pedale.

Custom Serie 2M:

Der MERCURY-Schriftzug befindet sich anden hinteren Kotflügeln. Motor (für beide Serien gleich): V8, Hubraum: 4,183 Liter, Leistung: 125 PS bei 3.700 U/min. Fünf Modelle stehen zur Wahl: „SportCoupé“, 2türig, 6sitzig, 2.100 $, 30.599 Stück. „Sedan“, 2türig, 6sitzig, 1987 $, 25.812 Stück. „Sedan“, 4türig, 6sitzig, 2.127 $ (Die Stückzahl ist in der Angabe für den 4türigen Monterey „Sedan“ enthalten). „Station Wagon“, 4türig, 6sitzig, 2.000 $ und „Station Wagon“, 4türig, 8sitzig, 2.530$, 2.487 Stück.

Monterey Serie 2M:

Die Modelle dieser Serie sind an der zusätzlichen Zierleiste im Schwellenbereich und an den felgenbedeckenden Radzierkappen zu erkennen. Die zweifarbige Lackierung und die Leder-/Vinyl-Innenausstattung wird serienmäßig geliefert. Die Firma bietet zum ersten Mal ein „Hardtop Coupé“ an. Die meisten Fahrzeuge werden mit Automatik-Getriebe ausgeliefert. Drei Modelle stehen zur Wahl: „Hardtop Coupé“, 2türig, 6sitzig, 2.225 $, 24.453 Stück. „Sedan“, 4türig, 6sitzig, 2.115 $, 83.475 Stück. „Convertible“, 2türig, 6sitzig, 2.370 $, 5.261 Stück. **Gesamtstückzahl** 1952: 195.261 Stück.

MERCURY 1953

Die 1953er Modelle haben sich gegenüber dem Vorjahr nur geringfügig verändert. Der Kühlergrill weist in diesem Jahr schmale vertikale Stäbe auf. Erstmals ist der Stoßfänger mit wuchtigen „Raketenhörnern“ bewehrt. Die Ansatzlinie des hinteren Kotflügels wird mit zwei zierlichen horizontalen Leisten betont. Alle Modelle weisen eine lange, seitliche Zierleiste und am Kofferraum das Mercury-Emblem auf. Die Türen lassen sich in halb oder ganz geöffneter Stellung arretieren.

Rechts: 1953. Mercury Monterey „Convertible“.

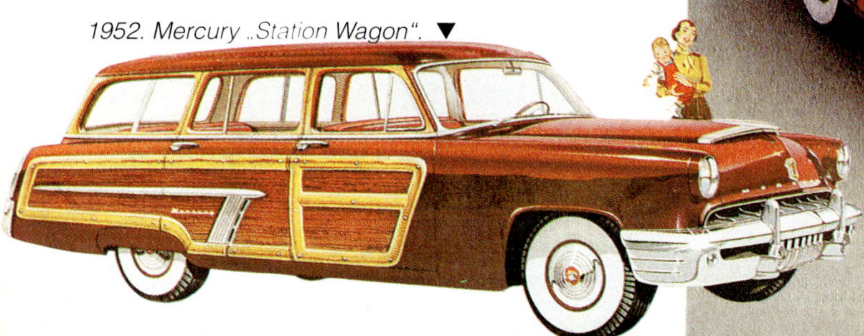

1952. Mercury „Station Wagon“. ▼

1953. Mercury Monterey „Hardtop Coupé“. ▲

Rechts: 1954. Mercury Monterey „Hardtop Coupé“.

Custom Serie 3M:

Die hinteren Kotflügel tragen den MERCURY-Schriftzug. Motor (für beide Serien gleich): V8, Hubraum: 4,183 Liter, Leistung: 125 PS bei 3.800 U/min. Drei sechssitzige Modelle stehen zur Wahl: „Sport Coupé“, 2türig, 2.117 $, 39.547 Stück. „Sedan“, 2türig, 2.004 $, 50.183 Stück. „Sedan“, 4türig, 2.057 $, 59.794 Stück.

Monterey Serie 3M:

Bei diesen Modellen befindet sich die Serienbezeichnung an den hinteren und der MERCURY-Schriftzug an den vorderen Kotflügeln. (Dies gilt nicht für eine zu Anfang des Modelljahres produzierte Vorserie; diese Fahrzeuge sind an der Zierleiste im Schwellenbereich zu erkennen). Die hinteren Radabdeckungen und die zweifarbige Lackierung werden serienmäßig geliefert. Zwölf einfarbige und fünf Metallic-Farbtöne werden angeboten. Vier Modelle stehen zur Wahl: „Hardtop Coupé“, 2türig, 6sitzig, 2.244 $, 76.119 Stück. „Sedan“, 4türig, 6sitzig, 2.133 $, 64.038 Stück. „Convertible“, 2türig, 6sitzig, 2.390 $, 8.463 Stück. „Station Wagon“, 4türig, 6sitzig, 2.591 $, 7.719 Stück. **Gesamtstückzahl** 1953: 320.369 Stück.

MERCURY 1954

Durch die neu gestylte Frontpartiewirken die 1954er Modelle flacher und breiter. Der Kühlergrill weist wieder die für die Marke typischen *„Toothie bars“* auf. Die auffälligste Änderung betrifft das Heck: Die nach hinten abfallenden Heckflossen mit integrierten Rücklichtern sind deutlich moderner. Eine Aufschrift am Kofferraum weist auf das Merc-O-Matic-Getriebe hin.

Custom:

Diese Modelle tragen an den hinteren Kotflügeln die Aufschrift MERCURY. Motor: V8, Hubraum: 4,193 Liter, Leistung: 162 PS bei 4.400 U/min. Drei sechssitzige Modelle stehen zur Wahl: „Hardtop Coupé“, 2türig, 2.315 $, 15.234 Stück. „Sedan“, 2türig, 2.194 $, 37.146 Stück. „Sedan“, 4türig, 2.251$, 32.687 Stück.

Monterey:

Diese Modelle tragen an den hinteren Kotflügeln (beim „Station Wagon“ auch an den hinteren Türen) die Aufschrift MONTEREY. Beim „Sun Valley“ ist die Modellbezeichnung an den vorderen Kotflügeln angegeben. Fünf Modelle stehen zur Wahl: „Hardtop Coupé“, 2türig, 6sitzig, 2.452 $, 79.633 Stück. „Sun Valley“ (mit Dacheinsatz aus getöntem Plexiglas), 2türig, 6sitzig, 2.582 $, 9.761 Stück. „Sedan“, 4türig, 6sitzig, 2.333 $, 65. 995 Stück. „Convertible“, 2türig, 6sitzig, 2.610 $, 7.293 Stück. „Station Wagon“, 4türig, 8sitzig, 2.776 $, 11.656 Stück.

Gesamtstückzahl 1954: 256.729 Stück.

MERCURY 1955

Die völlig neu gestalteten Modelle sind länger, breiter und flacher als zuvor. Dennoch bleibt der Vorjahresstil im wesentlichen erhalten. Das Design der Frontpartie mit dem *„zahnbewehrten"* Kühlergrill und der zweiteiligen Stoßstange ist originell, doch nicht unbedingt schön. Die Scheinwerfer sind in ihren Einfassungen nach hinten versetzt. Die ovalen Rücklichter sind vertikal an den Kotflügeln angeordnet. Alle Modelle weisen eine Panoramawindschutzscheibe und breite Türen auf. Erstmals bietet man Klimaanlage und hydraulische Fensterheber an.

1954. Mercury Monterey „Sun Valley". ▲

Links: 1954. Mercury Monterey „Convertible".

Rechts: 1955. Mercury Montclair „Sun Valley".

1955. Mercury Monterey „Station Wagon". ▼

1955. Mercury Montclair „Hardtop Coupé". ▲

Custom:

Die Modelle dieser Serie sind an den zwei höhenversetzt angeordneten, seitlichen Zierleisten zu erkennen. Der hintere Kotflügelansatz wird durch eine Chromblende betont, der vom Design her zum Steinschlagschutz unten am hinteren Kotflügel paßt. Der „Station Wagon" hat keine Holzverkleidungen mehr. Die Custom-Modelle weisen nur ein Auspuffrohr auf. Nur der „StationWagon" verfügt über die Doppelrohranlage der Monterey- und Montclair-Modelle. Motor: V8, Hubraum: 4,782 Liter, Leistung: 188 PS bei 4.400 U/min. Vier Modelle stehen zur Wahl: „Hardtop Coupé", 2türig, 6sitzig, 2.341 $, 7.040 Stück. „Sedan", 2türig, 6sitzig, 2.218 $, 31.295 Stück. „Sedan", 4türig, 6sitzig, 2.277 $, 21.219 Stück. „Station Wagon", 4türig, 6sitzig, 2.686 $, 13.134 Stück.

Monterey:

Auf die für diese Modelle typische Chromleiste im Schwellenbereich wurde in diesem Jahr verzichtet. Zur Unterscheidung von der Custom-Serie ist hier die hintere der beiden seitlichen Zierleisten etwas tiefer angeordnet. Der MONTEREY-Schriftzug befindet sichbeim „Hardtop Coupé" und beim „Sedan" neben dem runden Mercury-Emblem an den vorderen Kotflügeln und beim „Station Wagon" an den hinteren Türen. Motor: siehe Custom. Drei Modelle stehen zur Wahl: „Hardtop Coupé", 2türig, 6sitzig, 2.465 $, 69.093 Stück. „Sedan", 4türig, 6sitzig, 2.400 $, 70.392 Stück. „Station Wagon", 4türig, 8sitzig, 2.844 $, 11.968 Stück.

Montclair:

Die Montclair-Modelle sind an der breiten Chromblende im Schwellenbereich, dem runden Emblem und der Serienbezeichnung an den vorderen Kotflügeln zu erkennen. Der untere Rand der Scheiben weist eine Chromeinfassung auf. Diese Fahrzeuge sind etwas tiefergelegt als die Modelle der anderen Serien. Motor: V8, Hubraum: 4,193 Liter, Leistung: 198 PS bei 4.400 U/min. Vier Modelle stehen zur Wahl: „Hardtop Coupé". 2türig, 6sitzig, 2.631 $, 71.588 Stück. „Sun Valley" (mit Dacheinsatz aus getöntem Plexiglas), 2türig, 2 sitzig, 2.712 $, 1.787 Stück. „Sedan", 4türig, 6sitzig, 2.685 $, 20.624 Stück. „Convertible", 2türig, 6sitzig, 2.712 $, 10.668 Stück.

Gesamtstückzahl 1955: 434.911 Stück.

Die seit 1945 „gleichgeschalteten" Ford-Töchter Mercury und Lincoln werden im Frühjahr 1955 voneinander unabhängig. Mercury wird von der Fachzeitschrift „Motor Trend" gemeinsam mit Chevrolet zum „Auto des Jahres" erkoren.

MERCURY 1956

Gegenüber dem Vorjahr gibt es kaum Veränderungen, doch in diesem Jahr wird eine wesentlich umfangreichere Modellpalette angeboten.

Medalist:

Diese neue Mercury-Basisserie wird zur Jahresmitte präsentiert. Auf Chromverzierungen wurde weitgehend verzichtet und es gibt auch keine Stoßstangenhörner. In der Mitte der Motorhaube befindet sich ein großer Mund, der MERCURY-Schriftzug ist in den vorderen Stoßfänger eingraviert. Dank ihres günstigen Preises sind dies die meistverkauften Fahrzeuge der Marke. Motor: V8, Hubraum: 5,110 Liter, Leistung: 210 PS bei 4.600 U/min. Vier sechssitzige Modelle stehen zur Wahl: „Hardtop Sedan", 4türig, 2.458 $, 6.685 Stück. „Hardtop Coupé", 2türig, 2.389 $, 11.892 Stück. „Sedan", 2türig, 2.254 $, 20.582 Stück. „Sedan", 4türig, 2.313 $, 6.653 Stück.

Custom:

Diese Modelle unterscheiden sich von der Medalist-Serie lediglich durch ihre verchromten Scheibeneinfassungen. Motor: siehe Medalist. Sieben sechssitzige Modelle stehen zur Wahl: „Hardtop Sedan", 4türig, 2.555 $, 12.187 Stück. „Hardtop Coupé", 2türig, 2.485 $, 20.857 Stück. „Sedan", 2türig, 2.351 $, 16.343 Stück. „Sedan", 4türig, 2.410 $, 15.860 Stück. „Convertible", 2türig, 2.712 $, 2.311 Stück. „Station Wagon", 4türig, 2.819 $, 9.292 Stück. „Station Wagon", 4türig, 2.722 $, 8.478 Stück. (Worin die Unterschiede zwischen den beiden Station-Wagon-Versionen bestehen, kann anhand der mir vorliegenden Unterlagen nicht festgestellt werden).

Monterey:

Bei dieser Serie gibt es kaum Veränderungen gegenüber dem Vorjahr. Lediglich die Scheinwerfereinfassungen und der in den Stoßfänger integrierte Kühlergrill wurden leicht modifiziert. Die vorderen Kotflügel tragen die Aufschrift MONTEREY. Die blitzförmige Zierleiste dient als Abgrenzungslinie für die zweifarbige Lackierung. Die Fahrzeuge sind mit einer Doppelrohrauspuffanlage ausgestattet. Motor: siehe Medalist. Fünf Modelle stehen zur Wahl: „Hardtop Coupé", 2türig, 6sitzig, 2.630 $, 42.863 Stück. „Hardtop Sedan", 4türig, 6sitzig, 2.700 $, 10.726 Stück. „Sport Sedan", 4türig, 6sitzig, 2.652 $, 11.765 Stück. „Sedan", 4türig, 6sitzig, 2.555 $, 26.735 Stück. „Station Wagon", 4türig, 8sitzig, 2.977$, 13.280 Stück.

Montclair:

Die Fahrzeuge dieser Serie sind die luxuriösesten im Mercury-Katalog. Sie sind an der breiten Chromblende im Schwellenbereich und der verchromten Einfassung am unteren Rand der Scheiben zu erkennen. Am vorderen Abschluß der seitlichen Zierleiste ist ein rundes Emblem angeordnet. Die vorderen Kotflügel tragen die Aufschrift MONTCLAIR. Die Fahrzeuge sind mit einer Doppelrohrauspuffanlage ausgestattet. Motor: siehe Medalist. Vier sechssitzige Modelle stehen zur Wahl: „Hardtop Coupé", 2türig, 2.765 $, 50.562 Stück. „Hardtop Sedan", 4türig, 2.835 $, 23.493 Stück. „SportSedan", 4türig, 2.786 $, 9.617 Stück. „Convertible", 2türig, 2.900 $, 7.762 Stück.

Gesamtstückzahl 1956: 246.628 Stück.

MERCURY 1957

In diesem Jahr bietet Mercury erstmals keine abgewandelten Ford- oder Lincoln-Modelle, sondern völlig individuelle Fahrzeuge an. Der Kühlergrill besteht aus vertikalen Stäben mit zwei in Karosseriefarbe lackierten Trennstegen. Der in der Mitte unterteilte Stoßfänger weist zwei übereinanderliegende Holme auf. Die hinteren Kotflügel tragen wuchtige, schräge Heckflossen mit auf höchst originelle Weise integrierten Rücklichtern (siehe Illustration). Die Modelle werden anfangs mit zwei, später mit vier Scheinwerfern bestückt. Laut Herstellerangaben weisen 32,6% aller 1957er Modelle vier Scheinwerfer auf.

Monterey:

Der Radstand beträgt für alle Serien einheitlich 3,10 m. Motor: V8, Hubraum: 5,110 Liter, Leistung 255 PS bei 4.600 U/min. Fünf sechssitzige Modelle stehen zur Wahl: „Hardtop Sedan", 4türig, 2.763 $, 22.475 Stück. „Sedan", 4türig, 2.645 $, 53.839 Stück. „Sedan", 2türig, 2.576 $, 33.982 Stück. „Hardtop Coupé", 2türig, 2.693 $, 42.199 Stück. „Convertible", 2türig, 3.005$, 5.003 Stück.

Montclair:

Diese Modelle unterscheiden sich von denjenigen der Monterey-Serie nur durch ihre verchromten Scheinwerfereinfassungen und den MONTCLAIR-Schriftzug an den vorderen Kotflügeln. Motor: siehe Monterey. Vier sechssitzige Modelle stehen zur Wahl: „Hardtop Sedan", 4türig, 3.317 $, 21.156 Stück. „Sedan", 4türig, 3.188 $, 19.836 Stück. „Hardtop Coupé", 2türig, 3.236 $, 30.111 Stück. „Convertible", 2türig, 3.430 $, 4.248 Stück.

Turnpike Cruiser:

Noch nie hat es einen Mercury mit so umfangreicher Ausstattung gegeben. Servobremsen und -lenkung gehören ebenso zum Lieferumfang wie hydraulische Scheibenheber, Sitzverstellung (mit Memoryfunktion), Verdeckbetätigung, ... Die Heckscheibe ist in den Kofferraum versenkbar. Weitere Ausstattungsdetails: Kilometerzähler, zwei Entlüftungsöffnungen am Dach neben der Windschutzscheibe. Motor: Lincoln V8, Hubraum: 6,027 Liter, Leistung: 290 PS bei 4.600 U/min. Drei sechssitzige Modelle stehen zur Wahl: „Hardtop Sedan", 4türig, 3.849 $, 8.305 Stück. „Hardtop Coupé", 2türig, 3.758 $, 7.291 Stück. „Convertible", 2türig, 4.103 $, 1.265 Stück.

Station Wagon:

Erstmals bilden die „Station Wagon" eine gesonderte

Rechts: 1956. Mercury Montclair „Convertible".

1956. Mercury Montclair „Hardtop Coupé". ▲

1957. Mercury Montclair „Hardtop Coupé". ▼

Rechts: 1957. Originelles Heckflossendesign.

Rechts: 1958. Mercury Montclair „Hardtop Coupé" (oder „Phaeton Coupé").

▼ 1958. Mercury Park Lane „Convertible".

▲ 1959. Mercury Park Lane „Hardtop Cruiser" in „Neptune Turquoise Metallic".

Serie. Der „Commuter" und der „Voyager" sind mit dem Monterey-Motor, der „Colony Park" mit dem Turnpike-Cruiser-Aggregat ausgestattet. Der umfangreich ausgestattete „Colony Park" weist Karosserieverkleidungen aus Holzimitat auf. Ebenso wie das Mittelklasse-Modell „Voyager" gibt es hinten ein zusätzliches, kleines Seitenfenster, das beim Basismodell „Commuter" fehlt. Sechs Modelle stehen zur Wahl: „Commuter", 2türig, 6sitzig, 2.903 $, 4.885 Stück. „Commuter", 4türig, 6sitzig, 2.973 $, 11.990 Stück. „Commuter", 4türig, 8sitzig, 3.070 $, 5.752 Stück. „Voyager", 2türig, 6sitzig, 3.403 $, 2.283 Stück. „Voyager", 4türig, 6sitzig, 3.403 $, 3.716 Stück. „Colony Park", 4türig, 6sitzig, 3.677 $, 7.386 Stück.
Gesamtstückzahl 1957: 274.820 Stück.

MERCURY 1958

In diesem Jahr wartet der Hersteller erneut mit interessanten Änderungen auf. Der Kühlergrill ist in den zweigeteilten Stoßfänger integriert. Die Motorhaube und die vorderen Kotflügel wurden neu gestaltet. Die an den wuchtigen hinteren Kotflügeln angeordneten Rückleuchten weisen ein höchst aggressives Design auf.

Medalist:

Die Modelle dieser Serie sind an den lackierten Scheibeneinfassungen zu erkennen. Motor: V8, Hubraum: 5,110 Liter, Leistung: 235 PS bei 4.600 U/min. Zwei sechssitzige Modelle stehen zur Wahl: „Sedan", 2türig, 2.547 $, 7.750 Stück. „Sedan", 4türig, 2.617 $, 10.982 Stück. Monterey: Motor: V8, Hubraum: 6,273 Liter, Leistung: 312 PS bei 4.600 U/min. Fünf sechssitzige Modelle stehen zur Wahl: „Hardtop Sedan", 4türig, 2.840 $, 6.909 Stück. „Sedan", 2türig, 2.652 $, 10.526 Stück. „Sedan", 4türig, 2.721 $, 28.892 Stück. „Hardtop Coupé", 2türig, 2.769 $, 13.693 Stück. „Convertible", 2türig, 3.081 $, 2.292 Stück.

Montclair:

Die Modelle dieser Serie weisen eine aufwendigere, seitliche Verzierung auf. In die Doppelzierleiste ist ein silbernes Blatt integriert. Weitere Ausstattungsmerkmale: Verchromte Scheinwerfereinfassungen, eine in den Kofferraum versenkbare Heckscheibe und zwei Entlüftungsöffnungen am Dach. Motor: V8, Hubraum: 6,273 Liter, Leistung: 330 PS bei 4.600 U/min. Die beiden „Turnpike Cruiser" sind serienmäßig mit einem größeren Aggregat ausgestattet (7,043 Liter, 360 PS bei 4.600 U/min). Sechs sechssitzige Modelle stehen zur Wahl: „Hardtop Sedan", 4türig, 3.365 $, 3.609 Stück. „Sedan", 4türig, 3.236 $, 4.801 Stück. „Hardtop Coupé", 2türig, 3.498 $, 2.864 Stück. „Turnpike Cruiser", 2türig, 3.498 $, 2.864 Stück. „Turnpike Cruiser", 4türig, 3.587 $, 3.453 Stück. „Convertible", 2türig, 3.536 $, 844 Stück.

Park Lane:

Diese neue Prestige-Serie soll den Käufern eine Alternative zu den Roadmaster-Modellen des Konkurrenten Chrysler bieten. Besondere Kennzeichen dieser Fahrzeuge sind die Zierelemente an den Kotflügeln, die Serienbezeichnung PARK LANE in vergoldeter Kursivschrift seitlich an den Kotflügeln, verchromte Scheinwerfereinfassungen und die geteilten Stoßfänger mit den integrierten Gittern. Motor: V8, Hubraum: 7,043 Liter, Leistung: 360 PSbei 4.600 U/min. Drei sechssitzige Modelle stehen zur Wahl: „Hardtop Sedan", 4türig, 3.944 $, 5.241 Stück. „Hardtop Coupé", 2türig, 3.867 $, 3.158 Stück. „Convertible", 2türig, 4.118 $, 853 Stück.

Station Wagon

Diese Modelle entsprechen von der Ausstattung her denjenigen der Montclair-Serie. Die Fahrzeuge weisen keine seitlichen Türholme auf. Der „Colony Park" wird mit Karosserieverkleidungen aus Holzimitat ausgeliefert. Der „Commuter" ist mit dem Monterey-Motor, der „Voyager" und der „Colony Park" mit dem Montclair-Aggregat ausgestattet. Sechs Modelle stehen zur Wahl: „Commuter", 2türig, 6sitzig, 3.035 $, 1.912 Stück. „Commuter", 4türig, 6sitzig, 3.105 $, 8.601 Stück. „Commuter", 4türig, 9sitzig, 3.201 $, 4.227 Stück. „Voyager", 2türig, 6sitzig, 3.535 $, 568 Stück. „Voyager", 4türig, 6sitzig, 3.635 $, 2.520 Stück. „Colony Park", 4türig, 6sitzig, 3.775 $, 4474 Stück.
Gesamtstückzahl 1958: 128.428 Stück.
1958 wird nur 1% aller Fahrzeuge mit Schaltgetriebe ausgeliefert.

MERCURY 1959

Die neuen Modelle wurden einem umfangreichen Facelifting unterzogen. Der Kühlergrill mit rechteckigem Wabenmuster gleicht demjenigen der neuen Ford-Modelle. Der seitlich bis zu den Radausschnitten reichende Stoßfänger ist wieder separat unterhalb des Grills angeordnet. Die Standlichter sind links und rechts am Stoßfänger montiert. Die bereits 1958 eingeführte konkave Linienführung der hinteren Kotflügel ist in diesem Jahr noch ausgeprägter. Die Windschutzscheibe und die hinteren Seitenscheiben sind noch großflächiger als im Vorjahr. Alle Limousinen werden mit Panorama-Heckscheibe ausgeliefert.

Monterey:

Nach Einstellung der Medalist-Serie sind dies die Basismodelle der Marke. Erkennungsmerkmale sind die drei Chromstreifen seitlich am vorderen Kotflügel zwischen der Stoßstange und dem Radausschnitt. Die Aufschrift MONTEREY befindet sich an den vorderen Kotflügeln. Fünf sechssitzige Modelle stehen zur Wahl: „Hardtop Sedan", 2türig, 2.854 $, 13.693 Stück. „Hardtop Sedan", 4türig, 2.918 $, 17.232 Stück. „Sedan", 2türig, 2.768 $, 12.694 Stück. „Sedan", 4türig, 2.832 $, 43.570 Stück. „Convertible", 2türig, 3.150 $, 4.426 Stück.

Montclair:

Diese Modelle weisen vier Chromstreifen an den Heckflossen und eine seitliche Chromleiste auf. Zur Ausstattung gehören: gepolstertes Armaturenbrett, Scheibenwaschanlage, elektrische Uhr, Handbremsen-Kontrolleuchte und schaumstoffgepolsterte Sitze. Die Aufschrift MONTCLAIR befindet sich anden vorderen Kotflügeln. Drei sechssitzige Modelle stehen zur Wahl: „Hardtop Sedan", 4türig, 3.437 $, 6.713 Stück. „Sedan", 4türig, 3.308 $, 9.514 Stück. „Hardtop Coupé", 2türig, 3.357 $, 7.375 Stück.

Park Lane:

Diese Modelle sind vom Design herausgesprochen elegant. Erkennungsmerkmale sind die breite Zierblende im Schwellenbereich und die lange Leiste im unteren Bereich der hinteren Kotflügel. Darüberhinaus gibt es eine geriffelte Blende zwischen dem vorderen Stoßfänger und dem Radausschnitt. Zusätzlich zur Montclair-Ausstattung wird serienmäßig folgendes Zubehör geliefert: Servolenkung, selbstnachstellende Servobremsen, Doppelauspuff, Rückfahrleuchten, mittlere Armlehne und Aschenbecher im Fond. Drei sechssitzige Modelle stehen zur Wahl: „Hardtop Sedan", 4türig, 4.031 $, 7.206 Stück. „Hardtop Coupé", 2türig, 3.955 $, 4.060 Stück. „Convertible", 2türig, 4.206 $, 1.257 Stück.

Country Cruiser Station Wagon:

Der „Commuter" wird mit Monterey-Ausstattung ausgeliefert, während der „Colony Park" und der „Voyager" in punkto Ausstattung der Montclair-Serie entsprechen. Sämtliche Fahrzeuge werden ohne seitliche Türholme ausgeliefert. Motor: „Commuter"-V8, Hubraum: 6,273 Liter, Leistung: 280 PS bei 4.400 U/min; „Voyager" und „ColonyPark" siehe Montclair. Vier sechssitzige Modelle stehen zur Wahl: „Commuter", 2türig, 3.035 $, 1.051 Stück. „Commuter", 4türig, 3.105 $, 15.122 Stück. „Voyager", 4türig, 3.793 $, 2.496 Stück. „Colony Park", 4türig, 3.932 $, 5.959 Stück.
Gesamtstückzahl 1959: 156.756 Stück.
Mercury steht an 9. Stelle der amerikanischen Automobilhersteller.

NASH (1917 · 1957)

▲ 1950. Nash Statesman „Business Coupé“.

Nash-Emblem.

▲ 1950. Nash Airflyte.

1951. Nash Ambassador Custom „Sedan“. ▲

Brillant, intelligent und ausgesprochen ehrgeizig, so läßt sich Charles W. Nash beschreiben. 1912 avanciert er zum Präsidenten von General Motors. Vier Jahre später kehrt er dem Konzern den Rücken zu, um eigene Automobile zu bauen. Am 29. Juli 1916 wird die Nash Motors Company im Handelsregister eingetragen. Der ehemalige Oakland-Mitarbeiter Erik Wahlberg wird zum Chefingenieur ernannt. Er zeichnet für die Entwicklung des ersten „Nash“ verantwortlich. Antriebsaggregat des in fünf Modellvarianten angebotenen Fahrzeugs ist ein Sechszylindermotor mit obenliegender Nockenwelle. Die Reaktion in der Presse und in der Öffentlichkeit ist durchwegs positiv. So gehen bereits im ersten Herstellungsjahr über 10.000 Bestellungen ein – doppelt so viele wie geplant. Im darauffolgenden Jahr erreicht die Stückzahl 29.000 Stück. Fünfzehn Monate nach Übernahme des Unternehmens hat Nash bereits einen Gewinn von über 2 Millionen Dollar erwirtschaftet.

Am 27. April 1934 läuft der 1.000.000ste Nash vom Band: ein Town Sedan 1220. Am 4. Januar 1936 fusioniert Nash mit Kelvinator. Wie alle anderen Hersteller präsentiert auch Nash 1946 lediglich eine überarbeitete Neuauflage der alten Vorkriegswagen. Stilistisch gesehen weisen die Modelle große Ähnlichkeit mit den Cadillacs der damaligen Zeit auf. 1949 präsentiert Nash seinen ersten neuen Wagen nach dem Krieg, den Airflyte. Dieser weist eine vorbildliche Ponton-Karosserie auf, doch das Styling ist für den amerikanischen Geschmack zu revolutionär und so kehren die Nash-Designer schnell zu her kömmlicheren Formen zurück. Trotzdem bleibt die Linienführung ungewöhnlich und originell. Die Aufbauten sind stromlinienförmig und stilistisch rein gestaltet. Die Airflyte-Karosserie (oftmals spöttisch *„Badewanne“* genannt) wurde im Windkanal bei einer Geschwindigkeit von 96 km/h getestet.

In den ersten Jahren nach dem Krieg können die Automobilhersteller kaum genug produzieren, um mit der enormen Nachfrage schritt zu halten. Der Nachholbedarf der Amerikaner verhilft auch Nash zu hervorragenden Verkaufsergebnissen. Auch Anfang der Fünfziger Jahre ist die Marke wirtschaftlich ausgesprochen erfolgreich. Bis 1953 können alljährlich über 100.000 Fahrzuge abgesetzt werden.

Von da ab verschlechtert sich die Lage jedoch zusehends und 1957, im letzten Jahr der Geschäftstätigkeit, verkauft Nash nur noch ganze 826 Wagen.

NASH 1950

Die Präsentation der neuen Modelle erfolgt im September 1949. Änderungen gegenüber dem Vorjahr gibt es kaum. Am14. April 1950 werden die Rambler-Modelle in die Marke eingegliedert. Diese kompakten Fahrzeuge erweisen sich auf dem Markt als höchst erfolgreich.

Statesman Serie 40 (Sechszylinder):
Der auf dem früheren Nash 600 basierende Statesman ist in Amerika – und sicherlich auch weltweit – der erste serienmäßig mit Sicherheitsgurten aus gestattete Wagen. Ansonsten bleibt der 600er Stil weitgehend erhalten. Einige dieser Fahrzeuge werden in Kanada produziert. Die Modelle der Serien 40 und 60 sind in den Ausstattungsvarianten Super und Custom erhältlich. Bei den umfangreicher bestückten Custom-Modellen gehören eine klappbare Mittellehne im Fond, Teppichboden vorne, Innenbeleuchtung, ein luxuriöseres Lenkrad und felgenbedeckende Radzierkappen zum Lieferumfang. Motor: Sechszylinder, Hubraum: 3,013 Liter, Leistung: 82 PS bei 3.800 U/min. Vier Modelle stehen zur Wahl:

Statesman
„Business Coupé", 2türig, 3sitzig, 1.633$, 1.198 Stück.

Super/Custom
„Brougham", 2türig, 5sitzig, 1.735/1.894 $, Super: 1.489 Einheiten, Custom: 132 Stück. „Sedan", 4türig, 6sitzig, 1.738/1.897 $, Super: 60.090 Stück, Custom: 11.500 Stück. „Sedan",2türig, 6sitzig, 1.713/1.872 $, Super: 34.196 Stück, Custom: 2.693 Stück.

Ambassador Serie 60 (Sechszylinder):
Erstmals ist ausschließlich für die Fahrzeuge dieser Serie das automatische Hydra-Matic-Getriebe von GM lieferbar. Ein neuer Zylinderkopf verleiht dem Reihensechszylinder mehr Leistung (3,846 Liter, 112 PS bei 3.400 U/min). Drei Modelle stehen zur Wahl:

Super/Custom
„Brougham", 2türig, 5sitzig, 2.060/2.219 $, Super: 716 Stück, Custom: 108 Stück. „Sedan", 4türig, 6sitzig, 2.064/2.223 $, Super: 27.523 Stück, Custom: 12.427 Stück. „Sedan", 2türig, 6sitzig, 2.039/2.198 $, Super: 7.237 Stück, Custom: 1.045 Stück.

Nash Rambler Serie 10 (Sechszylinder):
Mit dieser neuen Serie erlebt der Name Rambler ein Comeback (Rambler hieß das Unternehmen, aus dem die Marke Nash hervorgegangen ist). Der Radstand der Fahrzeuge beträgt einheitlich 2,54 m. Als Motor dient das alte Sechszylinderaggregat des Nash 600. Als erstes Modell wird der „Convertible" präsentiert. Am 23. Juni folgt der „Station Wagon". Beide Modelle sind mit Radio, Blinkern, luxuriösem Lenkrad, Schaumstoffsitzen und elektrischer Uhr relativ umfangreich ausgestattet. Motor: Hubraum: 2,827 Liter, Leistung: 82 PS bei 3.800 U/min. Sechs Modelle stehen zur Wahl: Custom „Convertible" (Werkscode 5121), 2türig, 5sitzig, 1.808 $, 378 Stück. Dieses Convertible-Modell wird zwischen Juli und August 1950 im Werk von El Secundo/Kalifornien montiert. Es unterscheidet sich technisch von dem Standardmodell. „Convertible" (Werkscode5021), 2türig, 5sitzig, 1.808 $, 9.330 Stück. „Station Wagon", 2türig, 5sitzig, 1.808 $, 1.712 Stück. „Trunk Sedan", 2türig, Preis unbekannt, 1.712 Stück. „Station Wagon", 2türig, Preis unbekannt, 1 Exemplar. Super „Station Wagon", 2türig, Preis unbekannt, 2 Exemplare.

Gesamtstückzahl 1950: 191.865 Stück.

NASH 1951

Die neuen Modelle weisen einen überarbeiteten Kühlergrill auf: Das frühere Wabengitter wurde durch 21 vertikale Chromstäbe ersetzt. Die Standlichter sind horizontal unterhalb der Scheinwerfer angeordnet. Die Modelle der Serien 40 und 60 sind mit markanten Heckflossen bestückt.

Statesman Serie 40 (Sechszylinder):
Erstmals werden auch die Modelle der Basisserie mit dem automatischen Hydra-Matic-Getriebe ausgerüstet. Anstatt mit einer Zierleiste werden die vorderen Kotflügel in diesem Jahr mit einer Rille optisch unterteilt, an deren Ende die Serienbezeichnung angeordnet ist. Motor: wie 1950. Vier Modelle stehen zur Wahl:

Super/DeLuxe und Custom
„Business Coupé", 2türig, 3sitzig, 1.841 $, nur Super/DeLuxe: 52 Stück. „Brougham", 2türig, 5sitzig, 1.952/2.122 $, Super/DeLuxe: 152 Stück, Custom: 38 Stück. „Sedan", 4türig, 6sitzig, 1.955/2.125 $, Super/DeLuxe: 52.325 Stück, Custom: 14.846 Stück. „Sedan", 2türig, 6sitzig, 1.928/2.099 $, Super/DeLuxe: 22.261 Stück, Custom: 2.141 Stück.

Ambassador Serie 60 (Sechszylinder):
Bei den Modellen dieser Serie verläuft eine Zierleiste von den Standlichtern über den vorderen Kotflügel. Am Ende dieser Leiste ist die Serienbezeichnung angeordnet. Der wesentlichste Unterschied zu den oben beschriebenen Statesman-Modellen liegt in der um 23 cm längeren Frontpartie. Motor: wie 1950. Drei Modelle stehen zur Wahl:

Super/Custom
„Brougham", 2türig, 5sitzig, 2.326/2.496 $, Super: 40 Stück, Custom: 37 Stück. „Sedan", 4türig, 6sitzig, 2.330/2.501 $, Super: 34.935 Stück, Custom: 21.071 Stück. „Sedan", 2türig, 6sitzig, 2.304/2.474 $, Super: 4.382 Stück, Custom: 1.118 Stück.

Nash Rambler Serie 10 (Sechszylinder):
Die Modelle dieser Serie werden am 22. September 1950 präsentiert. Der „Country Club Hardtop" ist neu im Programm. Mit ihm bietet Nash als erster amerikanischer Hersteller ein kompaktes, zweitüriges Hardtopmodell an. Motor: wie 1950. Sieben 2türige Modelle stehen zur Wahl: „Utility Wagon", 5sitzig, 1.173 $, 1.569 Stück. „StationWagon", 5sitzig, 1.885 $, 5.568Einheiten. „Hardtop Coupé", Preis unbekannt, 1 Exemplar. „Convertible", 1.993 $, 14.881 Stück. „Custom Station Wagon", 1.993 $, 28.617 Stück. „Club Sedan", 5sitzig, Preis unbekannt, 50 Stück. „Country Club Hardtop", 5sitzig, 1.968 $, 19.317 Stück.

Gesamtstückzahl 1951: 161.140 Stück. Nash steht an 11. Stelle der amerikanischen Automobilhersteller. Im Rahmen eines Großauftrags des US-Verteidigungsministeriums fertigt Nash große Stückzahlen von „Pratt & Whitney"-Flugmotoren. Durch die zusätzliche Arbeitsauslastung verzögert sich die Auslieferung der Rambler-Modelle.

1951. Nash Rambler „Country Club Hardtop". ▲

▲ *1951. Nash Airflyte Ambassador „Sedan".*

Links: 1950. Komfortabler Fond des Nash Ambassador.

▲ 1952. Nash Rambler „Country Club".

NASH 1952

Erstmals nach drei Jahren präsentiert die Marke am 14. März 1952 anläßlich ihres 50-jährigen Firmenjubiläums komplett überarbeitete „Golden Airflyte"-Modelle. Für das Styling zeichnet der italienische Stardesigner Pininfarina verantwortlich. Zwei Wochen später, am 1. April, werden die Rambler-Modelle vorgestellt. Diese haben sich gegenüber dem Vorjahr nicht verändert.

Statesman Serie 40 (Sechszylinder):
Äußerlich unterscheiden sich die Statesman- von den Ambassador-Modellen nur durch die kürzere Frontpartie. Vom vorderen Türausschnitt bis zum Heck sind die Karosserien identisch. Die Radabdeckungen sind originell. Die Serien- und Modellbezeichnungen befinden sich an den vorderen Kotflügeln. Motor: Super Jetfire Sechszylinder, Hubraum: 3,203 Liter, Leistung 88 PS bei 3.800 U/min. Drei sechssitzige Modelle stehen zur Wahl:

Super/Custom

„Sedan", 4türig, 2.178/2.332 $, Super: 27.304 Stück, Custom: 13.660 Stück. „Sedan", 2türig, 2.144/2.125 $, Super: 6.795 Stück, Custom: 1.872 Stück. „Hardtop Coupé", 2türig, 2.433 $, nur Custom: 869 Stück.

Ambassador Serie 60 (Sechszylinder):
Die Frontpartie der Ambassador-Modelle ist um 18 cm länger als bei den Statesman. Bei der Innenraumgestaltung stand der Sicherheitsgedanke im Vordergrund: Für das Styling zeichnet Hélène Rother verantwortlich. Motor: Reihensechszylinder, Hubraum: 4,137 Liter, Leistung: 120 PS bei 3.700 U/min. Drei sechssitzige Modelle stehen zur Wahl:

Super/Custom

„Sedan", 4türig, 2.557/2.716 $, Super: 16.838 Stück, Custom: 19.585 Stück. „Sedan", 2türig, 2.521/2.695 $, Super: 1.871 Stück, Custom: 1.178 Stück. „Hardtop Coupé", 2türig, 2.829 $, nur Custom: 1.228 Stück.

1952. Nash Ambassador Custom ▲ „Sedan".

1952. Nash Rambler „Station Wagon". ▲

▲ 1953. Pininfarina „Convertible" der Rambler-Serie.

Nash Rambler Serie 10 (Sechszylinder):
Die Modelle dieser Serie haben sich gegenüber dem Vorjahr nicht geändert. Motor: wie 1951. Fünf zweitürige Modelle stehen zur Wahl: „Utility Wagon", 5sitzig, 1.842 $, 1.248 Stück. „Station Wagon", 5sitzig, 2.003 $, 2.970 Stück. „Convertible", 2.119 $, 3.108 Stück. „Station Wagon", 5sitzig, 2.119 $, 19.889 Stück. „CountryClub", 5sitzig, 2.094 $, 25.785 Stück.

Gesamtstückzahl 1952: 152.141 Stück. Nash steht an 10. Stelle der amerikanischen Automobilhersteller. Der Nash Healey, der beim 24-Stunden-Rennen von Le Mans als erster seiner Klasse durchs Ziel ging, wird dem amerikanischen Publikum am 16. Februar 1951 präsentiert. Nach Herstellerangaben gehört er zum Modelljahr 1952, obwohl manche Chronisten ihn noch zu den 1951er Modellen zählen. Der von Pininfarina gestylte Aluminiumaufbau für diesen Sportwagen wird nicht in Amerika, sondern im englischen Warwick gefertigt. Der Motor („Le Mans Dual Jetfire") wird von der Nash Ambassador-Serie übernommen. Im ersten Jahr werden zwei verschiedene Versionen angeboten (Preis: 4.063 bzw. 5.909 $, Stückzahl: 104 bzw. 150 Stück).

NASH 1953

Die neuen Modelle haben sich gegenüber dem Vorjahr kaum geändert. Zur Differenzierung dient lediglich die breite Lüftungsöffnung an der Motorhaube unterhalb der Windschutzscheibe. Die Rambler-Modelle wurden von Pininfarina überarbeitet.

Statesman Serie 40 (Sechszylinder):
Motor: Reihensechszylinder, Hubraum: 3,203 Liter, Leistung: 100 PS bei 4.800 U/min. Drei sechssitzige Modelle stehen zur Wahl:

Super/Custom
„Sedan", 4türig, 2.178/2.332 $, Super: 28.445 Stück, Custom: 11.476 Stück. „Sedan", 2türig, 2.143/2.310$, Super: 7.999 Stück, Custom: 1.305 Stück. „Hardtop Coupé", 2türig, 2.433 $, nur Custom: 7.025 Stück.

Ambassador Serie 60 (Sechszylinder):
Diese Serie ist mit zwei verschiedenen Motorvarianten erhältlich: Reihensechszylinder, Hubraum: 4,137 Liter, Leistung 120 PS bei 3.700 U/min; oder „Le Mans Dual Jetfire" mit Doppelvergaser, Leistung: 140 PS bei 4.000 U/min (der mit diesem Aggregat bestückte Nash Healey belegte beim 24-Stunden-Rennen von Le Mans in seiner Klasse den ersten Platz). Drei sechssitzige Modelle stehen zur Wahl:

▲ *1954. Nash Ambassador Custom „Sedan".*

1954. Nash Statesman Super „Sedan". ▲

Super/Custom
„Sedan", 4türig, 2.557/2.716 $, Super: 12.489 Stück, Custom: 12.222 Stück. „Sedan", 2türig, 2.521/2.695 $, Super: 1.273 Stück, Custom: 428 Stück. „Hardtop Coupé", 2türig, 2.829 $, nur Custom: 6.438 Stück.

Nash Rambler Serie 10 (Sechszylinder):
Im Zuge eines umfassenden Faceliftings erhielten diese Modelle eine flachere Motorhaube, einen neuen Kühlergrill mit breiter Mittelstrebe und originelle Vorder- und Hinterradabdeckungen. Zur DeLuxe-Ausstattung gehören: Hydra-Matic-Getriebe (gegen Aufpreis in Verbindung mit einem um 5 PS stärkeren Motor), „Duo-Coustic"-Radio mit zwei Lautsprechern, Reserverad (beim „Convertible" und beim „Station Wagon" außen am Heck montiert), „Weather Eye"-Klimaanlage. Motor: Reihensechszylinder, Hubraum: 3,013 Liter, Leistung: 85 PS bei 3.800 U/min. Fünf zweitürige Modelle stehen zur Wahl: „Deliveryman", 5sitzig, Preis unbekannt, 9 Stück. „Station Wagon", 5sitzig, 2.003 $, 1.114 Stück. „Convertible", 2.150 $, 3.284 Stück. „StationWagon", 5sitzig, 2.119 $, 10.598 Stück. „Country Club Hardtop", 5sitzig, 2.125 $, 15.255 Stück.

Gesamtstückzahl 1953: 119.360 Stück.

NASH 1954

Die neuen Modelle weisen nur geringfügige Änderungen gegenüber dem Vorjahr auf. Neu ist das Design der Frontpartie (konkaver Kühlergrill aus horizontalen Stäben; schräg angeordnete, verchromte Scheinwerfereinfassungen). Auch der Innenraum wurde neu gestaltet.

Statesman Serie 40 (Sechszylinder):
Bei den Custom-Modellen ist das Reserverad außen am Heck montiert. Der Hersteller bezeichnet dies als „Continental Mounting". Motor: Reihensechszylinder, Hubraum: 3,203 Liter, Leistung: 110 PS bei 4.000 U/min. Drei sechssitzige Modelle stehen zur Wahl:

Super/Custom
„Sedan", 4türig, 2.158/2.332 $, Super: 11.401 Stück, Custom: 4.219 Stück. „Sedan", 2türig, 2.110/2.310 $, Super: 1.855 Stück, Custom: 24 Stück. „Hardtop Coupé", 2türig, 2.423 $, nur Custom: 2.726 Stück.

Ambassador Serie 60 (Sechszylinder):
An der Ausstattung dieser Modelle hat sich gegenüber dem Vorjahr nichts geändert. Motor: Zwei Varianten wie 1953 (die Leistung des ersten Aggregats wurde jedoch von 120 auf 130 PS gesteigert). Drei sechssitzige Modelle stehen zur Wahl:

Super
„Sedan", 4türig, 2.130 $, 7.433 Stück. „Sedan", 2türig, 2.178 $, 283 Stück. Custom „Sedan", 4türig, 2.362 $, 10.131 Stück. „Hardtop Coupé", 2türig, 2.468 $, 3.581 Stück.

Nash Rambler Serie 10 (Sechszylinder):
In diesem Jahr wurde die Modellpalette der Rambler-Serie stark erweitert. Einige Wagen, wie der viertürige „Sedan" und der „Station Wagon" basieren auf einem Fahrgestell mit verlängertem Radstand (2,74 m statt 2,54 m). Motor: wie 1953. Elf fünfsitzige Modelle stehen zur Wahl: „Utility Wagon", 2türig, Preis unbekannt, 56 Stück. „DeLuxe Sedan", 2türig, 1.550 $, 7.273 Stück. „Suburban", 2türig, 1.800 $, 504 Stück. „Country Club", 2türig, 1.800 $, 1.071 Stück. „Convertible", 2türig, 1.980 $, 221 Stück. „StationWagon", 2türig, 1.950 $, 2.202 Stück. Super „Sedan", 4türig, 1.795 $, 4.313 Stück. „Sedan", 2türig, 1.700 $, 300 Stück.

Custom
„Sedan", 2türig, 1.965 $, 72.640 Stück. „Hardtop Coupé", 4türig, 1.950 $, 3.612 Stück. „Station Wagon", 4türig, 2.050 $, 9.039 Stück.

Gesamtstückzahl 1954: 62.911 Stück. Nash steht an 13. Stelle der amerikanischen Automobilhersteller. Am 1. Mai 1954 fusionieren Nash und Hudson zur American Motors Corporation. Von diesem Zeitpunkt an sind die Modelle beider Marken bis auf die unterschiedlichen Markenembleme baugleich und werden zum Teil bereits über die selben Vertragshändler abgesetzt. Im Jahr 1956 schließlich werden die beiden Marken ganz vereinigt und das Händlernetz vereinheitlicht.

NASH 1955

Die am 17. November 1954 präsentierten Fahrzeuge weisen einige deutliche Unterscheidungsmerkmale zu den Vorjahresmodellen auf. Deutlichste optische Neuerungen sind die Panoramawindschutzscheibe mit weit zurückversetzten A-Säulen und die rings um den unteren Rand der Karosserie entlang geführte Zierleiste. Die Scheinwerfer sind in den ovalen Kühlergrill integriert und werden von weit nach vorne gezogenen Kotflügeln flankiert. Neu ist auch das Design der hinteren Kotflügel. In diesem Jahr bietet Nash neben dem alten Sechszylinderaggregat erstmals auch einen V8 an.

Statesman Serie 40 (Sechszylinder):

Motor: wie 1953. Zwei sechssitzige Modelle stehen zur Wahl:

Super/Custom

„Sedan", 4türig, 2.215/2.385 $, 12.877 Stück.

Custom

„Hardtop Coupé", 2türig, 2.495 $, 1.395 Stück.

Ambassador Serie 60 (Sechszylinder):

Motor: wie 1954. Zwei sechssitzige Modelle stehen zur Wahl:

Super/Custom

„Sedan", 4türig, 2.480/2.675 $, 13.809 Stück.

Custom

„Hardtop Coupé", 2türig, 2.795 $, 1.395 Stück.

Ambassador Serie 80 (Achtzylinder):

Die Fahrzeuge dieser neuen Ambassador-Serie sind mit einem Packard-V8-Aggregat ausgestattet. Äußerlich besteht außer dem V8-Emblem an den hinteren Kotflügeln kein Unterschied zu den Sechszylindermodellen. Motor: V8, Hubraum: 5,241 Liter, Leistung: 208 PS bei 4.000 U/min. Zwei sechssitzige Modelle stehen zur Wahl:

Super/Custom

„Sedan", 4türig, 2.775/2.965 $, 8.805 Stück.

Custom

„Hardtop Coupé", 2türig, 3.095 $, 1.775 Stück.

Nash Rambler Serie 10 (Sechszylinder):

Die Rambler-Modelle werden nicht nur von Nash, sondern auch von Hudson verkauft. Gegenüber 1954 wurden die vorderen Radausschnitte verbreitert und der Kühlergrill überarbeitet. Motor: Reihensechszylinder, Hubraum: 3,203 Liter, Leistung 90 PS (zur Drehzahl liegen keine Herstellerangaben vor). Sieben fünfsitzige Modelle stehen zur Wahl:

1956. Nash Ambassador Country Club „Sedan". ▲

Nash-Chef George Rommey bei der Präsentation der 1955er Modellpalette. ▼

Rechts: 1955. Bequemer geht's nicht!

1955. Nash-Emblem.

Kurzes Chassis (2,74 m)
„Utility Wagon", 2türig, 14 Stück. „BusinessCoupé", 2türig, 43 Stück. „Suburban", 2türig, 1.771 $, 2.379 Stück. „Sedan", 4türig, 1.798 $, 15.998 Stück.
Langes Chassis (2,96 m)
***Super* :** „Sedan", 2türig, 1.683 $, 8.979 Stück.
Custom
„Hardtop Coupé", 2türig, 1.995 $, 2.993 Stück. „Station Wagon", 4türig, 2.098 $, 25.617 Stück.
Gesamtstückzahl 1955: 194.175 Stück.

NASH 1956

Die neuen Modelle weisen breitere Kotflügel auf als ihre Vorgänger. Die vorderen Standlichter, der Kühlergrill, die Kühlerfigur, die Rücklichter und die Heckscheibe sind ebenfalls neu. Bei den zweifarbig lackierten Modellen dient die blitzförmige seitliche Zierleiste als Farbabgrenzung.

Links: 1956. Nash Rambler „Station Wagon" (oder „Cross Country").

Statesman Serie 40 (Sechszylinder):
Motor: Reihensechszylinder, Hubraum: 3,203 Liter, Leistung: 130 PS bei 4.500U/min. Nur ein einziges Modell:
Super
„Sedan", 2türig, 6sitzig, 2.130 $, 7.438 Stück.
Ambassador Serie 60 (Sechszylinder):
Motor: wie 1954. Nur ein einziges Modell:
Super
„Sedan", 2türig, 6sitzig, 2.425 $, 5.999 Stück.
Ambassador Serie 80 (Achtzylinder):
Motor: V8, Hubraum: 5,766 Liter, Leistung: 220 PS bei 4.600 U/min. Drei sechssitzige Modelle stehen zur Wahl:
Super
„Sedan", 4türig, 2.716 $ (die Stückzahl ist in der Angabe für den Custom „Sedan" enthalten).
Custom
„Sedan", 4türig, 2.939 $, 3.885 Stück. „Hardtop Coupé", 2türig, 3.072 $, 796 Stück.
Ambassador Special Serie 50 (Achtzylinder):
Im April 1956 kündigt Nash diese neue Serie an. Motor: AMC-V8, Hubraum: 4,095 Liter, Leistung: 190 PS bei 4.900 U/min. Drei sechssitzige Modelle stehen zur Wahl:
Super
„Sedan", 4türig, 2.355 $, 3.349 Stück.
Custom
„Sedan", 4türig, 2.462 $. „Hardtop Coupé", 2türig, 2.541 $, 706 Stück.
Nash Rambler Serie 10 (Sechszylinder):
Der „Station Wagon" und der viertürige „Sedan" wurden neu gestaltet. Alle Modelle werden jetzt einheitlich mit dem längeren Chassis ausgeliefert. Die auf dem kürzeren Fahrgestell basierenden Wagen kommen erst 1958 unter dem Namen der neu gegründeten Marke Rambler auf den Markt. Motor: Reihensechszylinder, Hubraum: 3,203 Liter, Leistung: 120 PS bei 4.200 U/min.
Sieben viertürige, sechssitzige Modelle stehen zur Auswahl:
„Hardtop Station Wagon", 2.494 $, 402 Stück.
DeLuxe
„Sedan", 1.829 $, 21.966 Stück.
Super
„Sedan" 1.939 $ (die Stückzahl ist in der Angabe für den DeLuxe „Sedan" enthalten). „Station Wagon" 2.233 $, 21.554 Stück.

Rechts: 1957. Nash Rambler Custom „Hardtop Sedan".

1957. Nash Ambassador Super Country Club „Sedan Hardtop". ▼

Custom
„Sedan", 2.059 $ und „Station Wagon", 2.329 $ (die Stückzahl beider Modelle ist in der Angabe für den DeLuxe „Sedan" enthalten). „Hardtop Sedan", 2.224 $, 2.155 Stück.

NASH 1957

1957 ist das letzte Jahr für die beiden Schwestern Nash und Hudson. Deutlichstes Unterscheidungsmerkmal zu den Vorjahresmodellen sind die fehlenden Vorderradabdeckungen.
Ambassador Serie 60 (Achtzylinder):
Motor: AMC-V8, Hubraum: 5,336 Liter, Leistung: 255 PS bei 4.700 U/min. Vier Modelle stehen zur Wahl:
Super
„Sedan", 4türig, 2.586 $. „Sedan Hardtop", 2türig, 2.670 $.
Custom
„Sedan", 4türig, 2.763 $. „Sedan Hardtop", 2türig, 2.847 $.
Gesamtserienstückzahl im Modelljahr: 3.561 Stück.

Nash Rambler Serie 10 (Sechszylinder):
Bei diesen Modellen wurden die Standlichter in die vorderen Kotflügel integriert. Der neue Kühlergrill besteht aus einem breiten Rechteckgitter. Bei den DeLuxe-Modellen fehlen Zierleisten ebenso wie die Modellbezeichnung. Die Custom-Modelle dagegen tragen die Aufschrift „RAMBLER CUSTOM" an den vorderen Kotflügeln. Bei letzteren weist die Seitenpartie zwei Zierleisten mit farblich abgesetztem Zwischenraum auf. Die Super-Modelle sind an der schlichten seitlichen Zierleiste und dem SUPER-Schriftzug an den hinteren Kotflügeln zu erkennen. Motor: Reihensechszylinder, Hubraum: 3,203 Liter, Leistung: 125 PS bei 4.200 U/min. Sieben viertürige, sechssitzige Modelle stehen zur Wahl:
DeLuxe
„Sedan", 1.961 $, 9.402 Stück. „Station Wagon", 75 Stück.
Super
„Sedan", 2.123 $, 16.320 Stück. „Station Wagon", 2.410 $, 14.083 Stück. „Hardtop", 2.208 $, 612 Stück.
Custom
„Sedan", 2.213 $, 10.520 Stück. „Station Wagon", 2.500 $, 17.745 Stück.
Nash Rambler Serie 20 (V8):
Abgesehen von einem anderen Motor sind diese Modelle baugleich mit denjenigen der Serie 10. Motor: V8, Hubraum: 4,095 Liter, Leistung: 190 PS bei 4.900 U/min. Sechs viertürige, sechssitzige Modelle stehen zur Wahl:
Super
„Sedan", 2.253 $, 3.555 Stück. „Station Wagon", 2.540 $, 2.461 Stück.
Custom
„Sedan", 2.343 $, 3.199 Stück. „Station Wagon", 2.630 $, 4.560 Stück. „Hardtop Sedan", 2.428 $, 485 Stück. „Hardtop Station Wagon", 2.715 $, 182 Stück.
Nash Rambler Rebel Serie 30 (V8):
Motor: V8, Hubraum: 5,331 Liter, Leistung: 255 PS bei 4.700 U/min. Nur ein einziges Modell:
Custom
„Hardtop Sedan", 4türig, 2.786 $, 1.500 Stück.
Gesamtstückzahl 1957: 826 Stück.

Rechts: 1951. Blick ins Innere eines 98er „Holiday Hardtop Coupé“.

OLDSMOBILE

Von 1897 bis he

▲
1951. „Club Sedan“ Serie 76, „Sedan“ Serie 88 und „Sedan“ Serie 98.

Die Olds Motor Vehicle Company wird am 21. August 1897 in Lansing im US-Bundesstaat Michigan gegründet. Zehn Jahre zuvor machte Firmengründer Ransom Eli Olds erste Versuche mit einem dreirädrigen Dampftraktor. 1891 folgt ein weiterer, ebenfalls mit Dampf betriebener Wagen, der so gut funktioniert, daß das amerikanische Wissenschaftsmagazin *Scientific American* ihm einen Artikel widmet. Das erste Fahrzeug mit Verbrennungsmaschine baut Olds 1896. 1904 wird der kurzzeitig nach Detroit verlagerte Firmensitz wieder nach Lansing verlegt. Hier sammeln viele der späteren bedeutenden Konstrukteure und Designer Amerikas erste Erfahrungen für ihre zukünftige Tätigkeit – heute wird das alte Oldsmobile-Werk von Chronisten als „Eliteschule“ der Automobilindustrie bezeichnet. Im Dezember des Jahres 1908 übernimmt William Crapo Durant die in eine wirtschaftliche Krise geratene Firma Oldsmobile und gliedert sie in den GM-Konzern ein. Durant hat im Verlaufe seiner Karriere mehrere konkursbedrohte Unternehmen übernommen, und nicht bei allen hatte er mit seinen Sanierungsversuchen Erfolg; doch im Falle Oldsmobile erweist sich seine Entscheidung als richtig: Unter dem neuen GM-Management geht es mit der Marke schon bald wieder bergauf. 1933 gerät der GM-Konzern in ernsthafte finanzielle Schwierigkeiten und es wird erwogen, die Marken Oldsmobile, Pontiac und Buick einzustellen oder zu einer unternehmerischen Einheit zusammenzufassen. In einer derart schwierigen Lage kommen die Großaufträge des Verteidigungsministeriums gerade recht: Die Fertigungskapazitäten können mit dem Bau von Kanonen, Raketen, Mörsern, Propellern und Flugzeugmotoren ausgelastet werden. So übersteht die älteste amerikanische Automobilmarke den Zweiten Weltkrieg und kann schon nach kurzer Zeit mit neuen Modellen aufwarten. Bei den Modellen von 1946, 1947 und Anfang 1948 handelt es sich im wesentlichen um eine überarbeitete Neuauflage der Fahrzeuge von 1942. In den ersten Nachkriegsjahren wird auf modellpflegerische Maßnahmen weitgehend verzichtet. 1948 präsentiert Oldsmobile schließlich unter dem vielversprechenden Namen „Futuramic“ komplett neu gestylte Modelle. Das 115 PS starke Antriebsaggregat wird zutreffend als „Rocket“ bezeichnet: In Verbindung mit dem Hydra-Matic-Getriebe sorgt dieser Motor für beachtlichen Schub. In der amerikanischen Presse finden die neuen Futuramic-Modelle großen Anklang. Sie spricht von den „heißesten“ Fahrzeugen seit Kriegsende.

1950. „Station Wagon“ Serie 88.▼

▲1950. Oldsmobile-Chassis mit dem berühmten V8-Motor.

OLDSMOBILE 1950

Die neuen Modelle weisen eine neugestaltete Frontpartie auf. Zum letzten Mal werden die

Links: 1950. „Holiday Hardtop Coupé“ Serie 98.

alten Sechszylindermotoren angeboten. Die neuen Aggregate werden nicht von Oldsmobile selbst, sondern von GM oder anderen Herstellern produziert.

1950. „Convertible Coupé“ Serie 98.▼

Futuramic 76 (Sechszylinder):

Die Modelle dieser Serie tragen eine schlichte Zierleiste mit integriertem FUTURAMIC-Schriftzug an den hinteren Kotflügeln. An der spartanischen Ausstattung erkennt man deutlich, daß es sich hier um die Sparmodelle der Marke handelt. Die DeLuxe-Ausstattungsvariante bietet: Schaumstoffgepolsterte Sitze, verchromte Steinschlagschutzbleche an den hinteren Kotflügeln und zusätzliche Chromverzierungen im Innenraum. Für die Sitzbezüge kann man zwischen Leder, Nylon, Popeline und gestreiftem Moleskin wählen. Der „Station Wagon“ wird nach diesem Jahr aus dem Programm genommen. Motor: Reihensechszylinder, Hubraum: 4,210 Liter, Leistung: 105 PS bei 3.400 U/min. Sieben Modelle stehen zur Wahl: „Club Sedan“, 2türig, 5sitzig, 1.640 $, 5.105 Stück. „Sedan“, 2türig, 5sitzig, 1.655 $, 6.354 Stück. „Sedan“, 4türig, 5sitzig, 1.710 $, 16.555 Stück. „Club Coupé“, 2türig, 5sitzig, 1.615 $, 3.364 Stück. „Holiday Hardtop Coupé“, 2türig, 5sitzig, 1.885 $, 538 Stück. „Convertible Coupé“, 2türig, 5sitzig, 2.010 $, 973 Stück. „Station Wagon“, 4türig, 6sitzig, 2.360 $, 368 Stück.

Futuramic 88 (V8):

Diese Modelle gehen in ihr zweites Produktionsjahr und erweisen sich auch in diesem Jahr als echter Verkaufserfolg für die Marke. Von der Ausstattung, den Aufbauten und dem Fahrgestell her gibt es keine Unterschiede zur 76er Serie. Motor: V8 („Rocket“), Hubraum: 4,963 Liter, Leistung: 135 PS bei 3.600 U/min. Sieben Modelle stehen zur Wahl: „Club Sedan“, 2türig, 5sitzig, 1.790 $, 31.093 Stück. „Sedan“, 2türig, 5sitzig, 1.805 $, 50.561 Stück. „Sedan“, 4türig, 5sitzig, 1.860 $, 141.117 Stück. „Club Coupé“, 2türig, 5sitzig, 1.725 $, 10.687 Stück. „Holiday Hardtop Coupé“, 2türig, 5sitzig, 2.035 $, 12.682 Stück. „Convertible Coupé“, 2türig, 5sitzig, 2.160 $, 9.127 Stück. „Station Wagon“, 4türig, 6sitzig, 2.585 $, 2.382 Stück.

Futuramic 98 (V8):

Ihre Linienführung ist bereits deutlich vom 1951er Oldsmobile-Stil geprägt. Zur Serienausstattung der Standardmodelle gehören schaumstoffgepolsterte Sitze, zusätzliche Chromverzierungen im Innenraum und ein in geöffneter Stellung arretierter Kofferraumdeckel. Die DeLuxe-Modelle werden zusätzlich mit folgendem Zubehör ausgestattet: elektrische Uhr, mittlere Armlehne im Fond, Spezial-Lenkrad mit Hupknopf an der Nabe, Lenkradschaltung, Spezial-Türgriffe, andere Radzierkappen sowie eine Auswahl an qualitativ hochwertigen Sitzbezügen. Motor: wie Serie 88. Fünf fünfsitzige Modelle stehen zur Wahl: „Club Sedan“, 2türig, 2.095 $, 11.989 Stück. „Town Sedan“, 4türig, 2.135 $, 1.778 Stück. „Sedan“, 4türig, 2.165 $, 80.265 Stück. „Holiday Hardtop Coupé“, 2türig, 2.245 $, 8.263 Stück. „Convertible Coupé“, 2türig, 2.615 $, 3.925 Stück.

Gesamtstückzahl 1950: 396.757 Stück.

OLDSMOBILE 1951

Die Präsentation der Serien 88 und 98 erfolgt im Januar 1951. Angesichts guter Verkaufszahlen erachtet das Oldsmobile-Management tiefgreifende Änderungen für unnötig. Zur Unterscheidung von den Vorjahresmodellen dient das Emblem vorne auf der Motorhaube: Der Markenname ist nicht mehr konzentrisch rings um die Erdkugel, sondern horizontal darunter angeordnet.

Serie 88 (V8):

Diese teilweise auch als „88A“ bezeichnete Serie wird gegen Ende des Modelljahres eingestellt und ist im Katalog von 1951 bereits nicht mehr enthalten. In dieser unteren Preiskategorie werden nur noch zwei Modelle angeboten. Zur Serienausstattung gehören: Zigarettenanzünder, dekkenmontierte Innenbeleuchtung, Stoßstangenhörner und Gummiteppich. Die DeLuxe-Modelle weisen darüberhinaus folgendes Zubehör auf: Aschenbecher hinten, verchromte Steinschlagschutzbleche an den Kotflügeln und schaumstoffgepolsterte Sitze. Die Innenverkleidung besteht aus Nylon oder Nylonsamt. Motor: V8 („Rocket“), Hubraum:

▲
▼ 1951. DeLuxe „Convertible Coupé“ Serie 98.

1951. Frontansicht. ▼

Rechts: 1951. DeLuxe „Holiday Hardtop Coupé“ Serie 88.

4,963 Liter, Leistung: 135 PS bei 3.600 U/min. Zwei fünfsitzige Modelle stehen zur Wahl: „Sedan“, 2türig, 1.815 $, 11.792 Stück. „Sedan“, 4türig, 1.871 $, 22.848 Stück.

Super 88 (V8):

Die Modelle dieser Mittelklasseserie sind aufwendiger verziert. Die DeLuxe-Ausstattung umfaßt Niederdruck-Reifen, Chromverzierungen im Innenraum und zwei Deckenleuchten im Fond.

DeLuxe

„Club Coupé“, 2türig, 1.928 $, 7.328 Stück. „Sedan“, 2türig, 1.969 $, 34.963 Stück. „Sedan“, 4türig, 2.025 $, 90.131 Stück. „Holiday Hardtop Coupé“, 2türig, 2.231 $, 13.279 Stück. „Convertible Coupé“ (mit hydraulischer Sitzverstellung und hydraulischen Fensterhebern), 2türig, 2.333 $, 3.844 Stück.

Serie 98 (V8):

Der „Sedan“ und der „Convertible“ dieser teuersten Oldsmobile-Serie sind nur mit DeLuxe-Ausstattung erhältlich. Das „Holiday Hardtop Coupé“ kann wahlweise in Standard- oder DeLuxe-Version geordert werden. Neben dem oben beschriebenen Zubehör umfaßt die Serienausstattung: Beleuchteter Aschenbecher, aufwendigere Chromverzierung, Ornament an den hinteren Türen und DeLuxe-Lenkrad mit Hupring. Motor: wie Serie 88.

DeLuxe

„Sedan“, 4türig, 2.277 $, 78.122 Stück. „Convertible Coupé“, 2türig, 2.644 $, 4.468 Stück.

Standard

„Holiday Hardtop Coupé“, 2türig, 2.267 $, 8.385 Stück.

Gesamtstückzahl 1951: 285.634 Stück.

OLDSMOBILE 1952

Als Unterscheidungsmerkmale zu den Vorjahresmodellen dienen lediglich die hinteren Radabdeckungen und der mit einem zusätzlichen Querstab bestückte vordere Stoßfänger. Erstmals bietet Oldsmobile Servolenkung an.

DeLuxe 88 (V8):

Die Ausstattungsmerkmale haben sich gegenüber 1951 nicht geändert. Motor: V8 („Rocket“), Hubraum: 4,963 Liter, Leistung: 145 PS bei 3.600 U/min. Zwei fünfsitzige Modelle stehen zur Wahl: „Sedan“, 2türig, 2.050 $, 6.402 Stück. „Sedan“, 4türig, 2.110 $, 12.215 Stück.

Super 88 (V8):

Gegenüber dem Vorjahr hat sich so gut wie nichts geändert. Motor: V8 („Rocket“), Hubraum: 4,963 Liter, Leistung: 160 PS. Fünf fünfsitzige Modelle stehen zur Wahl:

DeLuxe

„Sedan“, 2türig, 2.172 $, 24.963 Stück. „Sedan“, 4türig, 2.234 $, 76.606 Stück. „Club Coupé“, 2türig, 2.126 $, 2.050 Stück. „Holiday Hardtop Coupé“, 2türig, 2.430 $, 15.777 Stück. „Convertible Coupé“, 2türig, 2.595 $, 5.162 Stück.

Serie 98 (V8):

Gegenüber 1951 hat sich nichts geändert. Die Ausstattung wurde mit einer Scheibenwaschanlage ergänzt. Motor: wie Serie 88. Drei fünfsitzige Modelle stehen zur Wahl:

DeLuxe

„Sedan“, 4türig, 2.532 $, 58.550 Stück. „Holiday Hardtop Coupé“, 2türig, 2.750 $, 14.150 Stück. „Convertible Coupé“, 2türig, 2.940 $, 3.544 Stück.

Gesamtstückzahl 1952: 228.452 Stück.

kappen („Spinners"). Als deutlichstes Unterscheidungsmerkmal zum „Convertible" der Serie 98 dient die Panoramawindschutzscheibe, die kurze Zeit später auch für andere Modelle der Marke Verwendung findet. Alle Modelle außer dem „Fiesta Convertible" sind mit dem 170 PS starken Motor („Special Rocket") der Serie 88 ausgestattet. Vier fünfsitzige Modelle stehen zur Wahl:

DeLuxe

„Sedan", 4türig, 2.552 $, 64.431 Stück. „Holiday Hardtop Coupé", 2türig, 2.771 $, 27.920 Stück. „Convertible Coupé", 2türig, 2.963 $, 7.521 Stück. „Fiesta Convertible Coupé", 2türig, 5.715 $, 458 Stück.

Gesamtstückzahl 1953: 319.414 Stück.

▼ *1952. DeLuxe „Sedan" Serie 98.*

1952. DeLuxe „Convertible Coupé" Serie 88. ▼

1952er Oldsmobile-Werbung. ▲

1953. Oldsmobile-Cockpit. ▲

OLDSMOBILE 1953

Auch in diesem Jahr beschränken sich die Änderungen im wesentlichen auf ein Facelifting der Frontpartie und der Hersteller bietet zum ersten Mal eine Klimaanlage an. Als Option bestückt Oldsmobile seine Fahrzeuge mit dem sogenannten „Autronic Eye", einem System, das beim Entgegenkommen eines anderen Fahrzeugs automatisch von Fern- auf Abblendlicht umschaltet. Durch die neuen hydraulischen Bremsen wird der Kraftaufwand am Pedal um 60% reduziert.

DeLuxe 88 (V8):

Die Ausstattung hat sich gegenüber dem Vorjahr nicht geändert. Motor: V8 („Rocket"), Hubraum: 4,963 Liter, Leistung: 150 PS bei 3.600 U/min. Zwei fünfsitzige Modelle stehen zur Wahl: „Sedan", 2türig, 2.065 $, 12.400 Stück. „Sedan", 4türig, 2.126 $, 20.405 Stück.

Super 88 (V8):

Die Ausstattung hat sich gegenüber dem Vorjahr nicht geändert. Mit den Modellen dieser Mittelklasseserie erzielt Oldsmobile seine besten Verkaufsergebnisse. Motor: V8 („Rocket"), Hubraum: 4,963 Liter, Leistung: 165 PS bei 3.600 U/min. Vier fünfsitzige Modelle stehen zur Wahl:

DeLuxe

„Sedan", 2türig, 2.253 $, 36.824 Stück. „Holiday Hardtop Coupé", 2türig, 2.448 $, 34.500 Stück. „Convertible Coupé", 2türig, 2.615 $, 9.310 Stück.

Standard

„Sedan", 4türig, 2.252 $, 119.317 Stück.

Serie 98 (V8):

Mit dem „Fiesta Convertible Coupé" wird die Luxusserie der Marke bereichert. Im Laufe des Jahres wird dieses Ausstellungsmodell überall in den Vereinigten Staaten als „Star" präsentiert. Der Wagen hat serienmäßig Servolenkung und -bremsen, Heizung, Defroster-Anlage, Super DeLuxe-Radio mit elektrisch ausfahrbarer Antenne, hydraulische Fensterheber, hydraulische Sitzverstellung, Blinklichter, Rückfahrleuchten und spezielle Radzier-

OLDSMOBILE 1954

Erstmals nach fünf Jahren wartet die Marke wieder mit neuer Technik und anderem Karosseriestyling auf. Für die Serie 88 wird keine DeLuxe-Variante mehr angeboten. Alle Fahrzeuge sind nun mit der modernen Panoramawindschutzscheibe des 1953er „Fiesta Convertible" ausgestattet.

Serie 88 (V8):

Erstmals wird in dieser Serie das beliebte „Holiday Hardtop Coupé" angeboten. Zur Serienausstattung gehören: zwei Hupen, Stoßstangenhörner, Gummiteppiche, elektrische Uhr, Zigarettenanzünder und Blinkleuchten. Die Modelle sind in 18 verschiedenen Lackfarben und 18 Zweifarben-Kombinationen erhältlich. Die Innenverkleidung ist aus grauem, grünem oder blauem Moleskin. Motor: V8 („Rocket"), Hubraum: 5,307 Liter, Leistung: 170 PS bei 4.000 U/min. Drei fünfsitzige Modelle stehen

1953. DeLuxe „Holiday Coupé“ Serie 98. ▼

Rechts: 1953. „Convertible Coupé“ mit zweifarbiger Innenausstattung.

1953. DeLuxe „Convertible Coupé“ Serie 98. ▲

▲1954. DeLuxe „Convertible Coupé“ Serie 88.

▲1954. DeLuxe „Sedan“ Serie 88.

zur Wahl: „Sedan“, 2türig, 2.066 $, 18.013 Stück. „Sedan“, 4türig, 2.126 $, 29.028 Stück. „Holiday Hardtop Coupé“, 2türig, 2.230 $, 25.820 Stück.

Super 88 (V8):

Auch in diesem Jahr sind diese Oldsmobile-Modelle auf dem Markt am erfolgreichsten. Zur Unterscheidung von den 88er Basismodellen weisen sie eine zusätzliche Chromleiste im Schwellenbereich und ein Zierelement am Kofferraum auf. Die schaumstoffgepolsterten Sitze werden mit Bezügen aus einer Orlon-Nylon-Kombination, Moleskin oder Leder angeboten. Für die Innenverkleidung stehen zahlreiche Farbtöne zur Wahl. Motor: V8 („Rocket“), Hubraum: 5,307 Liter, Leistung: 185 PS.

DeLuxe

„Sedan“, 2türig, 2.189 $, 27.882 Stück. „Sedan“, 4türig, 2.251 $, 111.326 Stück. „Holiday Hardtop Coupé“, 2türig, 2.448 $, 42.155 Stück. „Convertible Coupé“, 2türig, 2.615 $, 6.452 Stück.

Serie 98 (V8):

Die in dieser Serie angebotenen Modelle werden unter dem klingenden Namen „Starfire“ vertrieben. Neben der umfangreichen Super-88-Ausstattung gehören ein gepolstertes Armaturenbrett, eine Handbremsen-Kontrolleuchte, eine Kartenleselampe, felgenbedeckende Radzierkappen, eine Scheibenwaschanlage und ein DeLuxe-Lenkrad mit Hupring zum Lieferumfang. Motor: wie Super 88.

DeLuxe

„Sedan“, 4türig, 2.552 $, 45.605 Stück. „Convertible Coupé“, 2türig, 2.963 $, 6.800 Stück.

Standard

„Holiday Hardtop Coupé“, 2türig, 2.570 $, 38.553 Stück.

Gesamtstückzahl 1954: 433.810 Stück.

OLDSMOBILE 1955

Das allgemeine Facelifting dieses Jahres steht den neuen Modellen gut zu Gesicht. Die an der mittleren Querstrebe des ovalen Kühlergrills angeordneten „Zähne“ entpuppen sich beim genaueren Hinsehen als die Buchstaben des Markennamens OLDSMOBILE. Neu ist auch das Design der Stoßfänger; diese weisen jetzt einen flachen Mittelteil zur Montage des Kennzeichens auf. Die Scheinwerfereinfassungen sind kappenförmig ausgebildet. Seitlich an den vorderen Kotflügeln neben den Scheinwerfern ist ein kleines Emblem mit der Seriennummer angeordnet. Die Radzierkappen sind neu. Eine S-förmig geschwungene Chromleiste setzt an der hinteren Seitenscheibe an und endet in Kotflügelmitte an einer zweiten horizontal über die gesamte Seitenpartie verlaufenden Leiste. Bei zweifarbig lackierten Fahrzeugen dienen diese Zierleisten als Farbabgrenzungslinie. Zur Jahresmitte wird die Modellpalette um den „Holiday" erweitert.

Serie 88 (V8):

An der Ausstattung hat sich gegenüber 1954 kaum etwas geändert. Motor: V8 („Rocket"), Hubraum: 5,307 Liter, Leistung: 185 PS bei 4.000 U/min. Vier fünfsitzige Modelle stehen zur Wahl: „Sedan", 2türig, 2.297 $, 37.507 Stück. „Sedan", 4türig, 2.362 $, 57.777 Stück. „Holiday Hardtop Sedan", 2türig, 2.546 $, 41.310 Stück. „Holiday Hardtop Coupé", 2türig, 2.474 $, 85.767 Stück.

Super 88 (V8):

An der Ausstattung hat sich gegenüber 1954 kaum etwas geändert. Motor: V8 („Rocket"), Hubraum: 5,307 Liter, Leistung: 202 PS bei 4.000 U/min.

DeLuxe

„Sedan", 2türig, 2.436 $, 11.950 Stück. „Sedan", 4türig, 2.503 $, 111.316 Stück. „Holiday Hardtop Sedan", 2türig, 2.788 $, 47.385 Stück. „Holiday Hardtop Coupé", 2türig, 2.714 $, 62.534 Stück. „Convertible Coupé", 2türig, 2.894 $, 9.007 Stück.

Serie 98 (V8):

In diesem Jahr sind die Aufbauten der 98er Modelle etwas breiter als diejenigen der Serie 88. An der Ausstattung hat sich gegenüber 1954 so gut wie nichts geändert. Die DeLuxe-Modelle werden mit Ausnahme des „Sedan" mit hydraulischer Sitzverstellung und hydraulischen Fensterhebern ausgeliefert. Vier fünfsitzige Modelle stehen zur Wahl:

DeLuxe

„Sedan", 4türig, 2.833 $, 39.847 Stück. „Holiday Hardtop Sedan", 2türig, 3.140 $, 31.267 Stück. „Starfire Convertible Coupé", 2türig, 3.276 $, 9.149 Stück.

Standard

„Holiday Hardtop Coupé", 2türig, 3.069 $, 38.363 Stück.

Gesamtstückzahl 1955: 634.459 Stück.

OLDSMOBILE 1956

Die neuen Modelle basieren zwar auf den alten Fahrgestellen, doch die Linienführung wurde umfassend überarbeitet. Der in den Stoßfänger integrierte, fischmaulförmige Kühlergrill ist in der Mitte durch einen brei-

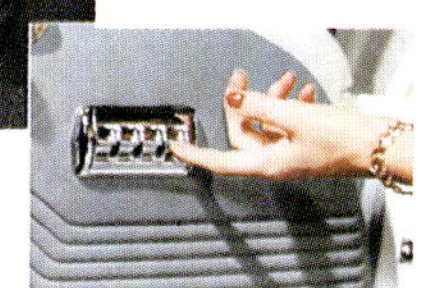

Links: 1955. Auf Bedienungskomfort legt man in Amerika großen Wert.

▲1955. DeLuxe „Sedan" Serie 88.

Links: 1955. DeLuxe „Sedan" Serie 98.

▼1955. Standard „Holiday Hardtop Coupé" Serie 98.

ten, vertikalen Trennsteg unterteilt. Links und rechts dieses Steges sind je fünf horizontale, leicht schräggestellte Lamellen angeordnet. Der Hersteller nennt diesen neuen Kühlergrill „Airfoil Grille“. Die Seitenverzierung besteht aus zwei am hinteren Kotflügel V-förmig zusammenlaufenden Leisten, die bei zweifarbig lackierten Fahrzeugen als Farbabgrenzung dienen.

▲ *1955. DeLuxe „Sedan“ Serie 98.*

1956. Starfire DeLuxe „Convertible“ Serie 98. ▲

▼ *1956. Frontansicht.*

Serie 88 (V8):

Die Ausstattung ist umfangreicher als in den Vorjahren: Blinklichter, Zigarettenanzünder, Armlehnen, Gummiteppich und Sonnenblende. Für die zweifarbige Lackierung werden 21 verschiedene Farbkombinationen angeboten. Motor: V8 („Rocket“), Hubraum: 5,307 Liter, Leistung: 230 PS bei 4.400 U/min. Vier fünfsitzige Modelle stehen zur Wahl: „Sedan“, 2türig, 2.166 $, 31.949 Stück. „Sedan“, 4türig, 2.226 $, 57.092 Stück. „Holiday Hardtop Sedan“, 2türig, 2.397 $, 52.239 Stück. „Holiday Hardtop Coupé“, 2türig, 2.330 $, 74.739 Stück.

Super 88 (V8):

Nach wie vor erzielt Oldsmobile mit dieser Serie seine besten Verkaufsergebnisse. So ist hier denn auch die Anzahl der zur Wahl stehenden Modelle und der angebotenen Extras am größten. Motor: V8 („Rocket“), Hubraum: 5,307 Liter, Leistung: 240 PS bei 4.400 U/min. Fünf fünfsitzige Modelle stehen zur Wahl:

DeLuxe

„Sedan“, 2türig, 2.301 $, 5.465 Stück. „Sedan“, 4türig, 2.363 $, 59.728 Stück. „Convertible Coupé“, 2türig, 2.726 $, 9.560 Stück.

Super DeLuxe

„Holiday Hardtop Sedan“, 2türig, 2.586 $, 61.192 Stück. „Holiday Hardtop Coupé“, 2türig, 2.520 $, 43.054 Stück.

Serie 98 (V8):

Die Aufbauten der luxuriösesten Oldsmobile-Modelle wurden gegenüber dem Vorjahr um 12 cm verlängert. Zur Serienausstattung gehören: Rückfahrscheinwerfer,

Hydra-Matic-Jetaway-Getriebe, DeLuxe-Lenkrad, elektrische Uhr und Scheibenwaschanlage. Als Materialien für die Innenverkleidung stehen Leder oder Moleskin in verschiedenen Farbtönen zur Wahl. Je nach Wunsch werden die Fahrzeuge mit Goodrich- oder Firestone-Reifen bestückt. Das „Starfire Convertible Coupé" und die Super-DeLuxe-Modelle sind mit hydraulischer Sitzverstellung und hydraulischen Fensterhebern ausgestattet. Motor: wie Serie 88. Vier fünfsitzige Modelle stehen zur Wahl:

DeLuxe

„Sedan", 4türig, 2.969 $, 20.105 Stück. „Starfire Convertible Coupé", 2türig, 3.380 $, 8.581 Stück.

Super DeLuxe

„Holiday Hardtop Sedan", 2türig, 3.204, 42.320 Stück. „Holiday Hardtop Coupé", 2türig, 3.138 $, 19.433 Stück.

Gesamtstückzahl 1956: 432.903 Stück.

OLDSMOBILE 1957

Wie in den Jahren zuvor wurde auch in diesem Jahr die Frontpartie einem Facelifting unterzogen. Der Stoßfänger umrahmt einen breiten niedrigen Kühlergrill, in dem in Großbuchstaben der Name OLDSMOBILE angegeben ist. Die Standlichter sind links und rechts in den Grill integriert. Die kappenförmig über die Scheinwerfer vorgezogenen vorderen Kotflügel sind mit einem Chromornament verziert. Das vorne auf der Motorhaube angeordnete Markenemblem hat sich geändert. Der Tankverschluß befindet sich unterhalb des linken Rücklichtes. Die meisten Modelle weisen zwei durch den hinteren Stoßfänger geführte Auspuffrohre auf. Die ungeteilte Heckscheibe und die „Span-A-Ramic"-Panoramawindschutzscheibe sorgen für gute Sicht. Um dem gestiegenen Sicherheitsbewußtsein der Kundschaft gerecht zu werden, stattet Oldsmobile seine Fahrzeuge mit einem gepolsterten Armaturenbrett mit neugestalteten Instrumenten und Bedienungselementen aus. Eine horizontale Zierleiste reicht vom vorderen Kotflügel bis zur Mitte der vorderen Tür. Eine zweite Chromleiste beginnt an der A-Säule und führt in einem geschwungenen Bogen nach hinten unten bis kurz vor den hinteren Radausschnitt und verläuft dann horizontal bis zum Heck. Hinsichtlich der Lackierung treibt es Oldsmobile ganz schön bunt: Bonbonrosa, Apfelgrün, Metallic-Kupfer, schreiende Rottöne… – *Schön ist, was gefällt!*

Links: 1957. Beim Starfire DeLuxe „Sedan" Serie 98 ist der Tankeinfüllstutzen geschickt hinter einer Blende versteckt. ▼

Golden Rocket 88 (V8):

Die Ausstattung entspricht in etwa jener der 88er Modelle von 1956. Sie umfaßt Armlehnen, Stoßstangenhörner, Blinklichter, Gummiteppich und Sonnenblende. Erstmals sieht der Katalog wieder einen „Station Wagon" vor. Motor: V8 („Rocket"), Hubraum: 6,076 Liter, Leistung: 277 PS bei 4.400 U/min. Sieben sechssitzige Modelle stehen zur Wahl: „Sedan", 2türig, 2.478 $, 18.477 Stück. „Sedan", 4türig, 2.538 $, 53.923 Stück. „Holiday Hardtop Sedan", 2türig, 2.663 $, 3.830 Stück. „Holiday Hardtop Coupé", 2türig, 2.591 $, 49.187 Stück. „Convertible Coupé", 2türig, 2.895 $, 6.423 Stück. „Fiesta Station Wagon", 4türig, 2.914 $, 5.052 Stück. „Fiesta Hardtop Station Wagon", 4türig, 3.017 $, 5.767 Stück.

Links: 1957. DeLuxe „Sedan" Serie 88.

Super 88 (V8):

Die Ausstattung hat sich gegenüber dem Vorjahr kaum geändert. Motor: wie 1956.

DeLuxe

„Sedan", 2türig, 2.687 $, 4.002 Stück. „Sedan", 4türig, 2.745 $, 42.696 Stück. „Convertible Coupé", 2türig, 3.132 $, 7.128 Stück.

Super DeLuxe

„Holiday Hardtop Sedan", 2türig, 2.950 $, 39.162 Stück. „Holiday Hardtop Coupé", 2türig, 2.884 $, 31.155 Stück. „Fiesta Station Wagon", 4türig, 3.220 $, 8.981 Stück.

Starfire 98 (V8):

Die Ausstattung ist gegenüber dem Vorjahr etwas umfangreicher. Neu sind vor allem die elektrischen Fensterheber sowie die Servobremsen und -lenkung. Ein spezielles Emblem dient zur Unterscheidung von den Modellen der anderen Serien. Motor: wie 1956. Vier sechssitzige Modelle stehen zur Wahl:

DeLuxe

„Sedan“, 4türig, 3.396 $, 21.525 Stück. „Convertible Coupé“, 2türig, 3.838 $, 8.278 Stück.

Super DeLuxe

„Holiday Hardtop Sedan“, 2türig, 3.649 $, 32.099 Stück. „Holiday Hardtop Coupé“, 2türig, 3.578 $, 17.791 Stück.

Gesamtstückzahl 1957: 390.091 Stück.

OLDSMOBILE 1958

Laut Beschluß des GM-Managements sollen alle Marken des Konzerns ab 1958 jedes Jahr völlig neue Fahrzeuge herausbringen. Dieser rasche Modellwechsel ist jedoch für die Hersteller mit großem Investitionsaufwand verbunden und findet zudem nicht die ungeteilte Zustimmung der Kundschaft: Die Fahrzeuge kommen allzu schnell aus der Mode, und wer kann sich schon jedes Jahr ein neues Auto leisten... So kommt GM bereits nach zwei Jahren wieder von dieser Strategie ab. Wie die Abbildungen zeigen, können die 1958er Modelle mit Fug und Recht als chromstrotzende Monster bezeichnet werden. Die Amerikaner sprechen von „Chrome Machines“. Erstmals stattet Oldsmobile seine Fahrzeuge mit Doppelscheinwerfern aus. Der Kühlergrill besteht aus aus Aluminiumlamellen. Die Rückfahrscheinwerfer sind in den hinteren Stoßfänger integriert.

Dynamic 88 (V8):

Die Modelle dieser Basisserie sind in 17 einfarbigen Lackierungen und weiteren 5 Metallic-Farben erhältlich. Motor: V8 („Rocket“), Hubraum: 6,076 Liter, Leistung: 265 PS. Sieben Modelle stehen zur Wahl: „Sedan“, 2türig, 5sitzig, 2.772 $, 11.833 Stück. „Sedan“, 4türig, 5sitzig, 2.837 $, 60.429 Stück. „Holiday Hardtop Sedan“, 2türig, 5sitzig, 2.971 $, 28.241 Stück. „Holiday Hardtop Coupé“, 2türig, 5sitzig, 2.893 $, 35.036 Stück. „Convertible Coupé“, 2türig, 6sitzig, 3.221 $, 4.456 Stück. „Fiesta Station Wagon“, 4türig, 6sitzig, 3.824 $, 3.249 Stück. „Holiday Fiesta Hardtop Station Wagon“, 4türig, 6sitzig, 3.895 $, 3.323 Stück.

Super 88 (V8):

Diese Serie basiert weiterhin auf dem Fahrgestell der 88er Dynamics. Es besteht eine große Auswahl an verschiedenen Innenverkleidungen in Leder oder Moleskin. Die Ausstattung dieser Mittelklasseserie ist relativ umfangreich. Motor: V8 („Rocket“), Hubraum: 6,076 Liter, Leistung: 305 PS. Fünf Modelle stehen zur Wahl:

Links: 1958. Starfire DeLuxe „Sedan“ Serie 98.

Rechts: 1958. Ein „Fiesta Station Wagon“ als Filmstar. In den „Nebenrollen“ Patti und Jerry Lewis.

1958. Front- und Heckansicht des Starfire. ▼

„Fiesta Station Wagon“, 4türig, 6sitzig, 3.623 $, 5.175 Stück.

DeLuxe

„Sedan“, 4türig, 5sitzig, 3.112 $, 33.844 Stück. „Holiday Hardtop Coupé“, 2türig, 5sitzig, 3.262 $, 18.653 Stück. „Convertible Coupé“, 2türig, 5sitzig, 3.529 $, 3.799 Stück.

Super DeLuxe

„Holiday Hardtop Sedan“, 2türig, 5sitzig, 3.339 $, 27.521 Stück.

Starfire 98 (V8):

Die luxuriösen Starfire-Modelle basieren auf einem Fahrgestell mit längerem Radstand. Ihre Ausstattung ist ausgesprochen komplett und aufwendig verarbeitet. Motor: wie Super 88. Vier fünfsitzige Modelle stehen zur Wahl:

DeLuxe

„Sedan“, 4türig, 3.824 $, 20.418 Stück. „Holiday Hardtop Sedan“, 2türig, 4.096 $, 27.063 Stück. „Convertible Coupé“, 2türig, 4.200 $, 5.605 Stück.

Super DeLuxe

„Holiday Hardtop Coupé", 2türig, 4.020 $, 11.012 Stück.
Gesamtstückzahl 1958: 310.795 Stück.

OLDSMOBILE 1959

Der oben beschriebenen GM-Strategie zufolge kommen auch in diesem Jahr völlig neue Modelle auf den Markt. Ebenso wie Oldsmobile warten auch die übrigen Marken des Konzerns (Chevrolet, Pontiac, Oldsmobile, Buick, Cadillac und die neue Marke Corvair) mit umfassend überarbeiteten Fahrzeugen auf. Die Linienführung der neuen Oldsmobiles ist dezenter als im Vorjahr. Die neuen Aufbauten liegen etwas tiefer. Flach nach hinten gezogene Heckflossen prägen die Rückansicht. Die Doppelscheinwerfer wurden in den Kühlergrill integriert.

Dynamic 88 (V8):

Zur Serienausstattung gehören ein Kühlsystem für die Bremsen, Blinklichter, ein Ölfilter und eine noch großflächigere Windschutzscheibe. Motor: V8 („Rocket"), Hubraum: 6,076 Liter, Leistung: 270 PS. Sechs Modelle stehen zur Wahl: „Sedan", 4türig, 5sitzig, 2.902 $, 70.995 Stück. „Holiday Hardtop Sedan", 2türig, 5sitzig, 3.036 $, 48.707 Stück. „Holiday Hardtop Coupé", 2türig, 5sitzig, 2.958 $, 38.488 Stück. „Coupé", 2türig, 5sitzig, 2.877 $, 15.123 Stück. „Convertible Coupé", 2türig, 5sitzig, 3.286 $, 8.491 Stück. „Fiesta Station Wagon", 4türig, 6sitzig, 3.365 $, 11.298 Stück.

Super 88 (V8):

Zur Unterscheidung von den oben beschriebenen Basismodellen dient die zusätzliche Chromleiste im Schwellenbereich, das spezielle Emblem, die Handbremskontrollampe und der dicke Teppichboden. Motor: V8 („Rocket"), Hubraum: 6,453 Liter, Leistung: 300 PS. Fünf Modelle stehen zur Wahl: „Sedan", 4türig, 5sitzig, 3.178 $, 36.850 Stück. „Holiday Hardtop Sedan", 2türig, 5sitzig, 3.405 $, 38.467 Stück. „Holiday Hardtop Coupé", 2türig, 5sitzig, 3.328 $, 20.259 Stück. „Convertible Coupé", 2türig, 5sitzig, 3.595 $, 4.895 Stück. „Fiesta Station Wagon", 4türig, 6sitzig, 3.669 $, 7.015 Stück.

Starfire 98 (V8):

Die Modelle dieser teuersten Oldsmobile-Serie sind mit Servobremsen und -lenkung, elektrischer Uhr und Automatik-Getriebe ausgestattet. Motor: wie Serie 88. Vier Modelle stehen zur Wahl: „Sedan", 4türig, 5sitzig, 3.890 $, 23.106 Stück. „Holiday Hardtop Sedan", 2türig, 5sitzig, 4.163 $, 36.813 Stück. „Holiday Hardtop Coupé", 2türig, 5sitzig, 4.086 $, 13.699 Stück. „Convertible Coupé", 2türig, 5sitzig, 4.366 $, 8.006 Stück.
Gesamtstückzahl 1959: 366.305 Stück.

▼ *1959. Starfire-Armaturenbrett (Serie 98).*

Unten: Ein in hervorragendem Originalzustand erhaltenes 1959er Modell. ▼

1959. Oldsmobile Starfire „Convertible Coupé" ▼
Serie 98.

PACKARD (1903 - 1958)

Rechts: 1950. Super DeLuxe „Sedan".

Golden Anniversary

1950. Super DeLuxe „Victoria Convertible Coupé". ▼

Packard-Emblem.

Am 6. November 1899 können James Ward und William Doud Packard die Fertigstellung ihres ersten eigenen Automobils melden. Bis dahin hatten die Brüder in ihrer Werkstatt in Warren im US-Bundesstaat Ohio Glühlampen und Transformatoren hergestellt. Mit dem Slogan *„Ask the man who owns one"* preist die 1901 neugegründete Marke Packard ihre Automobile an. Zu den ersten Kunden zählt William D. Rockefeller: Er ist von den auf dem New Yorker Salon im November 1900 präsentierten Modellen so begeistert, daß er anstelle seiner üblichen behäbigen Winton-Limousine gleich zwei Packards ordert. Angesichts eines solch illustren Fürsprechers avanciert Packard schon bald zur bevorzugten Marke der oberen Zehntausend. Die ersten Fahrzeuge nach dem Zweiten Weltkrieg werden im Oktober 1945 präsentiert, doch der Verkauf läuft nur langsam an. Die Linienführung dieser „Twenty-First Series"-Modelle erinnert noch stark an Vorkriegszeiten: Wie alle anderen Hersteller ist auch Packard während des Kriegs voll mit Rüstungsaufträgen ausgelastet und hat anderes zu tun, als neue Automobile zu konzipieren. Trotzdem verkaufen sich die Fahrzeuge dank der großen Nachfrage gut. 1947 wartet die Marke nach sechsjähriger Pause erstmals wieder mit einem „Convertible" auf. Auf den Schönheitswettbewerben der damaligen Zeit sind Ponton-Karosserien die eindeutigen Favoriten. Für die neu auf den Markt kommenden Coupés können sich die Amerikaner dagegen nicht so sehr begeistern. Der Markterfolg der anderen 1947er Modelle ist jedoch überwältigend. Viele andere Marken lassen sich in den folgenden Jahren vom Packard-Stil beeinflussen. 1949 begeht Packard mit großem Pomp sein fünfzigjähriges Firmenjubiläum. Aus Anlaß des „Golden Anniversary" wird eine Sonderserie von 2.000 Custom-Modellen mit Goldbronzelackierung herausgebracht.

PACKARD 1950

Am 1. Oktober 1949 werden die „Golden Anniversary"-Modelle des Vorjahres unter neuem Namen noch einmal präsentiert. Sie heißen jetzt schlicht Serie 23. Der einzige Unterschied zu den Vorjahresfahrzeugen besteht darin, daß gegen Aufpreis ein Ultramatic-Drive-Getriebe geordert werden kann. Am 8. Februar 1950 kommt eine überarbeitete Version des Achtzylindermotors mit hydraulischer Ventilsteuerung auf den Markt.

Standard und DeLuxe Eight - Serie 2301-5 (Achtzylinder):

Die Modelle dieser Basisserie sind deutlich an der speziellen Kühlerverzierung zu erkennen: Anstelle der auffälligen *„Goddess of Speed"* gibt es hier lediglich ein längliches, verchromtes Zierelement. In den Katalogen und Werbeanzeigen der Marke sind diese Modelle selten zu sehen. Bei den Käufern erfreuen sich die preisgünstigen Autos großer Beliebtheit. Motor: Reihenachtzylinder, Hubraum: 4,717 Liter, Leistung 135 PS bei 3.600 U/min. Fünf sechssitzige Modelle stehen zur Wahl:

Standard

„Sedan", 4türig, 2.249 $. „Club Sedan", 2türig, 2.224 $. „Station Sedan", 4türig, 3.449 $.

DeLuxe

„Sedan", 4türig, 2.383 $. „Club Sedan", 2türig, 2.358 $. Seriengesamtstückzahl im Modelljahr: 40.359 Stück.

Super Eight - Serie 2302-5 (Achtzylinder) Super DeLuxe Eight - Serien 2322-5 und 2332-5 (8-Zyl.):

Die Super-Modelle sind an ihren verchromten Scheibeneinfassungen sowie an der über die gesamte Seitenpartie bis zu den Rücklichtern geführten Chromleiste zu erkennen. Das Design des Kühlergrills hat sich gegenüber 1949 nicht geändert. Motor: Reihenachtzylinder, Hubraum: 5,356 Liter, Leistung: 150 PS bei 3.600 U/min. Sieben Modelle stehen zur Wahl:

Standard

„Sedan", 4türig, 6sitzig, 2.633 $. „Club Sedan", 2türig, 6sitzig, 2.608 $.

DeLuxe

„Sedan", 4türig, 6sitzig, 2.919 $. „Club Sedan", 2türig, 6sitzig, 2.894 $.

Modelle auf verlängertem Chassis:

„Sedan", 4türig, 7sitzig, 3.950 $. „Limousine", 4türig, 7sitzig, 4.100 $.

Victoria Convertible Coupé

„Convertible Coupé", 2türig, 6sitzig, 3.350 $. Seriengesamtstückzahl im Modelljahr: 4.722 Stück.

Custom Eight - Serien 2306-5 und 2333-5 (Achtzylinder):

Äußerlich sind die Modelle dieser Serie kaum von den oben beschriebenen Fahrzeugen zu unterscheiden. Zwei sechssitzige Modelle stehen zur Wahl:

Custom 2306-5

„Sedan", 4türig, 3.975 $, 870 Stück.

Custom 2333-5

„Convertible", 2türig, 4.520 $, 85 Stück.

Gesamtstückzahl 1950: 72.138 Stück.

PACKARD 1951

Die Modelle der Serie 24 werden am 24. August 1950 präsentiert. Das Packard-Management entscheidet sich in diesem Jahr zu einem radikalen Restyling: Anstelle von grossen, imposanten Luxuswagen produziert man jetzt schnelle, moderne Fahrzeuge mit schnittiger Linienführung. Für das Design der neuen Modelle zeichnet John Reinhart verantwortlich. Wie groß die Unterschiede zu den

Fahrzeugen des Vorjahres sind zeigen die Abbildungen auf dieser Seite.

Packard 200 - Serie 2401 (Achtzylinder):
Die Modelle dieser Basisserie sind an der schlichten Leiste an den vorderen Kotflügeln und Türen und dem „zahnlosen" Kühlergrill zu erkennen. Die dezente Kühlerfigur zeigt einen stark stilisierten Vogel. Zur Standard- und DeLuxe-Ausstattung gehören: zwei Hupen, zwei Sonnenblenden, Scheibenwischer mit zwei Geschwindigkeiten, Stoßstangenhörner vorne und hinten, ein Wagenheber und eine Werkzeugtasche. Die DeLuxe-Modelle sind zusätzlich mit Blinklichtern und verchromten Radkappen ausgestattet. Motor: Reihenachtzylinder, Hubraum: 4,717 Liter, Leistung: 135 PS bei 3.600 U/min. Fünf Modelle stehen zur Wahl:

Standard
„Sedan", 4türig, 6sitzig, 2.469 $. „Club Sedan", 2türig, 6sitzig, 2.416 $. „Business Coupé", 2türig, 3sitzig, 2.498 $.
Gesamtstückzahl im Modelljahr: 24.310 Stück ▶

Rechts: 1951. Patrician 400 „Sedan".

1950. Standard „Club Sedan".▼

DeLuxe
„Sedan", 4türig, 6sitzig, 2.616 $. „Club Sedan", 2türig, 6sitzig, 2.563 $.
Gesamtstückzahl im Modelljahr: 47.052 Stück.

Packard 250 - Serie 2.401 (Achtzylinder):
Die Fahrzeuge dieser Serie basieren auf einem Chassis mit einem Radstand von 3,10 m. Erstmals bietet die Marke einen „Hardtop" an. Einen „Convertible" gibt es nur in dieser Serie. Die seitlichen Chromleisten und die drei runden Öffnungen an den hinteren Kotflügeln sind identisch mit den 200er Modellen. Weitere Erkennungsmerkmale sind die Pelikan-Kühlerfigur und der „zahnbewehrte" Kühlergrill. Zur Betonung des sportlichen Charakters werden die Fahrzeuge mit hinteren Radabdeckungen ausgeliefert. Die hochwertige Innenausstattung ist in zahlreichen Farbtönen erhältlich. Motor: Reihenachtzylinder, Hubraum: 5,356 Liter, Leistung: 150 PS bei 3.600 U/min. Zwei Modelle stehen zur Wahl:

Mayfair Hardtop
„Coupé", 2türig, 6sitzig, 3.234 $. „Convertible", 2türig, 6sitzig, 3.391 $.

Packard 300 - Serie 2402 (Achtzylinder):
Diese Modelle weisen einen Radstand von 3,22 m auf. Zur Unterscheidung dienen die Zierleisten an den Türen und an den hinteren Kotflügeln sowie das besondere Design der Rücklichter. Zusätzlich zur 200er Ausstattung gehören ein Ölbadluftfilter, ein zweifach verstellbarer Abblend-Rückspiegel, felgenbedeckende Radzierkappen und Kofferraumbeleuchtung zum Lieferumfang. Motor: wie 250. Nur ein einziges Modell: „Sedan", 4türig, 6sitzig, 3.034 $, 15.309 Stück.

Patrician 400 - Serie 2406 (Achtzylinder):
Die Modelle dieser Serie sind an den verchromten Steinschlagschutzblechen an den hinteren Kotflügeln und der von diesen Blechen gerade nach hinten führenden Zierleiste zu erkennen. Auch diese Fahrzeuge tragen die drei Lüftungsöffnungen („Jet Louvers") an den hinteren Kotflügeln, die Pelikan-Kühlerfigur und den „zahnbewehrten" Kühlergrill. Die Rücklichter sind mit Zierringen eingefaßt. Zur höchst umfangreichen „Fashion Forum"-Innenausstattung gehören Teppichboden und eine verchromte Lenksäule. Ansonsten entspricht der Lieferumfang dem der 300er Modelle. Die Patrician-400-Modelle können auch in der Custom-Version geliefert werden. Motor: Reihenachtzylinder, Hubraum: 5,356 Liter, Leistung: 155 PS bei 3.600 U/min. Ein einziges Modell: „Sedan", 4türig, 6sitzig, 3.662 $, 9.001 Stück.
Gesamtstückzahl 1951: 76.075 Stück.
In diesem Jahr erhält die Firma einen Großauftrag der US-Regierung über die Lieferung von Schiffsaggregaten und Ersatzteilen im Wert von 20 Millionen Dollar. Im Rahmen dieses Auftrags entwickelt Packard universell einsetzbare Motoren nach dem Baukastenprinzip. Die Leistung reicht von 135 PS für den Vierzylinder bis zu 800 PS für den Sechszylinder. Bereits im Jahr 1921 fertigte die Firma im Auftrag der amerikanischen Marine „Shenandoah"-Motoren her. 1939 wurden in großen Stückzahlen Motoren für sogenannte „PT Boats" gebaut und im Zweiten Weltkrieg wurden insgesamt 13.000 Schiffsaggregate für die Flotte der USA geliefert.

PACKARD 1952

Die am 14. November 1951 vorgestellten Modelle der Serie 25 haben sich gegenüber dem Vorjahr kaum verändert. Dennoch werden die Fahrzeuge mit großem Showeffekt im Rahmen einer von Red Skelton moderierten Fernsehshow präsentiert. Die Packard-Aufschrift vorne auf der Motorhaube fehlt in diesem Jahr. Statt dessen ist an der oberen Querstrebe des Kühlergrills ein rotgrundiges Markenemblem angeordnet.

Packard 200 - Serie 2501 (Achtzylinder):
Die Ausstattung entspricht im großen und ganzen derje-

Rechts: 1951. Standard „Sedan“.

1952. Packard 250 „yConvertible“. ▲

nigen von 1951. Zusätzlich gehören jedoch ein Scheibenwischer mit zwei Geschwindigkeitsstufen, ein Lenkrad mit Hupring und eine Kartenleselampe zum Lieferumfang. Die DeLuxe-Modelle sind aufwendiger verarbeitet und weisen eine umfangreichere Ausstattung auf. Typische Merkmale dieser Variante: drei „Jet Louvers“ an den hinteren Kotflügeln, „bezahnter“ Kühlergrill, verchromte Radkappen, elektrische Uhr und Handschuhfachbeleuchtung. Die Moleskin-Sitzbezüge werden in grau- oder braungestreiftem Dessin angeboten. Das „Business Coupé“ wurde aus dem Katalog gestrichen. Motor: Achtzylinderreihenmotor, Hubraum: 4,717 Liter, Leistung: 135 PS bei 3.600 U/min. Vier sechssitzige Modelle stehen zur Wahl:

Standard

„Sedan“, 4türig, 2.548 $. „Club Sedan“, 2türig, 2.494 $.

DeLuxe

„Sedan“, 4türig, 2.695 $. „Club Sedan“, 2türig, 2.641 $.

Seriengesamtstückzahl im Modelljahr: 46.720 Stück.

Packard 250 - Serie 2531 (Achtzylinder):

Die Pelikan-Kühlerfigur wurde neu gestylt und weist jetzt wesentlich flachere Flügel auf. In diesem Jahr gehören Steinschlagschutzbleche an den hinteren Kotflügeln zum Lieferumfang. Zusätzlich zur DeLuxe-Ausstattung der 200er Modelle wird folgendes Zubehör angeboten: Ölfilter, Kofferraumbeleuchtung, abblendbarer Rückspiegel, Wollteppichboden und Armlehnen im Fond. Für das „Mayfair Coupé“ stehen sechs verschiedene Polsterbezüge aus Nylon und Leder zur Wahl. Der „Convertible“ weist Innenverkleidungen aus genarbtem Leder oder Kunstleder auf. Motor: Achtzylinderreihenmotor, Hubraum: 5,356 Liter, Leistung: 150 PS bei 3.600 U/min. Zwei sechssitzige Modelle stehen zur Wahl: „Mayfair Hardtop Sport Coupé“, 4türig, 3.318 $. „Convertible“, 2türig, 3.476 $.

Packard 300 - Serie 2502 (Achtzylinder):

An der Ausstattung und den Zierleisten gibt es gegenüber dem Vorjahr kaum Veränderungen. Die Einfassung des kleinen, hinteren Seitenfensters trägt am unteren Rand die Aufschrift „300“. Motor: wie 250. Ein einziges Modell: „Sedan“, 4türig, 6sitzig, 3.034 $, 6.705 Stück.

Patrician 400 - Serie 2506 (Achtzylinder):

Mit Stolz bezeichnet der Hersteller diesen Wagen als *„The most luxurious car of the world“*. Neu sind die in einer horizontalen Leiste auslaufenden Steinschlagschutzbleche und die vier Dummy-Öffnungen an den hinteren Kotflügeln. Die Einfassung der kleinen, hinteren Seitenfenster trägt am unteren Rand die verchromte Aufschrift „400“. Nach Herstellerangaben ist der Patrician „400“ auch in der Custom-Version lieferbar. Zusätzlich zur Ausstattung der 300er Modelle gehört folgendes Zubehör zum Lieferumfang: neue Radzierkappen mit einem roten Hexagon in der Mitte und der darüber und darunter angeordneten PACKARD-Aufschrift, verchromte Auspuffrohrverlängerung, Fußstütze, Wilton-Teppichboden und Bedford-Velours-Innenverkleidung mit integrierten Chromverzierungen. Motor: Reihenachtzylinder, Hubraum: 5,356 Liter, Leistung: 155 PS bei 3.600 U/min. Ein einziges Modell: „Sedan“, 4türig, 6sitzig, 3.797 $, 3.975 Stück.

Gesamtstückzahl 1952: 62.988 Stück.

Generalpräsident Hugh Ferry scheidet im Mai 1952 aus dem Unternehmen aus. An seiner Stelle tritt James J.

Nance an die Spitze der Packard Motor Car Corporation. Erstmals präsentiert die Marke ein rein für Ausstellungszwecke konzipiertes „Dream Car“. Der „Pan American Convertible“ wird im Verlaufe des Jahres auf verschiedenen Motoramas in den Vereinigten Staaten gezeigt. Für die 1952er Modelle wird aufgrund des Koreakrieges Chrom von minderwertigerer Qualität verwendet. Dieses sich schnell abnutzende Material wird gemeinhin als „Korean War Chrome“ bezeichnet. Die hydraulische Bremsanlage, die für alle Modelle der Marke erhältlich ist, wird unter dem Namen *„Easamatic“* geführt.

Links: 1953. „Caribbean Custom Convertible".

Rechts: 1953. Frontansicht.

▲1953. Clipper „Sportster".

PACKARD 1953

Die Modelle der Serie 26 kommen am 21. November 1952 auf den Markt. Die 200er Modelle werden jetzt unter der Bezeichnung Clipper bzw. Clipper DeLuxe angeboten. Es wurden nur geringfügige Änderungen vorgenommen: der Kühlergrill weist wieder die für Packard typische Querstrebe auf. Die Rücklichter sind oben an den Kotflügeln über Eck angeordnet.

Clipper Special - Serie 2601
Clipper DeLuxe - Serie 2611 (8-Zyl.):

Die Aufschrift CLIPPER ist oberhalb der seitlichen Zierleiste angeordnet. Als Material für die Innenverkleidung wird Moleskin verwendet. Im übrigen bleibt die Ausstattung unverändert. Die Kühlerfigur ist in diesem Jahr noch flacher geworden: Aus dem Pelikan entsteht ein Jet. Die DeLuxe sind an der *„Fishtail"*-Verzierung an den hinteren Kotflügeln zu erkennen. Motor: Spezial-Reihenachtzylinder, Hubraum: 4,727 Liter, Leistung: 150 PS bei 4.000 U/min; oder DeLuxe-Reihenachtzylinder, Hubraum: 5,356 Liter, Leistung 160 PS bei 3.600 U/min. Fünf sechssitzige Modelle stehen zur Wahl:

Special

„Sedan", 4türig, 2.598 $, 23.126 Stück. „Club Sedan", 2türig, 2.544 $, 6.370 Stück. „Sportster", 2türig, 2.805 $, 3.671 Stück.

DeLuxe

„Sedan", 4türig, 2.745 $, 26.037 Stück. „Club Sedan", 2türig, 2.691 $, 4.678 Stück.

Cavalier - Serie 2602
Packard - Serie 2631 (Achtzylinder):

Ausstattungsmäßig entsprechen diese Modelle den früheren 300ern. An der Seitenpartie ist auf gleicher Höhe vorne und hinten je eine Zierleiste angeordnet. Der „Convertible", der „Mayfair" und der „Caribbean" basieren auf dem „Pan American"-Ausstellungsmodell von 1952. Der „Caribbean" ist vor allem als Konkurrenzmodell zum Cadillac Eldorado gedacht. Er weist noch deutliche Züge eines Show Car auf, wurde jedoch von der in Iona im US-Bundesstaat Michigan ansässigen Mitchell-Bentley Corporation „straßentauglich" gemacht. Dieses Modell ist nur mit Lederausstattung lieferbar. Der hintere Radausschnitt wird mit einer zusätzlichen Chromleiste betont. Die seitliche Verzierung des „Mayfair" entspricht derjenigen der Clipper-DeLuxe-Serie, die Innenausstattung ist jedoch in diesem Fall etwas umfangreicher. In dieser Serie ziert weiterhin der stilisierte Pelikan die Motorhaube. Serienmäßig werden die Fahrzeuge mit hinteren Radabdeckungen ausgeliefert, doch auf Wunsch kann auch ein „Continental Kit" geordert werden, bei dem das Hinterrad sichtbar bleibt. Vier verschiedene Lackfarben sind erhältlich: *Polaris Blue, Gulf Green Metallic, Matador Maroon Metallic, Sahara Sand.* Motor: Reihenachtzylinder, Hubraum: 5,356 Liter, Leistung: 180 PS bei 4.000 U/min. Vier sechssitzige Modelle stehen zur Wahl:

Cavalier

„Sedan", 4türig, 3.244 $, 10.799 Stück.

Packard 2631

„Mayfair Hardtop Sport Coupé", 2türig, 3.278 $, 5.150 Stück. „Convertible", 2türig, 3.486 $, 1.518 Stück. „Caribbean Custom Convertible", 2türig, 5.210 $, 750 Stück.

Patrician - Serie 2606
Henney Corporate-Executive - Serie 2626 (Achtzylinder):

Ab 14. März 1953 ist wieder ein Modell mit verlängertem Radstand erhältlich. Die Aufbauten liefert die Henney Motors, eine für ihre Krankenwagen und Bestattungsfahrzeuge bekannte Firma. Das an ein „Checker Taxi" erinnernde Styling ist denn auch allzu funktionell und findet bei der gut betuchten Kundschaft keinen Anklang. Die Verkaufszahlen sind entsprechend schlecht. Der „Custom Formal Sedan" wird bei Derham gefertigt.

▲1953 Clipper Special „Touring Sedan".

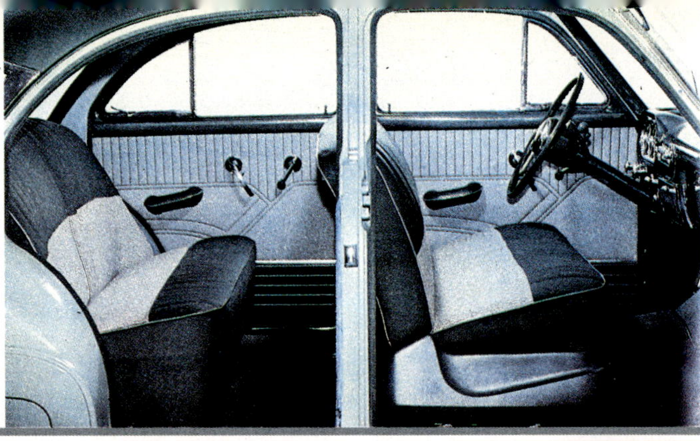

Links: 1954. Blick ins Innere eines Clipper „Sedan“.

Laut 1955er Packard-Katalog ist dies „der stärkste Motor der Welt“.▼

Er weist die Zierelemente der Patrician-Modelle auf. Der Motor entspricht dem der Cavalier-Serie. Er wird jedoch mit einer neunfach gelagerten Kurbelwelle (bei den anderen Serien fünffach) ausgestattet. Vier Modelle stehen zur Wahl: Patrician „Sedan“, 4türig, 6sitzig, 3.740 $, 7.456 Stück. „Custom Formal Sedan“, 4türig, 6sitzig, 6.531 $, 25 Stück. Henney Corporate-Executive „Executive Sedan“, 4türig, 8sitzig, 6.900 $, 100 Stück. „Corporate Limousine“, 4türig, 8sitzig, 7.100 $, 50 Stück. **Gesamtstückzahl 1953:** 80.371 Stück. Packard steht an 14. Stelle der amerikanischen Automobilhersteller. Am 31. August 1953 präsentiert Packard mit dem „Balboa“ ein einzigartiges „Dream Car“, das im Verlaufe des Jahres auf allen großen Automobilsalons der Vereinigten Staaten zu sehen ist. Ab 1. Juli 1953 stattet die Marke ihre Fahrzeuge gegen einen Aufpreis von 625 Dollar mit einer Klimaanlage aus. (Das Weiße Haus kam bereits im Mai in diesen Genuß.)

1955. Executive 400 „Hardtop Coupé“. ▼

PACKARD 1954

Mit Ausnahme des viertürigen „Clipper Special Sedan“ werden die neuen Modelle am 15. Januar 1954 präsentiert; ersterer kommt am 29. März auf den Markt. In diesem Jahr werden die Serienbezeichnungen revidiert: Ab 1954 richtet sich die Numerierung nach dem Kalenderjahr. In Detroit kursieren Gerüchte über die bevorstehende Fusion von Packard und Studebaker. Und in der Tat: Am 22. Juni 1954 wird der Zusammenschluß der beiden Unternehmen offiziell bekanntgegeben. Am 1. Oktober entsteht die neue Firma Studebaker-Packard Corporation mit Sitz in Detroit. Die 1954er Modelle weisen zahlreiche Änderungen gegenüber dem Vorjahr auf: neue hintere Kotflügel, andere seitliche Zierleisten und ein extrem breiter, bis zu den Radausschnitten nach hinten gezogener Kühlergrill. Doch trotz der erheblichen Erweiterung der Modellpalette und umfangreichen Modernisierungsmaßnahmen an den bestehenden Fahrzeugen kann die Marke ihre Verkaufszahlen nicht steigern. So bleibt die Finanzlage des Unternehmens weiterhin kritisch.

Clipper Special - Serie 5400:

Für die Modelle dieser Serie kann zwischen zwei verschiedenen Seitenverzierungsvarianten gewählt werden. Motor: Reihenachtzylinder, Hubraum: 4,717 Liter, Leitung 150 PS bei 4.000 U/min. Zwei sechssitzige Modelle stehen zur Wahl: „Sedan“, 4türig, 2.594 $, 970 Stück. „Club Sedan“, 2türig, 2.544 $, 912 Stück.

DeLuxe Clipper - Serie 5401

Super Clipper - Serie 5411(Achtzylinder):

Die Fahrzeuge beider Clipper-Mittelklasseserien basieren auf einem Fahrgestell mit einem Radstand von 3,10 m. Motor: Reihenachtzylinder, Hubraum: 4,717 Liter, Leistung: 165 PS bei 3.600 U/min. Sieben sechssitzige Modelle stehen zur Wahl:

DeLuxe Clipper

„Sedan“, 4türig, 2.695 $, 7.610 Stück. „Club Sedan“, 2türig, 2.645 $, 1.470 Stück. „Sportster“, 2türig, 2.830 $, 1.336 Stück.

Super Clipper

„Sedan“, 4türig, 2.815 $, 7.610 Stück. „Club Sedan“, 2türig, 2.765 $, 1.470 Stück. „Panama Business Coupé“, 2türig, Preis unbekannt (Stückzahl in Angabe für „Panama Hardtop Sport Coupé enthalten). „Panama Hardtop Sport Coupé“, 2türig, 3.125 $, 3.618 Stück.

Cavalier - Serie 5402:

Neu sind in diesem Jahr die kappenförmig über die Scheinwerfer nach vorne gezogenen, vorderen Kotflügel und die hinteren „Fishtail“-Kotflügel. Ein Markenemblem ist an der Einfassung des hinteren Seitenfensters und die Aufschrift PACKARD an den hinteren Kotflü-

▲1953. Clipper Special „Club Sedan“.

▼1955. Clipper Custom „Constellation Hardtop Coupé“.

▲ 1955. Packard Super Clipper, Serie 5411.

geln angeordnet. Zur Serienausstattung gehören: Blinklichter, zweifach verstellbarer Rückspiegel, felgenbedeckende Radzierkappen, Kofferraumbeleuchtung. Radstand: 3,22 m. Motor: Reihenachtzylinder, Hubraum: 4,717 Liter, Leistung: 185 PS bei 4.000 U/min. Ein einziges Modell: „Sedan“, 4türig, 6sitzig, 3.344 $, 2.580 Stück.

Packard - Serie 5431 (Achtzylinder):

Die Sportwagenserie der Marke umfaßt drei Modelle, den „Packard Convertible“, das „Pacific Hardtop Sport Coupé“ und den „Caribbean Custom Convertible“. Ersterer weist die gleiche Seitenverzierung wie die Cavalier-Modelle auf. Der Herstellername ist jedoch hier am Kofferraum angeordnet. Zur Serienausstattung gehört die Kühlerfigur in Form eines Schwans und die Steinschlagschutzbleche an den hinteren Kotflügeln. Die Innenausstattung besteht aus einer Leder/Skai-Kombination. Beim „Pacific Hardtop Sport Coupé“ ist das Markenemblem an der Einfassung des hinteren Seitenfensters und die Modellbezeichnung an den hinteren Kotflügeln angeordnet. Der „Caribbean Custom Convertible“ ist an der Modellbezeichnung an den vorderen Kotflügeln zu erkennen. Die Serienausstattung umfaßt: Servobremsen und -lenkung, hydraulisch verstellbare Sitze und hydraulische Fensterheber, Radio und elektrisch ausfahrbare Antenne, Weißwandreifen, Heizungs- und Defroster-Anlage, Chromspeichenräder, außen am Heck montiertes Reserverad, Scheibenwaschanlage und Zierblenden an den Radausschnitten. Neben den drei oben beschriebenen Fahrzeugen wird in dieser Serie unter der Bezeichnung „Balboa-X“ ein exklusives Sondermodell angeboten. Die amerikanische Fachzeitschrift „Cars Magazine“ prämiert dieses Modell mit einer Goldmedaille. Motor: Reihenachtzylinder, Hubraum: 5,880 Liter, Leistung: 212 PS bei 4.000 U/min. Drei sechssitzige Modelle stehen zur Wahl: „Pacific Hardtop Sport Coupé“, 2türig, 3.827 $, 1.189 Stück. „Packard Convertible“, 2türig, 3.935 $, 863 Stück. „Caribbean Custom Convertible“, 2türig, 6.100 $, 400 Stück.

Patrician Custom - Serie 5406
Henney Custom - Serie 5426 (8 Zyl.):

Motor: wie Serie 5431. Vier Modelle stehen zur Wahl: Patrician Custom „Sedan“ und „Derham Custom Sedan“ Henney Custom „Sedan“, 4türig, 8sitzig, 5.610 $, 65 Stück. „Limousine“, 4türig, 8sitzig, 5.960 $, 35 Stück. **Gesamtstückzahl 1954:** 27.307 Stück.

PACKARD 1955

Die neuen Modelle sind an den massiven, mit „Raketenhörnern“ bewehrten Stoßfängern zu erkennen. Die Scheinwerfer sind unter kappenförmig nach vorne gezogenen Kotflügeln angeordnet. Das Design des Kühlergrills ist je nach Modell verschieden. Erstmals stattet der Hersteller seine Fahrzeuge mit einer 12-Volt-Anlage aus.

Clipper DeLuxe und Super Clipper - Serie 5540 (V8):

Der Kofferraumdeckel trägt ein Markenemblem und die Aufschrift CLIPPER SUPER bzw. CLIPPER DELUXE. Bei zweifarbig lackierten Modellen dienen die beiden geschwungenen seitlichen Zierleisten als Farbabgrenzung. Die DeLuxe-Modelle weisen Radzierringe, die Super-Modelle felgenbedeckende Radzierkappen auf. Motor: V8, Hubraum: 5,241 Liter, Leistung: 225 PS bei 4.600 U/min. Drei sechssitzige Modelle stehen zur Wahl: „DeLuxe Sedan“, 4türig, 2.586 $, 8.309 Stück. „Super Sedan“, 4türig, 2.686 $, 7.979 Stück. „Super Panama Hardtop Coupé“, 2türig, 2.776 $, 7.016 Stück.

Clipper Custom - Serie 5560 (V8):

Kennzeichnend für diese Modelle ist die Zierleiste im Schwellenbereich. Der „Sedan“ wird mit hinteren Radabdeckungen ausgeliefert. Beide Modelle werden serienmäßig mit Lederausstattung angeboten. Motor: V8, Hubraum: 5,766 Liter, Leistung: 245 PS bei 4.600 U/min. Zwei sechssitzige Modelle stehen zur Wahl: „Sedan“, 4türig, 2.926 $, 8.708 Stück. „Constellation Hardtop Coupé“, 2türig, 3.076 $, 6.672 Stück.

Packard - Serie 5580 (V8):

Die Serienausstattung dieser Luxusserie ist höchst umfangreich. Besondere Merkmale dieser Modelle: Über Eck angeordnete Standlichter, Panoramawindschutzscheibe, PACKARD-Namenszug auf der Motorhaube und an den neu gestylten hinteren Kotflügeln, verchromte Dummy-Öffnungen an den hinteren Kotflügeln, dreifarbige Lackierung. Die Seitenverzierung ist modellabhängig. Der „Caribbean“ trägt eine „Air-Scoop“-Lüftungsöffnung auf der Haube. Motor: wie Clipper, bei den Modellen „Patrician“ und „400“ mit Vierfachvergaser (Leistung: 260 PS bei 4.600 U/min). Drei sechssitzige Modelle stehen zur Wahl: „Custom Caribbean Convertible“, 4türig, 5.932 $, 500 Stück. „400 Hardtop Coupé“, 2türig, 3.390 $, 7.206 Stück. „Patrician Sedan“, 4türig, 3.890 $, 9.127 Stück. Gesamtstückzahl 1955: 68.674 Stück.

PACKARD 1956

Die neuen Modelle sind zwar technisch weitgehend unverändert, weisen jedoch eine umfassend überarbeitete Frontpartie auf.

▼1955. Clipper Custom „DeLuxe Sedan“.

1956. Super Clipper „Panama Hardtop Sport Coupé". ▼

1956. Caribbean „Custom Hardtop Coupé". ▼

Clipper DeLuxe und Super Clipper - Serie 5640 (V8):
Der Kühlergrill weist zierliche, horizontal angeordnete Lamellen auf. Unterhalb des Stoßfängers ist eine, mit einem feinmaschigen Gitter abgedeckte, Lüftungsöffnung angeordnet. Die Serienbezeichnung befindet sich vorne auf der Motorhaube. Die Aufschrift DELUXE bzw. SUPER an den vorderen Kotflügeln weist auf die Ausstattungsvariante hin. Im Gegensatz zu den anderen Modellen weist der „Sedan DeLuxe" nur eine im Schwellenbereich angeordnete, seitliche Zierleiste auf. Motor: V8, Hubraum: 5,766 Liter, Leistung: 240 PS bei 4.600 U/min. Drei sechssitzige Modelle stehen zur Wahl:

DeLuxe

„Sedan" 4türig, 2.731 $, 5.715 Stück.

Super

„Sedan" 4türig, 2.866 $, 5.173 Stück. „Panama Hardtop Coupé", 2türig, 2.916 $, 3.999 Stück.

Clipper Custom - Serie 5660 (V8):
Die Modelle dieser Serie sind an der Aufschrift CUSTOM an den vorderen Kotflügeln und an der Zierleiste im Schwellenbereich zu erkennen. Im übrigen ist die seitliche Verzierung gleich wie bei den Super-Clipper-Modellen. Die Innenausstattung ist bei dieser Serie jedoch wesentlich aufwendiger gestaltet. Motor: V8, Hubraum: 5,766 Liter, Leistung: 275 PS bei 4.600 U/min (mit Vierfach-Vergaser). Zwei sechssitzige Modelle stehen zur Wahl: „Custom Sedan", 4türig, 3.069 $, 2.129 Stück. „Custom Constellation Hardtop Coupé", 2türig, 3.164 $, 1.466 Stück.

1956. Caribbean „Convertible". ▼

Executive - Serie 5670 (V8):
Diese am 9. April 1956 präsentierte Serie ersetzt die Clipper-Custom-Reihe. Sie fügt sich in die Lücke zwischen der preiswerten Packard Line und der teuren Clipper DeLuxe Line ein. Motor: wie Clipper. Zwei sechssitzige Modelle stehen zur Wahl: „Sedan", 4türig, 3.465 $, 1.784 Stück. „Hardtop Coupé", 2türig, 3.560 $, 1.031 Stück.

Packard - Serie 5680 (V8):
Als Unterscheidungsmerkmal zu den Clipper-Modellen dient der Kühlergrill (siehe Abbildungen). Motor: V8, Hubraum: 6,126 Liter, Leistung: 290 PS bei 4.600 U/min. Zwei sechssitzige Modelle stehen zur Wahl: „Patrician Sedan", 4türig, 4.160 $, 3.775 Stück. „400 Hardtop Coupé", 2türig, 4.190 $, 3.224 Stück.

***Caribbean* - Serie 5688 (V8):**
In diesem Jahr wartet die Marke mit einer höchst gewagten Farbkombination für die Dreifarbenlackierung auf: Braun, hellblau und elfenbeinfarben! Motor: V8, Hubraum: 6,126 Liter, Leistung: 310 PS bei 4.600 U/min. Zwei sechssitzige Modelle stehen zur Wahl: „Custom Convertible", 2türig, 5.995 $, 276 Stück. „Custom Hardtop Coupé", 2türig, 5.495 $, 263 Stück.

Gesamtstückzahl 1956: 13.432 Stück. Packard steht an 16. Stelle der amerikanischen Automobilhersteller. In diesem Jahr bringt die Marke mit dem „Predictor" erneut einen rein für Ausstellungszwecke konzipierten „Dream Car" heraus. Am 27. Juli 1956 treffen die Studebaker-Packard Corporation und die Curtiss-Wright Corporation ein Kooperationsabkommen. Kurz darauf legt Packard-Chef James Nance sein Amt nieder. Am 15. August sieht sich das Detroiter Werk gezwungen, seine Fertigungskapazitäten um 50% zu reduzieren.

PACKARD 1957

Die im Januar 1957 präsentierten Fahrzeuge sind baugleich mit den Studebaker President-Modellen. Der einzige Unterschied besteht in der anderen Aufschrift vorne auf der Motorhaube. Den treuen Kunden der Marke bleibt diese Tatsache nicht verborgen. Sie erkennen die Wagen nicht als echte Packard an. So kommt es in diesem Jahr zu einem erneuten drastischen Einbruch der Verkaufszahlen.

Clipper - Serie 57L (V8):
Motor: V8, Hubraum: 4,744 Liter, Leistung: 275 PS bei 4.800 U/min. Zwei sechssitzige Modelle stehen zur Wahl: „Town Sedan", 4türig, 3.212 $, 3.940 Stück. „Country Sedan", 4türig, 3.384 $, 869 Stück.

Gesamtstückzahl 1957: 5.495 Stück

Rechts aussen: 1956. Packard Super Clipper „Panama Hardtop Coupé".

Rechts: 1958. Hawk „Hardtop Sport Coupé". Unten: Innenansicht. ▼

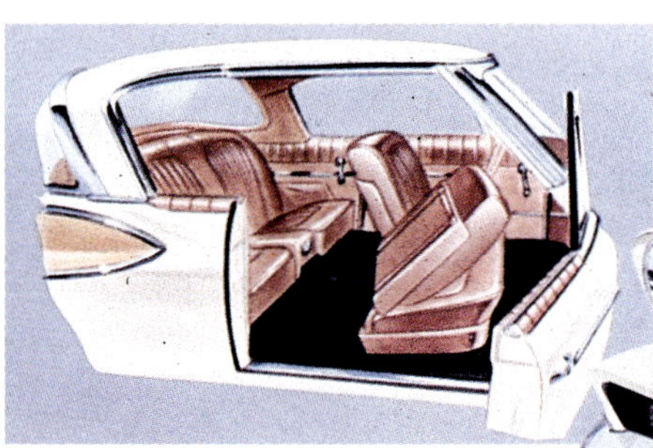

▲1958. Hawk „Sedan“.

▲1957. Clipper „Town Sedan“.

Packard steht gemeinsam mit Studebaker an 13. Stelle der amerikanischen Automobilhersteller. Im Frühjahr 1958 werden Gespräche über eine Kooperation zwischen Studebaker-Packard und Mercedes-Benz geführt, doch die Verhandlungen scheitern.

Links: 1958. Packard „Station Wagon“.

PACKARD 1958

Im Januar 1958 werden lediglich vier Modelle präsentiert. Auch hierbei handelt es sich um leicht abgewandelte Kopien der Studebaker Presidents.

Packard - Serie 58L (V8):

Motor: V8, Hubraum: 4,733 Liter, Leistung: 225 PS bei 4.500 U/min. Drei sechssitzige Modelle stehen zur Wahl: „Sedan“, 4türig, 3.212 $, 1.200 Stück. „Hardtop Coupé“, 2türig, 3.262 $, 675 Stück. „Station Wagon“, 4türig, 3.384 $, 159 Stück.

▼1957. Clipper-Frontansicht.

Packard Hawk - Serie 58LS (V8):

Motor: V8, Hubraum: 4,733 Liter, Leistung: 275 PS bei 4.800 U/min. Ein einziges Modell: „Hardtop Sport Coupé“, 2türig, 3.995 $, 588 Stück.

Gesamtstückzahl 1958: 1.745 Stück

Packard steht gemeinsam mit Studebaker an 11. Stelle der amerikanischen Automobilhersteller. Nach über 58 Jahren verläßt am 13. Juli 1958 der letzte Packard das Werk. Der Name Studebaker-Packard lebt noch bis 1962 weiter.

PLYMOUTH

Von 1928 bis heute

1950. Plymouth-Emblem.

▲ 1950. Plymouth Special DeLuxe Six „Station Wagon".

▲ 1950. Plymouth Special DeLuxe Six „Sedan".

Vom englischen Seehafen Plymouth aus schifften sich die Pilgerväter mit der Mayflower nach Amerika ein. In Erinnerung an diese historische Reise benennt Walter P. Chrysler seine neue Automobilmarke „Plymouth". Die offizielle Vorstellung findet am 7. Juli 1928 im New Yorker Madison Square Garden statt. Die berühmte Fliegerin Amelia Earhart fährt den ersten Plymouth auf die Bühne – das Publikum ist begeistert! In den folgenden Jahren kann sich die Marke durch besondere Zuverlässigkeit ein hervorragendes Image erwerben. Auch in wirtschaftlicher Hinsicht erweist sich das Unternehmen als höchst erfolgreich.

Die Modelle des Jahres 1928 sind preiswert und robust. Sie liegen in etwa auf dem Niveau von Ford und Chevrolet. Mit preisgünstigen Sonderanfertigungen kann die Marke viele Kunden gewinnen. Sie bietet *„das maßgeschneiderte Automobil für den kleinen Mann"*. So wird Plymouth bald zu einer der populärsten Marken der Vereinigten Staaten.

Walter P. Chrysler stirbt nach langer Krankheit im August 1940 im Alter von 65 Jahren an den Folgen einer Gehirnblutung. Nach dem Krieg bringt Plymouth im Februar 1946 eine Neuauflage seiner 1942er Modelle heraus. Die Änderungen beschränken sich auf ein neues Kühlerdesign, andere Zierleisten und eine überarbeitete Innenausstattung. Von 1946 bis 1948 steht Plymouth an 3. Stelle der amerikanischen Automobilhersteller. Die ersten wirklich neuen Fahrzeuge nach dem Krieg werden der Öffentlichkeit im März 1949 vorgestellt und treffen im April bei den Vertragshändlern ein. Die Ponton-Karosserien der neuen Modelle liegen voll im Trend der Zeit.

PLYMOUTH 1950

Die am 12.Januar 1950 präsentierten Modelle haben sich gegenüber dem Vorjahr kaum verändert. Neu ist lediglich das etwas kantigere Design der hinteren Kotflügel und die leicht vergrößerte Heckscheibe.

DeLuxe Six - Serie P-19 (Sechszylinder):

Die vorderen Kotflügel tragen die Aufschrift DELUXE. Im September 1950 wird die Serie durch den Special DeLuxe „Suburban" ergänzt. Dieser weist eine umfangreichere Ausstattung mit Steinschlagschutzblechen an den hinteren Kotflügeln und verchromten Scheibeneinfassungen auf. Die Aufschrift SPECIAL SUBURBAN befindet sich an den hinteren Kotflügeln. Die beiden „Suburban"-Modelle basieren auf dem kürzesten von der Marke angebotenen Fahrgestell (Radstand von 2,82 m). Motor: Reihensechszylinder, Hubraum: 3,567 Liter, Leistung: 97 PS bei 3.600 U/min. Vier zweitürige Modelle stehen zur Wahl:

Standard DeLuxe

„Sedan", 6sitzig, 1.492 $, 67.584 Stück. „Coupé", 3sitzig, 1.371 $, 16.861 Stück.„Suburban", 5sitzig, 1.840 $, 34.457 Stück.

Special DeLuxe

„Suburban", 5sitzig, 1.946 $.

DeLuxe Six - Serie P-20 (Sechszylinder):

Diese Modelle basieren auf einem längeren Fahrgestell als die oben beschriebenen (Radstand 3,01 m). Zur serienmäßigen Ausstattung gehören ein lackiertes Armaturenbrett und kleine Radzierringe. Auf Wunsch werden an den hinteren Kotflügeln Steinschlagschutzbleche montiert. Motor: wie DeLuxe P-19. Zwei Modelle stehen zur Wahl: „Sedan", 4türig, 6sitzig, 1.551 $, 87.871 Stück. „Club Coupé", 2türig, 6sitzig, 1.519 $, 53.890 Stück.

Special DeLuxe Six - Serie P-20 (Sechszylinder):

Zur umfangreichen Ausstattung dieser luxuriösesten Plymouth-Modelle gehören: Verchromte Windschutz- und Heckscheibeneinfassungen, drei runde Lüftungsöffnungen seitlich an der Motorhaube, hochwertigere Innenverkleidung, Armaturenbrett aus Holzimitat, Armlehnen an den vorderen Türen, Zigarettenanzünder und Uhr. Der „Convertible" wird serienmäßig mit Lederausstattung ausgeliefert. Die Radzierkappen sind größer als bei den anderen Serien. Motor: wie DeLuxe P-19. Vier Modelle stehen zur Wahl: „Sedan", 4türig, 6sitzig, 1.629 $, 234.084 Stück. „Club Coupé", 2türig, 6sitzig, 1.603 $, 99.361 Stück. „Convertible Club Coupé", 2türig, 6sitzig, 1.982 $, 12.697 Stück. „Station Wagon", 4türig, 8sitzig, 2.372 $, 2.057 Stück. Chassis ohne Aufbau, Preis unbekannt, 2.091 Stück.

Gesamtstückzahl 1950: 567.381 Stück.

PLYMOUTH 1951

Auch in diesem Jahr wartet die Marke mit keinen nennenswerten Änderungen auf. Die Präsentation erfolgt am 12. Januar 1951. Nur auf den „Belvedere Hardtop" müssen die Kunden noch bis zum 31. März warten. Die Motorhaube ist etwas flacher und weniger kantig. Die Scheinwerfer wurden in die Kotflügel integriert. Oberhalb des Kühlers ist ein breites Schild mit der Aufschrift PLYMOUTH angeordnet. Vorne auf der Haube befinden sich das Emblem und die Mayflower-Kühlerfigur. Die Innenausstattung ist bei allen Modellen farblich auf den Lack abgestimmt.

Concord - Serie P-22 (Sechszylinder):

Die Concord-Modelle lösen die früheren DeLuxe der Serie P-19 ab. Erkennungsmerkmale sind die Chromleiste im Schwellenbereich, die neuen Radzierkappen, die Zierleiste in Höhe der Gürtellinie und die Aufschrift CONCORD an den vorderen Kotflügeln. Der „Suburban" ist ein zweisitziger „Station Wagon". Der Special-„Suburban" wird durch den Concord-„Savoy" ersetzt. Motor: Reihensechszylinder, Hubraum: 3,567 Liter, Leistung: 97 PS bei 3.600 U/min. Vier Modelle stehen zur Wahl:

DeLuxe

„Sedan", 2türig, 6sitzig, 1.673 $. „Club Coupé", 2türig, 3sitzig, 1.537 $. „Suburban", 2türig, 5sitzig, 2.064 $.

Special

„Savoy Suburban", 2türig, 5sitzig, 2.182 $. (Stückzahlen siehe 1952).

Cambridge - Serie P-23 (Sechszylinder):

Die Cambridge-Modelle lösen die früheren DeLuxe der Serie P-20 ab. Die Ausstattung wurde durch elektrische Scheibenwischer vervollständigt. Die Aufschrift CAMBRIDGE befindet sich an den vorderen Kotflügeln. Das Armaturenbrett wurde überarbeitet. Motor: wie Concord P-22. Zwei Modelle stehen zur Wahl: „Sedan", 4türig, 6sitzig, 1.739 $. „Club Coupé", 2türig, 6sitzig, 1.703 $. (Stückzahl siehe 1952).

Cranbrook - Serie P-23 (Sechszylinder):

Die Cranbrook-Modelle lösen die früheren Special-DeLuxe-Serie ab. Neu im Programm ist das serienmäßig mit Lederausstattung gelieferte „Belvedere Convertible Coupé". Die Produktion des „Station Wagon" wurde eingestellt. Motor: wie Concord P-22. Vier sechssitzige Modelle stehen zur Wahl: „Sedan", 4türig, 1.826 $. „Club Coupé", 2türig, 1.796 $. „Belvedere Hardtop Coupé", 2türig, 2.114 $. „Belvedere Convertible Coupé", 2türig, 2.222 $. Chassis ohne Aufbau, Preis unbekannt, 4.171 Stück. (Stückzahl siehe 1952).

Gesamtstückzahl 1951: 607.691 Stück.

PLYMOUTH 1952

Die am 4. Januar präsentierten Fahrzeuge sind beinahe identisch mit den Vorjahresmodellen. Das „Lustre-Tone" Armaturenbrettdesign mit Instrumentenabdeckungen aus blendfreiem Glas ist die wichtigste Neuerung. Overdrive und getönte Scheiben („Solex"-Verglasung) sind gegen Aufpreis lieferbar.

Concord - Serie P-22 (Sechszylinder):

Ausstattung und Motor: wie 1951. Vier Modelle stehen zur Wahl:

DeLuxe Trim

„Sedan", 2türig, 6sitzig, 1.753 $, 49.139 Stück (1951+1952). „Club Coupé", 2türig, 3sitzig, 1.610 $, 14.255 Stück (1951+1952). „Suburban", 2türig, 5sitzig, 2.163 $, 76.520 Stück (1951 + 1952, einschließlich Special Savoy „Suburban").

Special „Savoy" Trim

„Suburban", 2türig, 5sitzig, 2.287 $.

Cambridge - Serie P-23 (Sechszylinder):

Ausstattung: wie 1951. Motor: wie Concord P-22. Zwei Modelle stehen zur Wahl: „Sedan", 4türig, 6sitzig, 1.822 $, 179.417 Stück (1951 + 1952). „Club Coupé", 2türig, 6sitzig, 1.784 $, 101.784 Stück (1951 + 1952).

Cranbrook - Serie P-23 (Sechszylinder):

Ausstattung: wie 1951. Motor: wie Concord P-22. Vier sechssitzige Modelle stehen zur Wahl: „Sedan", 4türig, 1.914 $, 388.735 Stück (1951+1952). „Club Coupé", 2türig, 1.883 $, 126.725 Stück(1951+1952). „Belvedere Hardtop Coupé", 2türig, 2.216 $, 51.266 Stück (1951 + 1952). „Convertible Coupé", 2türig, 2.329 $, 15.650 Stück (1951 + 1952).

Gesamtstückzahl 1952: 466.289 Stück.

PLYMOUTH 1953

Die Firma feiert ihr 25-jähriges Jubiläum und wartet zu diesem Anlaß am 20. November 1952 mit völlig neuen Modellen auf. Neu sind die ungeteilte Windschutzscheibe, das Kühlerdesign und die Mayotte-Kühlerfigur. Das Handschuhfach ist jetzt in der Mitte des Armaturenbretts angeordnet. Der Tankeinfüllstutzen befindet sich hinten links. Die Concord-Serie wurde aus dem Katalog gestrichen. Alle Modelle basieren auf dem langen Chassis (Radstand von 2,89 m). Im März 1953 präsentiert Plymouth sein neues halbautomatisches Hy-Drive-Getriebe. Ab Juni werden jede Woche 3.000 Fahrzeuge mit diesem System bestückt. Am 23. März werden die Preise für alle Wagen um 100 Dollar ge-

▲ *1951. Cranbrook „Belvedere Convertible Coupé".*

▲ *1952. Cranbrook „Belvedere Hardtop Coupé".*

1951. Cranbrook „Sedan". ▲

▲ 1952. Concord „Sedan“.

senkt. Dies führt zu einem rasanten Anstieg der Verkaufszahlen.

Cambridge - Serie P-24-1 (Sechszylinder):
Erkennungsmerkmale dieser Modelle sind die fehlende Windschutzscheibeneinfassung, die Bezeichnung CAMBRIDGE an den vorderen Kotflügeln, die fehlenden Steinschlagschutzbleche und Zierblenden an den Rücklichtern, die kleinen Radzierringe sowie die Dreiecksfenster ohne Ausstellmechanismus. Motor: Reihensechszylinder, Hubraum: 3,567 Liter, Leistung: 100 PS bei 3.600 U/min. Fünf Modelle stehen zur Wahl: „Sedan“, 4türig, 6sitzig, 1.745 $, 95.585 Stück.„Club Coupé“, 2türig, 3sitzig, 1.707 $, 1.050 Stück. „Business Coupé“, 2türig, 3sitzig, 1.598 $, 6.975 Stück. „Suburban“, 2türig, 6sitzig, 2.044 $, 43.545 Stück. „Sedan“, 2türig, 6sitzig, Preis unbekannt, 56.800 Stück.

▲ 1953. Cranbrook „Sedan“.

Links: 1953 Belvedere „Hardtop Coupé“ in zweifarbiger Lackierung („Cortez Gray“ und „Coronado Blue“).

Cranbrook - Serie P-24-2 (Sechszylinder):
Die Ausstattung ist umfangreicher als in der Cambridge-Serie: verchromte Windschutzscheibeneinfassung, verchromte Fishtail-Verzierung an den Rückleuchten, verchromte Steinschlagschutzbleche an den Kotflügeln, ausstellbare Dreiecksfenster. Die Aufschrift CRANBROOK bzw. BELVEDERE befindet sich an den vorderen Kotflügeln. Der „Convertible“ wird serienmäßig mit Lederausstattung ausgeliefert. Motor: wie Cambridge P-24-1. Fünf sechssitzige Modelle stehen zur Wahl: „Sedan“, 4türig, 1.853 $, 298.976 Stück.„Club Coupé“, 2türig, 1.823 $, 92.102 Stück. „Hardtop Coupé“, 2türig, 2.044 $, 35.185 Stück. „Savoy Suburban“, 2türig, 2.187 $, 12.089 Stück. „Convertible“, 2türig, 2.200 $, 6.301 Stück.

Gesamtstückzahl 1953: 654.414 Stück.

PLYMOUTH 1954

Die Präsentation der neuen Modelle erfolgt am 15. Oktober 1953. In diesem Jahr werden nur geringfügige Modifikationen vorgenommen. Der Markenname ist in roter Schrift auf der Mittelstrebe des Kühlergrills angeordnet. Der mit zwei Hörnern bewehrte Stoßfänger wirkt wuchtiger als im Vorjahr. Erstmals bietet Plymouth Servolenkung als Sonderausstattung an. Im Laufe des Jahres werden etwa 20.000 Wagen mit diesem Zusatz ausgestattet. Ab 25. Februar ist das vollautomatische Powerglide-Getriebe erhältlich. Parallel dazu sind weiterhin das Schaltgetriebe (drei Vorwärts- und ein Rückwärtsgang plus Overdrive) und das halbautomatische Hy-Drive-Getriebe lieferbar.

Plaza - Serie P-25-1 (Sechszylinder):
Diese neue Basisserie löst die früheren Cambridge-Modelle ab. Der Steinschlagschutz an den hinteren Kotflügeln besteht aus schwarzem Gummi. Die vorderen Kotflügel tragen die Aufschrift PLAZA. Beim „Sedan“ weisen die vorderen Dreiecksfenster keinen Ausstellmechanismus auf. Motor: Reihensechszylinder, Hubraum: 3,771 Liter, Leistung: 110 PS bei 3.600 U/min. Fünf Modelle stehen zur Wahl: „Sedan“, 4türig, 6sitzig, 1.745 $, 43.077 Stück.„Club Coupé“, 2türig, 6sitzig, 1.707 $, 29.251 Stück. „Business Coupé“, 2türig, 3sitzig, 1.598 $, 5.000 Stück. „Suburban“, 2türig, 6sitzig, 2.044 $, 35.937 Stück. Chassis ohne Aufbau, Preis unbekannt, 843 Stück.

Savoy - Serie P-25-2 (Sechszylinder):
Diese Mittelklassemodelle weisen eine umfangreichere und aufwendigere Ausstattung auf als die oben beschriebenen. Zur Unterscheidung dienen die Steinschlagschutzbleche an den hinteren Kotflügeln, die verchromten Windschutzscheibeneinfassungen und die hochwertigere Innenausstattung. Motor: wie Plaza P-25-1. Vier sechssitzige Modelle stehen zur Wahl: „Sedan“, 4türig, 1.853 $, 139.383 Stück. „Club Sedan“, 2türig, 1.815 $, 25.396 Stück. „Club Coupé“, 2türig, 1.823 $, 30.700 Stück. „Suburban“, 2türig, Preis unbekannt, 450 Stück. Chassis ohne Aufbau, Preis unbekannt, 3.588 Stück.

Belvedere - Serie P-24-3 (Sechszylind-r):
Die Merkmale der Plymouth-Luxusserie haben sich gegenüber dem Vorjahr nicht geändert. Das Markenemblem befindet sich beim „Sedan" und beim „Hardtop" an der Einfassung des hinteren Seitenfensters und beim „Convertible" neben den Steinschlagschutzblechen. Zur Ausstattung gehören ein aufwendig verziertes Armaturenbrett, Armlehnen an allen Plätzen und ein DeLuxe-Lenkrad. Motor: wie Plaza P-25-1. Vier sechssitzige Modelle stehen zur Wahl: „Sedan", 4türig, 1.933 $, 106.601 Stück. „Hardtop Coupé" , 2türig, 2.125 $, 25.592 Stück. „Convertible Coupé" , 2türig, 2.281 $, 6.900 Stück. „Suburban", 2türig, 2.268 $, 9.241 Stück. Chassis ohne Aufbau, Preis unbekannt, 2.031 Stück.
Gesamtstückzahl 1954: 396.702 Stück.

PLYMOUTH 1955

Die neuen Modelle werden den Detroiter Vertragshändlern am 4. November 1954 vorgeführt. Die offizielle Präsentation erfolgt jedoch erst am 17. November. Um die wesentlich längeren Fahrzeuge produzieren zu können, mußten aufwendige Veränderungen an den Produktionsanlagen vorgenommen werden. Die Produktion des „Club Coupé" wurde eingestellt. Der „Suburban" wird erst ab 22. Dezember 1953 in den Ausstellungsräumen der Händler gezeigt. Die Linienführung der neuen Modelle wirkt wesentlich zeitgemäßer.

1955. Belvedere „Hardtop Coupé".

1954. Belvedere „Convertible Coupé". ▲

Rechts: 1954. Belvedere „Sedan".

Die Motorhaube und der Kofferraum sind flacher als zuvor und die Scheinwerfer sind tiefer in die Kotflügel integriert. Die mittlere Strebe des Kühlergrills weist 18 Rillen auf.

Plaza Serie P-26 (Sechszylinder)
Plaza Serie P-27 (V8):
Die vorderen Kotflügel tragen die Aufschrift PLAZA. Seitliche Zierleisten werden erst ab Mitte des Modelljahres und nur gegen Aufpreis geliefert. Die Ausstattung ist umfangreicher als in den Vorjahren: Schlauchlose Reifen, Türgriffe mit Druckknopfbedienung und Gangvorselektion für das Automatikgetriebe sind neu im Programm. Erstmals bietet Plymouth verschiedene Motorvarianten an: Reihensechszylinder, Hubraum: 3,771 Liter, Leistung: 117 PS bei 3.600 U/min; oder V8, Hubraum: 3,947 Liter, Leistung: 157 PS bei 4.400 U/min. oder V8, Hubraum: 4,246 Liter, Leistung: 167 PS bei 4.400 U/min. Fünf Modelle stehen zur Wahl: „Sedan", 4türig, 6sitzig, 1.756/1.859 $, 84.156 Stück. „Club Sedan", 2türig, 6sitzig, 1.713/1.816 $, 53.610 Stück. „Business Coupé" , 2türig, 3sitzig, 1.614 $, 4.882 Stück. „Suburban", 2türig, 6sitzig, 2.052/2.155 $, m31.788 Stück. „Suburban", 4türig, 6sitzig, 2.133/2.237, 15.442 Stück.

Savoy - Serie P-26 (Sechszylinder)
Savoy - Serie P-27 (V8):
An der Ausstattung hat sich gegenüber 1954 nichts geändert. Die vorderen Kotflügel tragen die Aufschrift SAVOY und eine lange horizontale Zierleiste. Eine weitere Leiste ist an der Tür angeordnet. Ein „V" auf der Motorhaube weist auf den größeren Motor hin. Motor: wie Plaza. Zwei Modelle stehen zur Wahl: „Sedan", 4türig, 6sitzig, 1.855/1.958 $, 162.741 Stück. „Club Sedan", 2türig, 6sitzig, 1.812/1.915 $, 74.880 Stück. Chassis ohne Aufbau, Preis unbekannt, 10 Stück.

Belvedere - Serie P-26 (Sechszylinder)
Belvedere - Serie P-27 (V8):
Abgesehen von einer aufwendigeren Chromverzierung unterscheiden sich diese Modelle äußerlich nicht von denen der Plaza-Serie. Die Innenausstattung ist jedoch wesentlich aufwendiger verarbeitet. Die vorderen Kotflügel tragen die Aufschrift BELVEDERE. Die Windschutz- und Heckscheibeneinfassungen sowie der innere Rand der Scheinwerfereinfassungen sind verchromt. Eine lange Zierleiste verläuft über die gesamte Seitenpartie. Der „Convertible" weist spezielle Zierleisten auf (siehe Abbildung). Zur Serienausstattung gehören: zwei Aschenbecher, DeLuxe-Lenkrad, Armlehnen, Uhr und Kartenleselampe. Motor: wie Plaza. Fünf Modelle stehen zur Wahl: „Sedan", 4türig, 6sitzig, 1.954/2.057 $, 160.984 Stück. „Club Sedan", 2türig, 6sitzig, 1.911/2.014 $, 46.145 Stück.„Hardtop Coupé", 2türig, 6sitzig, 2.088/2.192 $, 47.375 Stück. „Convertible", 2türig, 6sitzig, 2.326 $, 8.473 Stück. „Suburban", 4türig, 6sitzig,

2.297/2.400 $, 18.488 Stück. Chassis ohne Aufbau, Preis unbekannt, 1 Exemplar.
Gesamtstückzahl 1955: 746.361 Stück.

PLYMOUTH 1956

Auffälligste Neuerung des Jahres sind die markanten Heckflossen mit den integrierten Rücklichtern. Ein vergoldetes „V" am Kühlergrill weist auf den größeren Motor hin. Das Design der Frontpartie wurde geändert (siehe Abbildung). Auch die Jet-Kühlerfigur ist neu. Erstmals werden die Fahrzeuge mit einer 12-Volt-Anlage und einer separaten Sicherheitshandbremse ausgestattet. Die Bedienungseinheit für das Automatikgetriebe ist am Armaturenbrett angeordnet.

Plaza - Serie P-28 (Sechszylinder)
DeLuxe Suburban - Serie P-29-1 (V8):

Die Modelle dieser Basisserie sind an dem sparsamen Umgang mit Chrom und den kleinen Radzierringen zu erkennen. Die hinteren Kotflügel tragen die Aufschrift PLAZA. Die „Suburban"-Modelle sind erstmals in einer gesonderten Serie zusammengefaßt. Motor: Reihensechszylinder, Hubraum: 3,771 Liter, Leistung: 125 PS bei 3.600 U/min; oder V8, Hubraum: 4,403 Liter, Leistung: 180 PS bei 4.400 U/min; oder V8, Hubraum: 4,522 Liter, Leistung: 187 PS bei 4.400 U/min. Vier sechssitzige Modelle stehen zur Wahl: „Sedan", 4türig, 1.868/1.971 $, 60.197 Stück. „Club Sedan", 2türig, 1.825/1.928 $, 40.022 Stück. „Business Coupé", 2türig, 1.726/1.829 $, 3.728 Stück. „DeLuxe Suburban", 2türig, 2.138/2.241 $, 23.866 Stück.

Savoy - Serie P-28 (Sechszylinder)
Custom Suburban - Serie P-29-2 (V8):

Die Unterscheidungsmerkmale dieser Modelle sind die Zierleisten an den vorderen Kotflügeln sowie die verchromten Scheinwerfer-, Rücklichter- und Scheibeneinfassungen. Die hinteren Kotflügel tragen die Aufschrift SAVOY. Die Innenausstattung ist aufwendiger als bei den oben beschriebenen Modellen. Motor: wie Plaza bzw. Suburban. Fünf sechssitzige Modelle stehen zur Wahl:„Sedan", 4türig, 1.967/2.070 $, 151.762 Stück. „Club Sedan", 2türig, 1.924/2.027 $, 57.927 Stück. „Sport Coupé", 2türig, 2.071/2.174 $, 16.473 Stück. „Custom Suburban", 4türig, 2.255/2.358 $, 33.333 Stück. „Custom Suburban", 2türig, 2.209/2.312 $, 9.489 Stück.

Belvedere - Serie P-28 (Sechszylinder)
Sport Suburban und Fury - Serie P-29-3 (V8):

Bei diesen wesentlich aufwendiger mit Chrom verzierten Fahrzeugen ist die jeweilige Modellbezeichnung an den vorderen Türen angegeben. Die Innenausstattung ist ausgesprochen umfangreich. Die leistungsstarken Sportwagen der Fury-Serie werden serienmäßig weiß lackiert. Im Raum zwischen den beiden pfeilförmigen Zierleisten an den Seiten ist ein eloxiertes Blatt angeordnet. Zum Lieferumfang dieser Modelle gehören ein vergoldeter Kühlergrill, Blinklichter, zwei verchromte Auspuffrohre, Rückfahrscheinwerfer, Scheibenwischer mit mehreren Schaltstufen, Scheibenwaschanlage, zwei Außenspiegel und Spezial-Reifen. Motor: V8, 240 PS. Sieben sechssitzige Modelle stehen zur Wahl: „Sedan", 4türig, 2.051/2.154 $, 84.218 Stück. „Sport Sedan", 4türig, 2.223/2.326 $, 17.515 Stück. „Club Sedan", 2türig, 2.008/2.111 $, 19.057 Stück. „Sport Coupé", 2türig, 2.155/2.258 $, 24.723 Stück. „Convertible", 2türig, 2.419 $, 6.735 Stück. „Sport Suburban", 4türig, 2.425/2.528 $, 15.104 Stück. „Fury Sport Coupé", 2türig, 2.807 $, 4.485 Stück.
Gesamtstückzahl 1956: 452.918 Stück.

PLYMOUTH 1957

Unter dem Motto „Suddenly it's 1960" werden am 25. November 1956 die neuen, futuristisch gestylten Modelle präsentiert. (Die Auslieferung an die Vertragshändler erfolgt am 18. Dezember). Die Abbildungen auf dieser Seite verdeutlichen, wie groß der Unterschied zu den Fahrzeugen des Vorjahres ist. Markante Heckflossen dominieren die Heckpartie. In den neuen, breiten Kühlergrill werden serienmäßig Doppelscheinwerfer integriert. Die Anordnung der seitlichen Zierleisten ist je nach Serie und Lackierung verschieden.

Plaza - Serie KP30 (Sechszylinder)
DeLuxe Suburban - Serie KP31-1 (V8):

Hinsichtlich Ausstattung und Verzierung sind die Plaza- und DeLuxe-Suburban-Modelle identisch: keine Seitenleisten, kleine Radzierkappen, fünf schlauchlose Reifen,

1955. Belvedere „Convertible Coupé". ▼

Links: 1955. Belvedere „Club Sedan".

▼ *1956. Plymouth-Frontansicht.*

▲ *Titelbild des 1956er Plymouth-Katalogs.*

Links: 1957. Belvedere „Hardtop Sedan“.

▲1957. Unten ein Plaza „Business Coupé“, darüber ein Savoy „Sedan“.

Links: 1957. Custom „Station Wagon“.

Sonnenblende nur auf der Fahrerseite, Doppeltonhupe, Scheibenwischer ohne Stufenwahl. Die Modellbezeichnung ist an den hinteren Kotflügeln angegeben. Neu sind in diesem Jahr das automatische Dreigang-Torqueflite-Getriebe, das verstärkte Chassis und die Vorderradaufhängung an Drehstabfedern („Torsion Air-Ride“, vgl. Chrysler). Motor: Reihensechszylinder, Hubraum: 3,771 Liter, Leistung: 132 PS bei 3.600 U/min; oder V8, Hubraum: 4,522 Liter, Leistung: 197 PS bei 4.400 U/min. Fünf sechssitzige Modelle stehen zur Wahl: „Sedan“, 4türig, 2.030/2.130 $, 70.248 Stück. „Club Sedan“, 2türig, 1.984/2.084 $, 49.137 Stück. „Business Coupé“, 2türig, 1.874/1.974 $, 2.874 Stück. „DeLuxe Suburban“, 2türig, 2.305/2.405 $, 20.111 Stück. „Taxi Special“, 4türig, 1.174/2.274 $.

Savoy - Serie KP30 (Sechszylinder)
Custom Suburban - Serie KP31-2 (V8):

Zusätzlich zur oben beschriebenen Ausstattung wird folgendes Zubehör geliefert: schaumstoffgepolsterte Sitze, Armlehnen an den Türen, zwei Sonnenblenden und lange, seitliche Zierleisten. Auf Wunsch können die Fahrzeuge in zweifarbiger „Sport Tone“-Lackierung geordert werden. Bei den Savoy-Modellen ist die Serienbezeichnung an den Heckflossen, bei den Suburban-Modellen an den hinteren Kotflügeln angegeben. Das Design der hinteren Kotflügel ist für beide Serien verschieden. Motor: wie Plaza bzw. DeLuxe Suburban. Sieben Modelle stehen zur Wahl: „Sedan“, 4türig, 6sitzig, 2.169/2.269 $, 153.093 Stück. „Hardtop Sedan“, 2türig, 6sitzig, 2.292/2.392 $, 7.601 Stück. „Club Sedan“, 2türig, 6sitzig, 2.122/2.222 $, 55.590 Stück. „Hardtop Coupé“, 2türig, 6sitzig, 2.204/2.304 $, 31.373 Stück. „Custom Suburban“, 4türig, 6sitzig, 2.469/2.569 $, 40.227 Stück. „Custom Suburban“, 2türig, 9sitzig, 2.624/2.724 $, 9.357 Stück. „Custom Suburban“, 2türig, 6sitzig, 2.415/2.515 $, 11.196 Stück.

Belvedere - KP30 (Sechszylinder)
Sport Suburban Fury - Serie KP31-3 (V8)
Fury - Serie KP31 (V8):

Auch in diesem Jahr sind die Fury-Modelle die leistungsstärksten Fahrzeuge im Plymouth-Katalog. Motor: Belvedere wie Plaza; „Sport Suburban Fury“ wie Suburban; Fury: V8, Hubraum: 4,907 Liter, Leistung: 235 PS bei 4.400 U/min. Acht Modelle stehen zur Wahl: „Sedan“, 4türig, 6sitzig, 2.285/2.385 $, 110.414 Stück. „Hardtop Sedan“, 4türig, 6sitzig, 2.394/2.494 $, 37.446 Stück. „Club Sedan“, 2türig, 6sitzig, 2.239/2.339 $, 55.590 Stück. „Hardtop Coupé“, 2türig, 6sitzig, 2.324/2.424 $, 67.268 Stück. „Convertible“, 2türig, 6sitzig, 2.613 $, 9.866 Stück. „Sport Suburban“, 4türig, 6sitzig, 2.597/2.697 $, 15.444 Stück. „Sport Suburban“, 4türig, 9sitzig, 2.752/2.852 $, 7.988 Stück. „Fury Sport Coupé“, 2türig, 6sitzig, 2.900 $, 7.438 Stück.

Gesamtstückzahl 1957: 655.006 Stück.

PLYMOUTH 1958

Die am 16. Oktober 1957 vorgestellten Fahrzeuge unterscheiden sich von den Vorjahresmodellen durch eine Panorama-Windschutz- und -Heckscheibe, ein geändertes Heckflossenstyling, andere seitliche Zierleisten und eine andere Farbaufteilung im Falle der zweifarbigen Lackierung. Die Ausstattung bleibt im wesentlichen unverändert. Der neue schlichte Kühlergrill steht den Fahrzeugen gut zu Gesicht. 1983 wird ein Plymouth dieses Jahrgangs in dem Film „Christine“ auf Celluloid gebannt.

Plaza - Serie LP1 (Sechszylinder)
DeLuxe Suburban - Serie LP2-L (V8):

Im Februar 1958 wird die DeLuxe-Suburban-Serie um ein viertüriges Modell ergänzt. Die Modellbezeichnung ist an den hinteren Kotflügeln angegeben. Die zweifarbige Lackierung und die eloxierten Streifen an der Seitenpartie werden nur auf Wunsch geliefert. Erstmals gehören Blinklichter und ein Wagenheber zum serienmäßigen Lieferumfang. Die vergoldete V8-Aufschrift am Kühlergrill weist auf den großen Motor hin. Motor: Sechszylinder wie 1957; oder V8, Hubraum: 5,202 Liter, Leistung: 225 PS bei 4.400 U/min. Fünf Modelle stehen zur Wahl: „Sedan“, 4türig, 6sitzig, 2.134/2.242 $, 54.194 Stück. „Club Sedan“, 2türig, 6sitzig, 2.083/2.190 $, 39.062 Stück. „Business Coupé“, 2türig, 3sitzig, 1.993/2.101 $, 1.472 Stück. „DeLuxe Suburban“, 4türig, 6sitzig, 2.451/2.558 $, 15.625 Stück. „DeLuxe Suburban“, 2türig, 6sitzig, 2.397/2.504 $, 15.535 Stück.

Savoy - Serie LP1 (Sechszylinder)
Custom Suburban - Serie LP2-L (V8):
Hinsichtlich Ausstattung und Verzierung sind diese Modelle identisch mit denen der Plaza-Serie. Die „Sport Tone"-Lackierung kann gegen einen Aufpreis von 20 $ (bzw. 24 $ beim „Station Wagon") geordert werden. Motor: wie Plaza bzw. DeLuxe Suburban. Sieben Modelle stehen zur Wahl: „Sedan", 4türig, 6sitzig, 2.270/2.378 $, 67.933 Stück.„Hardtop Sedan" oder „Sport Coupé", 4türig, 6sitzig, 2.365/2.472 $, 5.060 Stück. „Club Sedan", 2türig, 6sitzig, 2.219/2.327 $, 17.624 Stück. „Hardtop Coupé", 2türig, 6sitzig, 2.294/2.401 $, 19.500

1958. Savoy „Club Sedan". ▲

Links: 1958. Fury „Hardtop Coupé".

Stück. „Custom Suburban", 4türig, 6sitzig, 2.572/2.680 $, 38.707 Stück. „Custom Suburban", 4türig, 9sitzig, 2.712/2.820 $, 17.158 Stück. „Custom Suburban", 2türig, 6sitzig, 2.518/2.626 $, 5.925 Stück.

Belvedere - LP1 (Sechszylinder)
Sport Suburban Fury - Serie LP2-H (V8)
Fury - Serie LP2-H (V8):
Zur höchst umfangreichen Ausstattung dieser Plymouth-Luxusserie gehören: felgenbedeckende Radzierkappen, Steinschlagschutzbleche an den hinteren Kotflügeln, elektrische Uhr, abschließbares Handschuhfach, Zigarettenanzünder, Ölfilter sowie Chromverzierungen an den vorderen Kotflügeln. Motor: Fury-V8, Hubraum: 5,202 Liter, Leistung: 250 PS bei 5.200 U/min; sonst wie Plaza bzw. DeLuxe Suburban. Acht Modelle stehen zur Wahl: „Sedan", 4türig, 6sitzig, 2.404/2.512 $, 49.124 Stück. „Hardtop Sedan", 4türig, 6sitzig, 2.493/2.600 $, 18.194 Stück. „Club Sedan", 2türig, 6sitzig, 2.354/2.461 $, 4.229 Stück. „Hardtop Coupé", 2türig, 6sitzig, 2.422/2.529 $, 36.043 Stück. „Convertible", 2türig, 6sitzig, 2.727 $, 9.941 Stück. „Sport Suburban", 4türig, 6sitzig, 2.725/2.833 $, 10.785 Stück. „Sport Suburban", 4türig, 9sitzig, 2.865/2.973 $, 12.385 Stück. „Fury Hardtop Coupé", 2türig, 6sitzig, 3.032 $, 5.303 Stück.

Gesamtstückzahl 1958: 366.758 Stück.

PLYMOUTH 1959

Im Oktober 1958 bringt Plymouth unter revidierten Serienbezeichnungen nochmals Modelle im sogenannten „Flight Sweep"-Stil heraus. Die Heckflossen sind in einer harmonischen Linie weit nach oben gezogen. Die ovalen Rücklichter sind nicht mehr in die hinteren Kotflügel integriert, sondern separat oberhalb des Stoßfängers angeordnet. Der Kühlergrill im Wabenmuster besteht aus eloxiertem Aluminium. Die vorderen Kotflügel stehen kappenförmig über die Doppelscheinwerfer vor.

Savoy - Serie MP1 (Sechszylinder)
DeLuxe Suburban - Serie MP2-L (V8):
Auch in diesem Jahr sind die Basismodelle ausgesprochen spartanisch ausgestattet. Die Savoy-Modelle sind an der schlichten seitlichen Zierleiste und der Aufschrift SAVOY links am Kofferraumdeckel zu erkennen. Bei den Suburban-Modellen ist die Serienbezeichnung an den hinteren Kotflügeln angegeben. Motor: Sechszylinder wie 1957; oder V8, Hubraum: 5,202 Liter, Leistung: 230 PS bei 4.400 U/min. Fünf Modelle stehen zur Wahl: „Sedan", 4türig, 6sitzig, 2.283/2.402 $, 84.274 Stück. „Club Sedan", 2türig, 6sitzig, 2.232/2.352 $, 46.979 Stück. „Business Coupé", 2türig, 3sitzig, 2.143 $, 1.051 Stück. „DeLuxe Suburban", 4türig, 6sitzig, 2.461/2.761 $, 35.086 Stück. „DeLuxe Suburban", 2türig, 6sitzig, 2.574/2.694 $, 15.074 Stück.

Belvedere - Serie MP1-M (Sechszylinder)
Custom Suburban - Serie MP2-M (V8):
An der Ausstattung hat sich gegenüber 1958 nichts geändert. Erkennungsmerkmal sind die zwei pfeilförmig zusammenlaufenden Zierleisten mit einem in Dachfarbe lackiertem Zwischenraum (gegen einen Aufpreis von 18,60 $ wird dieser Zwischenraum in silber-metallic lackiert). Als weitere Extras bietet die Marke Liegesitze und ein dekorativ in den Kofferraumdeckel integriertes Reserverad an. Der neunsitzige „Custom Suburban" ist mit einem zusätzlichen, entgegen der Fahrtrichtung montierten Sitz ausgestattet. Motor: Sechszylinder wie 1957; oder V8: wie DeLuxe Suburban. Acht Modelle stehen zur Wahl: „Sedan", 4türig, 6sitzig, 2.540/2.559 $, 67.980 Stück. „Hardtop Sedan" oder „Sport Coupé", 4türig, 6sitzig, 2.525/2.644 $, 5.713 Stück. „Club Sedan", 2türig, 6sitzig, 2.389/2.509 $, 13.816 Stück. „Hardtop Coupé" oder „Sport Sedan", 2türig, 6sitzig, 2.461/2.581 $, 23.469 Stück. „Convertible", 2türig, 6sitzig, 2.814 $, 5.063 Stück. „Custom Suburban", 4türig, 6sitzig, 2.762/2.881 $, 35.024 Stück. „Custom Suburban", 4türig,

9sitzig, 2.291 $, 16.993 Stück. „Custom Suburban", 2türig, 6sitzig, 2.814 $, 1.852 Stück.

Fury und Sport Suburban - Serie MP2-H (V8):

Die Luxusmodelle der Marke sind ab diesem Jahr nur noch mit V8-Motor erhältlich. Die Ausstattung entspricht derjenigen der 1958er Belvedere-Modelle. Die Heckflossen tragen die Aufschrift FURY. Am Heck befindet sich ein dezenter PLYMOUTH-Schriftzug und ein kleines V8-Emblem. Die Stoßfänger weisen eine mittlere Einbuchtung zur Montage des Kennzeichens auf. Motor: V8 wie DeLuxe Suburban. Fünf Modelle stehen zur Wahl: „Sedan", 4türig, 6sitzig, 2.691 $, 30.149 Stück. „Hardtop Sedan", 4türig, 6sitzig, 2.771 $, 13.614 Stück. „Hardtop Coupé", 2türig, 6sitzig, 2.714 $, 21.494 Stück. „Sport Suburban", 4türig, 6sitzig, 3.021 $, 7.224 Stück. „Sport Suburban", 4türig, 9sitzig, 3.131 $, 9.549 Stück.

Sport Fury - Serie MP2-P (V8):

Zwei Zierleisten mit eloxierter Aluminiumeinlage betonen die markante Seitenlinie. Der FURY-Schriftzug ist seitlich am hinteren Kotflügel angeordnet. Die Wagen sind serienmäßig mit gepolstertem Sicherheitslenkrad ausgestattet. Motor: V8 („Golden Commando"), Hubraum: 5,202 Liter, Leistung: 260 PS bei 4.400 U/min1. Zwei sechssitzige Modelle stehen zur Wahl: „Convertible", 2türig, 3.125 $, 5.990 Stück. „Hardtop Sedan", 4türig, 3.125 $, 17.867 Stück.

Gesamtstückzahl 1959: 393.213 Stück.

1959. Fury „Sedan". ▲

▲ *1959. Belvedere „Hardtop Coupé".*

1959. Sport Fury „Convertible". ▼

PONTIAC

Von 1926 bis heute

▼ 1950. Pontiac Chieftain DeLuxe „Catalina Coupé“.

1951. Chieftain Super DeLuxe „Catalina Coupé“ in zweifarbiger Lackierung („San Pedro Ivory“ und „Sierra Rust“). ▼

Auf dem New Yorker Automobilsalon im Januar 1926 erlebt das Publikum eine Premiere. Eine neue Automobilmarke ist geboren: Pontiac, so benannt nach dem gleichnamigen Indianerhäuptling, der 1763 bis 1764 an der Seite der Franzosen gegen die Engländer kämpfte und sich dabei durch besondere Tapferkeit und Weitsicht auszeichnete. Bei der Pontiac Premierenfeier im Nobelhotel Commodore geht es denn auch höchst „indianisch“ zu. Das Hotel wird kurzerhand in „Wigwam“ umgetauft, statt von Pressekonferenz spricht man von „Pow Pow“, und Schilder mit der Aufschrift „Heap Big Eats“ weisen den Weg zum kalten Buffet. Hergestellt wird der Pontiac von Oakland (1907 - 1931), einem Tochterunternehmen des General Motor Konzerns. Die Verkaufserfolge der neuen Marke sind sensationell. Mit einer Gesamtstückzahl von 76.696 Stück im ersten Fertigungsjahr werden die von Chrysler 1925 und Graham-Paige 1927 aufgestellten Produktionsrekorde überboten. Schon nach kurzer Zeit avanciert Pontiac zur erfolgreichsten Marke der GM-Gruppe. Bereits im ersten Produktionsjahr werden mit den Modellen „Coupé“ und „Coach“ beachtliche Stückzahlen erreicht: 76.696 Stück. Das Erfolgsrezept von Alfred P. Sloan ist einfach: Er bietet seinen Käufern luxuriöse und komfortable Fahrzeuge zu einem Preis, für den man bei anderen Herstellern nur Basismodelle kaufen kann. Der 500.000ste Pontiac rollt 1929 vom Band. Im Oktober des Jahres kommt es zum großen Börsenkrach. Von allen Unternehmen der GM-Gruppe leidet Pontiac am meisten unter der nun folgenden wirtschaftlichen Depression. 1931 entschließt man sich zur Zusammenlegung von Oakland und Pontiac. Die teurere der beiden Marken – Oakland – wird eingestellt. Ab 1932 stattet Pontiac seine Fahrzeuge mit dem Oakland-V8-Motor aus. Diesem Aggregat bleibt die Marke viele Jahre lang (bis 1954!) treu. Der erste Pontiac nach dem Krieg wird am 13. September 1945 präsentiert. Am 12. Januar 1949 schließlich kommt nach vielen Jahren das erste wirklich neue Modell heraus. Die „Chieftain Line“ erfreut sich bei den Amerikanern über Jahre großer Beliebtheit.

PONTIAC 1950

Die am 10. November 1949 präsentierten Modelle unterscheiden sich lediglich durch geänderte Ausstattungs- und Verzierungsdetails. Der breite Kühlergrill mit den integrierten Standlichtern ist seitlich bis zu den Radausschnitten nach hinten gezogen. Die mittlere Strebe ist mit fünf „Zähnen“ be-

Links: 1952er Pontiac-Werbung.

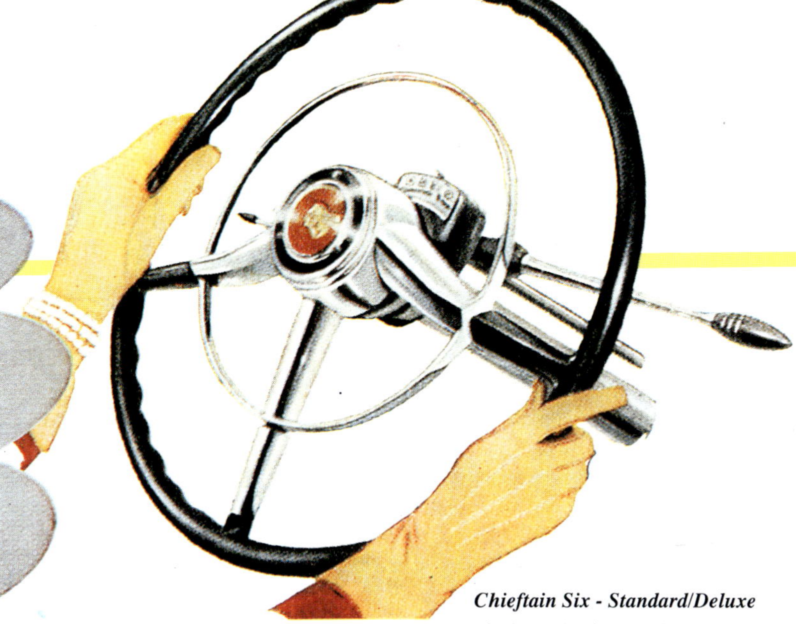

▼ 1951. Pontiac stattet sämtliche Modelle mit Hydra-Matic-Getriebe aus.

Chieftain Six - Standard/Deluxe
„Sedan", 4türig, 6sitzig, 1.745/1.840 $. „Sedan", 2türig, 6sitzig, 1.694/1.789 $. „Sedan Coupé", 2türig, 6sitzig, 1.694/1.789 $.

Chieftain Six - DeLuxe
„Catalina Hardtop Coupé", 2türig, 6sitzig, 2.000 $. „Convertible Coupé", 2türig, 6sitzig, 2.122 $.

Chieftain Six - Standard
„Business Coupé", 2türig, 3sitzig, 1.571 $.

Chieftain Eight - Standard/DeLuxe
„Sedan", 4türig, 6sitzig, 1.813/1.908 $. „Sedan", 2türig, 6sitzig, 1.763/1.858 $. „Sedan Coupé", 2türig, 6sitzig, 1.763/1.858 $.

Chieftain Eight - DeLuxe
„Catalina Coupé", 2türig, 6sitzig, 2.069 $. „Convertible Coupé", 2türig, 6sitzig, 2.190 $.

◀ Links: 1950. Chieftain DeLuxe „Sedan Coupé".

wehrt. In der Mitte ist das Indianerkopf-Emblem angeordnet.

Streamliner - Serie 25 (6-Zyl.) und 27 (8-Zyl.):

Die DeLuxe-Ausstattung wartet mit seitlichen Zierleisten, Radzierringen, verchromten Scheinwerfereinfassungen und Nirosta-Steinschlagschutzblechen an den hinteren Kotflügeln auf. Die Achtzylindermodelle sind an der „8" an den vorderen Kotflügeln zu erkennen. Bei den „Silver Streak"-Modellen verlaufen fünf parallele Zierleisten über die Mitte der Motorhaube und des Kofferraums. Motoren (für beide Serien gleich): Reihensechszylinder, Hubraum: 3,918 Liter, Leistung: 90 PS bei 3.400 U/min; oder V8, Hubraum: 4,393 Liter, Leistung: 108 PS bei 3.600 U/min. Sechs Modelle stehen zur Wahl:

Streamliner Six - Standard/DeLuxe
„Sedan", 4türig, 6sitzig, 1.724/1.745 $. „Sedan Coupé", 2türig, 6sitzig, 1.673/1.768 $. „Metal Station Wagon", 6- oder 8sitzig, 2.264/2.343 $.

Streamliner Eight - Standard/DeLuxe
„Sedan", 4türig, 6sitzig, 1.792/1.887 $. „Sedan Coupé", 2türig, 6sitzig, 1.742/1.837 $. „Metal Station Wagon", 6- oder 8sitzig, 2.332/2.411 $. Stückzahlen siehe Chieftain.

Chieftain - Serie 25 (6-Zyl.) und 27 (8-Zyl.):

Die Chieftain-Modelle sind mit den „A"-Aufbauten der GM-Muttergesellschaft ausgestattet. Neu im Programm ist der „Catalina"; dieser ist in DeLuxe- oder Super DeLuxe-Ausführung erhältlich und kann nur in den Farben San Pedro Ivory oder Sierra Rust (bzw. einer Kombination dieser beiden Farbtöne) geordert werden. Die Innenausstattung ist farblich auf den Lack abgestimmt. Zwölf Modelle stehen zur Wahl:

Chieftain Eight - Standard
„Business Coupé", 2türig, 3sitzig, 1.640 $.

Gesamtstückzahl 1950: 467.655 Stück. Pontiac steht an 5. Stelle der amerikanischen Automobilhersteller.

PONTIAC 1951

Die Präsentation der Modelle findet am 27. November 1950 statt. In diesem Jahr begeht die Marke ihr 25jähriges Jubiläum. Die Silver Streak-Verzierung bleibt erhalten, doch der Kühlergrill wurde moderner gestaltet; er trägt jetzt ein V in der Mitte.

Streamliner - Serie 25 (6-Zyl.) und 27 (8-Zyl.):
Auch in diesem Jahr kommen für diese Serie die GM-Fastback-Aufbauten (Typ „B“) zum Einsatz. Hinsichtlich der Zierleisten hat sich gegenüber dem Vorjahr nichts geändert. Eine „8“ an den vorderen Türen weist auf den größeren Motor hin. Die Produktion des „Sedan Coupé“ wird im April 1951 eingestellt. Motor: Reihensechszylinder, Hubraum: 3,918 Liter, Leistung: 96 PS (gegen Aufpreis 100 PS) bei 3.400 U/min; oder Reihenachtzylinder, Hubraum: 4,393 Liter, Leistung: 116 PS (gegen Aufpreis 120 PS) bei 3.600 U/min. Vier Modelle stehen zur Wahl:

▲1952. Chieftain DeLuxe „Station Wagon“.

▼1952. Chieftain DeLuxe „Sedan Delivery“ in „Saturn Gold“.

▲ 1952. Pontiac Chieftain Super DeLuxe Serie 27.

Streamliner Six - Standard/DeLuxe
„Sedan Coupé“ 2türig, 6sitzig, 1.824/1.927 $. „Station Wagon“, 6- oder 8sitzig, 2.470/2.556 $.
Streamliner Eight - Standard/DeLuxe
„Sedan Coupé“, 2türig, 6sitzig, 1.900/2.003 $. „Station Wagon“, 6- oder 8sitzig, 2.544/2.629 $.

Chieftain - Serie 25 (6-Zyl.) und 27 (8-Zyl.):
Für die Chieftain-Serie kommen die GM-Notchback-Aufbauten von GM (Typ „C“) zum Einsatz. Die Standard- und DeLuxe-Version sind anhand der verschiedenen Zierleisten zu unterscheiden. Der „Convertible“ ist nur in DeLuxe-Ausstattung, der „Catalina“ in DeLuxe- und Super DeLuxe-Ausstattung und das „Business Coupé“ nur in der Standard-Ausstattung erhältlich.
Chieftain Six - Standard/DeLuxe
„Sedan“, 4türig, 6sitzig, 1.903/2.006 $. „Sedan“, 2türig, 6sitzig, 1.848/1.951 $. „Sedan Coupé“, 2türig, 6sitzig, 1.848/1.951 $.
Chieftain Six - DeLuxe
„Catalina Coupé“, 2türig, 6sitzig, 2.182 $. „Convertible Coupé“, 2türig, 6sitzig, 2.314 $.
Chieftain Six - Standard
„Business Coupé“, 2türig, 3sitzig, 1.713 $.
Chieftain Super Six
„Super DeLuxe Catalina Coupé“, 2türig, 6sitzig, 2.244 $.
Chieftain Eight - Standard/DeLuxe
„Sedan“, 4türig, 6sitzig, 1.977/2.081 $. „Sedan“, 2türig, 6sitzig, 1.922/2.026 $. „Sedan Coupé“, 2türig, 6sitzig, 1.922/2.026 $.
Chieftain Eight - DeLuxe
„Catalina Coupé“, 2türig, 6sitzig, 2.257 $. „Convertible Coupé“, 2türig, 6sitzig, 2.388 $.
Chieftain Eight - Standard
„Business Coupé“, 2türig, 3sitzig, 1.787 $.
Chieftain Super Eight
„Super DeLuxe Catalina Coupé“, 2türig, 6sitzig, 2.320 $.
Stückzahlen: Streamliner und Chieftain Six: 53.748 Stück, Streamliner und Chieftain Eight: 316.411 Stück.
Gesamtstückzahl 1951: 343.795 Stück.

PONTIAC 1952

Die am 2. November 1951 präsentierten Fahrzeuge unterscheiden sich nur wenig von den Vorjahresmodellen. An der oberen Strebe des Kühlergrills sind in diesem Jahr vier kleine schwarzlackierte Stäbe angeordnet. Der PONTIAC-Schriftzug auf der Haube weist in diesem Jahr anstelle eines schwarzen einen roten Hintergrund auf. Das Hydra-Matic-Zweigang-Getriebe ist gegen einen Aufpreis von 178 Dollar erhältlich.

Chieftain - Serie 25 (6-Zyl.) und 27 (8-Zyl.):
Der „Station Wagon“ weist den Notchback-Aufbau auf. Bei den Standard-Modellen ist die Innenausstattung grau. Motor: Reihensechszylinder, Hubraum: 3,918 Liter, Leistung: 100 PS mit Schaltgetriebe bzw. 122 PS mit Automatik, jeweils bei 3.400 U/min.; oder Reihenachtzylinder, Hubraum: 4,393 Liter, Leistung: 118 PS mit Schaltgetriebe bzw. 122 PS mit Automatik, jeweils bei 3.600 U/min. Zwölf Modelle stehen zur Wahl:
Chieftain Six - Standard/DeLuxe
„Sedan“, 4türig, 6sitzig, 2.014/2.119 $. „Sedan“, 2türig, 6sitzig, 1.956/2.060 $. „Station Wagon“, 6- oder 8sitzig, 2.615/2.699 $.
Chieftain Six DeLuxe
„Catalina Coupé“, 2türig, 6sitzig, 2.304 $. „Convertible Coupé“, 2türig, 6sitzig, 2.344 $.
Chieftain Super Six
„Super DeLuxe Catalina Coupé“, 2türig, 6sitzig, 2.370 $.

1954. Unten: Chieftain DeLuxe „Sedan“. Rechts: Innenansicht.

Chieftain Eight - Standard/DeLuxe
„Sedan“, 4türig, 6sitzig, 2.090/2.194 $. „Sedan“, 2türig, 6sitzig, 2.031/2.136 $. „Station Wagon“, 6- oder 8sitzig, 2.682/2.772 $.
Chieftain Eight - DeLuxe
„Catalina Coupé“, 2türig, 6sitzig, 2.380 $. „Convertible Coupé“, 2türig, 6sitzig, 2.518 $.
Chieftain Super Eight
„Super DeLuxe Catalina Coupé“, 2türig, 6sitzig, 2.446 $.
Stückzahlen: Chieftain Six: 19.809 Stück, Chieftain Eight: 251.564 Stück.
Gesamtstückzahl 1952: 277.156 Stück.

PONTIAC 1953

Nach mehreren Jahren wartet Pontiac erstmals wieder mit umfassend überarbeiteten Modellen auf. Die Frontpartie wurde deutlich modernisiert. Neu sind auch die ungeteilte Windschutzscheibe, die großflächige Heckscheibe, eine neue Kühlerfigur, ein kombiniertes Zünd- und Anlaßschloß, die verchromten Scheinwerfereinfassungen und die „Panorama View“-Instrumentierung. Die Silver-Streak-Verzierung und das Indianerkopfemblem werden jedoch übernommen. Das Kennzeichen ist in einem Chromrahmen am Stoßfänger montiert. Der Radstand beträgt für alle Modelle einheitlich 3,10 m.

Chieftain - Serie 25 (6-Zyl.) und 27 (8-Zyl.):
Die Special-Modelle lösen die früheren Standard-Modelle ab. Erkennungsmerkmale sind die kleinen Radzierringe, die zierlichen Steinschlagschutzbleche an den hinteren Kotflügeln und die schlichte seitliche Verzierung. Die DeLuxe-Modelle weisen dagegen große Steinschlagschutzbleche aus rostfreiem Stahl, eine wesentlich auffälligere Seitenverzierung und felgenbedeckende Radzierkappen auf. Die „8“ auf dem Kofferraum weist auf den größeren Motor hin. Bei den Lackfarben Caravan Blue, Spruce Green, Marathon Grey und Black weist das PONTIAC-Emblem einen roten, bei allen anderen Farben einen schwarzen Hintergrund auf. Motor: Reihensechszylinder, Hubraum: 3,918 Liter, Leistung: 115 PS mit Schaltgetriebe bzw. 118 PS mit Automatik, jeweils bei 3.800 U/min; Reihenachtzylinder wie 1952. Vierzehn Modelle stehen zur Wahl:
Chieftain Six Special/DeLuxe
„Sedan“, 4türig, 6sitzig, 2.015/2.119 $. „Sedan“, 2türig, 6sitzig, 1.956/2.060 $.
Chieftain Six Special
„Station Wagon“, 6- oder 8sitzig, 2.450/2.505 $.
Chieftain Six DeLuxe
„Catalina Coupé“, 2türig, 6sitzig, 2.304 $. „Convertible Coupé“, 2türig, 6sitzig, 2.444 $. „Station Wagon“, 6sitzig, 2.590 $.
Chieftain Custom Six Super DeLuxe
„Catalina Coupé“, 2türig, 6sitzig, 2.370 $.
Chieftain Eight Special/DeLuxe
„Sedan“, 4türig, 6sitzig, 2.090/2.194 $. „Sedan“, 2türig, 6sitzig, 2.031/2.136 $.
Chieftain Eight Special
„Station Wagon“, 6- oder 8sitzig, 2.525/2.580 $.
Chieftain Eight DeLuxe
„Catalina Coupé“, 2türig, 6sitzig, 2.380 $. „Convertible Coupé“, 2türig, 6sitzig, 2.515 $. „Station Wagon“, 6sitzig, 2.664 $.
Chieftain Custom Eight Super DeLuxe
„Custom Super DeLuxe Catalina Coupé“, 2türig, 6sitzig, 2.446 $.
Stückzahlen: Chieftain Six: 38.914 Stück, Chieftain Eight: 379.705 Stück.
Gesamtstückzahl 1953: 414.011 Stück.

PONTIAC 1954

In diesem Jahr läuft der 5.000.000ste Pontiac vom Band. Nach Herstellerangaben sind noch 70% dieser Fahrzeuge im Einsatz. Angesichts solcher Erfolgsmeldungen sieht man keine Veranlassung zu tiefgreifenden Veränderungen. Lediglich der Kühler wird dem üblichen Facelifting unterzogen. Die Motorhaube und der Kofferraumdeckel weisen weiterhin die „Silver Streak“-Zierleisten auf. In diesem Jahr wartet Pontiac wieder mit zwei Modellreihen – Chieftain und Star Chief – auf.

1954. Pontiac-Frontansicht. ▼

Chieftain - Serie 25 (6-Zyl.) und 27 (8-Zyl.):
Die Special-Modelle dieser Basisserie sind an den kleinen Steinschlagschutzblechen aus rostfreiem Stahl zu erkennen. Merkmale der DeLuxe-Variante sind die aufwendigeren Zierleisten, die großen Radzierkappen und die großen Steinschlagschutzbleche. Als einziges Custom-Modell dieser Serie weist der „Super DeLuxe Catalina“ eine hochwertigere Innenausstattung auf. Motor: wie 1953. Zwölf Modelle stehen zur Wahl:
Chieftain Six Special/DeLuxe
„Sedan“, 4türig, 6sitzig, 2.027/2.131 $. „Sedan“, 2türig, 6sitzig, 1.968/2.072 $. „Station Wagon“, 6/8sitzig, 2.364/2.419 $.
Chieftain Six DeLuxe
„Catalina Coupé“, 2türig, 6sitzig, 2.316 $. „Station Wagon“, 6sitzig, 2.504 $. Chieftain Custom Six Super DeLuxe „Catalina Coupé“, 2türig, 6sitzig, 2.582 $.
Chieftain Eight Special/DeLuxe
„Sedan“, 4türig, 6sitzig, 2.102/2.206 $. „Sedan“, 2türig, 6sitzig, 2.043/2.148 $. „Station Wagon“, 6/8sitzig, 2.439/2.494 $.
Chieftain Eight DeLuxe
„Catalina Coupé“, 2türig, 6sitzig, 2.392 $. „Station Wagon“, 6sitzig, 2.579 $.
Chieftain Custom Eight Super DeLuxe
„Catalina Coupé“, 2türig, 6sitzig, 2.458 $.
Stückzahlen:Chieftain Six: 38.914 Stück, Chieftain Eight: 379.705 Stück.

Star Chief - Serie 28 (8-Zyl.):
Die Fahrzeuge dieser Luxusserie basieren auf einem längeren Fahrgestell als die oben beschriebenen Basismodelle. Die Heckpartie der GM-Aufbauten ist um 28 cm verlängert. Diese Serie wird nur mit dem V8-Motor angeboten. Äußeres Unterscheidungsmerkmal sind die fünf Silver Streak-Streifen auf dem Kofferraum. Vier sechssitzige Modelle stehen zur Wahl:
Star Chief DeLuxe
„Sedan“, 4türig, 2.301 $. „Convertible“, 2türig, 2.630 $. Star Chief Custom Super DeLuxe „Sedan“, 4türig, 2.394 $. „Catalina Coupé“, 2türig, 2.557 $.
Stückzahl: 115.088 Stück.
Gesamtstückzahl 1954: 370.887 Stück.

Links: 1956. Pontiac-Armaturenbrett.

PONTIAC 1955

Im September 1954 wartet die Marke mit völlig neuen Modellen auf: Nicht nur das Karosseriestyling, sondern auch die Fahrgestelle wurden umfassend überarbeitet. Laut Herstellerangaben werden 109 Neuerungen eingeführt. Hierzu gehören: massiver Kühlergrill mit geteilter Stoßstange, neue seitliche Verzierung, zwei breitere, weiter auseinanderliegende Silver Streak-Streifen auf der Motorhaube, zwei zierlichere Streifen an den Heckflossen, kantige hintere Radausschnitte, Panoramawindschutzscheibe, Lüftungsöffnung oberhalb der Scheinwerfer unter dem Kotflügelüberstand, 12-V-Anlage, Ölfilter. Auf Wunsch werden die Wagen mit zweifarbiger „Vogue"-Lackierung ausgeliefert. Angesichts der umfassend modernisierten Modellpalette kann Pontiac seine Verkaufsergebnisse wesentlich verbessern.

Chieftain - Serie 27

Star Chief Custom - Serie 27 (V8):

Die Special-Ausstattung ist an den kleinen Radzierringen, den lackierten Rücklichteinfassungen und der fehlenden seitlichen Zierleiste zu erkennen. Zur DeLuxe-Ausstattung dagegen gehören felgenbedeckende Radkappen, verchromte Rücklichteinfassungen und eine Zierleiste in Höhe der Gürtellinie. Motor: V8, Hubraum: 4,704 Liter, Leistung: 173 PS bei 4.400 U/min mit Schaltgetriebe bzw. 180 PS bei 4.600 U/min mit Automatik. Neun sechssitzige Modelle stehen zur Wahl:

Chieftain 860 Special

„Sedan", 4türig, 2.164 $, 65.155 Stück. „Sedan", 4türig, 2.518 $, 6.091 Stück. „Sedan", 2türig, 2.105 $, 58.654 Stück. „Station Wagon", 4türig, 2.434 $, 8.618 Stück.

Chieftain 879 DeLuxe

„Sedan", 4türig, 2.268 $, 91.187 Stück. „Sedan", 2türig, 2.209 $, 28.950 Stück. „Catalina Hardtop Coupé", 2türig, 2.335 $, 72.608 Stück. „Station Wagon", 4türig, 2.434 $, 19.439 Stück.

Star Chief Custom

„Safari Hardtop Station Wagon", 2türig, 2.962 $, 3.760 Stück. Chassis ohne Aufbau, Preis unbekannt, 2 Stück.

Star Chief - Serie 28 (V8):

Diese luxuriöseren Pontiac-Modelle weisen um 18 cm verlängerte GM-Aufbauten (Typ „A") auf. Deutliche Erkennungsmerkmale sind die drei Sterne an den vorderen Kotflügeln. Vier sechssitzige Modelle stehen zur Wahl:

Standard

„Sedan", 4türig, 2.362 $, 44.800 Stück. „Convertible", 2türig, 2.691 $, 19.762 Stück.

▲ 1955. Star Chief Standard „Convertible".

Custom

„Sedan", 4türig, 2.455 $, 35.153 Stück. „Catalina Hardtop Coupé", 2türig, 2.499 $, 99.929 Stück. Chassis ohne Aufbau, Preis unbekannt, 280 Stück.

Gesamtstückzahl 1955: 581.860 Stück.

PONTIAC 1956

Nach der umfassenden Überarbeitung der Modelle im Vorjahr beschränkt man sich 1956 auf ein kleines Facelifting: Die mittlere Kühlerstrebe ist jetzt verchromt und nicht mehr lackiert; die Standlichter sind in den erstmals mit Hörnern bewehrten Stoßfänger integriert;die seitlichen Zierleisten und die Farbaufteilung bei den zweifarbig lackierten Modellen sind neu. Die Motorhaube trägt vorne den PONTIAC-Schriftzug. Gegen Aufpreis wird folgendes Zubehör geliefert: Servobremsen und -lenkung, elektrische Fensterheber, elektrisch verstellbare Sitze, Radio, Sicherheitsgurte und Klimaanlage. Die Exportmodelle „Laurentian" und „Pathfinder" tragen ihre Modellbezeichnung an den vorderen Türen.

Chieftain - Serie 27

Star Chief Custom - Serie 27 (V8):

Der „Catalina" (ohne B-Säulen) und der viertürige „Hardtop Sedan" sind neu im Programm. Ausstattung: wie 1955. Motor: V8, Hubraum: 5,186 Liter, Leistung: 192 PS bei 4.400 U/min mit Schaltgetriebe bzw. 205 PS bei 4.800 U/min mit Automatik. Elf sechssitzige Modelle stehen zur Wahl:

Chieftain 860 Special

„Hardtop Sedan", 4türig, 2.294 $, 41.987 Stück. „Sedan", 2türig, 2.236 $, 41.908 Stück. „Catalina Sedan", 4türig, 2.439 $, 35.201 Stück. „Catalina Coupé", 2türig, 2.366 $, 46.335 Stück. „Station Wagon", 2türig, 2.564 $, 6.099 Stück. „Station Wagon", 4türig, 2.648 $, 12.702 Stück.

Chieftain 870 DeLuxe

„Hardtop Sedan", 4türig, 2.409 $, 22.082 Stück. „Catalina Sedan", 4türig, 2.530 $, 25.372 Stück. „Catalina Coupé", 2türig, 2.476 $, 24.744 Stück. „Station Wagon", 4türig, 2.744 $, 21.674 Stück.

Star Chief Custom

„Safari Station Wagon", 2türig, 3.124 $, 4.042 Stück.

Star Chief - Serie 28 (V8):

Unterscheidungsmerkmale sind die drei Sterne und die speziellen Zierleisten an den Seiten. Motor: V8 („Strato-Streak"), Hubraum: 5,186 Liter, Leistung: 216 PS bei 4.800 U/min mit Schaltgetriebe bzw. 277 PS bei 4.800 U/min mit Automatik. Vier sechssitzige Modelle stehen zur Wahl:

▲ 1957. Sitzverzierung des „Catalina Coupé".

Star Chief

„Sedan", 4türig, 2.523 $, 18.346 Stück. „Convertible", 2türig, 2.853 $, 13.510 Stück.

Star Chief Custom

„Catalina Sedan", 4türig, 2.731 $, 48.035 Stück. „Catalina Hardtop Coupé", 2türig, 2.661 $, 43.392 Stück. Chassis ohne Aufbau, Preis unbekannt, 301 Stück.

Gesamtstückzahl 1956: 332.268 Stück.

PONTIAC 1957

1957 avanciert der Sohn des Erfinders der Silver Streak-Verzierung, Semon Knudsen, zum Präsidenten des Unternehmens. Knudsen macht sich unverzüglich daran, das eher „altväterliche" Firmenimage aufzupolieren. Hierzu bringt er eine umfassend überarbeitete

Rechts: 1956. Pontiac-Frontansicht.

Modellpalette im „Star Flight“-Stil auf den Markt. Mit seitlichen Zierleisten im „Raketendesign“, schmalen Heckflossen mit integrierten Rücklichtern und einem noch wuchtigeren Kühlergrill wirken die neuen Pontiacs ausgesprochen modern. Auf „Silver Streaks“ wurde in diesem Jahr verzichtet.

▼ 1957. Super Chief Custom „Sedan“.

▲ 1958er Pontiac-Werbung.

Chieftain - Serie 27
Star Chief Custom - Serie 27 (V8):

Die drei Ausstattungsvarianten dieser Serie heißen ab sofort Chieftain, Super Chief und Super DeLuxe. Erstere sind an den drei Sternen am hinteren Kotflügel, den kleinen Radzierringen und der Aufschrift CHIEFTAIN an den vorderen Kotflügeln zu erkennen. Die Super-Chief-Modelle dagegen weisen felgenbedeckende Radkappen, eine Zierleiste in Höhe der Gürtellinie sowie drei Sterne und die Aufschrift SUPER CHIEF an den hinteren Kotflügeln auf. Im Dezember 1956 kommt unter der Bezeichnung „Safari Transcontinental Station Wagon“ eine viertürige Variante des „Station Wagon“ auf den Markt. Motor: V8, Hubraum: 5,684 Liter, Leistung 227 PS bei 4600 U/min mit Schaltgetriebe und 252 PS bei 4.600 U/min mit Automatik. Zwölf Modelle stehen zur Wahl:

Chieftain

„Sedan“, 4türig, 6sitzig, 2.527 $, 35.671 Stück. „Sedan“, 2türig, 6sitzig, 2.614 $, 40.074 Stück. „Catalina Sedan“, 4türig, 6sitzig, 2.463 $, 21.343 Stück. „Catalina Coupé“, 2türig, 6sitzig, 2.529 $, 51.017 Stück. „Safari Station Wagon“, 4türig, 9sitzig, 2.898 $, 11.536 Stück. „Safari Station Wagon“, 2türig, 6sitzig, 2.841 $, 2.944 Stück.

Super Chief

„Sedan“, 4türig, 6sitzig, 2.664 $, 15.153 Stück. „Catalina Sedan“, 4türig, 6sitzig, 2.793 $, 19.758 Stück. „Catalina Coupé“, 2türig, 6sitzig, 2.735 $, 15.494 Stück: „Safari Station Wagon“, 4türig, 6sitzig, 3.021 $, 14.095 Stück.

Star Chief Custom (Super DeLuxe)

„Safari Station Wagon“, 2türig, 6sitzig, 3.636 $, 1.292 Stück. „Safari Transcontinental Station Wagon“, 4türig, 6sitzig, 3.481 $, 1.894 Stück.

Star Chief - Serie 28 (V8):

Die Modelle dieser Serie sind an der Aufschrift STAR CHIEF an den vorderen Kotflügeln, den vier Sternen an den hinteren Kotflügeln, den felgenbedeckenden Radkappen und den hinteren Radabdeckungen zu erkennen. Das im Dezember 1956 angekündigte „Bonneville Convertible“ ist ab 11. Januar 1957 erhältlich. Mit diesem, in Kleinserie gefertigten Sondermodell, mit V8-Einspritzermotor soll das Markenimage weiter verbessert werden. Motor: V8, Hubraum: 5,684 Liter, Leistung: 244 PS bei 4.800 U/min mit Schaltgetriebe bzw. 270 PS bei 4.800 U/min mit Automatik.

Star Chief

„Sedan“, 4türig, 6sitzig, 2.839 $, 3.774 Stück.
„Convertible“, 4türig, 6sitzig, 3.105 $, 12.789 Stück.

Star Chief Custom

„Sedan“, 4türig, 6sitzig, 2.896 $, 8.874 Stück. „Catalina Sedan“, 4türig, 6sitzig, 2.975 $, 44.283 Stück. „Catalina Coupé“, 2türig, 6sitzig, 2.901 $, 32.862 Stück. „Bonneville Convertible“, 2türig, 6sitzig, 5.782 $, 630 Stück. Chassis ohne Aufbau, Preis unbekannt, 376 Stück.
Gesamtstückzahl 1957: 343.298 Stück.

PONTIAC 1958

Die neuen Modelle haben sich stilistisch gegenüber dem Vorjahr kaum verändert. Die tieferliegenden Aufbauten sind länger und weisen einen klassischeren Kühlergrill mit Wabengitter auf. Erstmals bietet die Marke Doppelscheinwerfer an.

Chieftain - Serie 25 (V8) und 27 (V8):

Gegenüber dem Vorjahr gibt es kaum Veränderungen. Der „Convertible“ ist das längste Modell der Serie. Motor: V8, Hubraum: 6,061 Liter, Leistung 240 PS bei 4.500 U/min mit Schaltgetriebe bzw. 270 PS bei 4.600 U/min. mit Automatik. Sieben Modelle stehen zur Wahl:

Chieftain Serie 25

„Convertible“, 2türig, 6sitzig, 3.019 $, 7.359 Stück.

Chieftain Serie 27

„Sedan“,4türig, 6sitzig, 2.638 $, 44.999 Stück. „Sedan“, 2türig, 6sitzig, 2.573 $, 17.394 Stück. „Catalina Sedan“, 4türig, 6sitzig, 2.792 $, 17.946 Stück. „Catalina Coupé“, 2türig, 6sitzig, 2.707 $, 9.701 Stück. „Safari Station Wagon“, 4türig, 6sitzig, 3.019 $, 5.417 Stück. „Safari Station Wagon“, 2türig, 9sitzig, 3.088 $, 630 Stück.

Super Chief - Serie 28 (V8):

Die drei in dieser Serie angebotenen Modelle basieren auf einem längeren Chassis. Besondere Merkmale: felgenbedeckende Radkappen, vier Sterne am hinteren Kotflügel, großzügigerer Umgang mit Chrom, DeLuxe-Lenkrad. Motor: wie Chieftain. Drei sechssitzige Modelle stehen zur Wahl: „Sedan“, 4türig, 2.834 $, 12.006 Stück. „Catalina Sedan“, 4türig, 2.961 $, 7.886 Stück. „Catalina Coupé“, 2türig, 2.880 $, 7.236 Stück.

Star Chief Super DeLuxe - Serie 27 (V8) und 28 (V8):

Mit Ausnahme des kürzeren „Safari Station Wagon“ basieren alle Modelle dieser Serie auf dem Super-Chief-Chassis. Zur Ausstattung gehören: DeLuxe-Lenkrad, elektrische Uhr, aufwendige Chromverzierung und felgenbedeckende Radkappen. Die Serienbezeichnung befindet sich an den vorderen Kotflügeln. Der hintere Kotflügel weist vier Sterne auf. In der Standardversion wird die Innenverkleidung in „Prado broché Lustrex“, bei den „Catalina“-Modellen auf Wunsch in Leder ausgeführt. Motor: V8, Hubraum: 6,061 Liter, Leistung 225 PS bei 4.500 U/min mit Schaltgetriebe bzw. 285 PS bei 4.600 U/min mit Automatik. Vier sechssitzige Modelle stehen zur Wahl:

Serie 27

„Custom Sedan“, 4türig, 3.071 $, 10.547 Stück. „Catalina Sedan“, 4türig, 3.210 $, 21.455 Stück. „Catalina Coupé“, 2türig, 3.122 $, 13.888 Stück.

Serie 28

„Custom Safari Station Wagon“, 4türig, 3.350 $, 2.905 Stück.

Bonneville - Serie 25 (V8):

Den Bonneville-Modellen ist ab diesem Jahr eine eigene Serie gewidmet. Das neue „Sport Coupé“ übernimmt den Aufbau des Chieftain „Convertible“. Auf der Motorhaube, an den vorderen Kotflügeln und am Kofferraum steht in Relief-Großbuchstaben die Aufschrift BONNEVILLE. Im unteren Bereich der vorderen Kotflügel sind vier Chromstreifen angeordnet. Die hinteren Kotflügel tragen vier Sterne. Zur aufwendigen Ausstattung gehören breite Radkappen und ein DeLuxe-Lenkrad. Motor: wie Star Chief.

Super DeLuxe

„Custom Sport Coupé“, 2türig, 3.481 $, 9.144 Stück. „Custom Convertible“, 4türig, 3.586 $, 3.096 Stück.

Gesamtstückzahl 1958: 219.823 Stück.

PONTIAC 1959

Laut Anweisung des GM-Managements bringen sämtliche Marken des Konzerns in diesem Jahr neu gestylte Modelle heraus. Die Frontpartie mit den Doppelscheinwerfern und dem zweiteiligen Kühlergrill wurde höchst originell gestaltet. Weitere Merkmale: Mittelstücke auf der Motorhaube, Panoramaheckscheibe und Schwalbenschwanz-Heckflossen.

Catalina - Serie 21 (V8):

Die Catalina-Serie löst die früheren Chieftains ab. Neu ist die seitliche „Sweepspear“-Verzierung. Zur Ausstattung gehören: Blinklichter, elektrische Scheibenwischer, Deckenleuchte, Zigarettenanzünder, Aschenbecher im Fond, „Snack Bar“-Armaturenbrett, Doppeltonhupe, schlauchlose Reifen und Wagenheber. Motor: V8, Hubraum: 6,372 Liter, Leistung: 245 PS bei 4.200 U/min mit Schaltgetriebe bzw. 280 PS bei 4.400 U/min mit Automatik. „Sedan“, 4türig, 6sitzig, 2.704 $, 72.377 Stück. „Vista Hardtop“, 4türig, 6sitzig, 2.844 $, 45.012 Stück. „Sport Sedan“, 2türig, 6sitzig, 2.633 $, 28.102 Stück. „Sport Coupé“, 2türig, 6sitzig, 2.768 $, 38.309 Stück. „Convertible“, 2türig, 6sitzig, 3.080 $, 14.515 Stück. „Safari Station Wagon“, 4türig, 6sitzig, 3.101 $, 21.162 Stück. „Safari Station Wagon“, 4türig, 9sitzig, 3.209 $, 14.084 Stück.

Custom Star Chief - Serie 24 (V8):

Mit diesen Modellen bietet Pontiac ausgesprochen imposante Fahrzeuge an. Das Star Chief-Emblem und vier stilisierte Sterne sind seitlich am hinteren Kotflügel angeordnet. Zur Serienausstattung gehören unter anderem: Scheibenwischer mit zwei Schaltstufen, DeLuxe-Lenkrad, elektrische Uhr, DeLuxe-Radzierkappen und Spezial-Teppichboden. Motor: wie Catalina. Drei sechssitzige Modelle stehen zur Wahl: „Sedan“, 4türig, 3.005 $, 27.872 Stück. „Vista Hardtop“, 4türig, 3.138 $, 30.689 Stück. „Sport Sedan“, 2türig, 3.934 $, 10.254 Stück.

Bonneville Custom - Serie 27 (V8) und 28 (V8):

Die Serienbezeichnung ist rechts neben dem Kühlergrill, an den Heckflossen und am Kofferraum angegeben. An der hinteren Flanke sind vier kleine Öffnungen angeordnet. Zu der Serienausstattung der Custom-Star-Chief Modelle gehören ein gepolstertes Armaturenbrett und allerhand technische Spielereien zum Lieferumfang. Motor: V8, Hubraum: 6,372 Liter, Leistung: 260 PS bei 4.200 U/min mit Schaltgetriebe bzw. 300 PS bei 4.600 U/min mit Automatik. Vier sechssitzige Modelle stehen zur Wahl:

Serie 27

„Safari Station Wagon“, 4türig, 3.352 $, 4.673 Stück.

Serie 28

„Vista Hardtop“, 4türig, 3.333 $, 38.696 Stück. „Sport Coupé“, 2türig, 3.257 $, 27.769 Stück. „Convertible“, 2türig, 3.478 $, 11.426 Stück.

Gesamtstückzahl 1959: 388.856 Stück.

1958. Ganz oben: Bonneville „Custom Convertible“. Darunter: Parisienne „Vista Hardtop“ (Exportmodell). Unten: Parisienne-Heckansicht.

RAMBLER (1958 . 1965)

Links: 1958. Rambler Rebel „Custom Sedan“.

1959. Rambler Rebel „Custom Cross Country ▲ Station Wagon“.

Mit der 1958 lancierten Marke Rambler wagt die aus den Firmen Nash-Kelvinator und Hudson hervorgegangene American Motors Corporation – kurz AMC – einen neuen Anfang. Die Nash- und Hudson-Produktion wird eingestellt, und man konzentriert alle Anstrengungen auf Rambler. Da sich AMC-Chef George Rommey jedoch erst in letzter Minute zur Gründung der neuen Marke entschließt, werden noch einige Ambassador-Exemplare mit Nash- bzw. Hudson-Emblem ausgeliefert. Die Automobile der neuen Marke Rambler sind alles andere als neu: Sie sind bereits seit Anfang der fünfziger Jahre als Nash-Rambler erhältlich. Trotz allem haben diese Fahrzeuge dank ihrer für amerikanische Verhältnisse ungewöhnlichen Kompaktheit gute Marktchancen. Während viele andere Hersteller angesichts der allgemeinen wirtschaftlichen Depression der ausgehenden fünfziger Jahre in Konkurs gehen, kann AMC seine Position mit den Rambler-Modellen ausbauen und sich eine solide finanzielle Basis schaffen.

RAMBLER 1958

Die Präsentation der Modelle erfolgt am 22. Oktober 1957.

Rambler American - Serie 01 (6-Zyl.):

Unter dieser Bezeichnung kommt eine Neuauflage der 1955er Nash-Rambler-Modelle auf den Markt. Zur Unterscheidung dient der kleinere, rechteckige Kühler. Der Radstand beträgt einheitlich 2,54 m. Motor: Reihensechszylinder, Hubraum: 3,204 Liter, Leistung: 90 PS bei 3.800 U/min. Drei Modelle stehen zur Wahl: „DeLuxe Business Coupé“, 2türig, 3sitzig, 1.775 $, 184 Stück. „DeLuxe Sedan“, 4türig, 5sitzig, 1.789 $, 15.765 Stück. „Super Sedan“, 4türig, 5sitzig, 1.874 $, 14.691 Stück.

Rambler Six - Serie 10 (6-Zyl.):

Die viertürigen Modelle dieser Serie basieren auf einem längeren Fahrgestell (Radstand 2,74 m). Erkennungsmerkmale dieser Modelle sind der Kühlergrill mit dem massiven Rechteckgitter und die Heckflossen an den hinteren Kotflügeln. Die Doppelscheinwerfer werden serienmäßig geliefert. Nur bei den DeLuxe-Modellen muß dafür ein Aufpreis bezahlt werden. Zur Unterscheidung zwischen Super- und Custom-Modellen dient die unterschiedliche Seitenverzierung. Motor: Reihensechszylinder, Hubraum: 3,204 Liter, Leistung: 127 PS bei 4.200 U/min. Sieben viertürige, sechssitzige Modelle stehen zur Wahl: „DeLuxe Sedan“, 2.047 $, 12.723 Stück. „DeLuxe Cross Country Station Wagon“, 2.376 $, 78 Stück. „Super Sedan“, 2.212 $, 29.699 Stück. „Super Country Club Hardtop Sedan“, 2.287 $, 983 Stück. „Super Cross Country Station Wagon“, 2.506 $, 26.452 Stück. „Custom Sedan“, 2.327 $, 16.850 Stück. „Custom Cross Country Station Wagon“, 2.621 $, 20.131 Stück.

Rambler Rebel - Serie 20 (V8):

Ausstattungsmäßig besteht kein Unterschied zu den Rambler-Six-Modellen. Bei den Custom-Modellen weist ein V8-Emblem auf der Haube auf den größeren Motor hin. Zur Unterscheidung zwischen Super- und Custom-Modellen dient die unterschiedliche Seitenverzierung. Motor: V8, Hubraum: 4,095 Liter, Leistung: 215 PS bei 4.900 U/min. Sechs viertürige, sechssitzige Modelle stehen zur Wahl: „DeLuxe Sedan“, 2.177 $, 22 Stück. „Super Sedan“, 2.342 $, 2.146 Stück. „Super Cross Country Station Wagon“, 2.636 $, 1.782 Stück. „Custom Sedan“, 2.457 $, 2.595 Stück. „Custom Country Club Hardtop Sedan“, 2.532 $, 410 Stück. „Custom Cross Country Station Wagon“, 2.751 $, 3.101 Stück.

Ambassador - Serie 80 (V8):

Die Ambassador-Modelle basieren auf einem längeren Fahrgestell (Radstand 2,97 m). Zur Unterscheidung zwischen Super- und Custom-Modellen dient die unterschiedliche Seitenverzierung. Motor: V8, Hubraum: 5,336 Liter, Leistung: 270 PS bei 4.700 U/min. Sechs viertürige, sechssitzige Modelle stehen zur Wahl: „Super Sedan“, 2.587 $, 2.774 Stück. „Super Station Wagon“, 2.881 $, 1.051 Stück. „Custom Sedan“, 2.732 $, 6.369 Stück. „Custom Hardtop Sedan“, 2.822 $, 1.340 Stück. „Custom Station Wagon“, 3.026 $, 2.742 Stück. „Custom Hardtop Station Wagon“, 3.116 $, 294 Stück.

AMC-Gesamtstückzahl 1958: 217.332 Stück.

RAMBLER 1959

Am 8. Oktober 1958 präsentiert die Marke beinahe unveränderte Modelle. Je nach Modell wurden lediglich der Kühlergrill, die Heckflossen und die seitliche Verzierung etwas verändert. Pro Serie werden zwei oder drei verschiedene Ausstattungsvarianten angeboten, wobei die DeLuxe-Version jeweils die preisgünstigste ist. Der Umsatz des AMC-Konzerns erreicht 869.849.704 $. Dies entspricht einem Reingewinn von 60.341.823 $.

Rambler American - Serie 01 (6-Zyl.):

In diesem Jahr wurden nur der Kühlergrill und einige kleinere Details verändert. Motor: wie 1958.

Panel Delivery

„Glass Delivery“ , 6sitzig, Preis unbekannt, 3 Stück. „Steel Delivery“ , 6sitzig, Preis unbekannt, 3 Stück.

DeLuxe

„Business Sedan“, 5sitzig, 1.821 $, 443 Stück. „Station Wagon“, 5sitzig, 2.060 $, 15.256 Stück. „Sedan“, 5sitzig, 1.835 $, 29.954 Stück.

Super

„Sedan“, 6sitzig, 1.920 $, 28.449 Stück. „Station Wagon“, 5sitzig, 2.145 $, 17.383 Stück.

Rambler Six - Serie 10 (6-Zyl.):

Motor: wie 1958. Sieben viertürige, sechssitzige Modelle stehen zur Wahl: „DeLuxe Sedan“, 2.098 $, 26.157 Stück. „DeLuxe Cross Country Station Wagon“, 2.427 $, 422 Stück. „Super Sedan“, 2.268 $, 72.577 Stück. „Super Country Club Hardtop Sedan“, 2.343 $, 2.683 Stück. „Super Cross Country Station Wagon“, 2.562 $, 66.739 Stück. „Custom Sedan“, 2.383 $, 35.242 Stück. „Custom Cross Country Station Wagon“, 2.677 $, 38.761 Stück.

Rambler Rebel - Serie 20 (V8):

Motor: wie 1958. Sechs viertürige, sechssitzige Modelle stehen zur Wahl: „DeLuxe Sedan“, 2.228 $, 113 Stück. „Super Sedan“, 2.398 $, 3.488 Stück. „Super Cross Country Station Wagon“, 2.692 $, 3.634 Stück. „Custom Sedan“, 2.513 $, 4.046 Stück. „Custom Country Club Hardtop Sedan“, 2.588 $, 691 Stück. „Custom Cross Country Station Wagon“, 2.807 $, 4.427 Stück.

Ambassador - Serie 80 (V8):

Motor: wie 1958. Sieben viertürige, sechssitzige Modelle stehen zur Wahl: „DeLuxe Sedan“, Preis unbekannt, 155 Stück. „Super Sedan“, 2.587 $, 4.675 Stück. „Super Cross Country Station Wagon“, 2.881 $, 1.782 Stück. „Custom Sedan“, 2.732 $, 10.791 Stück. „Custom Country Club Hardtop Sedan“, 2.822 $, 1.447 Stück. „Custom Country Club Hardtop Station Wagon“, 3.026 $, 4.341 Stück. „Custom Station Wagon“, 3.116 $, 578 Stück.

Gesamtstückzahl 1959: 401.446 Stück.

1952. Zeitgenössische Werbung für den Studebaker-V8-Motor.

STUDEBAKER *Von 1902 bis 1966*

Die Chronik der Marke beginnt im Jahr 1852, als Henry und Clement Studebaker in South Bend, Indianapolis, eine kleine Schmiede eröffnen. Das Geschäft läuft mehr recht als schlecht, bis ihr Bruder John neue Kundschaft bringt: Künftig werden in der kleinen Werkstatt vor allem Pferdewagen für Goldgräber gebaut. Die Auftragsbücher sind voll, und so werden die Brüder Peter und Jacob mit eingespannt – damit wäre die Familie vollzählig. 1872 bezeichnet sich das Unternehmen stolz als *„The Largest Vehicle Builders in The World"*. Doch erst fünfzig Jahre später wendet sich Studebaker dem Automobilbau zu. Zwischen 1902 und 1903 konzentriert man sich ganz auf Fahrzeuge mit Elektroantrieb. Im Jahr 1904 entsteht der erste benzinbetriebene Wagen.

1933 ist ein schwarzes Jahr für die Firma. Durch Fehlinvestitionen gerät das Unternehmen an den Rande des Ruins. Die Fertigungsstraßen müssen stillgelegt werden. Firmenchef Albert Erskine begeht Selbstmord. 1935 führt die Marke hydraulische Bremsen, ein halbautomatisches Getriebe und die Einzelradaufhängung vorne ein. In diesem Jahr schreibt das Unternehmen erstmals wieder schwarze Zahlen. Hoffman wird zum Firmenchef. Er leitet die Zusammenarbeit mit dem Industriedesignstudio Raymond Loewys ein.

Bereits lange vor Pearl Harbor fertigt Studebaker Militärlastwagen. Im Januar 1942 erteilt die US-Regierung einen Großauftrag über 1,2 Milliarden Dollar. Im Rahmen dieses Auftrags werden 197.678 Militärlastwagen, 63.789 Wright „Cyclone"-Motoren für die „Flying Fortresses" (B-17) und 25.124 leichte Raupenfahrzeuge des Typs „Weasel" produziert. Im Dezember 1945 läuft die zivile

Rechts: 1950. Champion Regal DeLuxe „Convertible".

1950. Commander Regal DeLuxe „Convertible". ▼

Automobilproduktion wieder an. Doch erst 1947 wartet die Marke mit völlig neu gestylten Modellen auf. Hinsichtlich ihres Designs gehen die Meinungen auseinander: Entweder man findet sie schön oder umwerfend häßlich – dazwischen gibt es nichts! Für die ungewöhnliche Linienführung zeichnen die wohl berühmtesten amerikanischen Designer der damaligen Zeit, Raymond Loewy und Virgil Exner, verantwortlich.

STUDEBAKER 1950

Die im August 1949 mit dem Werbeslogan *„The Next Look"* präsentierten Modelle weisen ein radikal verändertes Styling auf. Die Veränderungen sind jedoch rein äußerlich. Technisch und ausstattungsmäßig bleibt alles beim alten. Die neuen Modelle kommen auf dem Markt gut an, und so kann Studebaker seine Preise im Laufe des Modelljahrs zweimal zu senken. Die meisten Modelle weisen eine geteilte Windschutzscheibe auf. Im Laufe des Jahres bringt die Marke gegen Aufpreis ihr erstes Automatikgetriebe („Automatic Drive") auf den Markt. Der Katalog sieht zwei Serien – Champion und Commander – vor. Erstere ist in drei, letztere in zwei Ausstattungsvarianten erhältlich. Daneben wird mit dem „Land Cruiser" ein sich von den übrigen Modellen stark unterscheidendes Luxusmodell angeboten.

1951. Commander State „Convertible". Darunter: Innenansicht.

Links: 1950. Champion DeLuxe „Coupé".

1951. Unverwechselbar: Das originelle Champion-Heck!

Champion - Serie 9G (6-Zyl.):

Das Design der Frontpartie ist höchst ungewöhnlich: Der „Bullet Nose"-Kühlergrill wird von spitz nach vorne gezogenen Kotflügeln flankiert. Kein anderer Hersteller bietet ein vergleichbares Styling an! Typisch für die Champion-Modelle sind die zierlichen Scheinwerfereinfassungen. Die preiswerten Custom-Modelle kommen erst später im Modelljahr auf den Markt. Sie weisen weder eine Kühlerfigur und noch eine Chromleiste im Schwellenbereich auf. Motor: Reihensechszylinder, Hubraum: 2,778 Liter, Leistung: 85 PS bei 4.000 U/min. Dreizehn Modelle stehen zur Wahl:

Custom

„Sedan", 4türig, 6sitzig, 1.519 $, 16.000 Stück. „Sedan", 2türig, 6sitzig, 1.487 $, 19.593 Stück. „Business Coupé", 2türig, 3sitzig, 1.419 $, 1.562 Stück. „Starlight Coupé", 2türig, 3sitzig, 1.514 $, 3.583 Stück.

DeLuxe

„Sedan", 4türig, 6sitzig, 1.597 $, 46.027 Stück. „Sedan", 2türig, 6sitzig, 1.565 $, 45.280 Stück. „Business Coupé", 2türig, 3sitzig, 1.497 $, 2.082 Stück. „Starlight Coupé", 2türig, 3sitzig, 1.671 $, 29.966 Stück.

Regal DeLuxe

„Sedan", 4türig, 6sitzig, 1.676 $, 55.296 Stück. „Sedan", 2türig, 6sitzig, 1.644 $, 21.976 Stück. „Business Coupé", 2türig, 3sitzig, 1.576 $, 849 Stück. „Starlight Coupé", 2türig, 3sitzig, 1671 $, 29.966 Stück. „Convertible", 2türig, 5sitzig, 1.981 $, 9.362 Stück.

Commander - Serie 17A (6-Zyl.):

Zur Unterscheidung von den Champion-Modellen dienen die breiteren Kotflügel und Scheinwerfereinfassungen sowie der COMMANDER-Schriftzug seitlich an den vorderen Kotflügeln. Die „Land Cruiser" tragen ihre Modellbezeichnung am Kofferraum. Motor: Reihensechszylinder, Hubraum: 4,023 Liter, Leistung: 102 PS bei 3.200 U/min. Acht Modelle stehen zur Wahl:

DeLuxe

„Sedan", 4türig, 6sitzig, 1.597 $, 46.027 Stück. „Sedan", 2türig, 6sitzig, 1.565 $, 45.280 Stück. „Starlight Coupé", 2türig, 3sitzig, 1.671 $, 29.966 Stück.

Regal DeLuxe

„Sedan", 4türig, 6sitzig, 2.024 $, 14.832 Stück. „Sedan", 2türig, 6sitzig, 1.992 $, 2.363 Stück. „Starlight Coupé", 2türig, 3sitzig, 2.018 $, 7.375 Stück. „Convertible", 2türig, 5sitzig, 2.328 $, 2.867 Stück.

Land Cruiser
„Sedan“, 4türig, 6sitzig, 2.187 $, 24.712 Stück.
Gesamtstückzahl 1950: 268.099 Stück
Studebaker steht an 9. Stelle der amerikanischen Automobilhersteller.

STUDEBAKER 1951

Die Linienführung des Vorjahres bleibt weitgehend erhalten. Die *Bullet-Nose*-Zierblende besteht nicht mehr aus verchromtem Blech, sondern aus, in Karosseriefarbe lackiertem, Kunststoff. Alle Modelle weisen eine ungeteilte Windschutzscheibe auf. Bei den „Sedan“-Modellen wurde auch bei der Heckscheibe auf einen mittleren Trennsteg verzichtet. Der Radstand beträgt für alle Modelle einheitlich 2,92 m. Nur der „Land Cruiser“ basiert auf einem verlängerten Chassis (Radstand 3,02 m). Rein äußerlich bestehen kaum Unterschiede zwischen den Champion- und Commander-Aufbauten. Der Herstellername steht in goldener Kursivschrift rechts über dem Kühlergrill. Die Serienbezeichnungen sind links davon angegeben. Wie bereits 1950 weist der „Land Cruiser“ eine zusätzliche Modellbezeichnung am vorderen Kotflügel auf.

Champion - Serie 10G (6-Zyl.):

Die Scheinwerfer- und Rücklichteinfassungen sind bei den Custom-Modellen lackiert und bei den Regal- und Regal-DeLuxe-Modellen verchromt. Motor: wie 1950. Dreizehn Modelle stehen zur Wahl:

Custom
„Sedan“, 4türig, 6sitzig, 1.571 $, 9.972 Stück. „Sedan“, 2türig, 6sitzig, 1.540 $, 10.689 Stück. „Coupé“, 2türig, 3sitzig, 1.471 $, 2.429 Stück. „Starlight Coupé“, 2türig, 3sitzig, 1.566 $, 2.781 Stück.

DeLuxe
„Sedan“, 4türig, 6sitzig, 1.649 $, 29.019 Stück. „Sedan“, 2türig, 6sitzig, 1.618 $, 18.591 Stück. „Coupé“, 2türig, 3sitzig, 1.549 $, 961 Stück. „Starlight Coupé“, 2türig, 3sitzig, 1.644 $, 9.444 Stück.

Regal
„Sedan“, 4türig, 6sitzig, 1.728 $, 35.201 Stück. „Sedan“, 2türig, 6sitzig, 1.697 $, 8.931 Stück. „Coupé“, 2türig, 3sitzig, 1.628 $, 373 Stück. „Starlight Coupé“, 2türig, 3sitzig, 1.723 $, 14.103 Stück. „Convertible“, 2türig, 5sitzig, 2.034 $, 4.742 Stück.

Commander - Serie H (V8):

Als große Neuheit des Jahres wartet Studebaker mit einem V8-Motor mit hängenden Ventilen auf. Die DeLuxe-Modelle wurden aus dem Katalog gestrichen. Bei den Regal-DeLuxe-Modellen verzichtete man auf den Namenszusatz „DeLuxe“. Ein „Business Coupé“-Einzelstück wird im Werk von Los Angeles gefertigt. Motor: V8, Hubraum: 3,810 Liter, Leistung: 120 PS bei 4.000 U/min. Neun Modelle stehen zur Wahl:

State
„Sedan“, 4türig, 6sitzig, 1.939 $, 21.134 Stück. „Sedan“, 2türig, 6sitzig, 1.907 $, 3.903 Stück. „Starlight Coupé“, 2türig, 3sitzig, 1.933 $, 11.637 Stück. „Convertible“, 2türig, 5sitzig, 2.244 $, 3.770 Stück.

Regal
„Sedan“, 4türig, 6sitzig, 1.839 $, 29.603 Stück. „Sedan“, 2türig, 6sitzig, 1.807 $, 8.034 Stück. „Business Coupé“, 2türig, 3sitzig, Preis unbekannt, 1 Exemplar. „Starlight Coupé“, 2türig, 3sitzig, 1.833 $, 8.192 Stück.

Land Cruiser
„Sedan“, 4türig, 6sitzig, 2.071 $, 38.055 Stück.
Gesamtstückzahl 1951: 222.000 Stück.

STUDEBAKER 1952

Die Firma Studebaker begeht ihr hundertjähriges Jubiläum. Der Koreakrieg ist in vollem Gange und so müssen die Automobilhersteller einen Großteil ihrer Fertigungskapazitäten der Rüstungsgüterproduktion widmen. Auf eine umfassende Modellüberarbeitung muß folglich verzichtet werden. Beim alljährlichen Facelifting der Frontpartie fällt jedoch die *„Bullet Nose“* dem Rotstift zum Opfer. Die Studebaker des Jahres 1952 sind folglich konventioneller – und weniger originell – als im Vorjahr. Das Heck dagegen bleibt unverändert. Die Stoßfänger tragen vier Hörner (die beiden mittleren rahmen das Kennzeichen ein). Die Hardtops können mit zweifarbiger Lackierung geordert werden. Zum letztenmal bietet die Marke viertürige Modelle mit hinten angeschlagenen *„Suicide Doors“* an.

Champion - Serie 12G (6-Zyl.):

Das „Business Coupé“ wurde aus dem Katalog gestrichen. Neu im Programm ist ein zweitüriges Hardtop („Starlight“ bzw. „Starlite“ in der Commander-Serie). Motor: wie 1950. Zwölf Modelle stehen zur Wahl:

Custom
„Sedan“, 4türig, 6sitzig, 1.769 $, 6.400 Stück. „Sedan“, 2türig, 6sitzig, 1.735 $, 4.310 Stück. „Starlight Coupé“, 2türig, 5sitzig, 1.763 $, 1.096 Stück.

DeLuxe
„Sedan“, 4türig, 6sitzig, 1.862 $, 24.542 Stück. „Sedan“, 2türig, 6sitzig, 1.828 $, 12.989 Stück. „Starlight Coupé“, 2türig, 5sitzig, 1.856 $, 6.075 Stück.

▲ *1952. Champion Regal Starliner „Convertible“.*

Links: 1952. Commander State „Convertible“.

Regal
„Sedan“, 4türig, 6sitzig, 1.946 $, 20.566 Stück. „Sedan“, 2türig, 6sitzig, 1.913 $, 5.534 Stück. „Coupé“, 2türig, 5sitzig, 1.628 $, 373 Stück. „Starlight Coupé“, 2türig, 5sitzig, 1.941 $, 6.183 Stück. „Starlight Coupé Hardtop“, 2türig, 5sitzig, 2.220 $, 12.119 Stück. „Convertible“, 2türig, 5sitzig, 2.273 $, 1.575 Stück.

Commander - Serie 3H (V8):

Zur Unterscheidung von den oben beschriebenen Modellen dient das andere Armaturenbrett: In der Champion-Serie sind die Instrumente seit 1950 in einer großen Anzeigeeinheit zusammengefaßt, während in der Commander-Serie seit 1947 drei einzelne Rundinstrumente verwendet werden. Die jeweilige Modellbezeichnung ist

▲ *1953. Champion Regal „Starliner Coupé Hardtop“.*

Rechts: 1953. Commander Regal „Starliner Coupé Hardtop“.

1953. Commander DeLuxe „Sedan“. ▼

auf der Motorhaube und am Kofferraum angegeben. Motor: wie 1951. Neun Modelle stehen zur Wahl:

State

„Sedan“, 4türig, 6sitzig, 2.208 $, 9.998 Stück. „Sedan“, 2türig, 6sitzig, 2.172 $, 1.529 Stück. „Starlite Coupé“, 2türig, 5sitzig, 2.202 $, 3.784 Stück. „Starliner Coupé“, 2türig, 5sitzig, 2.488 $, 14.548 Stück. „Convertible“, 2türig, 5sitzig, 2.548 $, 1.715 Stück.

Regal

„Sedan“, 4türig, 6sitzig, 2.121 $, 22.037 Stück. „Sedan“, 2türig, 6sitzig, 2.086 $, 5.995 Stück. „Starlite Coupé“, 2türig, 5sitzig, 2.115 $, 5.127 Stück.

Land Cruiser

„Sedan“, 4türig, 6sitzig, 2.365 $, 20.117 Stück.

Gesamtstückzahl 1952: 161.520 Stück.

STUDEBAKER 1953

In der Werbung preist Studebaker seine neu gestylten Modelle als „europäisch“ an. Das von Raymond Loewy entworfene Design ist so gelungen, daß es von der New York School of Fashion mit der „Fashion Academy Gold Medal“ ausgezeichnet wird. Erstmals stattet die Marke ihre Fahrzeuge mit Servolenkung aus.

Champion - Serie 14G (6-Zyl.):

Die weit nach vorne gezogene, dreifach geteilte Heckscheibe wurde gegen eine durchgehende Scheibe ersetzt. Der „Convertible“ wurde aus dem Katalog gestrichen. Besondere Merkmale dieser Basisserie: Lackierte Scheinwerfer- und Rücklichteinfassungen und schmalere verchromte Windschutzscheibeneinfassung. Erstmals weisen die Rücklichter eine Kunststoffabdeckung auf. Die Rundinstrumente am Armaturenbrett liegen hinter einer schützenden Glasscheibe. Motor: wie 1950. Neun Modelle stehen zur Wahl:

Custom

„Sedan“, 4türig, 6sitzig, 1.767 $, 5.496 Stück. „Sedan“, 2türig, 6sitzig, 1.735 $, 3.983 Stück.

DeLuxe

„Sedan“, 4türig, 6sitzig, 1.863 $, 17.180 Stück. „Sedan“, 2türig, 6sitzig, 1.831 $, 7.564 Stück. „Starlight Coupé“, 2türig, 5sitzig, 1.868 $, 9.422 Stück.

Regal

„Sedan“, 4türig, 6sitzig, 1.949 $, 17.897 Stück. „Sedan“, 2türig, 6sitzig, 1.917 $, 2.968 Stück. „Starlight Coupé“, 2türig, 5sitzig, 1.995 $, 16.066 Stück. „Starliner Coupé Hardtop“, 2türig, 5sitzig, 2.116 $, 13.058 Stück.

Commander - Serie 4H (V8):

Im Laufe des Jahres wird der dreistrahlige Stern auf der Haube durch ein „V“ ersetzt. Das neue Armaturenbrett weist vier Instrumente auf. Die Modellbezeichnung befindet sich links vom Kühlergrill (bei einigen Modellen auch auf dem Kofferraumdeckel). Motor: wie 1951. Sieben Modelle stehen zur Wahl:

DeLuxe

„Sedan“, 4türig, 6sitzig, 2.121 $, 10.065 Stück. „Sedan“, 2türig, 6sitzig, 2.089 $, 2.371 Stück. „Starlight Coupé“, 2türig, 5sitzig, 2.127 $, 6.106 Stück.

Regal

„Sedan“, 4türig, 6sitzig, 2.208 $, 7.454 Stück. „Starlight Coupé“, 2türig, 5sitzig, 2.213 $, 14.752 Stück. „Starliner Coupé Hardtop“, 2türig, 5sitzig, 2.347 $, 19.236 Stück.

Land Cruiser

„Sedan“, 4türig, 6sitzig, 2.316 $, 15.981 Stück.

Gesamtstückzahl 1953: 186.844 Stück.

STUDEBAKER 1954

Neu im Programm ist ein, in beiden Serien erhältlicher „Station Wagon“. Zur Unterscheidung von den Vorjahresmodellen dienen die zehn „Zähne“ am Kühlergrill und die geänderte Anordnung der Stoßstangenhörner. Der „Sedan“ Regal und DeLuxe sowie der „Station Wagon“ tragen ein stilisiertes Flugzeug als Kühlerfigur. Die Innenverkleidung ist farblich auf den Lack abgestimmt. Die Modellbezeichnung befindet sich links vom Kühlergrill und auf dem Kofferraumdeckel (außer beim „Station Wagon“). Mit Ausnahme der Custom-Modelle werden alle Fahrzeuge mit zweifarbiger Lackierung ausgeliefert. Für einen Aufpreis von 60 Dollar gegenüber dem normalen „Station Wagon“ kann ein Krankenwagen („Ambulet“) geordert werden.

Champion - Serie 15G (6-Zyl.):

Motor: wie 1950. Zwölf Modelle stehen zur Wahl:

Custom

„Sedan“, 4türig, 6sitzig, 1.801 $, 2.860 Stück. „Sedan“, 2türig, 6sitzig, 1.758 $, 2.653 Stück.

DeLuxe

„Sedan“, 4türig, 6sitzig, 1.918 $, 9.668 Stück. „Sedan“, 2türig, 6sitzig, 1.815 $, 4.449 Stück. „Starlight Coupé“,

2türig, 5sitzig, 1.972 $, 7.042 Stück. „Conestoga Station Wagon“, 2türig, 6sitzig, 2.930 $, 3.910 Stück.

Regal

„Sedan“, 4türig, 6sitzig, 2.026 $, 7.286 Stück. „Sedan“, 2türig, 6sitzig, 1.983 $, 1.066 Stück. „Coupé“, 2türig, 3sitzig, 1.628 $, 373 Stück. „Starlight Coupé“, 2türig, 5sitzig, 2.750 $, 5.125 Stück. „Starliner Coupé Hardtop“, 2türig, 5sitzig, 2.241 $, 4.302 Stück. „Conestoga Station Wagon“, 2türig, 6sitzig, 2.295 $, 3.074 Stück.

Commander - Serie 5H (V8):

Am Armaturenbrett sind die Instrumente nicht mehr einzeln angeordnet, sondern zu einer Anzeigeeinheit zusammengefaßt. Motor: wie 1951. Neun Modelle stehen zur Wahl:

DeLuxe

„Sedan“, 4türig, 6sitzig, 2.179 $, 4.615 Stück. „Sedan“, 2türig, 6sitzig, 2.136 $, 1.086 Stück. „Starlight Coupé“, 2türig, 5sitzig, 2.233 $, 2.868 Stück. „Conestoga Station Wagon“, 2türig, 6sitzig, 2.448 $, 1.912 Stück.

Regal

„Sedan“, 4türig, 6sitzig, 2.287 $, 2.571 Stück. „Starlight Coupé“, 2türig, 5sitzig, 2.341 $, 3.151 Stück. „Starliner Coupé Hardtop“, 2türig, 5sitzig, 2.502 $, 5.040 Stück. „Conestoga Station Wagon“, 2türig, 6sitzig, 2.556 $, 2.878 Stück.

Land Cruiser

„Sedan“, 4türig, 6sitzig, 2.438 $, 6.383 Stück.

Gesamtstückzahl 1954: 85.660 Stück.

STUDEBAKER 1955

In der Champion-Serie werden die gleichen Modelle wie im Vorjahr angeboten. Der zweitürige „Sedan“ Regal wurde jedoch aus dem Katalog genommen. Ab 1. Januar 1955 sind die „Sedan“- und „Station Wagon“-Modelle mit einer neuen, großflächigen Windschutzscheibe ausgerüstet. Äuffälligste Veränderung an der Frontpartie ist der neue wuchtigere Kühlergrill. Die Kühlerfigur ist jetzt bei allen Modellen gleich. Bei den Champions befindet sich die Modellbezeichnung am Kofferraumdeckel, bei den Commanders seitlich am hinteren Kotflügel. Die Bezeichnungen „Starliner“ und „Starlight“ wurden gestrichen. Der Krankenwagen („Ambulet“) ist weiter im Programm. Nach 13 Jahren erlebt der Name „President“ ein Comeback: Unter dieser Bezeichnung bietet Studebaker seine Luxusmodelle an.

Champion - Serie 16G6 (6-Zyl.):

Zehn Modelle stehen zur Wahl:

Custom

„Sedan“, 4türig, 6sitzig, 1.783 $, 3.290 Stück. „Sedan“, 2türig, 6sitzig, 1.741 $, 2.801 Stück.

DeLuxe

„Sedan“, 4türig, 6sitzig, 1.885 $, 13.621 Stück. „Sedan“, 2türig, 6sitzig, 1.841 $, 7.666 Stück. „Coupé“, 2türig,

▲ *1954. Commander Regal „Starlight Coupé“. Darüber: Innenansicht.*

Links: 1954. Champion DeLuxe „Conestoga Station Wagon“.

1954. Der „Conestoga Station Wagon“ bietet ▲ *großzügig bemessenen Stauraum.*

Rechts: 1954. Commander Regal „Starliner Coupé Hardtop“.

5sitzig, 1.875 $, 5.572 Stück. „Conestoga Station Wagon“, 2türig, 6sitzig, 2.141 $, 3.517 Stück.

Regal

„Sedan“, 4türig, 6sitzig, 1.993 $, 7.406 Stück. „Coupé“, 2türig, 5sitzig, 1.975 $, 2.721 Stück. „Coupé Hardtop“, 2türig, 5sitzig, 2.129 $, 2.408 Stück. „Conestoga Station Wagon“, 2türig, 6sitzig, 2.312 $, 1.372 Stück.

Commander - Serie 16G8 (V8):

Motor: Zunächst V8, Hubraum: 3,674 Liter, Leistung: 140 PS bei 4.500 U/min; später V8. Hubraum: 4,246 Liter, Leistung: 162 PS bei 4.500 U/min.

STUDEBAKER 1956

In diesem Jahr wartet die Marke mit neuen, wiederum von Raymond Loewy entworfenen „Starlight“-Coupés auf.

Diese Coupés sind in der „Hawk“-Serie zusammengefaßt. Das Design des Kühlers, der Motorhaube und der Stoßfänger hat sich gravierend geändert (siehe Abbildungen). Die „Sedan“- und „Station Wagon“-Modelle sind mit einem speziellen Tachometer („Cyclops Eye“) ausgestattet. Alle Fahrzeuge werden einheitlich mit einer 12-V-Anlage ausgestattet.

Champion - Serie 56G (6-Zyl.)
Flight Hawk - Serie 56G (6-Zyl.):

Der „Regal Sedan“ wird fast ausschließlich für den Export gebaut. Die Custom-Modelle unterscheiden sich durch ihre kürzere seitliche Zierleiste. Der „Custom Sedan“ wird hauptsächlich als Polizeiauto und Taxi eingesetzt. Viele Wagen dieser Serie werden nach Kanada exportiert. Motor: wie 1955. Acht Modelle stehen zur Wahl:

Champion

„Custom Sedan“, 4türig, 6sitzig, 1.717 $, 1.170 Stück. „Sedan“, 4türig, 6sitzig, 1.996 $, 11.983 Stück. „Regal Sedan“, 4türig, 6sitzig, Preis unbekannt, 1.180 Stück.

1956. President „Sedan“.▲

Rechts: Das Titelbild des 1955er Studebaker-Katalog zeigt einen President State „Sedan“.

Custom

„Sedan“, 4türig, 6sitzig, 1.919 $, 2.082 Stück. „Sedan“, 2türig, 6sitzig, 1.873 $, 1.413 Stück.

DeLuxe

„Sedan“, 4türig, 6sitzig, 2.014 $, 16.768 Stück. „Sedan“, 2türig, 6sitzig, 1.969 $, 6.834 Stück. „Coupé“, 2türig, 5sitzig, 1.989 $, 6.975 Stück. „Conestoga Station Wagon“, 2türig, 6sitzig, 3.265 $, 4.280 Stück.

Regal

„Sedan“, 4türig, 6sitzig, 2.127 $, 9.985 Stück. „Coupé“, 2türig, 5sitzig, 2.094 $, 4.639 Stück. „Coupé Hardtop“, 2türig, 5sitzig, 2.282 $, 3.296 Stück. „Conestoga Station Wagon“, 2türig, 6sitzig, 3.275 $, 2.516 Stück.

President - Serie 6H (V8):

Äußerliches Erkennungsmerkmal dieser luxuriösesten Studebaker-Modelle ist die dreifarbige Lackierung (ab Januar 1955). Sie sind serienmäßig mit Zubehör ausgestattet, das für die anderen Fahrzeuge meist nur gegen Aufpreis erhältlich ist: Servolenkung und -bremsen, Blinklichter, Weißwandreifen, Achtröhren-Stratoline-Radio mit Sendervorwahl, Kotflügelornamente, vordere Ausstellfenster, Auspuffdämpfer,Außenspiegel, Radzierkappen, kleine Stoßstangenhörner mit integrierten Nebelscheinwerfern und Rückfahrscheinwerfer. Der viertürige President State „Sedan“ löst den früheren „Land Cruiser“ ab. Motor: Zunächst V8, Hubraum: 4,246 Liter, Leistung: 175 PS bei 4.500 U/min; später: 185 PS. Fünf Modelle stehen zur Wahl:

DeLuxe

„Sedan“, 4türig, 6sitzig, 2.311 $, 1.021 Stück.

State

„Sedan“, 4türig, 6sitzig, 2.381 $, 14.634 Stück. „Coupé“, 2türig, 5sitzig, 2.270 $, 3.227 Stück. „Coupé Hardtop“, 2türig, 5sitzig, 2.456 $, 3.468 Stück. „Speedster Hardtop“, 2türig, 5sitzig, 2.456 $, 3.468 Stück.

Gesamtstückzahl 1955: 112.723 Stück.

1956. Golden Hawk „Hardtop Coupé“. ▲

Rechts: 1956. Studebaker-Armaturenbrett mit „Speedometer Cyclops Eye“.

Links: 1956. Champion „Sedan“.

„Sedanet“, 2türig, 6sitzig, 1844 $, 3.097 Stück. „Sedan“, 2türig, 6sitzig, 1.946 $, 4.389 Stück. „Pelham Station Wagon“, 2türig, 6sitzig, 2.232 $, 2.236 Stück.

Flight Hawk

„Coupé“, 2türig, 5sitzig, 1.986 $, 4.389 Stück. „Hardtop Coupé“, 2türig, 5sitzig, Preis unbekannt, 560 Stück.

Commander - Serie 56B (V8)
Power Hawk - Serie 56B (V8):

Die Modellbezeichnung befindet sich am Kofferraum (bei den „Sedan“- und „Station Wagon“-Modellen zusätzlich an den vorderen Kotflügeln). Motor: V8, Hubraum: 4,246 Liter, Leistung: 170 PS bei 4.500 U/min. Sechs Modelle stehen zur Wahl:

Commander

„Custom Sedan“, 4türig, 6sitzig, 1.829 $, 335 Stück. „Sedan“, 4türig, 6sitzig, 2.125 $, 14.700 Stück. „Sedanet“, 2türig, 6sitzig, 1.974 $, 1.523 Stück. „Sedan“, 2türig, 6sitzig, 2.076 $, 3.663 Stück. „Parkview Station Wagon“, 2türig, 6sitzig, 2.254 $, 3.333 Stück.

Power Hawk

„Power Hawk Coupé“, 2türig, 5sitzig, 2.101 $, 7.095 Stück.

President - Serie 56H (V8)
Sky Hawk - Serie 56H (V8):

Die Studebaker-Luxusmodelle „Sedan“ und „Station Wagon“ weisen zwei lange seitliche Zierleisten auf, die bei zweifarbig lackierten Fahrzeugen als Farbabgrenzung dienen. Motor: V8, Hubraum: 4,734 Liter, Leistung: 210 PS bei 4.500 U/min („Classic Sedan“ und „Sky Hawk Coupé“) bzw. 190 PS bei allen anderen Modellen. Fünf Modelle stehen zur Wahl:

President

„Sedan“, 4türig, 6sitzig, 2.235 $, 6.822 Stück. „Sedan“, 2türig, 6sitzig, 2.188 $, 1.914 Stück. „Pinehurst Station Wagon“, 2türig, 6sitzig, 2.529 $, 1.522 Stück. „Classic Sedan“, 4türig, 6sitzig, 2.489 $, 8.507 Stück.

Sky Hawk

„Hardtop Coupé“, 2türig, 5sitzig, 2.477 $, 3.050 Stück.

Golden Hawk - Serie 56J (V8):

Der Golden Hawk ist an seinen markanten Heckflossen aus glasfaserverstärktem Polyester zu erkennen. Motor: V8, Hubraum: 5,766 Liter, Leistung: 275 PS bei 4.600 U/min. Ein einziges Modell: „Golden Hawk Hardtop Coupé“, 2türig, 5sitzig, 3.061 $, 4.071 Stück.

Gesamtstückzahl 1956: 82.955 Stück.

STUDEBAKER 1957

In diesem Jahr unternimmt die Marke große Anstrengungen, um noch wettbewerbsfähig zu bleiben. Die Verkaufszahlen waren im letzten Jahr katastrophal und die finanzielle Lage sieht alles andere als rosig aus. Die Hawk-Modelle wurden überarbeitet und mit noch markanteren Heckflossen ausgestattet. Sie sind jetzt in einer Sechszylinder- und in einer V8-Version erhältlich. Für alle anderen Modelle werden Packard-Aufbauten verwendet. Wichtigste Änderungen dieses Jahres: breiterer Kühlergrill, fehlende Stoßstangenhörner, andere Rücklichter. Erstmals ist ein viertüriger „Station Wagon“ im Programm. Alle Modelle werden serienmäßig mit Blinklichtern ausgestattet.

Champion - Serie 57G (6-Zyl.)
Silver Hawk Six - Serie 57G (6-Zyl.):

Die DeLuxe-Modelle sind mit verchromten Front- und Heckscheibeneinfassungen ausstattet und weisen lange seitliche Zierleisten auf. Die ausschließlich für den Export bestimmten Regal-Modelle sind an den zwei Leisten an den hinteren Flanken zu erkennen. In der Scotsman-Ausführung sind die Scheinwerfereinfassungen und der Kühlergrill lackiert und die Zierleisten fehlen. Die Modellbezeichnung befindet sich jeweils an den vorderen Kotflügeln (außer bei den Scotsman- und Silver Hawk-Modellen). Motor: wie 1955. Die Vertragshändler melden weiterhin sinkende Verkaufszahlen. Dreizehn Modelle stehen zur Wahl:

Champion Scotsman

„Sedan“, 4türig, 6sitzig, 1.826 $, 3.005 Stück. „Sedan“, 2türig, 6sitzig, 1.776 $, 2.943 Stück. „Station Wagon“, 2türig, 6sitzig, 1.995 $, 3.400 Stück.

Champion Pelham

„Pelham Wagon“, 2türig, 6sitzig, 2.982 $, 1.120 Stück.

Champion Custom

„Club Sedan“, 2türig, 6sitzig, 2.001 $, 1.751 Stück. „Sedan“, 4türig, 6sitzig, 2.049 $, 2.106 Stück. „Station Wagon“, 4türig, 6sitzig, Preis unbekannt, 25 Stück.

Champion DeLuxe

„Club Sedan“, 2türig, 6sitzig, 2.123 $, 1.950 Stück. „Sedan“, 4türig, 6sitzig, 2.171 $, 8.313 Stück. „Station Wagon“, 4türig, 6sitzig, Preis unbekannt, 1 Exemplar.

Champion Regal

„Regal Sedan“, 4türig, 6sitzig, Preis unbekannt, 247 Stück.

Silver Hawk

„Coupé“, 2türig, 5sitzig, 2.142 $, 4.163 Stück. „Hardtop Coupé“, 2türig, 5sitzig, Preis unbekannt, 120 Stück.

Commander - Serie 57B (V8)
Silver Hawk - Serie 57B (V8):

Die Hawk-Modelle weisen das 1955er „Speedster“-Armaturenbrett auf. Motor: V8, Hubraum: 4,246 Liter, Leistung: 180 PS bei 4.500 U/min. Acht Modelle stehen zur Wahl:

Commander Custom

„Sedan“, 4türig, 6sitzig, 2.173 $, 828 Stück. „Club Sedan“, 2türig, 6sitzig, 2.124 $, 530 Stück.

Commander DeLuxe

„Sedan“, 4türig, 6sitzig, 2.295 $, 10.285 Stück. „Club Sedan“, 2türig, 6sitzig, 2.246 $, 2.072 Stück.

Commander Station Wagon

„Park Wagon“, 2türig, 6sitzig, 2.505 $, 738 Stück. „Provincial Wagon“, 4türig, 6sitzig, 2.561 $, 3.395 Stück.

Silver Hawk

„Coupé“, 2türig, 5sitzig, Preis unbekannt, 1.180 Stück. „Hardtop Coupé“, 2türig, 5sitzig, Preis unbekannt, 248 Stück.

President - Serie 57H (V8)
Silver Hawk- Serie 57H (V8)
Golden Hawk - Serie 57H (V8):

Abgesehen von einer umfangreicheren Ausstattung entspricht der „Broadmoor Station Wagon“ dem „Provincial Wagon“ der Commander-Serie. Motor: V8, Hubraum: 4,246 Liter, Leistung: 275 PS bei 4.800 U/min. (Golden Hawk); 225 PS bei 4.500 U/min (Classic Sedan); 210 PS (alle anderen Modelle); Zwölf Modelle stehen zur Wahl:

President

„Classic Sedan“, 4türig, 6sitzig, 2.539 $, 6.063 Stück. „Sedan“, 4türig, 6sitzig, 2.047 $, 3.127 Stück. „Club Sedan“, 2türig, 6sitzig, 2.358 $, 836 Stück. „Broadmoor Station Wagon“, 4türig, 6sitzig, 2.666 $, 1.530 Stück.

President Custom

„Club Sedan“, 2türig, 6sitzig, Preis unbekannt, 62 Stück. „Sedan“, 4türig, 6sitzig, Preis unbekannt, 74 Stück. „Station Wagon“, 4türig, 6sitzig, Preis unbekannt, 6 Stück.

President DeLuxe

„Club Sedan“, 2türig, 6sitzig, Preis unbekannt, 8 Stück. „Sedan“, 4türig, 6sitzig, Preis unbekannt, 33 Stück. „Station Wagon“, 2türig, 6sitzig, Preis unbekannt, 8 Stück.

Silver Hawk

„Coupé“, 2türig, 5sitzig, 2.263 $, 9.607 Stück.

Golden Hawk

„Hardtop Coupé“, 2türig, 5sitzig, 3.182 $, 4.356 Stück.

Gesamtstückzahl 1957: 67.394 Stück.

STUDEBAKER 1958

Abgesehen vom neuen Studebaker-Packard Emblem gibt es kaum Unterschiede zu den Vorjahresmodellen.

Champion - Serie 58G (6-Zyl.)
Silver Hawk Six - Serie 58G (6-Zyl.):

Die „Sedan“- und „Station Wagon“-Modelle weisen schrägstehende Heckflossen auf. Bei der Scotsman-Ausführung wurden die Rücklichter geändert. Weitere Erkennungsmerkmale der 1958er Modelle: STUDEBAKER-Aufschrift an den hinteren Flanken und feinmaschiger Kühlergrill. Kleine Standlichter und ein spezielles Emblem unten und in der Mitte des Kühlergrills sind die besonderen Merkmale der Silver Hawks. Die Modellbezeichnung befindet sich an den Heckflossen (bei den Silver Hawks am Kofferraum). Der auf einem verlängertem Chassis basierende „Econ-O-Miller“ wurde speziell für den Einsatz als Taxi konzipiert. Motor: wie 1955. Neun Modelle stehen zur Wahl:

Champion

„Sedan“, 4türig, 6sitzig, 2.253 $, 5.178 Stück. „Sedan“, 2türig, 6sitzig, 2.189 $, 1.455 Stück. „Hardtop Sedan“, 2türig, 6sitzig, 2.189 $, 120 Stück.

Champion Scotsman

„Sedan“, 4türig, 6sitzig, 1.874 $, 7.654 Stück. „Sedan“, 2türig, 6sitzig, 1.795 $, 5.538 Stück. „Station Wagon“, 2türig, 6sitzig, 2.055 $. 7.680 Stück. „Econ-O-Miller“, 4türig, 6sitzig, Preis unbekannt, 1.118 Stück.

Rechts: 1956. Emblem des Golden Hawk.

▼ 1957. Silver Hawk „Coupé“.

1956. Golden Hawk „Hardtop Coupé“. ▼

Champion DeLuxe

„Station Wagon“, 4türig, 6sitzig, Preis unbekannt, 12 Stück.

Silver Hawk

„Coupé“, 2türig, 5sitzig, Preis unbekannt, 2.442 Stück.

Commander - Serie 58B (V8)
Silver Hawk 259 - Serie 58B (V8):

Die „Sedan“- und „Station Wagon“-Modelle werden serienmäßig mit Doppelscheinwerfern ausgestattet (für die Champion-Serie gegen Aufpreis erhältlich). Der neue „Hardtop Sedan“ wird in der Werbung auch als „Starlight“bezeichnet. Motor: wie 1957. Acht Modelle stehen zur Wahl:

1958. Champion Scotsman „Sedan". ▲

1958. Golden Hawk „Hardtop Coupé". ▼

▲ 1958. Studebaker Commander „Hardtop Sedan".

Commander

„Sedan", 4türig, 6sitzig, 2.378 $, 6.771 Stück. „Hardtop Sedan", 2türig, 6sitzig, 2.493 $, 2.555 Stück. „Provincial Station Wagon", 4türig, 6sitzig, 2.644 $, 2.412 Stück.

Commander Scotsman

„Scotsman Sedan", 4türig, 6sitzig, Preis unbekannt, 37 Stück. „Scotsman Sedan", 2türig, 6sitzig, Preis unbekannt, 44 Stück. „Scotsman Station Wagon", 2türig, 6sitzig, Preis unbekannt, 7 Stück.

Silver Hawk

„Coupé", 2türig, 5sitzig, Preis unbekannt, 367 Stück. „Hardtop Coupé", 2türig, 5sitzig, Preis unbekannt, 56 Stück.

President - Serie 58H (V8)
Silver Hawk 289 - Serie 58H (V8)
Golden Hawk - Serie 58H (V8):

Bei den President-Modellen weisen die Heckflossen fünf kleine Chromstreifen auf. In der Mitte des Kühlergrills befindet sich ein vergoldetes V. Doppelscheinwerfer gehören zur Serienausstattung. Der „Marshal" wurde speziell für den Einsatz als Polizeiauto konzipiert. Motor: V8, Hubraum: 4,246 Liter, Leistung: 225 PS bei 4.500 U/min („Hardtop Sedan" und „Sedan") bzw. 210 PS bei den übrigen Modellen; Golden Hawk: 275 PS bei 4.800 U/min. Acht Modelle stehen zur Wahl:

President

„Marshal Sedan", 4türig, 6sitzig, Preis unbekannt, 115 Stück. „Marshal Sedan", 2türig, 6sitzig, Preis unbekannt, 152 Stück. „Marshal Station Wagon", 2türig, 6sitzig, Preis unbekannt, 70 Stück. „Hardtop Sedan", 2türig, 6sitzig, 2.695 $, 1.171 Stück. „Sedan", 4türig, 6sitzig, 2.369 $, 3.570 Stück.

President DeLuxe

„DeLuxe Station Wagon", 4türig, 6sitzig, Preis unbekannt, 1 Exemplar.

Silver Hawk

„Coupé", 2türig, 5sitzig, 2.352 $, 4.485 Stück.

Golden Hawk

„Hardtop Coupé", 2türig, 5sitzig, 3.282 $, 878 Stück.

Gesamtstückzahl 1958: 55.175 Stück.

STUDEBAKER 1959

In diesem Jahr lösen die in drei verschiedenen Serien erhältlichen Lark-Modelle die früheren Presidents, Commanders und Golden Hawks ab. Die Fahrzeuge basieren auf einem Fahrgestell mit einem Radstand von 2,76 m (bzw. 2,87 m für die „Station Wagons"). Die hintere Sitzbank der Lark-Modelle läßt umklappen, so daß im Fond eine Liegefläche entsteht. Die Silver Hawks bleiben beinahe unverändert im Programm. Motor und Getriebe sind für die Larks und die Silver Hawks gleich.

Lark VI - Serie 59S (6-Zyl.)
Silver Hawk Six - Serie 59S (6-Zyl.):

Erkennungsmerkmale der DeLuxe-Modelle: Lackierte Scheinwerfereinfassungen, fehlende Kühlerumrandung und gepolstertes Armaturenbrett. Die Regal-Ausstattung sieht eine verchromte Kühlerumrandung vor. Bei den Silver Hawks sind die Standlichter in den kleinen Gittern unterhalb der Scheinwerfer angeordnet. Doppelscheinwerfer gibt es nur gegen Aufpreis. In diesem Jahr sind nur noch die Taxis in zweifarbiger Lackierung lieferbar. Motor: Sechszylinder, Hubraum: 2,778 Liter, Leistung 90 PS bei 4.000 U/min. Acht Modelle stehen zur Wahl:

„Econ-O-Miller", 4türig, 6sitzig, Preis unbekannt, 1.033 Stück.

DeLuxe

„Sedan", 4türig, 6sitzig, 1.995 $, 26.566 Stück. „Sedan",

2türig, 6sitzig, 1.925 $, 33.259 Stück. „Station Wagon", 2türig, 6sitzig, 2.295 $, 13.227 Stück.

Regal

„Sedan", 4türig, 6sitzig, 2.175 $, 11.898 Stück. „Hardtop Sedan", 2türig, 6sitzig, 2.275 $, 7.075 Stück. „Station Wagon", 2türig, 6sitzig, 2.455 $, 5.685 Stück.

Silver Hawk

„Coupé", 2türig, 5sitzig, 2.360 $, 2.417 Stück.

Lark VIII - Serie 59B (V8)
Silver Hawk - Serie 59B (V8):

Die DeLuxe-Modelle sind für den Einsatz als Taxis oder Polizeifahrzeuge bestimmt. Viele dieser Modelle gehen auch in den Export. Motor: V8, Hubraum: 4,246 Liter, Leistung: 180 PS bei 4.500 U/min. Acht Modelle stehen zur Wahl:

Econ-O-Miller

4türig, 6sitzig, Preis unbekannt, 92 Stück.

DeLuxe

„Sedan", 4türig, 6sitzig, Preis unbekannt, 1.367 Stück. „Sedan", 2türig, 6sitzig, Preis unbekannt, 550 Stück. „Station Wagon", 2türig, 6sitzig, Preis unbekannt, 378 Stück.

Regal

„Sedan", 4türig, 6sitzig, 2.310 $, 14.530 Stück. „Hardtop Sedan", 2türig, 6sitzig, 2.410 $, 7.996 Stück. „Station Wagon", 2türig, 6sitzig, 2.590 $, 7.419 Stück.

Silver Hawk

„Coupé", 2türig, 5sitzig, 2.495 $, 5.371 Stück.

Gesamtstückzahl 1959: 153.823 Stück (10. Rang in der amerikanischen Herstellerliste.

Links: 1959. Silver Hawk „Coupé".

▲ *1959. Regal Lark „Station Wagon".*

DIE ANDEREN MARKEN

Eine detaillierte Beschreibung sämtlicher Automobilmarken dieses Jahrzehnts hätte den Umfang des vorliegenden Bandes gesprengt. So mußte ich notgedrungen eine Auswahl vornehmen. Dabei ließ ich mich sicherlich auch von persönlichen Vorlieben leiten, doch vor allem richtete ich mich nach der Bedeutung und der Beliebtheit der Marken auf dem amerikanischen Markt. Die Namen weiterer kleinerer Marken und besonderer Prototypen finden Sie in der untenstehenden Liste.

AEROBILE (1958)
AEROCAR (1956)
AEROJET (1954)
AIRWAY (1949-1950)
ALLIED (1952)
ALLSTATE (1952-1953)
ALMQUIST (1950-1960)
ARGONAUT (1959-1963)
ARNOLT (1953-1954)
ARNOLT-BRISTOL (1955-1963)
ASARDO (1959)
ASCOT (1955)
ASTRA (1955)
ATLAS (1950)
AURORA (1958)
AUTO-CLUB (1956)
AUTOETTE (1932-1957)
BANGERT (1955)
BAUMONT (1955)
BEARCAT (1956)
BERKELEY (1957)
B.M.C. (1952)
B.M.W. (Boulevard Machine Works) (1949-1950)
BOCAR (1958-1960)
BOSLEY (1955)
BROOKS BOXER (1951)
BUCKAROO (1957)
BUCKBOARD (1956)
CARSTON (1958)
CENTAUR (1950)
CHARLES TOWN-ABOUT (1959)
CHECKER (seit 1923)
CHEEYAH (1951)
CHICAGOEN (1952)
COLT (1958)
CORNELL LIBERTY (1958)
CROFTON (1959-1961)
CROSLEY (1946-1952)
CUNNINGHAM (1951-1955)
CUSTER (1953-1960)
DETRICK (1957)
DETROITER (1953)
DEVIN (1958-1961)
DUAL GHIA (1956-1958)
DUESENBERG (1959)
EDWARDS (1954-1955)
EL MOROCCO (1956-1957)
ESHELMAN (1955-1960)
EXCALIBUR J (1952)
FIBERSPORT (1953-1954)
FINA-SPORT (1953-1955)
FITCH (1949-1951)
FLINTRIDGE (1957)
FORERUNNER (1955)
FRAZEN (1951-1962)
FRICK (1955)
GAYLORD (1955-1956)
GLASCAR (1956)
GLASSPAR (1950)
GOLF (1956)
GREGORY II (1956)
HUNT (1951)
IMP (1951)
JETMOBILE (1952)
JOMAR (1955-1960)
KELLER (1948-1950)
KING MIDGET (1946-1969)
KURTIS (1949-1950)
KURTIS (1954-1955)
MARQUIS (1954)
MARTIN (1950)
MOTA (1953)
MULTIPLEX (1952-1954)
MUNTZ (1950-1954)
NAVAJO (1953-1954)
NU-KLEA (1959-1960)
PANDA (1955-1956)
PAXXTON (1947-1952)
PLAY-BOY (1948-1951)
POWELL (1955-1956)
ROCKEFELLER YANKEE (1949-1954)
ROLLSMOBILE (1958-1960)
SKORPION (1952-1954)
SKYLINE (1953)
STARLITE (1959-1963)
STORM (1954)
STORY (1950)
STUDILLAC (1953-1955)
SUPERWAGON (1954)
SURREY (1958-1960)
SWIFT (1959-1960)
TRI-CAR (1955)
WYLLIS (1946-1955)
YANK (1950)

Französische Originalausgabe by Editions Charles Massin, Paris.

Printed in E.E.C.
ISBN 3-85049-075-0